U0529716

L. S. Stavrianos

A GLOBAL HISTORY

FROM PREHISTORY TO THE 21ST CENTURY

全球通史

从史前到 21 世纪

[美] L.S. 斯塔夫里阿诺斯 著　王皖强 译　刘北成 审校

7th edition
新译本
第七版

上

北京大学出版社
PEKING UNIVERSITY PRESS

著作权合同登记号 图字：01-2012-6688

图书在版编目(CIP)数据

全球通史：从史前到21世纪：新译本. 上册 /(美) L. S. 斯塔夫里阿诺斯著；王皖强译. —北京：北京大学出版社，2024.6
（培文·历史）
ISBN 978-7-301-34489-7

Ⅰ. ①全… Ⅱ. ①斯… ②王… Ⅲ. ①世界史 Ⅳ. ①K10

中国国家版本馆CIP数据核字(2023)第194088号

Authorized translation from the English language edition, entitled *A Global History: From Prehistory to the 21st Century, 7th edition*, by L. S. Stavrianos, published by Pearson Education, Inc., Copyright © 2022 Pearson Education, Inc.
All rights reserved. No part of this book may be reproduced or transmitted in any form or by any means, electronic or mechanical, including photocopying, recording or by any information storage retrieval system, without permission from Pearson Education, Inc.
CHINESE SIMPLIFIED language edition published by PEKING UNIVERSITY PRESS, Copyright © 2024

本书中文简体翻译版由Pearson Education（培生教育出版集团）授权给北京大学出版社在中华人民共和国境内（不包括中国香港、澳门特别行政区和中国台湾地区）独家出版发行。未经出版者书面许可，不得以任何方式抄袭、复制或节录本书中的任何部分。

审图号：GS（2023）2875号

本书封面贴有Pearson Education（培生教育出版集团）激光防伪标签。
无标签者不得销售。

书　　名	全球通史：从史前到21 世纪（新译本）上册 QUANQIU TONGSHI: CONG SHIQIAN DAO ERSHIYI SHIJI (XIN YIBEN) SHANG CE	
著作责任者	[美] L. S. 斯塔夫里阿诺斯（L. S. Stavrianos）著　王皖强 译　刘北成 审校	
责任编辑	徐文宁　张文华	
标准书号	ISBN 978-7-301-34489-7	
出版发行	北京大学出版社	
地　　址	北京市海淀区成府路205号　100871	
网　　址	http://www.pup.cn　新浪微博：@北京大学出版社 @培文图书	
电子邮箱	编辑部 pkupw@pup.cn　总编室 zpup@pup.cn	
电　　话	邮购部 010-62752015　发行部 010-62750672　编辑部 010-62750883	
印　刷　者	天津盛辉印刷有限公司	
经　销　者	新华书店 787毫米×1092毫米　16开本　30.25印张　615千字 2024年6月第1版　2025年5月第4次印刷	
定　　价	82.00元	

未经许可，不得以任何方式复制或抄袭本书之部分或全部内容。
版权所有，侵权必究
举报电话：010-62752024　电子邮箱：fd@pup.cn
图书如有印装质量问题，请与出版部联系，电话：010-62756370

简明目录

出版前言　　*i*

《全球通史》第7版推荐序　　*v*

斯塔夫里阿诺斯的乐观与踌躇　　*xv*

致读者：为什么要写一部21世纪的全球史？　　*xxi*

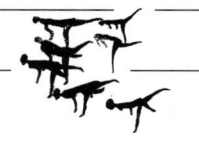

致　谢　　*xxvii*

上册

第一编 史前时代	第一章　食物采集者　　*003* 第二章　食物生产者　　*025* 历史的启示　人性的本质　　*045*	

第二编
亚欧大陆的古典文明
（公元500年前）

　　第三章　最初的亚欧大陆文明（公元前3500—前1000年）　　*051*
　　第四章　开启亚欧大陆整体化的古典文明
　　　　　（公元前1000—公元500年）　　*089*
　　第五章　希腊–罗马文明　　*109*
　　第六章　印度文明　　*151*
　　第七章　中华文明　　*165*
　　第八章　古典文明的终结　　*183*
　　历史的启示　文明：灾殃还是福祉？　　*205*

第三编
亚欧大陆的中世纪文明
（公元500—1500年）

　　第九章　实现亚欧大陆整体化的中世纪文明　　*213*
　　第十章　伊斯兰文明的兴起　　*229*
　　第十一章　突厥化蒙古人的入侵　　*247*

	第十二章　传统的拜占庭文明　　261	
	第十三章　传统的儒家文明　　277	
	第十四章　突破性的西方文明　　299	
	历史的启示　发展中社会与"领先者陷阱"　　325	

第四编
亚欧大陆之外的世界
（公元1500年前）

　　第十五章　非洲　　329
　　第十六章　美洲和澳洲　　343
　　第十七章　欧洲扩张前夕的世界　　363
　　历史的启示　历史上的人种　　368

第五编
诸孤立地区的世界
（公元1500年前）

　　第十八章　　西方扩张之际的伊斯兰世界　　375
　　第十九章　　西方扩张之际的儒家文化圈　　391
　　第二十章　　西方文明的成长：文艺复兴与宗教改革　　403
　　第二十一章　西方文明的成长：经济增长与国家建构　　421
　　历史的启示　历史与风尚　　438

下　册

第六编
西方兴起的世界
（公元1500—1763年）

　　第二十二章　西欧的扩张：伊比利亚国家
　　　　　　　　（公元1500—1600年）　　445
　　第二十三章　西欧的扩张：荷兰、法国、英国
　　　　　　　　（公元1600—1763年）　　469
　　第二十四章　俄国在亚洲的扩张　　483
　　第二十五章　全球整体化的开端　　501
　　历史的启示　区域自主性与全球整体化　　523

第七编 西方主宰的世界（公元1763—1914年）

- 第二十六章　欧洲的科学革命和工业革命　*529*
- 第二十七章　欧洲的政治革命　*561*
- 第二十八章　俄国　*595*
- 第二十九章　中东　*613*
- 第三十章　　印度　*625*
- 第三十一章　中国与日本　*637*
- 第三十二章　非洲　*651*
- 第三十三章　美洲和英国自治领　*665*
- 第三十四章　波利尼西亚　*675*
- 第三十五章　全球整体化的巩固　*685*
- 历史的启示　马克思的预言与现实的反差　*694*

第八编 西方衰退与繁荣的世界（公元1914年至今）

- 第三十六章　第一次世界大战及其全球影响　*699*
- 第三十七章　殖民地世界的民族起义　*727*
- 第三十八章　欧洲的革命与和解（公元1929年前）　*737*
- 第三十九章　五年计划与大萧条　*751*
- 第四十章　　走向战争（公元1929—1939年）　*765*
- 第四十一章　第二次世界大战及其全球影响　*777*
- 第四十二章　帝国的终结　*799*
- 第四十三章　大同盟、冷战及其后果　*819*
- 第四十四章　第二次工业革命及其全球影响　*835*
- 历史的启示　*860*

索引　*879*

目录 上册

第一编 史前时代

第 一 章 食物采集者 *003*
一、从猿到人 *004*
二、食物采集者的生活 *007*
三、人种的形成 *017*

第 二 章 食物生产者 *025*
一、农业的起源 *025*
二、农业的传播 *028*
三、农业的类型 *033*
四、食物生产者的生活 *036*
五、农业革命的影响 *040*

历史的启示 人性的本质 *045*

第二编 亚欧大陆的古典文明（公元 500 年前）

第 三 章 最初的亚欧大陆文明
（公元前 3500—前 1000 年） *051*
一、古代文明的起源 *051*
二、古代文明的传播 *056*
三、古代文明的类型 *060*
四、蓄势待发的游牧民族 *077*
五、游牧民族摧毁古代文明 *080*

第 四 章 开启亚欧大陆整体化的古典文明
（公元前 1000—公元 500 年） *089*
一、整体化的根源 *089*
二、贸易纽带 *093*
三、文化纽带 *097*

第五章　希腊-罗马文明　109
　　一、希腊古风时代（公元前800—前500年）　109
　　二、希腊古典时代（公元前500—前336年）　114
　　三、古典时代的希腊文明　117
　　四、希腊化时代（公元前336—前31年）　126
　　五、早期罗马共和国（公元前264年前）　131
　　六、晚期罗马共和国（公元前265—前27年）　134
　　七、早期罗马帝国（公元前27—公元284年）　138
　　八、晚期罗马帝国（公元284—476年）　142

第六章　印度文明　151
　　一、雅利安人的影响　152
　　二、宗教改革与反改革　155
　　三、孔雀帝国　157
　　四、入侵者、商人和传教士　159
　　五、笈多古典时代　160

第七章　中华文明　165
　　一、转型时期　166
　　二、哲学家与典籍　167
　　三、秦帝国　171
　　四、汉帝国　175
　　五、帝国的衰亡　179

第八章　古典文明的终结　183
　　一、古典文明的衰落　183
　　二、蛮族的入侵　188
　　三、日耳曼人和匈人席卷西方　192
　　四、蛮族持续入侵西方　197
　　五、西方成为例外　201

历史的启示　文明：灾殃还是福祉？　205

第三编 亚欧大陆的中世纪文明（公元500—1500年）

第 九 章　实现亚欧大陆整体化的中世纪文明　213
　　一、贸易纽带　213
　　二、技术纽带　219
　　三、宗教纽带　221
　　四、新的视野　223

第 十 章　伊斯兰文明的兴起　229
　　一、穆罕默德　229
　　二、阿拉伯人的征服　232
　　三、阿拉伯帝国　236
　　四、伊斯兰文明　238
　　五、哈里发国家的衰落　242

第十一章　突厥化蒙古人的入侵　247
　　一、突厥的入侵　247
　　二、成吉思汗的征服　249
　　三、蒙古帝国　251
　　四、蒙古帝国的衰落　253
　　五、突厥的复兴　254
　　六、突厥化蒙古人入侵的意义　256

第十二章　传统的拜占庭文明　261
　　一、拜占庭的兴起　261
　　二、拜占庭的黄金时代　266
　　三、拜占庭的衰落　268
　　四、拜占庭的灭亡　271
　　五、拜占庭的遗产　273

第十三章　传统的儒家文明　277
　　一、隋唐　277
　　二、宋：黄金时代　282
　　三、元：蒙古人的统治　284
　　四、明：民族优越感与闭关自守　286

五、中华文明传入日本　　290
六、日本的封建制度　　293
七、日本的闭关锁国　　294

第十四章　突破性的西方文明　299
一、西方的多元化　　299
二、地理背景　　302
三、技术进步　　302
四、经济发展　　304
五、新君主国的崛起　　307
六、文艺复兴运动　　308
七、西欧的扩张主义　　312
八、新兴西方文明中的妇女　　318

历史的启示　发展中社会与"领先者陷阱"　　325

第四编　亚欧大陆之外的世界（公元1500年前）

第十五章　非洲　329
一、地理环境　　329
二、农业和铁器　　330
三、伊斯兰教的影响　　332
四、贸易与西非帝国　　334
五、王国与国家　　339
结论　　340

第十六章　美洲和澳洲　343
一、大地与人　　343
二、文化　　345
三、文明　　347
四、历史上的美洲印第安人　　353
五、澳洲　　357

第十七章　欧洲扩张前夕的世界　*363*

历史的启示　历史上的人种　*368*

第十八章　西方扩张之际的伊斯兰世界　*375*
　　一、穆斯林帝国的崛起　*375*
　　二、穆斯林帝国的鼎盛　*383*
　　三、穆斯林帝国的衰落　*385*

第十九章　西方扩张之际的儒家文化圈　*391*
　　一、中华文明的连续性　*391*
　　二、王朝循环　*394*
　　三、早期的中西方关系　*396*
　　四、日本吸收中国文化　*397*
　　五、德川幕府　*399*
　　六、早期日本与西方的关系　*400*

第二十章　西方文明的成长：文艺复兴与宗教改革　*403*
　　一、现代化　*403*
　　二、文艺复兴　*404*
　　三、文艺复兴的遗产　*407*
　　四、德国宗教改革　*410*
　　五、德国之外的宗教改革　*413*
　　六、天主教改革　*416*
　　七、宗教改革的遗产　*417*

第二十一章　西方文明的成长：经济增长与国家建构　*421*
　　一、经济增长　*421*
　　二、技术进步　*424*
　　三、资本主义的诞生　*427*
　　四、新君主的崛起　*430*
　　五、扩张前夕的西欧　*432*

历史的启示　历史与风尚　*438*

第五编　诸孤立地区的世界（公元 1500 年前）

出版前言

斯塔夫里阿诺斯是当代美国著名的世界史学家，1913年出生于加拿大温哥华。他先后在加拿大不列颠哥伦比亚大学和美国克拉克大学获得史学学士、硕士和哲学博士学位。完成学业后，他先在加拿大金斯顿的皇后大学、美国马萨诸塞州北安普敦的史密斯学院执教；从1946年起，就任美国西北大学历史系教授，连续执教27年，直至1973年退休。之后，他又被聘为美国加州大学圣迭戈分校历史系兼职教授，直至1992年他79岁时才停止大学教学活动。他在第一线从事世界史教学四十多年，培养了一大批世界史学者，被誉为开创了"美国世界史教学的两位加拿大人"之一。

斯塔夫里阿诺斯一生学术成果斐然，生前共出版了18部著作，其中最有影响的有：《全球史纲：人类历史的谱系》(*Lifelines from Our Past: A New World History*, 1997)、《全球分裂：第三世界的历史进程》(*Global Rift: The Third World Comes of Age*, 1981)、《1453年以来的巴尔干各国》(*The Balkans since 1453*, 1956)等。其学术成果得到学术界高度评价。他分别于1951年获古根海姆奖、1953年获福特杰出教师奖、1967年获洛克菲勒基金奖，还获得过其他多种奖励和学术荣誉。

但真正给斯塔夫里阿诺斯带来世界性学术声誉的是《全球通史：从史前到21世纪》(以下简称《全球通史》)。这本书可以说是斯塔夫里阿诺斯的集大成之作，也是一部实践20世纪60年代兴起的"全球史思潮"的真正的奠基之作。《全球通史》出版后，很快成为美国最畅销的图书之一，并被译成多种文字，产生了世界性的影响，世界众多著名大学将它选为教材或参考教材。

斯塔夫里阿诺斯对《全球通史》也是呕心沥血，在30年中不断完善本书，先后于1975年、1982年、1988年、1991年、1995年、1999年做了6次修订。特别要指出的是，第6次修订是在他86岁时做的，也就是1999年的第7版。斯塔夫里阿诺斯在这一版致读者的前言《为什么要写一部21世纪的全球史？》中认为："每一个时代都要重新书写历史。这不是因为之前的历史撰述有多少错误，而是因为每个时代都会面临新的挑战，提出新的问题，寻找新的答案。这个道理是不言而喻的，因为当今世界正在以指数级速度发生变化，迫切需要有新的历史来提出新问题、提供新答案。"依据"新世界需要新史学"的理由，作者从章节到内容对《全球通史》做了较大幅度的调整和补充，突出了人权意识和环境意识的全球觉醒及"科技魔力"对21世纪人类历史的影响。第7版出版发行后，继续风靡世界史学界，被誉为世界史研究中"经典中的经典"。

1999年第7版《全球通史》英文版出版后，北京大学出版社就积极与Prentice Hall联系版权，而Prentice Hall也在寻找一家可靠的出版社出版《全球通史》的中文版。2002年2月，北京大学出版社与Prentice Hall签署《全球通史》中文版出版合同。

斯塔夫里阿诺斯对最新版《全球通史》的中文版由北京大学出版社出版十分赞同。北京大学出版社当时提出请斯塔夫里阿诺斯写一篇新的序言，并希望他对中国20多年来的飞速发展与崛起的历史意义以及对21世纪世界的影响发表他的真知灼见。因为作为一位有深刻思想的历史学大家，斯塔夫里阿诺斯不但关注中国古代和现代的历史，也十分关注中国的改革开放。在第7版的前言中，他就写道："21世纪的前夜，世界各地正在进行前所未有的社会实验和革新。它们的范围和意义从近年来全球性变革浪潮中可见一斑。例如，在中国，坚定的革命者正在探索'具有中国特色的社会主义'。"

可惜由于他的健康原因，中文版序言一直未能写就。2004年3月23日，斯塔夫里阿诺斯在加州逝世，享年91岁，第7版成为《全球通史》的最终定本。得到他逝世的消息后，北京大学出版社在为之痛惜的同时也为未能得到他的序言而深感遗憾。为了满足许多读者阅读英文版《全球通史》的需求，2004年5月，北京大学出版社又与培生教育出版集团签署了在中国内地出版英文影印版的合同。2004年7月和2005年1月，北京大学出版社相继出版发行《全球通史》英文影印版和中文版。

北京大学出版社的《全球通史》中文版自2005年1月出版以来，吸引了大量读者朋友。许多读者朋友出于对名家名著的呵护之情和责任心，既对全书给予了充分认可，也对译文的疏漏和不当之处提出了质疑。为了给读者朋友奉献一部精益求精之作，我们决定推出新译本。为此，我们邀请中国人民大学历史系王皖强教授重译全书，并请清华大学历史系刘北成教授审校，以期达到"名家名著名译"的最佳效果。当然，诚如刘北成先生所说，"学术翻译是一种知识冒险"，"翻译永远是留有遗憾的再创作"，所以，我们期待和欢迎读者朋友提出批评和商榷。

另外需要说明的是，由于本书最后一版出版于1999年，而学术进步则如长江后浪推前浪，尤其是近年来考古学和历史学方面涌现出不少新发现和新成果，书中未能反映，所以斯塔夫里阿诺斯教授的一些观点和表述与国内学界有所不同，还请读者朋友多加甄别，批判思考。

"新世界需要新史学"，是斯塔夫里阿诺斯教授留给后人的箴言，他为21世纪读者写的《全球通史》给学界确立了一个典范，也为全球读者留下了一笔精神文化财富。

《全球通史》将继续因其精彩而泽被后人。

《全球通史》第 7 版推荐序

刘德斌（吉林大学当代国际关系研究中心）

翻开这本书，人类的过去就有如一幅由远及近的画卷，一幕幕地展现在读者的面前。这里有人类的起源、文明的嬗变，有帝国的更迭、宗教的扩散；有对亚欧大陆诸古代文明和古典文明不同命运的宏观思考，也有1914年6月28日萨拉热窝事件的详细介绍；有对人性善恶本质的哲学分析，对文明是"灾殃"还是"福祉"的辩证评价，也有对世界愈加两极分化的人道关怀，对人类历史上诸多灾难的渊源——社会变革总是滞后于技术变革——的忧虑与警示。不同于那种把自己的观点和观念强加给读者的历史学作品，这本书平心静气，娓娓道来，没有教育人的口吻，却把读者引入一种求索的境界，让你不由自主地手不释卷。这本书就是享誉世界几十年，与汤因比的《历史研究》齐名、但比《历史研究》通俗易懂，被称为"经典中的经典"的《全球通史》。作者是美国著名历史学家斯塔夫里阿诺斯。尽管这个名字对中国人来讲过长难记，但它已经随着《全球通史》一起进入了中国人的知识殿堂，正在为越来越多的中国读者所熟知。

毋庸讳言，阅读历史，特别是通史类的教科书，不是一件轻松的事。但斯塔夫里阿诺斯的《全球通史》却可以让读者比较轻松地读下来。这本书问世五十多年来一直畅销不衰，不断再版，不仅为英语国家读者所喜欢，还被翻译成多种文字，成为在全世界拥有最多读者的通史类作品。有人把斯塔夫里阿诺斯的《全球通史》与西格蒙德·弗洛伊德的《梦的解析》、阿尔伯特·爱因斯坦的《广义相对论的基础》、欧内斯特·海明威的《太阳照常升起》、J. M. 凯恩斯的《就业、利息和货币通论》、让-保罗·萨特的《存在与虚无》、杰克·凯鲁亚克的《在路上》、蕾切尔·卡森的《寂静的春天》、斯蒂芬·霍金的《时间简史》和比尔·盖茨的《未来之路》并列为20世纪影响世界的10本书，可见其在读者心目中的地位。[1]作为历史教科书，能够享有如此"殊荣"是非常难能可贵的，恐怕也出乎许多人意料。

一

那么，斯塔夫里阿诺斯的《全球通史》是如何做到这一点的？《全球通史》何以有如此强的吸引力和影响力？通观全书，读者首先会发现，《全球通史》虽是史书，但却具有强烈的现代意识。它虽然是一部历史教科书，但并不是一味地把读者拉向遥远的过去，而是随时把历史上的重大变故与当今世界的现状联系在一起，提醒读者认清所生活的现实世界与历史的内在联系，从而使读者的思想能够跨越时空的限制，在历史与现实的两个时空里驰骋，甚至由此产生出自己对历史事件的联想与对比，产生出自己思想的火花和创作的冲动。由此，阅读历史成了一种乐趣，成了一个对历史和现实两个世界的疑问同时不断探询和解答的过程。例如，《全球通史》对伊斯兰教势力从中东不断地向周围扩张，直至非洲、中亚东部、印度次大陆和东南亚的介绍和分析，使读者自然地体会到"这一点至今仍深刻地影响世界事务的进程"，体会到当今世界围绕"大中东"的诸多矛盾冲突的缘起，体会到历史与现实是如何直接而紧密地联系在一起的。

这就涉及一部历史作品的时代感或现实感问题。"古往今来"是通史类教科书的必然属性。但如果历史学家只是埋头于"从过去到现在"的叙事，而对读者的求索目标和心态需求不能给予足够的关注，那么历史作品的"受众"就只能局限于本专业的学生和学者，局限于以获取学分为目标的"专业读者"之内，而难以拥有历史专业以外的广大读者，历史作品就难以发挥它应有的作用。实际上，许多大历史学家的作品都有强烈的时代感或现实感。汤因比的多卷本《历史研究》，是继斯宾格勒1917年《西方的没落》发表之后的另一部历史巨著。但与《西方的没落》不同，《历史研究》并不认为西方的没落在劫难逃，而是对其存续持乐观态度。很明显，《历史研究》不仅是"历史研究"，而且也是对当时萦绕西方人心头的现实问题的正面回答。据汤因比先生本人说，他1924年至1956年撰写《历史研究》期间，还为伦敦的皇家国际事务研究所编写了一部当代国际事务的年鉴，之后又同他的妻子一道编写了一部有关第二次世界大战的政治史。按照他自己的说法，"这两项庞大而耗时费力的工作是相辅相成的。假如我不同时做这两项工作，我便一项工作也干不成。我始终是脚踩着现在和过去两只船。在这本《历史研究》的修订插图版中，我同样是两者兼顾，既回顾过去，又展望未来。因为当你研究现在和过去的时候，对未来不可能视而不见，倘若这是可能的话，那反而荒唐可笑了"[2]。汤因比在阅读了斯塔夫里阿诺斯《全球通史》上卷原稿之后曾撰文指出，尽管此书结束于公元1500年，但却给他以强烈的现实感：它是一种思想武器，可以用来医治我们现在所面临的由于陶醉于技术进步而产生的深深的精神危机；它有助于人们理解未来——包含各种可能性和选择的未来。[3] 对于许多读者来说，进入《全球通史》的意境之后就会发现：你不仅在阅读历史，而且也在了解现实；你不仅在与过去沟通，也在与现实对话。可以肯定，当你阅读了《全球通史》之后，会对我们生活其中的当今世界的来龙去脉有一个基本的了解，会对这个世界的走向有一个自己的判定。所以，我认为斯塔夫里阿诺斯《全球通史》的成功之处首先就在于它强烈而深刻的现实感。

二

《全球通史》不同凡响，还在于它是"全球史观"的代表作，是迄今为止全球史观最有影响力的作品。在西方，早在启蒙时代就有人试图以全球视野来阐释历史。但后来"由于好战的民族国家的兴起"，民族国家历史的编纂获得强有力的推动，而先前对世界历史的兴趣则消失了。按照斯塔夫里阿诺斯的说法，这种局面一直延续到第一次世界大战之前，在很大程度上甚至一直延续到第二次世界大战之前。"一战"或"二战"后，对世界历史的兴趣又在西方学术界重新燃起，代表性作品包括斯宾格勒的《西方的没落》、韦尔斯的《世界史纲》、汤因比的多卷本《历史研究》、W. H. 麦克尼尔的《西方的兴起——人类共同体的历史》和《世界史》，以及斯塔夫里阿诺斯的《全球通史》等。

人们一般都把英国历史学家巴勒克拉夫看成当代"全球史观"的理论上的先行者，认为他在1955年的论文集《处于变动世界中的史学》中最先提出了全球史观问题，此后又在1967年的《当代史导论》、1978年的《当代史学主要趋势》和同年的《泰晤士世界历史地图集》中，对这个问题进行了进一步的阐释。斯塔夫里阿诺斯的两卷本《全球通史》（1970年和1971年）和麦克尼尔的《世界史》（1967年），则被巴勒克拉夫视为体现了"全球史观"的代表作。他在《当代史学主要趋势》中指出："近年来在用全球观点或包含全球内容重新进行世界史写作的尝试中，最有推动作用的那些著作恰恰是由历史学家个人单独完成的，其中恐怕要以L. S. 斯塔夫里阿诺斯和W. H. 麦克尼尔的著作最为著名。"[4] 斯塔夫里阿诺斯本人也把20世纪60年代"世界历史学会"（World History Association）的成立、《世界历史杂志》（Journal of World History）的出版和1970年与1971年他的《全球通史》第1版的出版，看成是西方学术界从西方中心论向全球史观转变的证据。[5]

巴勒克拉夫等人所倡导的"全球史观",主要以突破西方学术界根深蒂固的"欧洲中心论"(或称"西欧中心论""欧美中心论"和"西方中心论")的限制为特征,主张历史研究者"将视线投射到所有的地区和时代",建立"超越民族和地区的界限,理解整个世界的历史观""公正地评价各个时代和世界各地区一切民族的建树"。"在当前世界性事件的影响下,历史学家所要达到的理想是建立一种新的历史观。这种历史观认为,世界上每个地区的每个民族和各个文明都处在平等的地位上,都有权利要求对自己进行同等的思考和考察,不允许将任何民族和文明的经历只当作边缘的无意义的东西加以排斥。"[6]在《当代史导论》中,他明确反对以西欧为中心的"古代—中古—近代"和"地中海时代—欧洲时代—大西洋时代"的历史阐释体系。[7]在全球化进程不断深入、构建全球史学已经成为史学界多数人共识的今天,我们重读半个世纪以来巴勒克拉夫等人的作品,不能不为他们的先见之明所折服。

作为全球史观的代表作,斯塔夫里阿诺斯的《全球通史》对于中国读者具有特殊的重要意义。其中最为重要的一点,是《全球通史》摒弃了西方传统的世界历史的阐释方法,如"古代—中古—近(现)代"的"三分法",将整个人类历史的演进划分成两个基本的阶段,即公元1500年以前诸孤立地区的世界和公元1500年以后西方的兴起并占优势的世界。这样一种划分方法对许多中国读者来说是不习惯的,因为大多数中国读者已经按照"三分法"形成了自己对历史的思维定式。但这样一种划分却有利于消除中国读者头脑中中国历史与世界历史之间的"时间位差",把对中国历史的理解和认识真正融入对整个世界历史的理解和认识中去。众所周知,"上古—中古—近代—现代"是中国历史学家对世界历史最为常见的阶段划分,也是从苏联移植过来的一种世界历史阐释体系,实际上是西方学术界"三分法"的变种。它无视"中世纪"只是欧洲乃至西欧独有的历史经历这样一种事实,而将整个人类社会的发展镶嵌到一个统一的框架之中,同时也把中国历史的阶段划分置于一种十分尴尬的境地:1840年开始的中国"近代"要比世界历史上的"近代"晚几百年。中国人由此不得不按照中国与世界两个不同的时间表来理解中国的过去与世界的过去。

斯塔夫里阿诺斯的《全球通史》无意这样为难我们。它也使用"中世纪"这样的概念,但主要用于描述欧洲的历史进程及其与欧洲以外地区历史进程的比较,而不是要把各地区的历史整齐划一。换言之,它没有设定一个统一的标准来评价世界各地区的历史进度。实际上,当代多数西方学者都已抛弃了传统的"三分法",承认"历史在这个星球上不是按同一个速度进行的","三分法"存在着清晰的欧洲中心论偏见。[8]正如美国学者威廉·麦克高希在他的《世界文明史》中所指出的:"世界上大多数人口不是基督徒,并且只有亚欧大陆的最西端属于罗马帝国。一个帝国崩溃后,出现的是一个影响全体的但无帝国疆界的宗教,再后来是它的分裂及由一个世俗的秩序取而代之,这种经历是西方社会所独有的。其他社会的历史则表现出不同的模式。"[9] 但是,对于"三分法"的否定并没有阻碍西方学者在世界历史分期上进行的不懈努力。实际上,多少年来,西方学者在世界历史的分期上一直在做不同的努力,他们从不同的角度探求整个世界历史进程中时间与空间的契合点。如沃尔夫从"家族秩序的生产方式—纳贡(封建)的生产方式—资本主义生产方式"的角度对世界历史进行的分期[10],麦金德从"开放体系—封闭体系—开放体系—封闭体系"角度进行的分期[11],沃勒斯坦从"微型体系—世界帝国—世界经济"角度进行的分期[12],霍奇森从"农业时代—技术时代"角度进行的分期[13],麦克尼尔从"前文明—文明—相互联系的文明—全球文明"角度进行的分期[14],格尔纳从"狩猎—农业—技术"角度进行的分期[15],麦克高希从"文化技术"(原始或表意文字、字母文字、印刷术、电子通信技术和计算机技术等)角度进行的分期[16]和布赞与利特尔从"前国际体系—相互联系的国际体系—全球国际体系"角度进行的分期[17],等等。仔细研读这些分期后我们会发现,尽管它们的切入点不同,时间上有很大差异,但它们都把公元1500年作为世界历史的一个转折点。换言之,1500年是多数世界历史分期在时间上的共同契合点。这可以证明斯塔夫里阿诺斯《全球通史》以公元1500年为界的基本划分的合理性和权威性,同时也给中国人对世界历史的认识和世界历史教科书的编纂以诸多参考和启迪。

三

《全球通史》不想在阐释体系上束缚住读者的想象力,作者的阐释手法更是让读者得以"思接千载,视通万里","就如一位栖身月球的观察者从整体上对我们所在的球体进行考察时形成的观点,因而,与居住在伦敦或巴黎、北京和新德里的观察者的观点判然不同"。[18] 例如,《全球通史》打破地区和民族的界限,按照历史运动本身的空间来阐释历史,不仅让读者从地区史和国别史的框架的束缚中解放出来,真正进入"整体世界史"的思考境界,而且可以从中产生许多对现实具有启发意义的思考,尤其对我们深入考察20世纪以来"民族国家"形式遮盖下的真实世界具有重要的启发意义。

斯塔夫里阿诺斯没有声言自己采用了什么研究方法,但实际上他对历史学和其他人文社会科学多种方法,如文明模式理论、地缘政治理论、文明交流理论、长时段和宏观历史理论等,都了如指掌,应用娴熟,从而为读者构建起一幕幕雄伟的历史画卷。不同领域的读者可以从《全球通史》的不同侧面,汲取不同的知识、观点和方法,这就是一本历史学的巨著应该做到的。当然,《全球通史》也阐释了许多人们共同关心的观点和话题。如作者在考察亚欧大陆文明兴衰时指出:如果其他地理条件相同,那么人类取得进步的关键就在于各民族间的"可通达性"(accessibility);因为可通达性既为各民族提供了发展的机会,也制造了淘汰的压力;亚欧大陆的历史在很大程度上是亚欧大陆内部的游牧部落和周围的各大河流域文明区之间的历史;农业文明结束了长达数千年的种族平衡,建立起一直持续到今天的蒙古人种、高加索人种和黑人的优势;在古代文明的数千年里,中东一直是创始力的中心,但到了古典时代,中东的优势渐渐消失,除了宗教领域外,中东不再是创造发明的重要发源地;古典时代形成的、并在许多情况下一直存续至今的新思想和新制度,都是原先从亚欧大陆诸边缘地区发展起来的文明的产物,如希腊和罗马文明、印度文明和中国文明;正是亚欧大陆的西方古典文明比其他文明遭受了更彻底的破坏,无法复原,被一种崭新的东西所代替,才使西方走在了世界的前面;西方衰落了,但西方开启的现代革命却蔓延到全世界,因而西方也是成功的,等等。

斯塔夫里阿诺斯对中国文明与其他文明的比较,让读者对中国的历史留下更深刻的印象,对中国读者理解中国的历史也具有启发和借鉴意义。如他认为中国在种族和文化上的统一性是由于中国文明——这个在任何时候都未产生过祭司阶级的伟大文明——具有独特的现世主义,因而存在于亚欧其他文明中的教士与俗人之间、教会与国家之间的巨大分裂,在中国是不存在的。他还认为在中国长达数千年的历史上,只有三次从根本上改变了中国的政治和社会结构的大革命,这就是公元前221年秦王朝对中国的统一、公元1911年辛亥革命的爆发和1949年中华人民共和国的建立。当然,《全球通史》充满富有哲理的睿见,笔者常读常新,这里只是简单地举要而已。

四

北京大学出版社推出的斯塔夫里阿诺斯的《全球通史》中译本是这本享誉世界的历史教科书的第7版。该书第1版上卷问世于1970年,下卷问世于1971年。北京大学出版社的这个中译本是根据作者1999年推出的最新版本译出的。

同第1版相比,第7版有很大的不同。第一,覆盖的时间跨度增加了。作者把他所阐释的内容延展到20世纪90年代末。新版本加入了冷战终结和第二次工业革命全球性影响的内容,最后以苏丹的饥荒和印巴核试爆结尾,更加凸显了他一直强调和忧虑的这样一个历史主题,即社会变革滞后于技术变革一直是人类许多灾难的根源。第二,原来上下两卷的副标题分别是"公元1500年以前的世界"和"公元1500年以后的世界",第7版上下两卷只有一个副标题:"从史前到21世纪",突出全书是一个整体。第三,许多章节的内容都做了调整和简化,更加适应历史学专业以外读者的需求;同时还增加了许多新的原始文献资料,反映了时代发展的需要。如新版本开辟一章专门介绍波利尼西亚即太平洋地区的历史发展,从而更加显示了"全球通史"的完整性。更值得一提的是,本书新增了数百幅生动珍贵的照片和脉络清晰的地图,使这部经典之作更加图文并茂。最后,作者为读者提供了大量最新参考书目,进一步丰富了《全球通史》的信息含量。

关于这个新版本,斯塔夫里阿诺斯本人在"致读者"中有这样的表述:"每一个时代都要重新书写历史。这不是因为之前的历史撰述有多少错误,而是因为每个时代都会面临新的挑战,提出新的问题,寻找新的答案。这个道理是不言而喻的,因为当今世界正在以指数级速度发生变化,迫切需要有新的历史来提出新问题、提供新答案。"[19]为什么本书第1版问世才30个年头,现在又要出版面向21世纪的新版本呢?斯塔夫里阿诺斯回答说:"答案与出第1版时的理由是相同的,还是那句话:新的世界需要相应的新历史视角。20世纪60年代的后殖民世界需要一部新的全球史。20世纪90年代和21世纪的新世界同样需要用新的历史视角来审视。20世纪60年代的新世界在很大程度上是殖民地革命的产物。20世纪90年代的新世界,诚如教皇保罗六世所说,是'科技魔力影响'的产物。"[20]

五

最后,我们该来谈谈《全球通史》的作者本人了。斯塔夫里阿诺斯是美国加州大学的历史学教授、享誉世界的历史学家,曾获得过古根海姆奖、福特杰出教师奖和洛克菲勒基金奖等一系列学术荣誉。虽然他以《全球通史》闻名世界,但实际上他著述颇丰,还有大量其他作品为学术界所称道。除《全球通史》外,斯塔夫里阿诺斯的其他作品还包括《1453年以来的巴尔干各国》《奥斯曼帝国:它是欧洲的病人吗?》《全球分裂:第三世界的历史进程》和《远古以来的人类生命线:新世界史》[2017年北京大学出版社推出其中译本《全球史纲:人类历史的谱系》]等。《全球分裂:第三世界的历史进程》英文版出版于1981年,1993年我国的商务印书馆出版了中译本[内容略有删减],2017年由北京大学出版社再版[完整版]。这本书可以说是作者《全球通史》的延续和发展。斯塔夫里阿诺斯没有采用冷战期间对"第三世界"的意识形态界定,而是将其置于全球视野中进行整体的历史考察,认为第三世界不是一个凝固不变的实体，也与地理位置没有绝对的关系；最早的第三世界发端于东欧，之后才将世界上一些其他地区纳入进来；第三世界不是与西方偶有联系的遥远异域，而是西方自己的历史的一个组成部分。显然，这也是一本非常值得研读的历史著作。在1997年发表的《远古以来的人类生命线：新世界史》中，斯塔夫里阿诺斯通过把人类历史定义为三个类型，即氏族社会、朝贡社会和资本主义社会而对世界历史提出了一种独特诠释。在每一个类型的内部，斯塔夫里阿诺斯又研究了生态、两性关系、社会关系和战争四个生命线问题，并就与这四个生命线有关的21世纪可能的前景进行了展望。相信斯塔夫里阿诺斯这本书也会给中国读者诸多启示。

当然，同其他学术作品一样，斯塔夫里阿诺斯的《全球通史》也不可能完美无缺。我们在研读和欣赏这部优秀作品时也应该有一种批判精神。尽管他一直在努力突破西方中心论的窠臼，但由于他特别强调西方是公元1500年以来世界的动力之源，所以人们就对他是否真正突破了西方中心论产生了怀疑。另外，人们普遍认为西欧文化并没有在中世纪荡然无存，因此他关于西方何以从落后变为先进的立论就不够坚实，他对整个亚欧大陆诸古典文明历史命运的整体解读因而也就不能说完全站得住脚了。

不过，这些问题都可以见仁见智，重要的是我们在学习别人优秀作品的时候应该具有一种批判精神，这样才能够为我所用，充实自己。遗憾的是，尽管我国是一个文明古国，是当今世界上文化的链条唯一没有中断过的文化大国，是一个历史资源极为丰富的国家，但我们迄今还没有奉献给世界一本像斯塔夫里阿诺斯的《全球通史》这样为不同地区和国家的人们所熟知和欣赏的史学力作，我们甚至依然在用别人的模式理解我们自己和整个世界的历史。这是与我们中国的历史地位和现实身份不相符的。中国的强大有赖于中国文化力量的发展和强大，其中包括中国人对中国历史和世界历史的解读能力和阐释能力。从这个意义上说，斯塔夫里阿诺斯及其《全球通史》是一面镜子，它映照着无数的你和我。

[注释]

1. 邢宇皓:《百年回首——影响世界的十本书》,《光明日报》,2000年1月6日。
2. [英] 阿诺德·汤因比:《历史研究》(修订插图本),刘北成、郭小凌译,上海人民出版社,2000年,第2页。
3. 张广勇:《从文明中心到全球文明的世界史——〈全球通史〉中译本导言》,上海社会科学院出版社《全球通史:1500年以前的世界》,1988年,第49页。
4. [美] 杰弗里·巴勒克拉夫:《当代史学主要趋势》,杨豫译,上海译文出版社,1987年,第264—266页。
5. [美] 斯塔夫里阿诺斯:《全球通史(第7版影印本)》,北京大学出版社,2004年,第XIII页。
6. [美] 杰弗里·巴勒克拉夫:《当代史学主要趋势》,杨豫译,上海译文出版社,1987年,第158页。
7. [美] 杰弗里·巴勒克拉夫:《当代史导论》,张广勇、张宇宏译,上海社会科学院出版社,1996年,第13—16页。
8. [英] 巴里·布赞和理查德·利特尔:《世界历史中的国际体系:国际关系研究的再构建》,刘德斌译,高等教育出版社,2004年,第342页。
9. [美] 威廉·麦克高希:《世界文明史:观察世界的新视角》,董建中译,新华出版社,2003年,第19页。
10. Eric R. Wolf (1982), *Europe and the People Without History*, University of California Press.
11. Halford J. Mackinder (1904), "The Geographical Pivot of History", *Geographical Journal* 13, pp. 421-437.
12. Immanuel Wallerstein (1974), *The Modern World System*, New York Academic Press.
13. Marshall G.S. Hodgson (1993), *Rethinking World History: Essays on Europe, Islam and World History*, Cambridge University Press.
14. William H. McNeill (1963), *The Rise of the West: A History of the Human Community*, University of Chicago Press.
15. Ernest Gellner (1988), *Plough, Book and Sword: The Structure of Human History*, London, Paladin.
16. [美] 威廉·麦克高希:《世界文明史:观察世界的新视角》,董建中、王大庆译,新华出版社,2003年。
17. [英] 巴里·布赞和理查德·利特尔:《世界历史中的国际体系:国际关系研究的再构建》,刘德斌译,高等教育出版社,2004年。
18. [美] 斯塔夫里阿诺斯:《全球通史:1500年以前的世界》,吴象婴、梁赤民译,上海社会科学院出版社，1988年，第54页。
19. ［美］斯塔夫里阿诺斯：《全球通史（第7版影印本）》，北京大学出版社，2004年，第XIII页。
20. ［美］斯塔夫里阿诺斯：《全球通史（第7版影印本）》，北京大学出版社，2004年，第XIII—XIV页。

斯塔夫里阿诺斯的乐观与踌躇

高毅（北京大学历史系）

盛行于当今西方史学界的"全球史"之风，刮了已经有几十年了。自从20世纪60年代麦克卢汉首次把世界唤作"地球村"起，一些富于文化敏感和社会责任感的西方史学家就感到了一种必要，那就是必须突破19世纪以来国别史和西方中心论传统，从文明比较的角度重写世界史，以便提供某种参照，对地球村中某种健康的共同文化的培育产生积极的影响。于是，他们开始有意识地淡化世界史中政治方面的内容（这常常与起分裂作用的民族国家紧密相关），而把全人类的文化、社会生活的演进作为史学考察的重点，同时试图赋予过去长期被忽视的、被认为是"没有历史的"非西方民族以平等的历史地位，突出文化多元共存的合理性，以及人类各区域文明之间交往互动的历史推动意义——所谓的"全球史"，就这样渐渐发展了起来。

美国著名历史学家斯塔夫里阿诺斯的这部《全球通史》，就是这股全球史潮流的一部奠基性的杰作。它最初出版于20世纪70年代初，而由于它的杰出，一经问世就被译成多种文字，产生了世界性影响，所以如今它已经是一部风靡全球的全球史经典了。我国的读者对它当然也不陌生。90年代初起，它就一直是北京大学历史系本科教学的首要参考教材之一，而它对我国高校世界史教材编写工作产生的革命性影响，也是行内人所共知的事实。我们现在看到的这部书，较之以前版本已有很大不同，因为作者已根据21世纪世界的新需要，对本书从架构到内容都做了一次较大幅度的"优化升级"。

那么，这个新版本究竟新在何处？

按照作者本人在本书开篇的"致读者"中的解释，新版本之新，主要就新在其关注的核心问题发生了变化，而这种变化又全是时代变化的结果：

> 第一版问世才几十年，为什么又要出版面向21世纪的新版本呢？理由与第一版时毫无二致，也就是说，新的世界需要相应的新历史视角。20世纪60年代的后殖民世界需要一部新的全球史。20世纪90年代和21世纪的新世界同样需要用新的历史视角来审视。20世纪60年代的新世界在很大程度上是殖民地革命的产物。20世纪90年代的新世界，诚如教皇保罗六世所说，是"科技魔力影响"的产物。

而"致读者"中接下来的文字，谈论的则全是核战争的可能性和环境持续恶化的现实给"人类生命"和"地球母亲"带来的双重威胁，从中透露出的信息似乎是：如果说20世纪60年代世界的核心问题是由殖民地革命凸显的第三世界平等发展权的话，那么21世纪现代科技的负面影响问题已经凸显。

但那个"60年代问题"是否就此消失了呢？作者并没有这个意思。实际上对于上述两大问题（它们正是20世纪末以来全球史的两个密切相关的核心问题），作者在书中仍然给予了同等的关注。也就是说，作者在敏锐地察觉到现代科技负面影响问题凸显的同时，并没有因此而对包括第三世界平等发展权在内的社会公正问题有丝毫的忽略，因而他也就没有忘却上面谈到的全球史初兴时的那份现实关怀，而那也正是全球史必须坚守的一份优良传统。

在本书的旧版本中，作者对"60年代问题"的解决充满了乐观。这份乐观来自汤因比。汤因比曾盛赞当今时代，说这是人类有史以来第一次"敢于认为可以让文明的益处为整个人类所利用"的时代。斯塔夫里阿诺斯深以为然，并由此浮想联翩：

> 这种由全球意识和全球责任组成的观念的确存在，应该同诸如种族冲突和引起分裂的民族主义之类的趋势一起得到承认。这种观念是从人们承认对本国较不幸的公民的福利负有责任开始的……近几十年中，社会责任这一概念已被扩大到不仅包括本国公民，而且包括全人类。这种全球责任已时常得到重申和履行，因此现被认为是理所当然的，它的新奇和意义也被忽视了……今天不仅存在着日益增长的全球责任感，而且同样重要的是，还存在着履行这种责任的方法。如前所述，当今世界的主要问题是富国和穷国之间的差距越来越大。不过，这个问题也有一个希望：消除这一差距的方法的确存在，正有待于利用。由于科学的进步和第二次工业革命，这一目标首

次有可能在不损害先进国家的生活水平的情况下得到实现。现在，美国国民生产总值的年平均增长率大约是4.3%，即400亿美元左右。如此大的年增长率使美国除能进行国内的社会改革外，还有可能拨出大笔大笔的款项支持穷国的发展。由于其他富国的国民生产总值也具有相似的增长率，今天，改善全球经济的不平衡有史以来第一次成为一个可实现的目标。[1]

然而，事过30来年后，作者是不是还能这样乐观呢？看来有点困难了。实际上，类似的言论在新版本中已经看不到了，取而代之的是作者对所谓"第二次工业革命"的种种消极影响的令人沮丧的描述。作者所说的第二次工业革命，指的是由第二次世界大战引发的多项技术突破，包括核能、人工智能、航天科学、基因工程、信息革命、新农业革命等，实际上也就是使本书的新版本成为必要的那种"科技魔力影响"之源。作者指出：第二次工业革命的世界影响在很大程度上是"破坏性"的，导致了第三世界经济的恶化以及富国和穷国差距的惊人扩大——据世界银行统计，1950年工业化国家的人均国民收入是欠发达国家的10倍，到1965年时这一比率转变为15∶1；而到20世纪末，预计这一比率还有可能达到30∶1。[2]同时社会不公正的问题也在日趋严重——据联合国1994年《人权发展报告》披露，在过去的50年中，世界收入增长了7倍，人均收入增长了3倍。但是，无论在国内还是在国际社会，大量收入的分配都是不公正的："1960—1991年，世界上最富有的20%人口在世界收入中所占的份额从70%上升到85%……而最贫穷的20%人口所占的微薄份额从2.3%降至1.4%。"[3]当然，作者也没忘记指出第二次工业革命在生态、种族关系、性别关系乃至战争诸方面造成的各种有害的世界影响。至于造成这一情况的原因，他还是一如既往地把它归结为"技术变化"和"社会变化"之间的时间滞差，也就是说是因为受制于传统的人类总是不能及时地变革社会以适应技术变化带来的新环境。

尽管如此，我们的作者仍然对未来满怀希望。他反对诸如人类将在"核冬天"中自我毁灭之类的悲观论点，理由是虽然今天的人类还在像其祖先那样不停地做着种种蠢事，但一个不可忽视的事实是，"今天我们拥有我们的祖先所没有的优势，这些优势使我们的未来充满光明"。那么这些优势究竟是什么？在他看来主要有两点，一是飞速发展的高科技，二是人权意识的全球觉醒，它们正在从物质和精神两个方面推动整个人类向自由王国飞奔——"这一方兴未艾的全球觉醒，加上高科技的巨大潜力，表明我们没有必要杞人忧天"[4]，这就是他的结论。

显而易见，作者在这里表达的，其实就是他对现代工业文明（也就是通常所说的"现代文明"）的一种发自内心的认同。

应该说，斯塔夫里阿诺斯的《全球通史》从一开始就是对现代文明的一种礼赞，尽管其曲调往往显得低回而不高亢。它试图展示人类社会从远古经由农业文明走向工业文明的进步历程，这无疑还是启蒙主义的路数，还是所谓"宏大叙事"——只不过这没有什么不对，因为它符合全球民众对自由平等、社会公正的渴望，而且契合"全球史"的精神。在本文开头处我们曾提到，"全球史"写的实际上就是"文明史"（这使它有别于传统的政治史、民族国家史），其目的是要推动地球村中某种健康的共同文化的建设。这种"共同文化"，在斯塔夫里阿诺斯看来不是别的，就是现代文明——这一点他虽没有明说，但我们仍可以很容易地从他在本书的老版本里写的这句话中体会出那个意思：

> 今天，欧洲三大革命［指科学革命、工业革命和政治革命——引者］向全球的传播虽然是在不同方面的支持下进行的，但似乎仍在以加速度创造一种尽管在细节上不同、但在基本特征方面将是一致的世界文化。[5]

这句话虽短，却说得很到位。它道出了"三大革命"与后来广泛流播于全世界的现代文明之间深刻的渊源关系，从而凸显了现代文明崇尚科学化、工业化和民主化的本质内涵；同时它又强调了一个很重要的事实，即由现代文明的传播所创造的"世界文化"将是同质性与多样性的一种辩证统一，也就是说世界各民族在接受了现代文明的本质内涵（即实现了所谓"现代化"）的同时，还将继续保留自己的某些可以与现代文明兼容的文化个性，从而继续维持各现代化社会之间种种"细节上的不同"。显然，这句话已经包含了一些很有价值的有关现代文明的理论信息。

只是很可惜，在新版本里，这段话随着内容结构的调整而消失了。但作者在这方面的基本看法似乎并没有变化，因为新版本的第七编中所阐述的，仍然是有关"欧洲三大革命"造就了某种统一的世界文化的一些基本事实。不过，由此我们也注意到一个情况：作者对使用全球性的"世界文化"这样的词似乎有些顾虑——实际上这个词在新版本中已完全看不到了。与此相关的另一个情况是："现代文明"或"工业文明"这种本来应该成为本书主要关键词的词汇（因为本书的章节结构就是按从古典文明到中世纪文明再到现代文明这个逻辑理路排列的），作者好像也不大敢用。甚至作者一直都不曾给现代文明下一个像样的定义：只是含含糊糊地说它是一种"新型的、与亚欧大陆以及世界上其他地区的传统农耕文明有着本质的不同、充满活力和扩张性的文明"[6]。作者在现代文明理论上的这种畏缩躲闪，与他在谈论"全球觉醒与现代高科技的巨大潜力"时的那种眉飞色舞，显然不大合拍；而那所谓的"全球觉醒和现代高科技"，其实与现代文明，或与由欧洲三大革命的传播造成的那种全球一统的"世界文化",本质上却是毫无二致的。

至于何以会出这种差池——恕我直言,很可能还是"西方中心论"的余毒所致。毫无疑问,斯塔夫里阿诺斯是赞成文化多元论而唾弃文化一元论的,绝无西方文化比东方文化高明那种粗俗观念。但是很遗憾,像很多西方学者那样,他也难免受到了萨义德所说的那种"东方学"的一些潜移默化的影响。这在本书中最突出的表征,就是他始终把三大革命仅仅看作西方文明的历史贡献,从而也就把现代文明看作了纯粹的西方文明,并进而把现代化看作一种单向的欧化或西化的过程(参见本书第七编)。这样做的问题,似乎是不恰当地忽略了广大东方民族对欧洲三大革命的诸多重大贡献,因而也就看不到现代文明中实际存在着的大量东方文明要素,结果也就无法深刻体认现代文明本身特有的那种世界性或普世性。如此说来,斯塔夫里阿诺斯在现代文明理论上的闪烁其词是顺理成章的:因为在把一个在他看来纯属西方文化的现代文明说成一种全球一统的"世界文化"的本质的时候,他分明感到了一种道义上的不妥,以及一种理论上的踌躇。

* * *

斯塔夫里阿诺斯教授已于2004年3月23日在美国加州拉荷亚去世,享年91岁。谨以拙文聊寄哀思。

[注释]

1. ［美］斯塔夫里阿诺斯：《全球通史：1500年以后的世界》，吴象婴、梁赤民译，上海社会科学院出版社，1992年，第895—897页。

2. 参见本书下册第四十四章。

3. 参见本书下册书末"历史的启示"。

4. ［美］斯塔夫里阿诺斯：《全球通史（第7版影印本）》，北京大学出版社，2004年，第666—667页。

5. ［美］斯塔夫里阿诺斯：《全球通史：1500年以后的世界》，吴象婴、梁赤民译，上海社会科学院出版社，1992年，第884页。

6. ［美］斯塔夫里阿诺斯：《全球通史（第7版影印本）》，北京大学出版社，2004年，第305页。

> 我们这个时代是一个问题丛生的时代，一个面临重大问题的时代。科技的魔力影响所及，一切都在改变。只要我们不是闭目塞听，每天都有问题等待我们去研究、去解决。
>
> ——教皇保罗六世，1969年5月18日

致读者
为什么要写一部 21 世纪的全球史？

每一个时代都要重新书写历史。这不是因为之前的历史撰述有多少错误，而是因为每个时代都会面临新的挑战，提出新的问题，寻找新的答案。这个道理是不言而喻的，因为当今世界正在以指数级速度发生变化，迫切需要有新的历史来提出新问题、提供新答案。

例如，我们这一代人从小接受的是西方中心的历史，因为我们生活在一个由西方主宰的世界。从19世纪到20世纪初，乃是西方掌握了全球的政治、经济和文化霸权的时代。但是，两次世界大战和随后的殖民地革命很快终结了这种霸权，欧洲人的大帝国从世界地图上的消失便是证明。跟以前相比，地图上的国名和颜色有了天壤之别，反映了迄20世纪中叶出现的新世界。

虽然无奈，我们慢慢认识到，西方中心的传统历史观不仅与这个世界脱节，而且有误导性。为了理解变化了的环境，需要有一种崭新的全球视角。历经精神求索和唇枪舌剑，终于完成了历史观的革旧鼎新。20世纪60年代，美国"世界历史学会"的成立、《世界历史杂志》的创办以及本书第一版的问世，表明这种历史观的转变成为了现实。

这就回到了我们一开始提出的问题：第一版问世才几十年，为什么又要出版面向21世纪的新版本呢？理由与第一版出版时毫无二致，也就是说，新的世界需要相应的历史新视角。20世纪60年代的后殖民世界需要一部新的全球史。20世纪90年代和21世纪的新世界同样需要用新的历史视角来审视。20世纪60年代的新世界在很

大程度上是殖民地革命的产物。20世纪90年代的新世界，诚如教皇保罗六世所说，是"科技魔力影响"的产物。科技的影响无远弗届，给我们生活的方方面面带来了"重大的问题"。例如，20世纪晚期的学生们想必都有过钻到课桌下的演习经历，他们大概颇为困惑，并不结实的木头桌子如何能抵挡得了原子弹的袭击。

那一代学生不仅要面对威胁人类生命的新危险，还要面对孕育这种生命的地球母亲所面临的前所未有的严重危险。海洋学家雅克·库斯托警告说："人类在20世纪对地球造成的破坏，也许要超过人类历史上所有时期的总和。"[1] 同样，1989年，环境保护组织"世界观察研究所"断言："到下一个十年结束时，大局将尘埃落定。进入21世纪之后，国际社会如果不能携手扭转危机，全球将陷入环境恶化和社会解体的恶性循环。"[2]

在物种灭绝和地球毁灭的悲惨前景刺激下，坊间相继出现了《美国世纪的终结》《世界末日》《未来的尽头》《历史的终结》之类的书籍。倘若我们把人类视为地球物种长链中的一环，这些悲观的书名听上去似乎不无道理。如今地球上大约有4000万种动植物。除此之外，地球上还曾经存在过大约50亿~400亿个物种。换言之，每一千个物种里面只有一个存活了下来，其余99.9%的物种都灭绝了。这似乎为当下流行的"末日"书系提供了统计学上的证据。

然而，这些统计数据容易产生误解，因为人类与灭绝的物种之间有一个根本差异。那些物种之所以灭绝，主要是未能适应环境变化，例如冰河时代的环境变化。反之，人类凭借聪明才智，懂得取火用火、织布做衣、建房造屋，用各种手段来适应环境，满足自身的需求。人类脱颖而出，成为唯一能够适应环境，是命运的主宰而不是奴仆的物种。

人类与天花病毒之间关系的变化，戏剧性地揭示了命运之主与命运之仆最重要的区别。天花是所有疾病中传播最广的一种可怕疾病，至少2000年前它就出现在远东，公元8世纪时传播到欧洲，哥伦布航行之后又流传到美洲。随着欧洲人扩散到其他大陆，天花病毒造成没有免疫力的海外人口大批死亡。美洲印第安人、澳大利亚原住民以及波利尼西亚和加勒比的岛民都因此遭受了灭顶之灾。在欧洲，天花病毒反复肆虐，造成的危害不亚于鼠疫，最终夺走了欧洲大陆三分之一的人口。

人类对天花病毒的征服始于1796年，那一年，英国医生爱德华·詹纳发现，接种和感染了牛痘的人对天花有免疫力。如今，天花与人类的关系完全颠倒过来，只有美国和俄罗斯的实验室里储存有少量天花病毒样本。1977年，在索马里发现最后一例天花病例，1980年，人类宣布根除天花。

科学家们一直提议销毁存储的天花病毒样本，以防止其泄漏扩散，但最终的裁定一再延期，人们担心销毁这些样本可能不利于将来的研究。之后，这种担忧有所缓解，因为科学家们已经合成出无害的天花病毒基因片段，在拥有完整的天花病毒基因蓝图的情况下，即便销毁病毒样本，也能进行科学研究。1996年1月，世界卫生组织执行委员会商定，1999年6月30日为销毁剩余的天花病毒的最后期限。至此，这种长期为祸人间的致命病毒已被锁定，等待昔日的受害者择日销毁（灭绝）。由此可见，人类是生物界和非生物界的最高主宰。

物理学家维尔纳·海森堡断言："有史以来第一次，地球上的人类孑然独立，再也没有任何伙伴或天敌。"对于我们这个时代来说，最讽刺的是，人类的至高地位恰恰成为当今全球性隐忧和恐慌的根源。在淘汰了所有可能的竞争对手之后，人类再也没有任何天敌。我们面对的只有人类自身。

与人类的内在自我而不是外部世界对抗，这是一项艰巨的新任务。它需要掌握更多的知识和技术，事实证明，人类在这方面具有无与伦比的能力；它还需要用伦理规范为这种知识指明方向和目标，使之臻于完善。在科学革命兴起的17世纪，英国哲学家弗朗西斯·培根指出了知识的潜能，提醒人们提防其危险。他真诚地赞同用科学来追求"知识和技艺"，同时也告诫人们要秉持"谦逊和仁慈"，这种追求不应是"为了自得其乐、逞强好胜、出人头地，以及谋求利益、名望、权力和其他低级趣味；而是为了造福人类生活"。[3]

培根告诫要远离"低级趣味"，我们却置若罔闻，从日常的电视节目以及福特汉姆大学发布的《社会健康指数》年度报告，不难看出这一令人痛心的事情。该报告根据美国人口普查局关于青少年自杀、失业、吸毒、高中辍学率以及保障性住房支付能力的统计数据，监测美国社会的幸福指数。这一指数从1970年的75下降到1991年的36，年度报告的主持人称，情况"糟透了"。

社会健康状况的严重恶化并不仅限于美国。海洋学家雅克·库斯托在巴黎也发现了同样的问题。他漫步在巴黎街头，随身带一个计数器，"每当遇到五花八门的广告向我推销我根本用不着的东西，我就按一下计数器。一天下来，我总共按了183次"。

库斯托的经历绝非个案。这已是一种常态，无论巴黎、雅典、洛杉矶，还是墨西哥城，莫不如此。作为善于思考的科学家，库斯托开始探究自己的个人经历具有何种社会意义。他通过研究得出结论："要遏制这种破坏性的消费主义，关键不在个人，而在于全社会。我不赞成搞什么生态国家主义。绝不。但是，你开车时遇上红灯就会停下来，你不会认为红灯限制了你的自由。相反，你知道它是在保护你。为什么经济学中不是这样呢？……履行义务靠的是社会制度而不是个人品德。"[4]

库斯托在《消费社会是罪魁祸首》一文中阐述的这个观点意义重大，因为消费社会正在成为全球性的普遍现象。例如，在1949年后的中国，社会上流行的是"四大件"(自行车、收音机、手表和缝纫机)。后来,消费者的期望升级成"八大件",多了彩电、冰箱和摩托车等物品。这个单子越来越长,私人轿车是近来新增的一个"大件",它正在成为第三世界亿万"穷人"心目中的身份象征。1990—2000年,印尼的汽车保有量从272524辆增长到大约67.5万辆,印度从354393辆增长到110万辆,中国则从420670辆增长到221万辆。[5]

环保人士担心,新增的数以百万计的汽车会造成全球大气污染。然而,挪威前首相格罗·哈莱姆·布伦特兰指出,是西欧人率先开启了工业革命并随之造成了空气污染,现在他们不能把"穷国"钉在"永远贫穷"的地位上。[6]

面对新的形势,个人和社会都要思考一些深层次的问题,这些问题既事关当下,也涉及不久的将来。我们已经来到一个必须正视根本性问题的关头。生命的意义何在?人类又究竟是为何而存在?弗朗西斯·培根直面了这个问题,他呼吁新兴的科学应当用于"造福人类生活",而不是用来追逐"利益、名望和权力"等"低级趣味"。可以说,培根提出了一个一针见血的问题:难道"智人"最终一定会变成"经济人",一门心思只想着酒足饭饱和发财致富吗?

任何一个社会的首要目标都必然是满足人的基本需求:食物、住房、医疗和教育,为了满足这些需求,必须优先考虑提高经济效率。但是,基本需求满足之后,是否还要不惜付出个人、社会和生态的代价,一味追求经济生产?这个根本问题并没有得到应有的重视,也正是由于这一疏忽,如库斯托在巴黎所发现的那样,盲目的消费主义和物质主义在全球泛滥成灾。

推诿搪塞绝非长久之计。大势所趋之下,人类必须设法避免沦为"经济人",确切地说,人类应当用一个伦理罗盘来指引野蛮生长的科技。这是人类面临的巨大挑战:青云直上的人类迄今为止面临的最大挑战。人类运用自己的智慧驾驭了环境,获得了在地球这颗行星上的至尊地位。但是,人类在登顶的同时,又急速堕入目前全球性的社会退化和环境恶化,人类由此面临新的挑战,即如何从聪明的灵长类进化成明智的人类,从聪明转变为明智。

从本书的讲述中我们不难发现,人类过去一再成功地应对了挑战,如今依然在勇敢地迎接新的挑战。21世纪的前夜,世界各地正在进行前所未有的社会实验和革新。它们的范围和意义从近年来全球性变革浪潮中可见一斑。例如,在中国,坚定的革命者正在探索"具有中国特色的社会主义";在苏联,经济学家尼古拉·什梅廖夫呼吁同胞不要害怕丧失"意识形态的纯洁";[7]即使在那些主要的市场经济国家,资本主义也呈现出不同的形态,既有强调不受约束的自由企业的美国式资本主义,也有重视福利国家和工人参与决策的德国和斯堪的纳维亚式资本主义,还有迅速发展的亚洲资本主义,后者混合了程度不一的国家经济计划、有着盘根错节关系的大型企业集团、终身雇佣的大公司以及政府对出口导向型产业的扶持。

这番沸腾景象表明，21世纪既危机重重，也潜力无限。历史学家并没有预测未来的水晶球，不可能未卜先知。但是，历史学家能够做出一个合理的预测，21世纪既不会是乌托邦、也不会是反乌托邦的世纪，而是一个充满各种可能性的世纪。至于哪些可能性将成为现实，则取决于读者诸君在未来几十年里能否做出正确的命运抉择并且起而行之。

有鉴于此，当前不应沉溺于自欺欺人的乌托邦幻想中难以自拔，也不要因为杞人忧天的悲观预感而止步不前，而是应当冷静地重新评估现行的惯例和制度，取其精华，去其糟粕，而这正是当下正在全球范围内发生的事情。本书推出新版本的目的就是希望能够促进这个重新评价的过程，投身于弗朗西斯·培根所提倡的"造福人类"，远离他所鄙视的"低级趣味"。

[注释]

1. *New Perspectives Quarterly*，Summer 1996，pp. 48，49.
2. *Worldwatch Institute Reports*，*State of the World 1987*，*1989*，W. W. Norton，1987—1989，pp. 194，213.
3. A. Pacey，*The Culture of Technology*，MIT Press，1983，pp. 114—115，178—179.
4. J. Cousteau，"Consumer Society Is the Enemy," *New Perspectives Quarterly*，Summer 1996，pp. 48，49.
5. *New York Times*，June 6，1996.
6. *New Perspectives Quarterly*，Spring 1989，pp. 4—8.
7. *New York Times*，June 25，1987.

致谢

本书相关章节的卷首语引自下列著作,承蒙作者和出版商惠允,不胜感激。

第一章:Clyde Kluckholn, *Mirror for Man* (New York : McGraw-Hill, 1949), p. 11。

第二章:R. J. Braidwood, "Near Eastern Prehistory", *Science*, vol. 127 (June 20, 1958), 1419–1430。

第八章:Robert Lopez, *The Birth of Europe*, © 1962 by Max Leclerc et Cie, Prop. of Librairie Armand Colin and © 1966 trans. by J. M. Dent & Sons, Ltd., and published in 1967 by M. Evans and Co., Inc., New York, by arrangement with J. M. Dent & Sons, Ltd.。

第九章:Lynn White, Jr., "Tibet, India, and Malaya as Sources of Western Medieval Technology", *American Historical Review*, XLV (April 1960), 515, 526。

第十二章:W. C. Bark, *Origins of the Medieval World* (Stanford : Stanford University Press, 1958), p. 66。

第十四章:Lynn White, Jr., "Technology and Invention in the Middle Ages", *Speculum*, XL (1940), p. 156。

第十七章:A. J. Toynbee, *Civilization on Trial*, © 1948 by Oxford University Press, Inc。

第二十一章:Lynn White, Jr., "Technology and Invention in the Middle Ages", *Speculum*, XV (1940), p. 156。

第二十四章：B. H. Sumner, *A Short History of Russia*（New York：Harcourt Brace Jovanovich, 1943）, p. 1。

第二十六章：Herbert Butterfield, *Origins of Modern Science*（London：G. Bell & Sons, Ltd., 1957）, p. 179。

第二十八章：Peter Chaadayev, *Apology of a Madman*, cited in H. Kohn's *The Mind of Modern Russia*（New Brunswick, N. J.：Rutgers University Press, 1955）, p. 50。

第二十九章：H. A. R. Gibb, "Social Change in the Near East", in P. W. Ireland, ed., *The Near East*（Chicago：The University of Chicago Press, 1942）, p. 43。

第三十章：Arnold J. Toynbee, *The World and the West*（London：Oxford University Press, 1953）。

第三十一章：J. K. Fairbank, "The Influence of Modern Western Science and Technology on Japan and China", from *Explorations in Entrepreneurial History*, VII, No. 4。

第三十六章：K. M. Panikkar, *Asia and Western Dominance*（London：George Allen & Unwin, Ltd., 1969）。

第三十九章：Arnold J. Toynbee, *Survey of International Affairs*, 1931,（London：Oxford University Press, 1932）under the auspices of the Royal Institute of International Affairs, p. 1。

第一编

史前时代

A GLOBAL HISTORY

1 　第一编涵盖了人类文明出现以前长达400万年的远古时代。本书其余篇章则关注人类有文明以来不足6000年的历史。不难看出，本书着墨最少的恰恰是人类进化历程中最漫长的一个阶段。本书侧重讲述文明阶段的人类故事，这是因为人类历史的节奏不断加快。地质年代的时间单位以十亿年计，人类史前时代以千年计，而人类文明诞生之后，时间单位不断缩短，从百年到十年，时至今日，我们每天都要面对层出不穷、蜂拥而至的重大事件。人类演进速度如此之快，让我们面对一个非常现实的问题：人类能否迅速适应变化，避免被淘汰乃至灭绝的命运。

　　人类历史的发展速度不断加快，本书的叙述自然要有所侧重，这并不意味着我们贬低史前时代的意义。数百万年的史前时代出现了两项进展，为接下来的整个人类历史奠定了坚实的基础。一是类人猿逐步进化成智人，即具备思维能力的人。二是人类从食物采集者转变为食物生产者，从坐享大自然的恩赐到逐步摆脱对大自然的依赖，成为自身命运的主宰。第一编的主题就是这两个划时代事件：人类的诞生和农业的发明。

> 人类学宛如一面巨大的镜子，人类能从中看到自
> 己的千姿百态。
>
> ——克莱德·克拉克洪

第一章　食物采集者

对过去的研究和重构，乃是现代人才有的一项突出成就。古人对于过去所发生的事情知之甚少。在讲述伯罗奔尼撒战争的历史时，最客观的希腊历史学家修昔底德开宗明义地表示，在他那个时代之前，没有发生过什么重大事件。修昔底德不了解既往的历史，所以无法认识到雅典无与伦比的光荣和贡献。反之，我们这个时代比以往任何时期都更具历史意识。今天的我们要比古埃及人、古希腊人和古代中国人更了解他们的早期历史。不仅如此，地质学、考古学、人类学、古生物学和生物学等不同领域的科学发现，让我们对早期人类祖先的了解日益深入。最近，空间技术也派上了用场，借助测量地面温度细微变化的传感器，可以从卫星、航天飞机和飞机上探测地表和地底状况。沙漠、耕地、植被和不同种类的岩石有着不同的温度和放热量，所以，传感器能够分辨出松散地面是史前时代的农田，古代的商路，还是古建筑遗迹。如今，雷达成像技术广泛应用于勘察横贯中亚的古代洲际丝绸之路，危地马拉丛林中的玛雅人堤道，哥斯达黎加阿雷纳尔湖畔的小路。

谈到用科技手段找回人类过去的失落篇章，不久前的一个令人啧啧称奇的发现，为我们提供了新的佐证，那就是找到了一段久已湮没的中国长城。几个世纪之前，大段的长城就被茫茫风沙所掩没。1994年4月，"奋进"号航天飞机利用雷达成像技术发现了一段长城。雷达图像显示，在中国首都北京以西688千米的偏僻地区，有一段绵延75千米的长城。数百年来，北京周边的长城得到很好的维护，在当代还屡屡出现在人们的镜头里，例如，尼克松总统和毛主席都曾登上过长城。不过，偏远地区的长城年久失修，而且这些长城不是用砖石砌成，基本上是用泥土和树枝建造，时间一长，便逐渐损毁，终至湮没，直到奇异的现代科技让它们重见天日。[1]

科学研究和探索拓展了我们的知识，让我们得以探寻文明诞生之前、没有文字

记载的年代。这一点很重要，因为直到大约5000年前，人类才学会使用文字，而原始人类的源头可以追溯到400多万年前。接下来，我们将考察千百万年前漫长的史前时代，也就是人类形成的时期。早期人类像其他动物一样，生活在任何能够找到食物的地方，他们靠采集食物为生，而不是像他们的农耕后代那样生产食物。

一、从猿到人

我们的地球围绕太阳旋转，太阳只不过是银河系上百亿颗恒星中的一颗，银河系又只是宇宙中数百万个星系中的一个。在回溯人类历程和人类关注时，不要忘了我们身处的是一个多么浩瀚无垠的宇宙。打个生动的比方，我们的行星地球犹如大洋里的一滴水，宇宙中的一粒尘埃。

地球诞生于大约50亿年前。大约40亿年前，地球上出现了原始的单细胞生物，这是最早的生命形态。传统上认为，这种原始生命体与非生命体有着质的区别，但如今科学家们已不赞同所谓的有机体与无机体的二分法。相反，他们认为，生命物质是从非生命物质自然进化而来。科学家们根据不同的物质结构，将所有物质加以分门别类。在这个分类体系的某一个环节，无机物转化为有机物。具体来说，电子、质子和中子聚合成原子，原子构成分子。分子以不同的排列组合构成有机聚合体，其中之一就是生命物质。

有机物由低级到高级逐级进化：原始微生物进化到海藻等原始植物，再进化到水母和蠕虫等无脊椎动物，最终进化到脊椎动物。大约3亿年前，脊椎动物及其旁系的某些无脊椎动物以及植物开始适应陆地生活。最早适应陆地生活的是两栖动物，随后是史前时期为数众多的爬行动物，接着是鸟类，最后是哺乳动物。在过去的6000万年里，哺乳动物一直是地球上占主导地位的生命形态。

几乎所有科学家都认同这样一种观点：人类是动物界的一员，确切地说，人类属于灵长类动物，这类动物还有树鼩、狐猴、眼镜猴、猴和猿。相关领域的研究证实了这个观点。解剖学家发现，人类和其他高等动物有着基本相似的骨骼、肌肉和器官构造。胚胎学家注意到，人类胚胎在各个生长阶段表现出某些低等生物的特征，例如，一个月大的胎儿有鳃弓，两个月时胎儿出现发育不全的尾巴。人类学家指出，人类化石证实了从类人猿持续进化到智人的发展脉络。其他科学家也找到了许多类似证据，足以证明人类与其他动物之间的关联，例如，猿和人不仅血液的化学成分极其相近，还有着相同的寄生虫以及十分相似的习得方式。

在更新世，人类出现了人种分化，其间经历了6～7次大冰期和5～6次间冰期。由于环境剧烈变化，所有动物必须不断适应新环境。至于能否适应环境，关键不在于体力和耐寒能力，而在于智力能否不断发育，能否运用智力来更好地适应环境。人类之所以能在地球上独占鳌头，诀窍就在于此。首先也是最重要的一点，人类是多面手。人类能够适应各种不同的环境，反之，长臂猿灵活的双臂只能适应森林生活，北极熊厚厚的白色皮毛只能适应北极环境。更确切地说，人类适应环境靠的是大脑，而不是身体。

人类的诞生是自然选择的结果，人类有一连串的远古祖先，有些类人猿已能使用简单的石器和武器。最早的类人猿是南方古猿，一般认为，它们最早出现在距今400多万年前的非洲东部和南部的热带草原。这种类人猿的骨盆和股骨非常接近于现代人，但脑容量只及人类的三分之一，与现代猿类的脑容量差不多大。换言之，这种直立行走而不是四肢爬行的类人猿长着猿的大脑。

对于这个进化阶段的类人猿来说，非洲热带草原可谓是理想的生存环境。那里气候温暖，即便赤身露体也能生存；与茂密的森林和不毛的沙漠不同，辽阔草原有丰富的水源和动物性食物。因此，尽管只有很简陋的工具，南方古猿依然能获取充足的食物，包括禽蛋、螃蟹、乌龟、鸟类、啮齿动物以及小羚羊。小羚羊容易捕捉，因为它们一受到惊吓，便伏在草丛中不敢动弹。

南方古猿在非洲平原上游荡了200多万年，在此期间，先后有数种类人猿出现、兴盛和消失。人类学家们在相关细节问题上众说纷纭，因为新发现层出不穷，理论不得不相应修正。例如，爪哇最近出土的人类化石，就让传统的人类"非洲起源说"受到质疑。这一理论认为，人类最早起源于非洲，随后扩散到亚洲、欧洲、美洲和大洋洲。爪哇人化石的年代惊人地古老，为人类多地起源说提供了有力证据，这一派学者认为，早期人类是在世界许多地方独自起源和进化的。[2]毫无疑问，将来会有更多化石出土，进而提出更多关于人类起源的新理论。

尽管无法确定准确的时间和地点，距今4万年前，地球上最终出现了人类或者说智人（具备思维能力的人），虽然最近的考古发掘表明，人类诞生的时间要早得多。从最宏观的视角来看，人类的诞生是地球发展进程中的第二次大转折。第一次转折是无机物转化为有机物，此后所有生物形态的进化都是以基因突变和自然选择的方式适应环境。换言之，所有生物都是通过改变自身基因来适应环境变化，尤其是在气候剧变的更新世。但是，人类诞生之后，进化路径发生反转。进化不再是改变基因来适应环境，相反，人类通过改造环境来适应自身基因。如今，随着人类关于基因结构和功能的知识日益丰富，即将迎来第三次划时代转折，人类很快就能够既改造环境，也改变自身基因。

人类，也只有人类，能够为自己量身打造环境，从而创造出所谓的文化。这是因为只有人类能够脱离有形实体，对物体和概念进行想象并加以符号化。只有人才会笑，也只有人才知道自己终有一死。只有人才想探索宇宙及其起源，探明自己在宇宙中的位置，探究是否有来世。

正是凭借这些突破性的独特能力，人类无须基因突变，也能很好地应对环境。人类文化成为一种全新的非生物性适应方式，犹如北极的毛皮、沙漠里的水和大海中的鳍。具体而言，文化涵盖工具、服装、饰物、制度、语言、艺术、宗教和习俗。由于掌握了这些东西，人类不仅能适应自然环境，还能适应自己的同胞。实际上，我们接下来要讲述的人类故事，就是人类自旧石器时代直到今天连绵不绝地创造出来的文化的故事。

人类逆转了过去的普遍模式，凭借聪慧的大脑改造自身环境，以适应自身基因，从而将这个星球上所有其他物种远远甩在了身后。这就是为什么非洲热带草原上的人类始祖起于微末之间，而今竟成为地球的统治物种。但是，这也引发了令人困惑的问题：为什么今天的人类似乎无法驾驭自己打造出来的环境？为什么人类营造的环境越来越不适合人类居住？

答案在于基因进化与文化进化的根本差异。基因进化是以基因突变的方式来实现进化，如果物种的一个基因突变适应了自然选择的要求，它就会在生物学意义上的短暂时期（几千年）里成为显性基因。南方古猿等一系列类人猿就是沿着这条进化路径进化到智人。

另一条进化路径是文化进化，通过发明新工具、引入新观念、建立新制度，人类能够、也确实在几乎一夜之间就改变了整个社会。只要看一看蒸汽机是如何在19世纪改变了世界，内燃机又是如何在20世纪起到了同样的作用，再看一看原子能和计算机在多大程度上改变了我们今天的环境，就不难理解爱因斯坦为何会发出这样的警告：人类如果不能建立新的"思维方式"，将面临"空前的大灾难"。

关键问题似乎在于，社会变革滞后于使其成为必需的技术革新。究其原因，技术革新能够提高生产力和生活水平，所以备受欢迎，很快推广开来，而社会变革通常会遭到抵制，因为它要求人们进行自我评估和自我调整，这意味着被迫和不适。这就解释了当今时代的一个悖论：人类知识越来越丰富，越来越有能力按照自身意愿改造环境，却未能使自身环境变得更宜居。简而言之，作为一个物种的人类面临这样一个问题，即如何摆正日益增长的知识与驾驭这些知识的智慧之间的关系。我们将在接下来的章节中看到，协调知识与智慧的步调，已经成为当务之急的问题，正如爱因斯坦告诫我们的那样，人类物种的未来取决于能否让知识与智慧齐头并进。

这个问题贯穿了整个人类历史，时至今日，由于人类的智慧无法跟上知识加速增长的步伐，这个问题不仅日益凸显，而且更具紧迫性。

图1 维伦多夫的维纳斯，公元前15000—前10000年。石雕的形体比例反映了早期人类的生殖崇拜。

二、食物采集者的生活

智人凭借聪明才智，发明了所谓的"石叶技术"。他们从砾石上打下长而锋利的石片（"石叶"），用来制作新的工具以及"制作工具的工具"。有些新工具用不同的材料组合而成，如装有兽骨、鹿角或燧石把柄的矛，装有骨制或木制把手的燧石石叶。另一项新发明是抛射装置，如投石索、投石器、投矛器和弓箭。最初的弓箭十分简陋，经过不断改进，最终成为现代火器发明之前最强大的武器。旧石器时代晚期还有其他发明，如骨头和象牙制成的骨锥、带针孔的骨针、带扣，甚至还有纽扣，这些物品表明，马格达林文化的狩猎者已经会缝制有合体的袖子和裤腿的皮衣。

虽然与早100万年的旧石器时代早期相比，旧石器时代晚期的技术要先进得多，但仍属于原始技术，生产力十分低下。食物采集者也没有任何正式的政治结构和专职的政治首领。他们组成一个个自治的群体，人数通常在20～50人不等。原始群的规模也可能更大，在食物丰盈地区，如盛产鲑鱼的美洲西北部、马格达林文化时期有成群大驯鹿的法国南部多尔多涅山谷，就出现过规模更大的原始群。根据当时的狩猎社会判断，在旧石器时代，社会权威尚未确立，也没有形成既定的和控制他人的权力。首领都是出于特定目的自然产生的：通晓各种仪式的年长者被推举为司仪，捕猎本领出众的年轻人则成为狩猎群首领。重要的是，所有这些首领都只有影响力而不具备权威性，因为当时尚未形成将个人意志强加于他人的制度。

社会组织必然也像政治组织一样简单，如果说这一时期已经能够将两者区分开来的话。社会组织的基本单位是家庭，由父亲、母亲以及未成年和未婚子女组成。男人通常可以有多个妻子，但实际上一夫多妻家庭很罕见。在旧石器时代，两性关系比此后任何时期都更为平等，这似乎主要是因为妇女在获取食物上的作用不说大于男人，至少也是同等重要。因此，在人类历史的绝大部分时间里，妇女并不像如今这样通常被视为"弱者"，处于依附和从属的地位。

人类学家研究了至今尚存的90个食物采集群体，他们发现，这些群体中男人负责捕猎动物、提供肉食，妇女则负责采集营地周围一切可食用的东西：根茎、浆果、坚果、果实、蔬菜、昆虫、蜥蜴、蛇类、啮齿动物、贝类等。虽然男人带回的肉食很受欢迎，但食物主要来源于妇女采集。妇女采集来的食物通常要比男人带回的猎物多一倍。由此可见，男人和妇女各司其职，但对于获取食物来说，双方是同等重要的。妇女不但生育和抚养幼儿，还提供了大部分食物。

男人掌握武器，负责保护原始群，他们不会用武器来威胁或制服女人。事实上，当欧洲人在海外第一次接触到食物采集部族时，无不对这些部族的妇女比欧洲妇女享有更多的平等感到意外和震惊。1633年到1634年冬，在加拿大东部拉布拉多半岛，耶稣会传教士保罗·勒琼与蒙塔格尼-纳斯卡皮印第安人共同生活了一段时间。"这里的女人地位很高，"勒琼极力游说印第安男人拿出权威来，"我告诉他，男人才是一家之主。在法国，女人是不能管丈夫的。"另一个耶稣会神父报告说："不论是拿主意、分配任务、选择路线，还是越冬准备，几乎每件事情都是女人说了算。"值得一提的是，1950—1951年，人类学家埃莉诺·利科克在考察蒙塔格尼-纳斯卡皮印第安人时发现，这些印第安人的两性关系一如往昔："很高兴看到，几个世纪以来，对性别和地位的尊卑调教并未损害亲属关系中的集体责任感……和安然的自主意识。"[3]

食物采集者不但男女平等，还有着非常紧密的血缘关系。每一个部落成员都要对其他人负责，也都享有同等的权利和特权。他们共同寻觅食物，躲避风雨，抵御敌人。不同族群也会因为个人恩怨和争夺狩猎捕鱼的地盘发生争斗。但旧石器时代的社会不具备大规模战争所需的人力和物力，直到农业兴起，生产力大幅提高，人口增长之后，战争才成为可能。总之，旧石器时代社会组织的本质是相互合作。家庭和原始群主要是互助群体，共同与大自然进行艰苦的斗争，以求得生存。

图2 撒哈拉地区石器时代岩画，阿尔及利亚的塔西里岩画。有学者认为，这幅精美的画作描绘了妇女采集谷物的场景（画面上的黑点可能代表谷物）。如果这个说法成立，那么这些谷物应该是野生的，除非这里很早就有了谷物栽培，目前尚没有这方面的证据。不论是采集谷物，还是优雅的舞蹈，这些形体告诉我们，当时已有远古人类生活在曾经是绿地的撒哈拉地区。

人类学家R. B. 李通过考察世界各地食物采集者的日常生活，得出了这样的结论："真正的共同生活往往被斥之为乌托邦式的理想，理论上成立，现实中行不通。但是，来自觅食种族的证据向我们揭示了截然相反的情况。这种共享生活方式不仅是可行的，而且在很长一段时间里真实存在于世界上许多地方。"[4]

近年来，人类学家在关注史前人类祖先的社会制度之余，还想查明他们的日常饮食，尤其是因为这样的研究能为今天的生活提供借鉴。要查明千百年前原始人的食谱，可以通过两条途径。一是检验粪化石。从人类排泄物化石里找到了许多东西，有花粉、植物晶体、羽毛、骨头、毛发和蛋壳，因此，一枚粪化石就像一份密封起来的记录，告诉我们几百万年前都有些什么东西通过了原始人的消化道。二是看一看今天的食物采集者都吃些什么，比如澳大利亚的原住民和南非卡拉哈里沙漠的昆人。相关研究表明，当今的食物采集者有十分丰富和可靠的食物来源，即使他

图3 公元前2700年前后丹麦的新石器时代村落，美国自然历史博物馆陈列品局部。陈列品展示了多种工作：猎人、捡柴、看火、磨谷、制陶和编织。

们生活在外人不愿涉足的不毛之地。这些食物采集者有异常丰富的本土知识，对当地所有动植物的习性了然于胸。他们虽然不会读和写，却懂得学习和记忆。例如，昆人有超强的记忆力，他们能够利用将近500种动植物，分别用作食物、药物、化妆品、毒药或其他用途。仅以昆虫为例，他们常吃的昆虫有蚱蜢、毛虫、蜂蛹、白蚁、蚂蚁和蝉。按照我们的习俗，这些昆虫大多不能当作食物，但其实它们有很高的营养价值。例如，白蚁的蛋白质含量高达45%，比鱼干的蛋白质含量还要高。

食物采集者吃的东西五花八门，从而有一定的生活保障。食物采集者把大量动植物当成食物来源，而农民只种植寥寥数种农作物，至少从这一点来说，食物采集者要好过农民。每当干旱、洪水、霜冻、虫灾造成粮食歉收，农民就要饿肚子。食物采集者就不会有挨饿之虞，如果某些动植物食物紧缺，他们能用其他上百种动植物来弥补。例如，1964年夏，人类学家在研究昆人时发现，邻近的班图族农民遭遇旱灾，庄稼颗粒无收，家人忍饥挨饿。于是，班图族妇女每天跟着昆人妇女外出寻觅根茎、青菜、浆果、坚果、鸟类和禽蛋。上百种不同类型的食材不会同时短缺，班图人和昆人一道顺利度过了旱灾。

昆人和其他食物采集者的食物不仅种类繁多，而且有益健康。这些食物低盐、低饱和脂肪酸、低碳水，富含多种不饱和脂肪酸、粗纤维、维生素和矿物质。这样的日常饮食，再加上忙碌的游牧生活方式，使得食物采集者很少患上高血压、肥胖症、静脉曲张、溃疡、结肠炎等工业社会的常见病。另一方面，由于缺医少药，昆人一旦意外受伤，往往因为得不到救治而死。科学家们发现，大约有十分之一的昆人能活过60岁，这一比例与医生和医院一应俱全的工业国家大体相当。

得州农工大学人类学家小沃恩·M. 布莱恩特亲身验证了上述关于史前人类日常饮食的结论。布莱恩特在得克萨斯西南进行考古发掘时，通过检验粪化石，查明了这一地区史前人类所吃的食物。他尝试着吃这些东西，一试之下，效果很好，于是返回校园之后继续进行实验。为了模拟史前人类的艰苦生活，他特意在日常生活中加大运动量。他每天骑自行车去学校，爬楼梯而不坐电梯，步行而不是开车。他讲述了采取新的生活方式所带来的变化：

> 我感觉自己身心状态俱佳。我比以前更精力充沛……四年多来，我没得过大病。我从未缺过勤……大约三个月内我瘦了30磅，但我既没有计算卡路里，也没有节食……水果和蔬菜热量很低……我认为少食多餐也有好处。如果你每天随时进食，要比坐下来狼吞虎咽地吃三餐饭吃得少……仔细想想，这种日常饮食一点也不怪异。我想，大自然为我们设计好的食谱，基本上就是那些灵长类类人猿常吃的东西：水果和其他植物性食物、少许肉类、大量复合碳水化合物和粗纤维，还有少许脂肪。几千年以前，大概每个人都像我一样吃东西。[5]

关于原始人类社会制度和习俗的探讨暂告一段落，接下来让我们看看原始人的一般信仰。我们发现，原始人基本上是以一种非历史和非进化的态度来看待自身和社会。在他们的观念中，未来和现在如出一辙，正如现在和过去毫无二致。换言之，他们没有变化的概念，也就没有任何批评或干涉现行制度和习俗的意愿。按照他们的思维方式，天地万物，包括人、文化和栖息地，都诞生于创世之初，而且注定将一成不变地延续到未来。不同狩猎种族的创世神话大同小异，都讲述了所崇拜的偶像开天辟地，让大地充满生机，让人类代代繁衍，并将技艺和习俗传授给人类。

安达曼岛人的创世神话就是个很典型的例子：

> 第一个人叫朱特普。他从一根大毛竹的竹节里出生，就像鸟从蛋里孵出来一样。大毛竹裂开，他就生出来了。他是个小孩子。天下雨了，他就给自己盖了一间小棚屋住了进去。他做了小弓小箭。有一天，他发现了一堆石

英，就用石英在自己身上划道道。朱特普一个人过，感到很孤单。他从白蚁巢上取了一些黏土（kot），造成一个女人的样子。她变成活人，成为他的妻子，名叫科特（Kot）。他们俩一起住在梯劳特布利优。后来，朱特普又用黏土造出了其他人，这些人就是我们的祖先。朱特普教他们如何制作独木舟和弓箭，如何打猎和捕鱼。他的妻子则教女人们如何编织篮子、渔网、席子和腰带，如何用黏土在身上画图案。[6]

原始人掌握了丰富的大自然知识。这是他们赖以生存的必备技能。他们的知识口耳相传，一代代流传下来，其中大多数直到现在才得到认可和利用。不妨来看看印度楝树的例子。千百年来，在村落文化和古代文献中，这种速生常绿植物一直有着广泛的用途。如今，楝树的皮、叶、花、种子和果实可以治疗糖尿病、溃疡、便秘等多种疾病；楝树嫩枝可制成有杀菌作用的牙刷；楝树油可用来生产牙膏和肥皂；楝树萃取物则是一种强效杀虫剂，能有效杀死蝗虫、孑孓和棉花象鼻虫等200多种昆虫。

早期人类亲身接触大自然，掌握了丰富的第一手知识，不过，他们只知其然而不知其所以然。他们不能揭示洪水和干旱的自然成因，遇到渔猎收获不足时，也不知道究竟原因何在。他们不懂如何用自然的方式来应对大自然，因而不得不求助于超自然力量。他们施行巫术，千方百计地祈求或哄骗大自然赐予丰饶的物产。原始人认为，把有用的动植物当成群体的图腾，通过图像、符号和模仿性舞蹈，就能带来动物兴旺、食物丰饶；只有恪守图腾的种种禁忌，群体的繁衍和食物供应才能有保障。

一开始，原始人群体的所有成员都参与祭祀仪式，到旧石器时代末期，似乎已经出现了兼职的巫医或萨满。这些人被认为能与主宰着宇宙或环境的自然力沟通，最重要的是，他们能祈求神力带来食物和子息，健康和好运。他们逐渐脱离了食物

图4　埃及第十九王朝时期描绘洪水泛滥的浅浮雕。

采集和工具制作的劳作，转而用法术为共同利益祈福。不论是布须曼人、爱斯基摩人，还是澳大利亚原住民，在至今尚存的所有食物采集文化中，几乎都可以看到萨满的踪迹。迄今发现的最早描绘萨满形象的绘画作品，是法国境内三兄弟洞窟里的"巫师"岩画。这幅旧石器时代的岩画被誉为"了不起的杰作"，画中一个男人身披鹿皮，头顶鹿角，有着猫头鹰的脸、狼的耳朵、熊的臂膀和马的尾巴。这幅画以及附近的其他画作表明，这个洞穴是个聚会场所，巫师在这里召唤动物精灵，保佑狩猎者满载而归，激励狩猎者勇敢面对危险。

不过，在旧石器时代，人类的技术水平还不足以支撑僧侣统治集团的形成，因而不可能发展出完备的神学。神仙和鬼怪的观念尚处于朦胧阶段，更多属于个人幻想。宗教还没有发展成社会控制的工具。个人道德并不意味着能带来好处。人们祈求超自然力量，或是与超自然力量达成交易，来看看一个爱斯基摩人对北极探险家克努兹·拉斯穆森所说的一番话：

> 我们信巫医，信巫师。我们要想活得长，不想落到吃不上饭的地步，就只能信他们。只有听他们的话，才能保住性命，才能吃上饭。不听巫师的话，就根本打不到猎物。不听他们的劝告，我们就会生病和死掉。[7]

人类对于未知事物的恐惧，对于驾驭超自然力量的渴望，不仅体现在宗教上，也反映在艺术上。洞穴壁画是旧石器时代艺术最杰出的代表，在法国南部和西班牙西北部发现的洞穴壁画尤其出色。洞穴壁画的题材通常是大型猎物，如野牛、熊、马、披毛犀、猛犸、野猪。最好的壁画色彩斑斓，栩栩如生，充满活力。尽管这些洞穴画展现出非凡的艺术品质，但原始人绘制这些画显然是出于功利目的。原始人通常住在洞口附近，这些画却画在最黑暗、最危险的山洞深处，而且往往重叠在一起，原始艺术家们没有想过要保存自己的作品。由此看来，旧石器时代的艺术家进入洞穴深处，尽量逼真地画出狩猎的动物，是因为他们深信这样做可以获得控制猎物的魔力。

总之，近年来，科学家们在各个领域的发现足以使我们认识到史前人类祖先令人赞叹的成就，这些成就构成了整个人类遗产中不可或缺的重要部分。即便是现代人自认为无往不利的技术领域，狩猎采集者所掌握的丰富知识也没有过时。他们对栖息地了如指掌，懂得如何利用有益的动植物，剔除无用乃至有害的品种。他们发明了许多工具，如刀、斧、刮刀、锤子、锥子、针。他们还制造出各种武器，如矛、鱼叉、棍棒、盾牌、盔甲、吹箭筒以及弓箭。有些发明需要很高的知识和技巧，比如皮艇、雪屋、边架艇，以及五花八门的毒药，例如，南美洲印第安人懂得

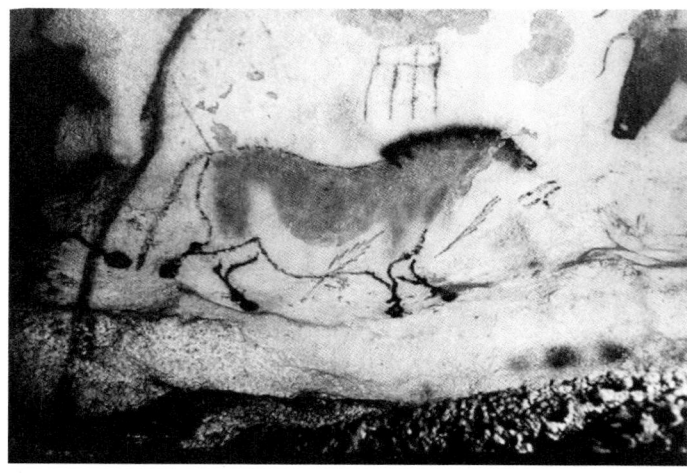

图5 在法国发现的两幅史前时代洞穴壁画。

如何从树薯这一日常食物中提炼剧毒的氢氰酸,还有其他用来对付猎物和敌人的毒药,如箭毒、蛇毒、毒芹和生物碱。在储存和烹制食物方面,人类先民已经掌握了我们今天所知的所有技术。他们会制作泥灶,使用沸腾石,在北极地区冷冻食物,用风干方法保存食物,还会用动物脂油来密封食物。除了塑料容器、煤气和电力之类的现代发明,旧石器时代的厨师能够轻松地适应现代的厨房和烹饪。

史前人类也绝非只靠巫术来治病。他们知道用夹板来固定骨折处,有止血带、药膏和绷带,会做蒸汽浴和按摩,用放血来治病,还会灌肠疗法(南美洲印第安人甚至会用橡胶针筒来灌肠)。他们虽然还没有文字,但已经掌握了一些天体知识,能够分辨不同星座并命名。最后，史前时代的波利尼西亚人掌握了航海技术，能够在相距3782千米的夏威夷和塔希提之间往返航行。人类学家莱斯利·A.怀特评估了人类各个发展阶段的成就，得出这样的结论："尚无文字的原始人类发展出来的知识、技能、工具、机械和技术，奠定了人类文明和所有高级文化的基础……原始人类在许多方面与当今时代的技术水平不相上下，令人赞叹。"[8]

旧石器时代的社会同样令人印象深刻、心驰神往。我们史前祖先的日常生活有很多令人向往的地方。人与人之间完全平等。血缘纽带贯穿和维系了整个社会关系。旧石器时代的生活中，每个人都有明确和公认的义务和回报。虽然前途未卜、命运难料，原始人并未闷闷不乐、心存芥蒂，而是融洽无间、安危与共。澳大利亚原住民的一天是这样度过的：早上，他捡到一块碎玻璃，熟练地做成一枚箭头或矛尖，然后带上投矛器或弓箭出去捕猎。狩猎归来后，先举行适当的仪式，然后做晚饭，饭后讲故事，把白天的奇遇告诉留在家里的人，结束充实的一天。旧石器时代的狩猎者就这样成为一个"完人"，农业革命以来的人类难以望其项背。

不过，在旧石器时代，血缘纽带将社会结成一个整体，这既让人舒心，也意味着束缚。个人完全从属于游牧群或部落，成为由死者、生者和后代所组成的永恒队伍中的一员，而神灵世界的各种无形力量始终伴随左右。个人完全受制于这一生命历程。当然，绝大多数人会把自己看成是参与者，而不是笼中之鸟。但这改变不了一个基本事实：旧石器时代的生活方式虽然能带来安全感，却始终停滞不前。这种生活在带来满足感的同时，也是一条走不出去的死胡同。偶尔有人背离传统，便会招致杀身之祸，例如，在澳大利亚的阿伦塔人部落，部落长者会安排敌对部落杀掉本部落中触犯部落传统的人。这种压制性的僵化传统构成了旧石器时代社会不容忽视的另一面。

在旧石器时代，不光是那些桀骜不驯的人会遭到杀害，每逢食物短缺，婴儿和年老体弱者也会被杀掉。食物采集者迟早会吃光住地附近的食物，因此，他们总是处于流动觅食的状态。由于这种不可避免的居无定所，他们不得不丢弃所有用不着的东西，有时还不得不残忍地抛弃群体的成员：婴儿、老人和病弱者。对于食物采集者来说，每个母亲显然只能养活一个婴儿。如果婴儿尚未断奶，母亲会杀掉之后出生的新生儿；同样，如果生了多胞胎，也只能保住一个。一定的地域范围内只能养活很少的食物采集者。因此，随着农业革命的到来，食物生产者，或者说农民，能够养活更多的人口，从而不可阻挡地进入到人烟稀少的狩猎区，轻而易举地排挤了食物采集者。这一事实解释了为什么农业革命一旦启动，食物采集群体就注定难逃覆灭的命运，只有在因为这样那样的原因无法开展农业的偏远地区，才残存着屈指可数的食物采集群体。

食物采集者的生活

我们不妨假定,在旧石器时代的漫长岁月里,人类的生活与公元十五六世纪欧洲人在新大陆发现的食物采集者大体相当。当时的探险家以及接踵而至的移民和传教士留下了宝贵的记述,让我们得以管窥人类的过去。下面这份报告来自耶稣会神父雅各布·贝格特,他与加利福尼亚印第安人共同生活了许多年(1750—1767年)。*贝格特对"加利福尼亚人"的描述,不仅为我们揭示了旧石器时代祖先的生活状况,也挑战了关于"人类本性"的常见假设。

尽管饮食粗劣、生活艰辛,加利福尼亚人很少生病。他们大多身强力壮,吃苦耐劳,身体要比许多生活富足、吃着巴黎厨师做的美味佳肴的人好得多……

像其他美洲土著一样,加利福尼亚人也被欧洲人传染了天花,这种病在他们当中传染性最强。1763年,一个刚刚出过天花的西班牙人送给一个加利福尼亚人一块布料,就把天花传给了这个不大的群体。短短三个月内,就有一百多人死掉……

有人也许会根据我所讲述这些加利福尼亚人的情况,想当然地认为,他们是亚当最不幸、最可怜的子孙。但是,这种想法大错特错,我可以向读者保证……比起文明的欧洲居民,他们肯定活得更幸福……加利福尼亚人一年到头从来不知道什么是烦恼和忧愁,也没有任何事情会让他们觉得生活艰难,或是感觉活着没意思……他们的生活中没有嫉妒、羡慕和诋毁,用不着担心会失去所拥有的东西,也不会想着如何增加这些东西……加利福尼亚人从不知道什么是"我的"和"你的",圣格里高利曾经说过,这两个念头让我们短促的一生充斥着痛苦和不可思议的邪恶。

加利福尼亚人看上去一无所有,实际上却拥有想要的一切,因为他们从不贪图任何东西,他们所要的只有贫瘠而不起眼的家园的物产,而这些东西对他们来说是唾手可得的。难怪他们总是心情愉快,经常纵情嬉戏和欢笑,抑制不住地流露出满足感,说到底,这种满足感才是幸福的真正源泉。

* Smithsonian Institution, *Annual Report for 1863* (Washington, D. C., 1864), pp. 352–369.

我们接下来将要讲到,农业革命还引发了城市化、阶级分化和社会分裂的连锁反应,从此,原始社会令人向往的平等一去不返,部落传统的束缚性纽带也被打破了。无论好坏,人类走上了改变命运的进程,从狩猎场过渡到大都市,从拼体力发展到利用原子能。不过,在讲述农业革命之前,有必要先来看看旧石器时代人类在全球范围的扩散,以及这种扩散带来的影响至今的后果。

三、人种的形成

人们通常认为,人口爆炸是我们这个时代特有的现象。其实不然。历史上每一次重大的技术突破都伴随着惊人的人口激增。个中原因一目了然:技术进步提高了生产力,从而能够养活更多的人口。按照当时的标准,从旧石器时代早期到晚期,人类技术有了长足进步,随即出现了人口的爆发式增长。据估计,旧石器时代早期,类人猿数量为12.5万,到距今1万年前,旧石器时代末期的农业革命前夕,智人数量已达532万,增幅超过42倍,堪比日后伴随着历次技术革命而来的人口爆炸。

这一时期还形成了日后反复出现的人口模式,即引领技术革新的族群人口增长更快,从而扩散到更广大的地域。自地球上诞生最早的生命以来,始终普遍存在这种人口模式,原因正如人类学家M. D. 萨林斯和E. R. 瑟维斯提出的文化优势定律所说:

> 在既定的环境中,能更好地利用能源的文化系统往往会传播开来,进而排挤低效的系统……高级文化的特点就在于能比低级文化更好地利用各种不同资源;所以,在大多数环境中,高级文化的效率要高于低级文化,从而占据了更大的空间。[9]

不论什么时候,适应性最强、或者说最能适应自然环境的物种,总是能够凭借自己的优势不断扩大活动范围。南方古猿只有原始的砾石工具,又赤身露体,所以无法走出温暖的热带草原。智人掌握了更先进的技术,能更好地适应不同环境,既能向南进入非洲和东南亚的热带雨林,又能向北深入到西伯利亚苔原。

不妨来看看早期人类高超技术的一个缩影:渡水工具。根据各地不同的自然资源,这些渡水工具大体上可以分为四大类:皮艇、树皮船、木筏和独木舟。早期人类就是驾驶着这些船只渡过河流和湖泊,甚至穿越从非洲到欧洲、从东南亚到大洋洲、从西伯利亚到北美洲的广袤水域。在冰河时代,人类的扩散尤为顺利,因为海水结成冰盖,海平面下降,形成了将各大陆连接起来的陆桥。在这种情况下,人类的足迹踏上了除南极洲之外的所有大陆。人类以及与人形影不离的狗,成为地球上分布最广的动物(见地图1)。

随着智人的扩散,人种差异随之而来。人类形成了不同的人种,在肤色、发质

16

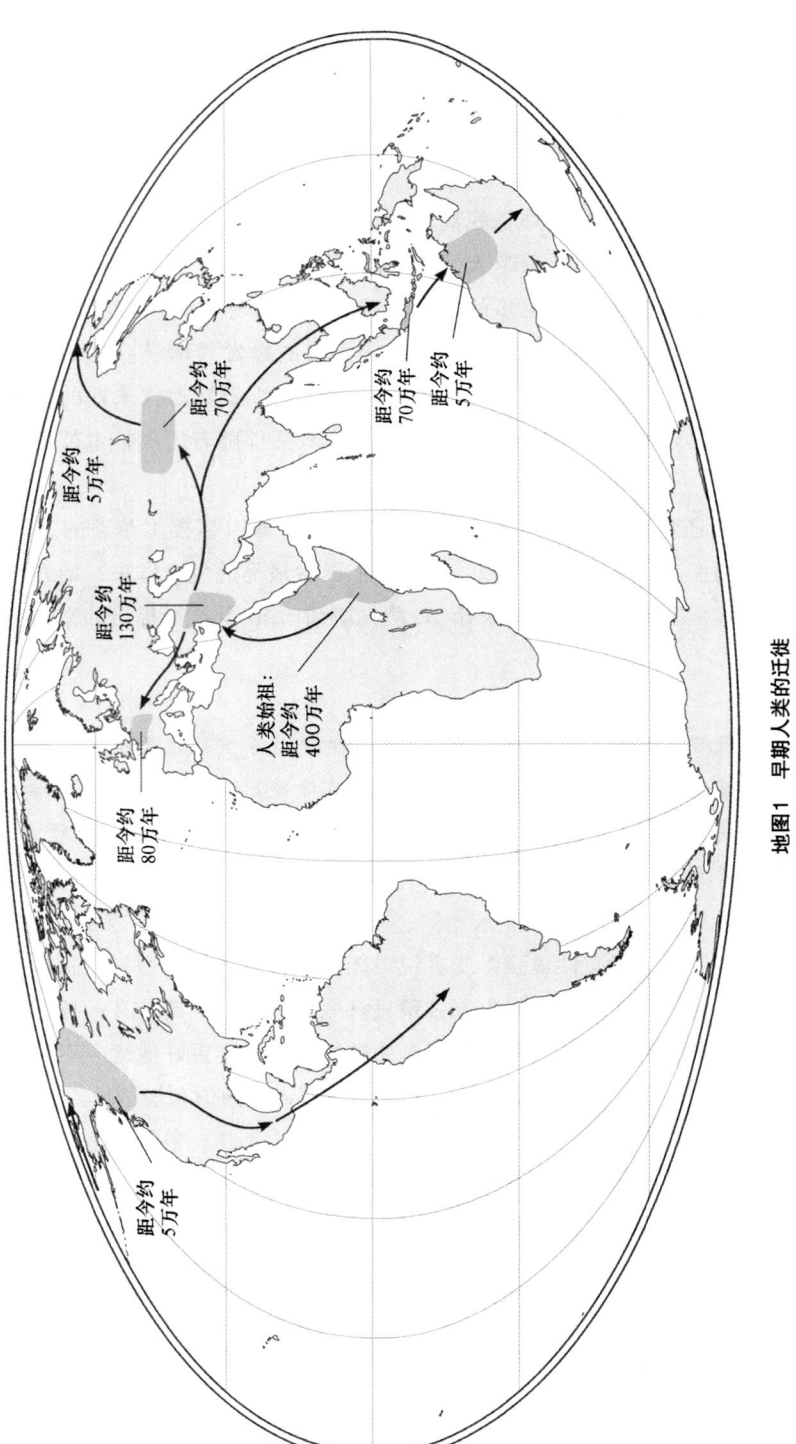

地图1　早期人类的迁徙

- 距今约5万年
- 距今约70万年
- 距今约5万年
- 距今约70万年
- 距今约130万年
- 人类始祖：距今约400万年
- 距今约80万年
- 距今约5万年

和容貌上出现了显著的差异。人种的成因既有不同人群之间彼此隔绝的因素,也是这些种群为了适应各自不同的环境使然。关于人类物种内部的这种分化,重要的一点是它发生得很晚,远远晚于智人的出现。因此,所有现代人种都是源于一个共同祖先,而且这个祖先已经彻底完成了从猿到人的进化。这不仅解释了为什么欧洲人能够与所到的各大陆的不同人种通婚,还解释了所有人类学家的一项共识:不同人种有着不分伯仲的先天智能。不论是旧石器时代晚期的原始人,还是当代的澳大利亚原住民,与现今其他各种族一样,如有机会,其佼佼者都有可能完成大学学业。

至于不同地域何以形成不同人种,个中详情我们目前尚不清楚,也许永远无法知晓。长期以来,考古学家们认可的人类起源理论是"非洲起源说",即人类最初起源于非洲,然后迁徙到其他大陆。如今,随着世界各地的考古新发现不断涌现,这种学说和其他学说一样不断受到挑战。例如,澳大利亚北部新出土的石器表明,早在17.6万年前,当地就已有人类聚居,从而推翻了以往将最早的人类迁徙时间定在5万到6万年前的理论。同样,以往认定的早期人类迁徙到中亚的时间也要做出修正,因为近来在这一地区的洞穴中出土了年代古老得多的骨化石和石器。

考古发掘证据与现行理论反差如此之大、如此之多,迫使考古学家重新审视以往被奉为圭臬的理论假说。有人开始质疑,最早的人类发源地究竟是非洲还是亚洲。人类多地起源论的支持者则认为,根本无法确定哪里是最初的人类摇篮,因为人类并非发源于一个单一的源头。因此,更有说服力的假说是人类起源于不同地域的多个源头。

虽然关于人类的起源和进化至今尚无定论,但我们可以有把握地说,距今1万年前后,即最近一次冰河时代结束之际,就已经形成了基本上和如今一样的全球人种分布格局。高加索人种占据了欧洲、北非、东非和中东,并向印度和中亚扩散。黑色人种分布在撒哈拉沙漠(当时水源比较充足)以及南边一点的地方,俾格米人和布须曼人则与后来的分布情况相反,占据了撒哈拉沙漠以南的非洲其余地区。另一部分俾格米人,即矮黑人,生活在印度和东南亚的森林之中,而这些地区的旷野以及澳洲则是澳大利亚人种的地盘。最后,东亚和美洲属于蒙古人种的地盘。

虽然这一人种分布格局大体上接近于当今的人种分布,但全球人种分布图(见地图2)表明,公元1000年时,全球人种分布发生了重大变迁,时至今日又有了更大的变化。我们将会看到,人种分布的变化是日后历次技术革命带来的直接后果。布须曼人、俾格米人和澳大利亚人种未能跟上技术革命的步伐,几乎完全消失了;在新大陆的大部分地区,美洲印第安人也湮没殆尽。换言之,1万年前,白色人种与布须曼人的人数不相上下,如今布须曼人仅为白色人种的十万分之一。

18

公元前8000年
高加索人种
蒙古人种
黑色人种
布须曼人
澳大利亚人种
俾格米人

公元1000年

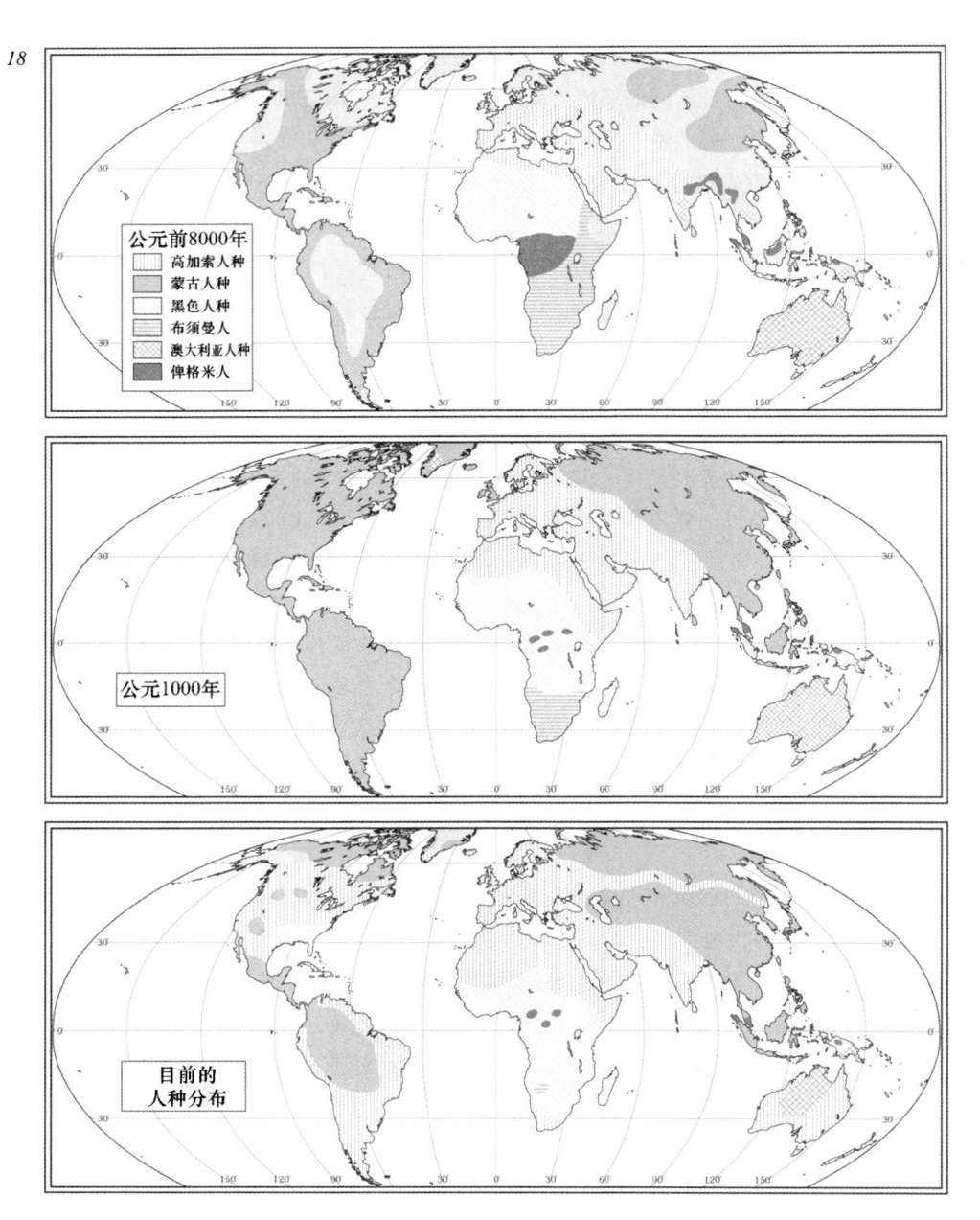

目前的
人种分布

地图2　全球人种分布

相比高加索人种和其他人种，布须曼人有着迥然不同的经历，但这绝不意味着才智上的高下。在第四编最后"历史的启示：历史上的人种"，我们将再度探讨这个重要问题，分析造成不同人种经历的原因。

最后要指出的是，尽管人类形成了人种差异，但所有人种的身高都在不断上升。人类早期祖先的平均身高为1.4米，如今我们的平均身高有1.55米。人类越长越高的原因主要有两个：一是丰富而稳定的食物供应，尤其是充足的动物蛋白，二是儿童免疫，消除了抑制生长的疾病。进入现代之后，人类一直在长高，今天的大多数成年男子都穿不下中世纪骑士的盔甲。

[推荐读物]

学习世界史必备的工具书有：G. Barraclough, *The Times Atlas of World History*（Times Books, 1991）; W. L. Langer, *An Encyclopedia of World History*（Houghton Mifflin, 1972）; 以及图文并茂的 *National Geographic Atlas of World History*（Washington, 1997）。

有关早期人类历史的重点新书：J. E. Pfeiffer, *The Emergence of Man*（Harper & Row, 1985）; R. Lewin, *In the Age of Mankind*（Smithsonian Book, 1988），该书介绍了当今关于史前时代和人类前景的理论；M. Wolpoff and R. Caspari, *Race and Human Evolution*（Simon & Schuster, 1997），该书探讨了人类非洲起源论与多地起源论之争。关于人类起源，推荐一篇内容丰富、图文并茂的文章：R. Gore, "The Dawn of Humans", *National Geographic*（May 1977）。

关于旧石器时代妇女的地位，可参阅 M. Ehrenberg, *Women in Prehistory*（British Museum, 1989）; R. R. Reiter, ed., *Toward an Anthropology of Women*（Monthly Review, 1975）; M. K. Martin and B. Voorhies, *Female of the Species*（Columbia University, 1975）; R. Bridenthal and C. Koonz eds., *Becoming Visible : Women in European History*（Houghton Mifflin, 1977）。

[注释]

1. *New York Times*, April 23, 1996.
2. C. C. Swisher et al., "Latest Homo erectus of Java," *Science*（December 13, 1996）: 1870–1874; *New York Times*, December 13, 1996.
3. E. Leacock, "Women in Egalitarian Societies," in R. Bridenthal and C. Koonz, eds., *Becoming Visible : Women in European History*（Houghton Mifflin, 1977）, pp. 21, 22.
4. B. Spencer, *Native Tribes of the Northern Territory of Australia*（London, 1914）, p. 36; R. B. Lee, *The ! Kung San*（Cambridge University, 1979）, p. 246.
5. V. M. Bryant, Jr., "I Put Myself on a Caveman Diet Permanently," *Prevention*, Vol. 3（September 1979）, pp. 128–137. 相关详情，见Bryant的文章, *Scientific American*, Vol. 232（January 1975）; and in *American Antiquity*, Vol. 39, No. 3（1974）。
6. A. R. Radcliffe-Brown, *The Andaman Islanders*（Free Press, 1948）, p. 192.
7. K. Rasmussen, *People of the Polar North*（Lippincott, 1980）, p. 124.
8. L. A. White, *The Evolution of Culture : The Development of Civilization to the Fall of Rome*

（McGraw-Hill，1959），pp. 271，272.

9. M. D. Sahlins and E. R. Service, eds., *Evolution and Culture* (University of Michigan, 1960), pp. 75, 79.

> 关于最早的有效粮食生产的后果，我们大概很难形成一个完整的概念，但其重要性怎么强调也不为过。从生物学领域（食物、人口统计、疾病等），到文化领域（社会组织、政治活动、宗教、审美等），整个人类生存有了全新的维度。
>
> ——罗伯特·J.布雷德伍德

第二章 食物生产者

在旧石器时代，早期人类学会了说话、制造工具和使用火，由此而成为"人"。由于这些进步，人类得以遥遥领先于其他动物，不过，从最基本的意义上说，早期人类与动物相差无几：像其他猎食动物一样，他们靠捕猎为生；像完全仰仗大自然恩赐的无数物种一样，他们靠采集食物为生。他们依赖大自然，也就受制于大自然。为了追猎动物、采集浆果和捕鱼，他们过着居无定所的生活。他们只能组成很小的群体，因为一个地方养活不了太多人。据估计，即便是冬季和煦、物产丰饶的地区，每平方英里也只能养活一到两名食物采集者。在寒冷地区、热带丛林和茫茫沙漠，二三十平方英里的土地才能养活一个食物采集者。

人类从食物采集者转变为食物生产者，彻底改变了人类生活的方方面面。本章讲述的就是这一转型的原因和后果。

一、农业的起源

当人类成为食物生产者，就打开了一个无限广阔的新世界。人类从此告别了旧石器时代，进入到新石器时代。

新石器时代人类与旧石器时代的先辈有两点不同：他们使用的不再是打制石器，而是磨制石器；更重要的是，他们的食物全部或者主要是来源于农业和畜牧业，而不是靠捕猎动物和采集植物。磨制的切削石器更加耐用，而且带来了一些重大发明，如新石器时代末期出现的犁和轮子。但是，相比人类从食物采集者到食物生产者的转型，将琢斧或凿斧打磨得平滑锋利的技艺，只能算是雕虫小技。

这一转型并非源自突如其来的灵感。不能说史前人类出现了几个阿基米德式人物，刹那间揭示了植物生长的奥秘。事实上，在农业革命之前，人类就已经了解植物生长的机制，就像人们在哥伦布航海之前就已经知道地球是圆的。同样，现代狩猎族群虽然对农业耕作一无所知，却对栖息地植物的特性和生长了如指掌。他们知道，植物种子发芽生长离不开水和阳光，植物只有在合适的土壤才能长得茂盛。对于至今尚存的原始族群来说，这种知识是自然而然地习得的，因为他们要想生存下去，就必须掌握周边动植物群落的实践知识。大量证据表明，史前人类无疑就是通过这样的方式掌握了相关的实践知识。

既然早在农业革命前的数千年，人类就已经了解植物生长的基本原理，为何却迟迟没有付诸实践呢？一个原因是缺乏这样做的动力。通常情况下，游牧的狩猎群并非过着忍饥挨饿的生活。狩猎群的人数不会快速增长，而是始终保持在食物来源的承受限度之内。他们居无定所，游牧觅食，所以不可能有人丁兴旺的大家庭。他们没有产奶家畜，只能用母乳喂养婴儿。如果两胎间隔时间很短，母亲无力养活两个孩子，也无法带着婴儿不断迁徙，只能听任第二个婴儿死掉。不过，通常情况下，杀婴并不常见，因为哺乳往往会抑制排卵，哺乳期妇女一般不会怀孕。倘若这种天然节育方式失效，我们的祖先就会用杀婴、堕胎和断奶的方式来减少种群人数，以便捱过食物匮乏的艰难时日。因此，千百年来，狩猎社会始终能够维持一种得过且过的平衡，缺乏激进变革的动力。

通常情况下，狩猎者食物来源丰富，食物种类繁多。来看看当今南非的布须曼人的例子。这些狩猎者虽然生活在环境恶劣的沙漠中，却依然能够获取85种可食用植物和223种动物。狩猎者的日常饮食有更多的维生素、矿物质和蛋白质，而农民的食物只有屈指可数的几种谷物和块茎植物。历史上看，狩猎者的食物供应更有保障，因为他们的食物来源包括种类繁多、五花八门的动植物。反之，如果天公不作美，导致农作物歉收，农民可能就要挨饿。

比起自己生产食物的农民，狩猎者不但有更多样、更可靠的食物来源，而且觅食所需的劳作也更少。仍以布须曼人为例，即便身处环境恶劣的沙漠，成年布须曼人平均每周仅花15个小时狩猎和采集，平均每天只有两个小时多一点。这么看来，难怪布须曼人总是身体很好，有十分之一的成年人能活过60岁。游牧生活方式也有助于保持健康。狩猎者不断迁徙，他们不会因为不卫生的环境而染上疾病，而农民的生活环境有着天壤之别，他们要在粪便和垃圾遍地的村落里度过一生。

正是由于这些原因，虽然人类很早就懂得栽培植物，但直到1万年前，人类才转向农业。农业的姗姗来迟还有一个原因，即适合驯化的动植物少之又少。迄今为止，人类只驯化了数百种植物和数十种动物，因为动植物驯化必须具备一些先天条件。比如，植物要具备高产特性，能适应不同环境。那些不具备这些特性的植物，即便驯化成功，也没有什么价值。所以，大约20万种开花植物中，可食用的只有3000种左右。在这些食用植物中，只有不到30种是主要作物。这些作物包括4种禾本科植物（小麦、水稻、玉米和甘蔗）、淀粉类植物（马铃薯、山药、木薯和香蕉），以及被称为"穷人的肉食"的豆科植物（小扁豆、豌豆、野豌豆、菜豆、花生和大豆）。

　　动物也和植物一样需要驯化。同样，适于驯养的动物要能克服怕人的天性，适合人工饲养繁殖，适应人类提供的饲料。旧大陆的居民幸运地拥有能提供肉、奶和羊毛的动物，以及用作驮畜的动物。美洲没有这样的动物，印第安人只好设法利用美洲驼、羊驼和小羊驼等半驯化的安第斯骆驼科动物，这实际上阻碍了印第安人的发展。

图6　猎河马。埃及提伊墓室壁画。

　　由此可见，如果没有发生某种变化，打破了狩猎社会得过且过的平衡，农业的突破就无从谈起。即便出现了这样的变化，也只有在具备可驯化动植物的地区，农业才有可能诞生。实际情况就是如此。

　　从距今1万年到距今2000年的相对短暂的时期里，这个星球上绝大多数人类都转向了农业。很显然，这是一次迫不得已的转变，没有哪个狩猎者愿意放弃轻松而又稳妥的生活方式，去做终年劳作、被土地和牲畜缚住手脚的农民。人口压力是这一转变背后的根本原因。百万年来，人类数量缓慢增长，引发了非洲、亚洲、大洋洲乃至美洲的人类迁徙。最后，除南极洲之外，每一个大洲都有了人类的足迹。随着人口持续缓慢增长，采集狩猎越来越难以满足需求，为了应对食物短缺，狩猎者不得不自己种植作物。狩猎者想必会感到怅然若失，因为从此只能固守在一个地方种植庄稼或饲养牲畜。但是，农业生产远胜于食物采集，单位面积的土地能养活更多的人口。

　　在少数拥有可驯化动植物的地区，农业率先成为一项主业。野生动植物经过驯化，长得越来越大，从而能提供更多的食物。这样一来，狩猎者会花更多时间来从事食物生产，而不是食物采集，直到最终成为在村落里生活的农民。这种新兴的生活方式从最初的几个农业革命中心向外扩散，传播到世界上大多数地区。

二、农业的传播

从狩猎到农业的转型并非一蹴而就，而是一个渐进的过程，而且这个过程在全球多地相互独立地向前推进。中东地区（埃及和苏丹的尼罗河流域，叙利亚和伊拉克的底格里斯河和幼发拉底河流域，土耳其、叙利亚、黎巴嫩和以色列的地中海东岸地区）、墨西哥、中国北部和秘鲁，都独立发明了农业。考古新发现表明，东南亚、西非以及其他地区也有独立的农业中心。我们了解最多的农业起源地是中东和中美洲（大体上是巴拿马以北的美洲热带地区），这两个地区都有多种可驯化植物或动物。

在中东地区，古代人类已经发现了现代小麦、燕麦、黑麦、大麦以及现代山羊、绵羊、牛和猪的祖先。在中美洲，两个小国哥斯达黎加和萨尔瓦多的领土面积不及美国的1%，却有着与美国和加拿大不相上下的植物种类。这种物种多样性源于多样的气候环境，在这个不大的地域，海拔、气温和降水的分布差异很大。因此，中美洲能成功培育数十种植物，其中最重要的是玉米、豆类和南瓜属植物。

驯化植物历经数百年培育，能适应不同环境并传播到其他地区，人类得以建立起区域性多物种复合农业。这种先进的农业形态具备两大优势：一是提高了生产力水平，二是提供了基本保障。如果气候原因造成某种农作物绝收，人们还可以依靠其他未受影响的农作物。因此，农业为稠密人口提供了可靠的食物来源，从而为文明的诞生创造了条件。

从最早的动植物驯化过渡到农业革命，或者说过渡到人类完全以农业为生，经历了漫长的演进过程。这一过渡阶段的农业称为原始农业，在中东，这一阶段大约开始于公元前9500年，结束于公元前7500年。在新大陆，这一阶段持续了更长时间。公元前7000年前后，墨西哥特瓦坎山谷就出现了原始农业。据估计，2000多年后，当地印第安人的日常食物仅有十分之一是来自于栽培植物，其中主要是玉米。到公元前3000年，这一比例也只有30%。直到公元前1500年前后，通过把玉米和其他植物杂交，玉米产量大幅提升，成为主要食物来源，才完成了从原始农业到农业革命的过渡。

从上述两个最早的成熟农业中心、中国北部地区以及将来迟早会发现的其他农业中心，新的生活方式传播到世界各地。农业扩散过程的诱因是，早期农业是一种间歇性或轮垦式的耕作，效率低下。一块地耕种几年之后，土壤肥力枯竭，农民不得不弃耕，任其荒芜，要等上8～10年乃至更长时间，土壤肥力才能恢复。因此，

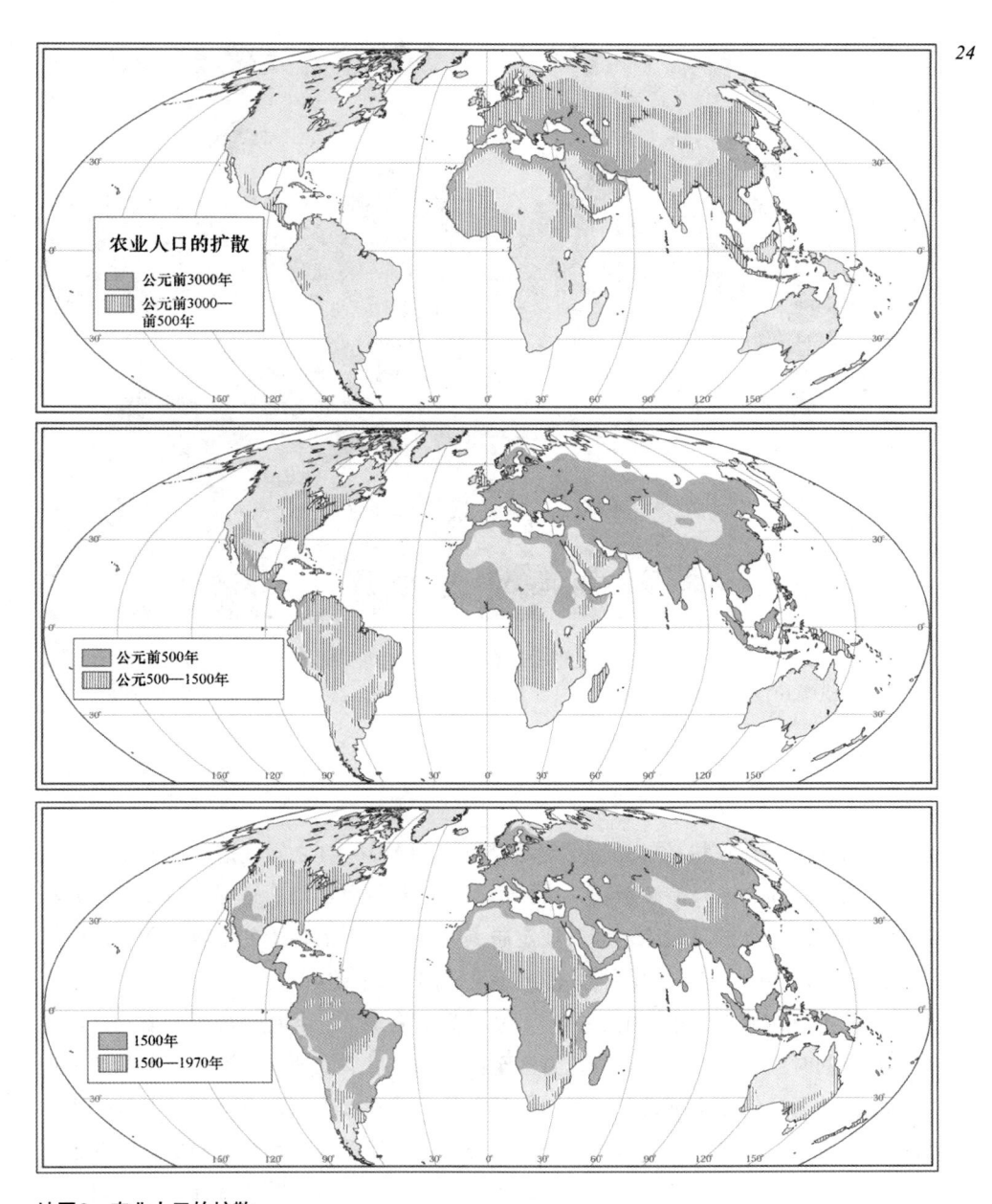

地图3　农业人口的扩散

图7 在大多数美洲印第安人社会，妇女都是主要的农业劳动力。她们种植作为主粮的谷物、豆类和其他作物。这幅16世纪的法国版画描绘了印第安男人在平整土地，印第安妇女在田垄中播种。

弃耕地或休耕地与在耕地的比例始终维持在5∶1到10∶1之间。这种农业模式浪费了大量土地，加之人口持续增长，需要不断开辟新的可耕地。这样就带来了"开枝散叶"或者说"分群"效应，即农业定居点不断渗入人烟稀少的食物采集地区。农业就这样从最初的中心向四面八方传播（见地图3和地图4）。

这并不意味着农业最终能够推广到全世界所有地区。各地环境千差万别，因此开展农业的时间有早有晚，有些地方甚至没有条件发展农业。亚洲、非洲的沙漠地带和北极地区显然完全不具备开展农业的条件。非洲和美洲部分地区以及整个大洋洲不仅完全与外部隔绝，而且自然环境极为恶劣，当然也无法孕育出农业。铁器时代之前，由于缺乏廉价和实用的工具，中欧和西欧等地茂密的森林几乎是难以逾越的障碍，也阻碍了农业的形成。在开展农业耕作的地区，只有当铁斧取代石斧，才能有效开垦林地，扩大可耕地面积。因此，高效栽培农业从地中海沿岸地区扩展到欧洲腹地，从印度河流域扩展到恒河流域，从黄河流域扩展到长江流域，从非洲热带草原扩展到热带雨林。

关于农业在各地传播的具体进程，我们所知甚少。大体上说，农业从中东向东

第二章 食物生产者　　031

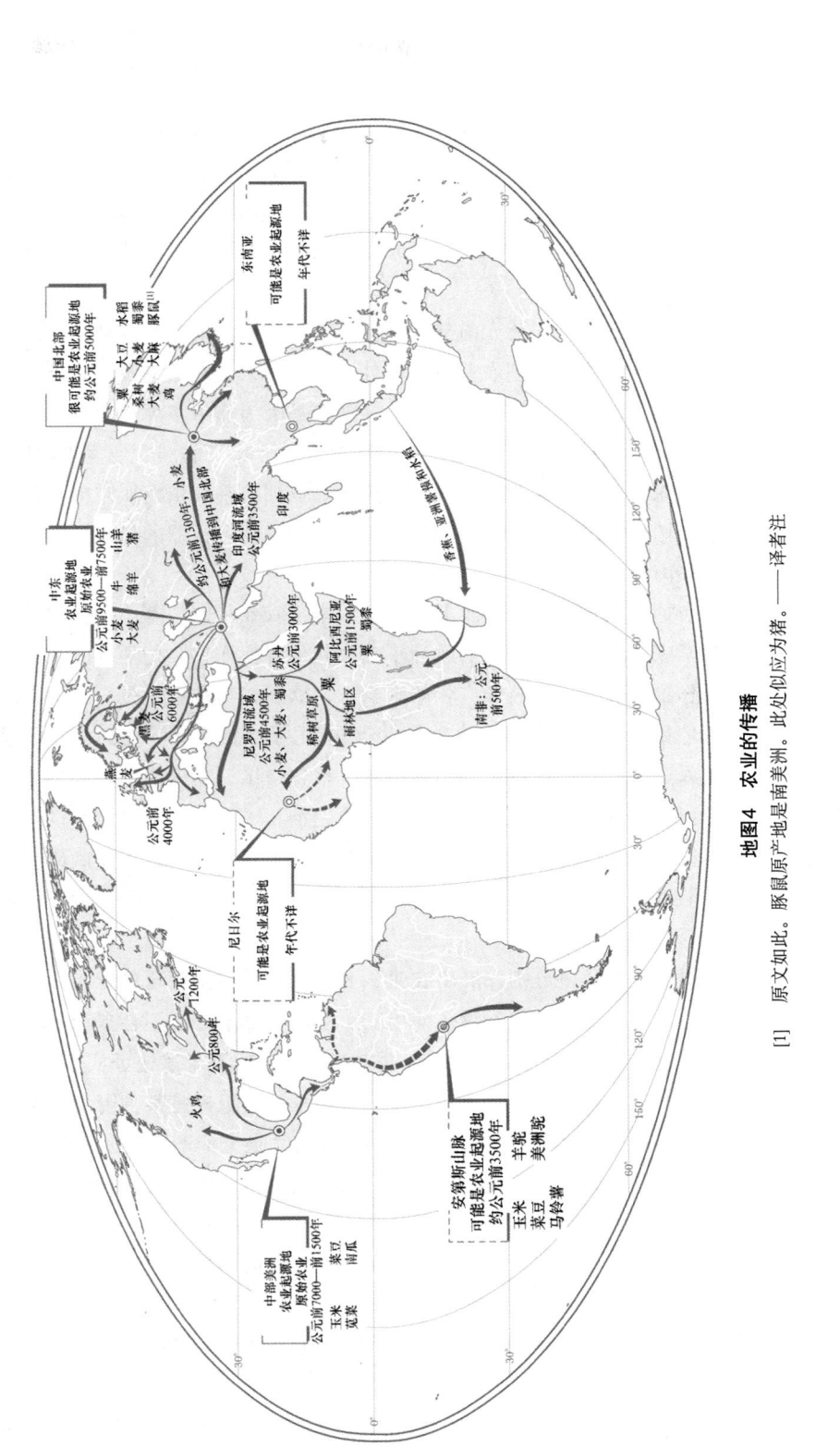

26

地图4　农业的传播

[1] 原文如此。豚鼠原产地是南美洲。此处似应为猪。——译者注

传播到印度河流域，向北传播到中亚和东欧，向西传播到中欧和西欧。在中国，公元前1300年前后，从中东引入了小麦和大麦，但最新的研究表明，本土植物的驯化和栽培还要早3000年。这些植物包括中国南方地区的水稻和茶叶，北方地区的粟、蜀黍和大豆。桑树和漆树原产于中国，桑叶可用来养蚕，漆树可制造闻名遐迩的清漆和漆器。

在非洲，农业相继出现于公元前5000年前后的尼日尔河上游地区和公元前4000年前后的尼罗河流域。不论非洲农业源自何处，千百年来，它始终没有走出辽阔的热带草原，未能向南传播到热带雨林地区。这部分是因为热带草原上常见的粟和蜀黍适应不了热带雨林环境。公元初年，两项重大进展消除了非洲农业发展的障碍。一是冶铁术从中东发源地传入非洲。二是芭蕉属和亚洲薯蓣属植物从东南亚传入非洲，它们在热带雨林地区也能生长茂盛。随着这两种作物和铁器的传入，农业很快传播到非洲大陆南部。

到了现代，西方人的帝国瓜分了非洲，非洲本土农业从此一蹶不振。欧洲传教士、官员和科学家带来了他们熟悉的欧洲小麦和其他谷类作物，把陌生的非洲谷类植物当作劣质作物。在现代包装和广告的影响下，欧洲谷物被看成是真正的高级食品。不过，人们如今已经认识到这种观点完全站不住脚。1996年，美国国家科学院发表名为《被人遗忘的非洲作物》的系列报告。报告指出，非洲原生谷物种类的数量超过其他任何一个大陆，其中包括一种非洲原生稻、一种富含蛋白质和铁元素的埃塞俄比亚无麸质谷物，还有蜀黍，后者在美国大多用作饲料，但也可制成高品质的面粉。"非洲被称为饥饿的大陆，"国家科学院的报告总结说，"但它是许多未能加以利用的食用植物的聚宝盆。"[1]

在美洲，墨西哥和秘鲁分别发展出农业；我们着重讲讲墨西哥的玉米。玉米籽粒是长在果穗的穗轴上，与其他谷物（如小麦）不同，玉米籽粒不会自动脱落到地面生根发芽。因此，玉米需要人工栽培，考古发掘出土的玉米遗迹证实了这一点。墨西哥城地区发现的玉米花粉化石表明，现代栽培玉米的祖先是某种野生玉米。现代的玉米品种可能是这种祖系玉米与野生的类蜀黍植物杂交的产物。公元前1500年前后，这种杂交品种开始在墨西哥地区驯化栽培。墨西哥地区人工栽培的其他作物还有南瓜（公元前7000年前后）和蚕豆（公元前5000—前3000年）。

在墨西哥地区，许多农作物的驯化并不是一次性完成的。可以肯定的是，当地一边种植已有作物，一边寻找新作物，很可能有一个很长的过渡期。

公元前5600年前后，秘鲁山区也开始出现农业。这个地区的驯化作物包括番茄、花生、青豆和马铃薯。此外，当地还发现了与墨西哥玉米不同的玉米品种，时间大约是在公元前4300—前2000年。农业从这个最早的中美洲起源地向南北两个方向传播。公元前3000年前后，玉米传播到美洲西南部，但直到750年，最早的玉米品种经过改良，产量超过了单纯的食物采集，玉米种植才产生了很大的影响。同样，在北美洲东部，直到800年前后，当地发展出玉米、蚕豆和南瓜等作物的大田种植，印第安人才开始以农业为生。

三、农业的类型

随着农业在世界范围内传播，人类培育出适应不同环境的多种作物。小麦和大麦是中东最常见的作物。但是，迁徙到北方的农民发现，这两种作物在当地的长势不如黑麦，黑麦原本是种植小麦和大麦时不经意间混入的一种杂草。于是，中欧地区转而种植黑麦，同理，更北的地方则种植燕麦。

农业传播到非洲撒哈拉沙漠以南地区，同样推动了当地粟、稻的种植。在地中海沿岸地区，农业传播使得橄榄树成为最重要的食用油来源之一。伊朗高原和印度西北部的农业基本上属于中东类型。不过，一条分界线自北向南纵贯印度中部，分界线两侧属于全然不同的气候带和植物区系。在季风地区，季节性降水量大，持续高温，丛林茂密。因此，这一地区无法栽培需要充足阳光的中东种子植物，而是栽培薯蓣、芋头、香蕉、尤其是水稻。最后，除了主要作物玉米之外，北美洲还栽培蚕豆和南瓜，南美洲栽培木薯和马铃薯，这两种作物都属于含糖的白马铃薯品种。

总体上说，农业传播的最终结果是形成了三大粮食作物种植区：东亚和东南亚的水稻产区，美洲的玉米产区，欧洲、中东、北非、中亚到印度河和黄河流域的小麦产区。从农业革命到工业革命的数千年间，这三大粮食作物对人类历史的重要性不亚于工业革命时期的煤、铁、铜。不久前，小麦取代水稻，成为世界上最重要的粮食作物。农业科学家培育出耐热、耐寒、耐旱和抗虫害的小麦品种，过去无法种植小麦的许多地区如今都可以引种。1995年，全球小麦总产量已达5.42亿吨。

世界各地的早期农民种植不同种类的农作物，发明了不同类型的农业技术。最早的农耕技术是所谓的"刀耕火种"。这种方法主要应用于森林地区，农民用这种方式清除林木和灌木，开垦耕地。早期的农民只有石器工具，因此开荒是一项非常艰苦的工作。所以，为了开垦耕地，他们放火焚烧森林。不过，树木含水量很大，很难烧着。于是，早期农民将树皮剥去一圈，让树木无法输送养分而枯死。干枯的树木很容易点燃，燃烧后的灰烬又是很好的肥料。清理出肥沃土地之后，农民播种、浇水、除草，还修筑篱笆，防止野兔或野鹿之类的野生动物闯入，庄稼成熟后，便可以收割了。这种"刀耕火种"技术使农业得以扩展到广大的森林地区。时至今日，世界上许多地方仍在沿用这种技术。

梯田农业是另一项至今仍在各大陆普遍应用的技术。梯田是山区的首选农业技术，因为山区大雨会引发山洪，洪水沿山坡汹涌而下，冲走农民种植的庄稼。为了防止出现这种情况，农民在山坡上用石块垒砌挡土墙，拦蓄冲刷下来的泥流。泥土不断聚集，最终形成层层叠叠的阶地。农民在这些阶梯状的平坦土地上种植作物，不必担心洪水的危害。在秘鲁安第斯山区、中国北部山区以及西班牙、意大利和希腊等地中海国家，梯田用来种植马铃薯、玉米和葡萄。

第三种农业类型是块茎种植，这一技术广泛应用于热带地区。芋头、薯蓣、木薯等块茎植物半埋在湿土里，它们会长出硕大的块根。这些块根可以炸、煮、烤、做成汤、糊、饼。这些主食作物一年四季都能生长，在东亚和东南亚地区，通常是制成淀粉类食物，搭配鱼肉食用。

最后，我们还必须提及大约3000年前秘鲁山区农民发明的台田农业。这一技术久已失传，被遗忘了成百上千年。科学家们对这一古老技术产生了浓厚兴趣，揭开了它的神秘面纱。科学家们发现，用这种方式种植秘鲁当地作物，比起使用化肥和机械、成本高昂的现代农业，农作物反而长势更好。

每块台田宽4～10米，长10～101米，高约0.91米。农作物就种在这些台地上，台地与台地之间是规格划一的水渠。台田的土壤是用开挖水渠的泥土堆积而成。如图8所示，台田具有普通农田所不具备的优点：

——防霜：渠水有保温作用，有助于农作物抵御安第斯山区寒夜里频繁出现的霜冻。

——防涝：台田里多余的水排向水渠，从而减轻洪水危害。

——防旱：水渠成为台田的毛细血管，农作物有充足的水分，在旱季，农民也可以很轻松地进行人工灌溉。

——积肥：渠底挖出的淤泥（含有绿藻、家畜排泄物和枯枝烂叶）为农作物提供了有机肥，这种有机肥不仅优于化肥，而且除了耗费人力之外，不用花一分钱，而当地村落有充足的劳动力。

——养鱼：水渠可以养鱼，极大地改善了当地农民的膳食，成为丰富的蛋白质来源。

1984年，秘鲁进行了对比实验，台田的马铃薯产量达到每英亩30吨，而使用进口机械和化肥的普通农田，每英亩产量仅为8吨。台田农业不但产量高，而且是一种自维持系统，除了一些拉美国家之外，美国和印度尼西亚也开展了相关实验。但愿有朝一日，这一发源于安第斯山区，被人们遗忘了数百年，最近又被科学家们重新发现并投入使用的农业技术，能够在世界各地得到推广应用。这一重获新生的古

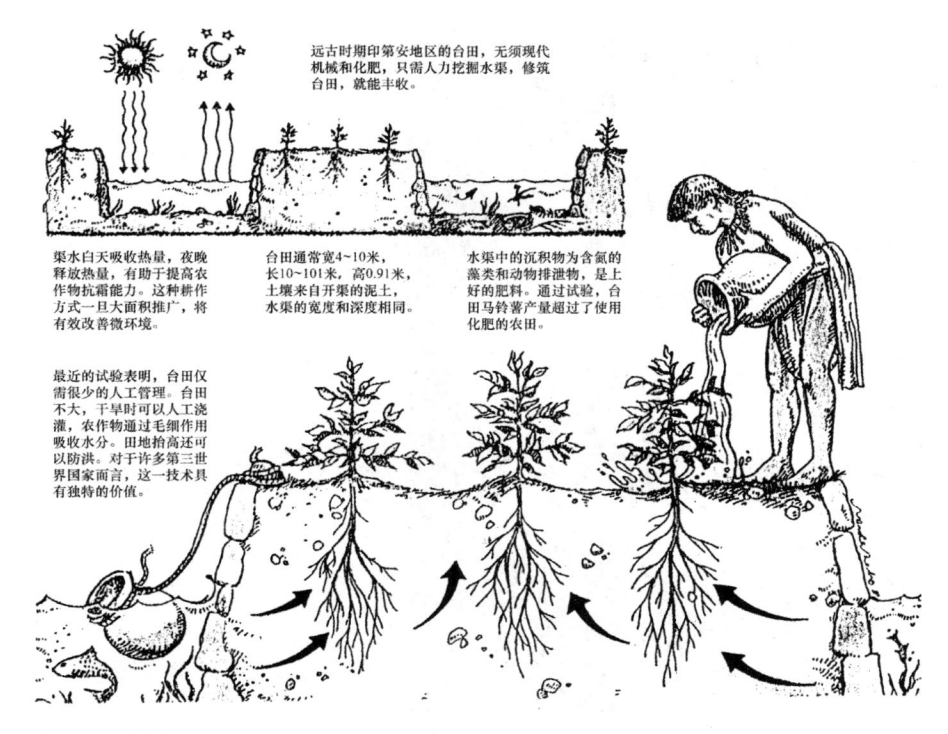

远古时期印第安地区的台田，无须现代机械和化肥，只需人力挖掘水渠，修筑台田，就能丰收。

渠水白天吸收热量，夜晚释放热量，有助于提高农作物抗霜能力。这种耕作方式一旦大面积推广，将有效改善微环境。

台田通常宽4~10米，长10~101米，高0.91米，土壤来自开挖的泥土，水渠的宽度和深度相同。

水渠中的沉积物为含氮的藻类和动物排泄物，是上好的肥料。通过试验，台田马铃薯产量超过了使用化肥的农田。

最近的试验表明，台田仅需很少的人工管理。台田不大，干旱时可以人工浇灌，农作物通过毛细作用吸收水分。田地抬高还可以防洪。对于许多第三世界国家而言，这一技术具有独特的价值。

图8 台田农业。

老技术表明，即便是现代"高科技"创造了无数奇迹的技术领域，今天的我们依然可以从史前祖先那里学到一些东西。

除了这些驯化的植物品种和农业技术，我们还应该看到，在雨水稀少、不适于从事农业的地区，当地居民转而从事畜牧业。这些地区驯化的对象是当地动物而不是植物。狗是最早驯化的野生动物。起初，人们对待狗和对待其他动物没有什么两样，养狗是为了吃肉。后来人们发现，狗的叫声能吓跑野兽，狗能看守营地，还可以帮助猎人搜寻猎物。公元前1万年，各大陆的狩猎部落都有了驯养的狗。

人类驯化了狗之后，很快又驯化了其他用途不同的动物。这样，一些人逐渐成为逐水草而居的牧民，时至今日，从撒哈拉沙漠到中国东北地区之间的大草原和沙漠，以及撒哈拉以南非洲辽阔的热带草原，仍有许多人过着游牧生活。游牧生活出现得比较晚，因为直到驯化了马和骆驼之后，才能解决旷野中的运输问题。但是，公元前1500年到公元前1000年，游牧方式出现之后，很快就发展出不同的类型。有些地区的牧人只饲养一种牲畜，如阿拉伯半岛饲养骆驼，非洲东部和南

图9 公元前6世纪末的阿提卡瓶画,画中描绘了收获橄榄的场景,橄榄是雅典最重要的作物之一。

部养牛,另外一些地区则饲养多种牲畜,如中亚地区饲养的牲畜有马、牛、骆驼、绵羊和山羊。

不过,不管饲养何种牲畜,游牧地区的生活比不上丰饶的底格里斯河和幼发拉底河、尼罗河、印度河、黄河等大河流域地区。这些大河地区诞生了定居的灌溉农业,不仅有很高的生产力,而且哺育出璀璨繁荣的文明。对于亚欧大陆中部大草原、中东和北非沙漠地区相对落后的游牧部落来说,这些大河文明有着无法抗拒的吸引力。从很大程度上说,亚欧大陆从古至今的历史就是一部先进文明的兴衰史,每当先进文明因内乱而衰弱,游牧民族总是乘虚而入,加速了文明的衰亡。

四、食物生产者的生活

农业革命最显著的影响是带来了全新的定居生活方式。为了照料新驯化的动植物，人类必须定居下来。于是，新石器时代的村落取代了旧石器时代的游猎群，成为基本的经济和文化单位。实际上，直到18世纪末，村落生活始终是主流的生活方式，在广大的欠发达地区更是一直延续至今。

最新的考古发掘表明，我们的早期祖先并非只能在游猎－采集生活和定居农耕生活之间做出非此即彼的选择。在有丰富的动植物食物来源的地方，当地居民即便完全靠狩猎和采集为生，也有可能一年到头住在村落里。叙利亚北部的阿布胡赖拉遗址就是一个例子。那里犹如一个种植园，有极为繁茂的野生谷物、豆类和荚果，人们无须从事耕作，只需采摘便可维持生计。凭借得天独厚的自然条件，当地在数百年间形成了一个300～400人的狩猎采集村落。在自然环境优越的其他地区，食物采集者也建立了永久性居留点，如全年都有丰富鱼类资源的西北太平洋地区（俄勒冈州、华盛顿州和加拿大不列颠哥伦比亚省）。同样，在秘鲁南太平洋海岸，有利的洋流养育了从浮游植物、鸟类到海洋哺乳动物的整个海洋生态系统。因此，这里的食物采集者也住在定居村落，沿海水域的各种海洋生物为他们提供了充足的食物来源。不过，这样的食物采集村落属于特例。正如食物生产者必须定居，在绝大多数情况下，食物采集者只能过游牧生活。

人们往往会将新石器时代的村落生活浪漫化，这将造成严重的误解。在新石器时代，为了生产粮食和少量手工艺品，不论男女老幼，人人都要劳作，而且是辛勤劳作。生产力十分低下，因为人们对土壤、种子、肥料和作物轮作的了解缓慢又吃力。尽管人们终年劳作，却依然饥荒频发，尤其是遭遇水灾、旱灾、虫灾之后。定居生活带来了棘手的粪便和垃圾处理问题，村落里瘟疫肆虐。虽然狗能帮着清洁环境，而且人们出于害羞心理，可能会跑到聚居地外面去大便，却不足以防止粪口传播的各种疾病蔓延。此外，由于粮食不足，膳食结构不合理，营养不良成为常态。不难想见，在这样的环境下，人的平均寿命很低，但由于出生率很高，村落人口仍然持续增加，直到发生饥荒、瘟疫或迁徙，重新恢复粮食供应与村落人口之间的平衡。

当然，新石器时代的村落生活也并非只有悲惨和苦难。在新石器时代，技术进步的速度要远远超过之前的旧石器时代。究其根本，这并不是因为农民比狩猎者有更多的闲暇——我们已经指出，实际并非如此——而是因为新的定居生活方式使得更为丰富的物质生活成为可能。狩猎者漂泊不定，只能随身携带有限的物品，因此很难提高生活水平，新石器时代的村民却可以享用坚固的房屋、家具、器皿、工具和花样繁多的服饰。村民们学会了用生黏土制作陶器，起初只是仿制前农业时代的篮子、壶和其他容器，之后逐步掌握了陶土的特性和制陶工艺，能够制作出与过去完全不同的器皿。新石器时代末期，中东居民已经能建造烧制陶器的窑炉，这种高温窑炉能给陶器上釉。釉面陶器有良好的致密性，盛放液体时不会渗漏或挥发。这些器皿可以贮存谷物，烹煮食物，存放食用油和啤酒等。

纺织技术也有了长足进步。旧石器时代晚期，人类已经能用大角野羊、山羊、狗或其他动物的纤维编成或者纺成粗线，再织成腰带、头带乃至粗毛毯。事实上，人类可能还用黏土制作了简陋的容器。但是，直到新石器时代，人类才谈得上发展纺织技术。人们逐步改进纺锤和织机，用刚刚培育成功的亚麻、棉花和大麻的植物纤维进行纺织。新石器时代的村民还学会了建造比较坚固宽敞的房子，建筑材料因地制宜。纽约州北部的易洛魁族以"长屋人"而闻名，他们的大屋用树皮和木头搭建而成，能够住下十多户人家。在中东，房屋墙壁用的是黏土坯，而在欧洲，最常见的建筑材料是劈开的小树干，外面涂上黏土和动物粪便。房顶通常铺设茅草。房子里有固定的床铺，床上可能还有顶棚，另外还有看起来很现代、至少有两层隔板的食具橱以及各式各样的橱柜。为了照明和取暖，通常在房屋中央生一堆火。房屋没有烟囱，为了排烟，要在屋顶上开个洞，或是在屋檐下留条缝。

定居生活也使得部落政治组织取代了各自为阵的狩猎群。部落由当地若干村落的居民组成，不同部落则根据口语和风俗的显著特征来识别和区分。有些组织松散的部落，通常处于原始经济阶段，几乎还停留在狩猎群的水平。另一些部落则出现了强势的酋长、原始贵族和平民，不过彼此之间界线模糊，远未形成日后文明社会所特有的阶级结构。

大家庭是新石器时代村落的基本社会单位，它是由两对或两对以上的婚姻配偶及其后代组成。这种大家庭比独立的核心家庭更为普遍，因为它能更好地解决日常生活中的困难。倘若有人暂时或永久丧失了劳动能力，只有大家庭才能承受这样的劳动力损失。农忙时节需要人手来开垦林地、收割作物和放牧牲畜，大家庭能发挥更大的作用。它还能更好地利用空间，部分家庭成员可以长时间在外，照看远处的田地和放牧牲畜，其他人则料理家务和照管家里的园子。

新石器时代村社的一个突出特征是社会同质性。每个家庭都拥有所需的生产技能和工具，同样重要的是，维持生计所需的基本自然资源对所有家庭开放。每个家庭都自动成为村社共同体的一分子，所有农田、牧场和自然资源皆为村社公有。因此，部落社会中不存在土地所有者与没有土地的耕种者之分。"在印第安人村落，"一位美国人类学家报告说，"不可能村子的一头是饥饿和贫困……村子的另一头过着富足的生活。"[2]

不论是新石器时代，还是当今的部落社会，这种平等恰恰成为阻碍生产发展的内在因素。人们从事生产劳动，完全是为了满足有限的家庭日常需求，没有任何动力去生产剩余产品。反过来说，人们的劳动是零散的和多样化的，从而也是低强度的。在一个部落社会，显然不会有每天8小时、每周5天的乏味工作。与现代人相比，典型的部落成员不仅劳动时间短，劳动的随意性也很大。造成这种状况的根本原因在于，部落成员是以特定的社会身份来从事劳动和生产：丈夫、父亲、兄弟、妻子、母亲、姊妹或是村社成员。劳动不是为了谋生而必须承受的一种必要之恶；相反，它是亲属关系和社群关系的伴生物。一个人帮自己的兄弟干农活，不是为了换取一筐薯蓣，而是出于亲情。这种部落社会是安逸的平等主义社会。正因如此，它也是生产力水平低下的社会，本巴部落的劳动作息就是一个明证（见第40页）。

平等的两性关系成为部落社会平等的缩影。这种性别平等具有坚实的基础，即部落的妇女享有和男人同等的土地使用权。有人类学家考察了婆罗洲中部种植水稻的达雅克人，他报告说，如果丈夫死了，达雅克人寡妇可以继续耕种家中的田地。"基本上所有妇女都能像男人一样熟练使用斧子。"如果寡妇有小孩要抚养，"村里人通常会帮她，送给她稻谷和野猪肉，帮她料理田地，这种帮助会一直持续到孩子们长大，能帮她干活为止"。[3]

妇女不但在农业生产上享有平等权利，还能从事各种新手艺。对公元前7000年小亚细亚定居点加泰土丘遗址的考古发掘表明，当地妇女不仅种庄稼，用公用烤炉烤面包，织羊毛织品和棉织品，用麦秸编垫子和篮子，还烧制陶炊具和储物陶器。在这个独具特色的定居点，妇女不止是享有平等，她们的地位似乎比男人还要高。遗址出土的绘画、室内装饰和墓葬表明，家中地位最高的是母亲，其次是女儿，再次是儿子，最后才是父亲。

最后来谈谈宗教。农夫的新生活方式孕育出新的信仰和神祇。狩猎者崇拜的神灵和巫术已经过时了。农夫们如今需要的是护佑田地、羊群和灶台的神灵。在他们想象出来的这些神灵之上，通常有一位形象模糊的造物主。最重要的是，几乎所有地方的人都崇拜大地之母，都有一位大地女神或者说丰饶女神。她可以保佑五谷丰登、六畜兴旺、儿孙满堂。她还掌管人类的生活、幸福以及生死轮回，因此，丰饶女神崇拜日益盛行。这类崇拜的象征是为数众多的黏土雕像，这些

图10 公元前2000年的雕像，可能是丰饶女神。

雕像夸张地表现女性特征：下垂的乳房和粗壮的大腿。不仅欧洲各地，向东远至印度的地区，都发现了这类雕像，反映出农业从中东向其他地区的传播。

五、农业革命的影响

我们已经指出，人口增长引发了农业革命，农业革命反过来促进了人口的进一步增长。单位面积土地上，种养方式养活的人口要远远高于食物采集。因此，从距今1万年到距今2000年的8000年中，人类数量增长了25倍，从532万猛增到1.33亿，也就在情理之中了。

低产的部落社会

一位西方观察家记录了北罗得西亚（今赞比亚）本巴部落在1933年9月的劳动作息。诚然，这是一年中的农闲时节，人们要比平常喝更多的啤酒。不过，节录的片段表明，本巴部落成员无须打理现代工业社会中的"乏味工作"。*

1933年9月1日　酿了两壶啤酒，老人们喝一壶，年轻人喝一壶。有人生了小孩。邻村女人前来道喜，在村里待了两三天。在此期间，女人们放下了地里的活计。

9月2日　老人们出门清理灌木。年轻人待在家里，喝掉了已经发馊的剩啤酒。更多邻村女人来看新生儿。没有几个女人下地干活。

9月3日　年轻人和女人去邻村参加外来传教士主持的宗教活动。没人干活。

9月6日　早上6点半，老人和年轻人开始干活，一直干到下午2点。晚上，老人和年轻人喝了两壶啤酒。女人像往常一样在地里干活。

9月7日　西方观察者跟着一组人在外面打到一头鹿。年轻人去把鹿肉扛了回来。女人们磨了更多的面粉，就着鹿肉吃。又酿好了两壶啤酒，从下午2点开始喝酒。4点钟，年轻人开始在村子里到处乱逛，滋事寻衅，最终还是吵了起来。晚上跳舞。老婆婆们也兴高采烈，在村里小广场上乱蹦乱跳，她们的女儿为此很生气。没有多余啤酒给年轻女人喝。所以她们还很清醒，对其他人的举止不以为然。除了老人，没人到地里干活。

9月8日　上午8点，大家都高高兴兴下地干活。中午12点回来。年轻人坐在阴凉地方，喝了两小时剩啤酒，唱起苏格兰传教士教的赞美歌。小姑娘们出去下毒捕鱼，但什么也没抓到。

9月15日　3个男人到河边开垦旱季菜地。小男孩们出去捕鸟。年轻女人都去了省城,还没回来。家家都没有作料。没法做像样的饭。

9月17日　天气很热。年轻人整天待在阴凉地方,互相为对方梳头、刮脸、捉虱子。还是没有作料。女人们太累了,不想做饭。

9月19日　9个男人出去清理灌木。一个女人锄草。3个女人码放柴火。年轻女人出去下毒捕鱼,抓到一条鱼(大约有2磅重)。

9月22日　3个男人出去清理灌木。一个男人锄地。4个年轻人和3个妻子去抓鱼。3个人码放柴火。

9月24日　全村分着喝了4壶啤酒。除了男人外,女人也可以喝个够。陆陆续续喝了两天。

9月25日　只有两个老人去砍树。年轻人不敢爬树,因为"啤酒在眼前直晃荡"。他们坐在阴凉地方编篮子。只有一个女人在地里干活。小男孩在捕鸟。剩下的啤酒被喝个精光。

9月30日　更多的啤酒。4个男人出去清理灌木。

* A. I. Richards, *Land, Labour and Diet in Northern Rhodesia* (Oxford University, 1939), pp. 162–164.

分散在世界各地的种族并非都有同样程度的人口增长。那些率先转向农业的种族人口增长最快。我们之前已经提及,女性食物采集者的孩子不多,因为她们只能用母乳喂养婴儿,而且在哺乳期一般不会再怀孕。随着农业革命的到来,除了母乳喂养之外,牛、绵羊和山羊提供了充足的奶源。母亲们开始用动物奶喂养婴儿,不必总是自己哺乳。一旦停止哺乳,她们重新怀孕的几率也就大大提高。因此,在有驯养动物的村落,平均每个妇女生6个孩子,而在之前的漫长岁月里,过着游牧生活的食物采集者平均只能生4个孩子。如前文所述,距今1万年到距今2000年间,人类种群数量有了爆炸式增长,原因就在于此。

随着农业人口迅速增长并扩散到世界各地,食物采集者在人数上远远落后于食物生产者,而且被挤占了绝大多数肥沃土地。早期的农业生产力不高,村落很快就面临人口压力。过剩人口迁徙到附近食物采集者的地区。食物采集者在人数上处于劣势,往往被迫迁到不适于农耕的地区。非洲的布须曼人和俾格米人就是如此,前者最终生活在卡拉哈里沙漠,后者只能在茂密的热带丛林中生活(见地图2和地图5)。

更常见的情形是,农业移民与当地的食物采集者通婚,形成新的混血种族。当人口压力再度上升,新的混血种族又向新的地方"开枝散叶",进而与当地种族杂

35

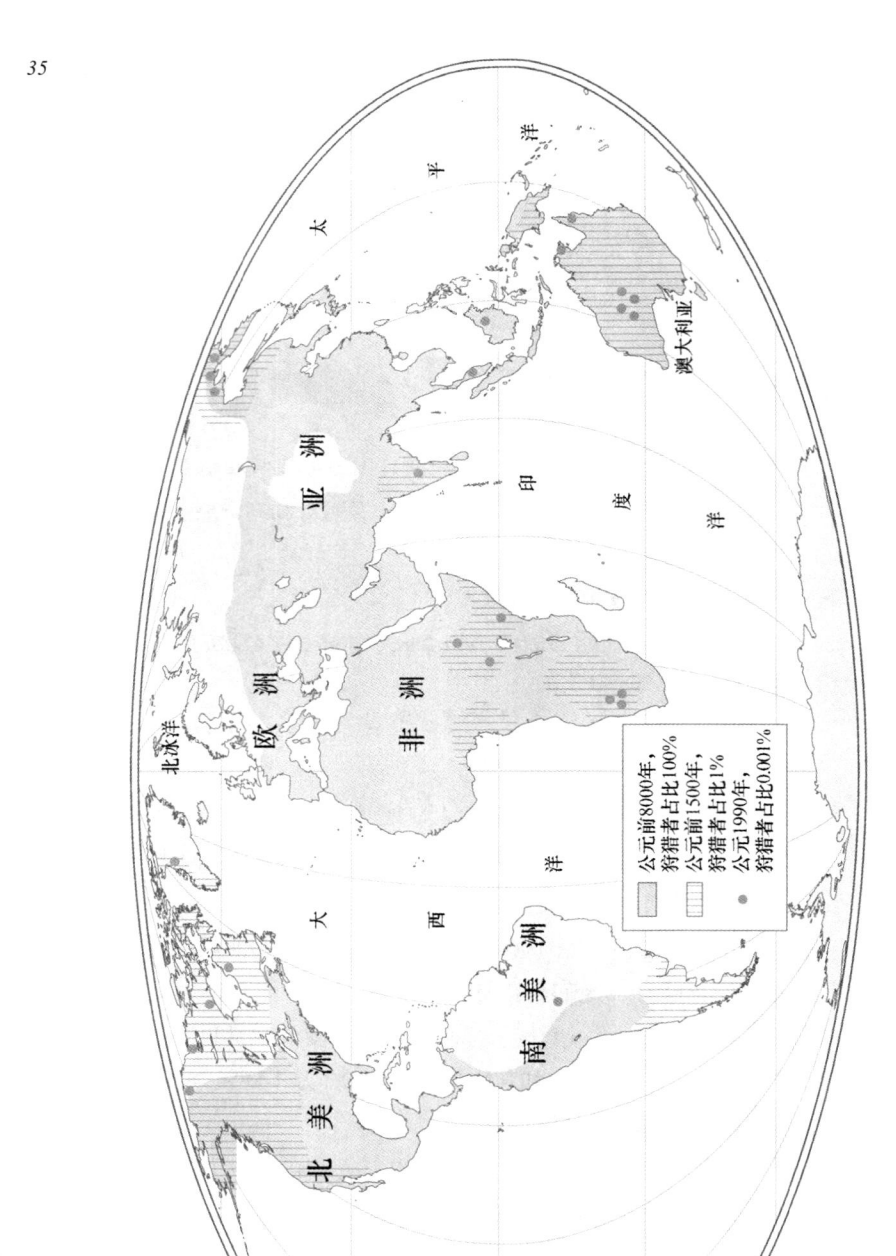

地图5 狩猎种群的萎缩

图例：
- 公元前8000年，狩猎者占比100%
- 公元前1500年，狩猎者占比1%
- 公元1990年，狩猎者占比0.001%

交。农业技术和农作物就以这种方式步步推进，传播到很远的地方，当农业传播最终达到终点时，人种类型已经全然不同于最初的源头。正因如此，虽然中东是小麦、牛、轮子和犁的起源地，把这些东西带入中国北部的却是蒙古人种。

随着一轮又一轮的迁徙，农业最终传播到全球各地，到公元前1500年，狩猎种族所占的人口比例萎缩到1%，而在公元前8000年，所有人类都是狩猎者。人类谋生方式的转变直接导致人种分布发生改变。全球人种分布图表明，1万年前，高加索人种、蒙古人种、黑色人种、布须曼人、俾格米人和澳大利亚人种等6个人种的分布地域大体上是均衡的（见地图2）。到公元1000年，这一均衡已被彻底打破，从事农耕的蒙古人种、高加索人种和黑色人种的分布地域大大超过了仍然是食物采集者的布须曼人和俾格米人。澳大利亚人种维持了原状，这完全是因为他们生活在与世隔绝的岛屿，尚未被农业种族发现。直到18世纪，欧洲探险家才发现这些岛屿，这一迟来的发现给不幸的原住民带来了更加灾难性的后果。总之，如果将全球视为一个整体，农业革命带来了人种效应，打破了此前的人种平衡，蒙古人种、高加索人种和黑色人种从此建立起一直保持至今的优势。

[推荐读物]

关于农业革命的起源和性质，相关理论随着考古新发现而不断变化。最新的观点可参阅：C. Wesley Cowan and Patty Jo Watson, *The Origins of Agriculture*（Smithsonian Institution, 1992）；R. D. Hurt, *Indian Agriculture in America: Prehistory to the Present*（University of Kansas, 1987）。下列著作也值得一读：M. N. Cohen, *The Food Crisis in Prehistory*（Yale University, 1977）；S. Struever, ed., *Prehistoric Agriculture*（Natural History, 1971）；L. R. Binford and S. R. Binford, eds., *New Perspectives in Archeology*（Aldine, 1968）；B. M. Fagan, ed., *Avenues to Antiquity*（W. H. Freeman, 1976）。关于中国农业的独立起源，参见Ping-ti Ho, *The Cradle of the East*（University of Chicago, 1975）；D. N. Keightly, ed., *The Origins of Chinese Civilization*（University of California, 1983）。对于农业在欧洲传播的文化后果的分析，参见C. Renfrew, *Archeology and Language*（Cambridge University, 1988）。关于农业革命对当今世界的最终影响，参见J. Bertin, *Atlas of Food Crops*（Paris, 1971）。关于食物采集者从迁徙到定居的演变，参见D. Price and J. A. Brown, *Prehistoric Food-Gatherers, the Emergence of Cultural Complexity*（Academic, 1985）。

[注释]

1. *New York Times*, April 23, 1996.
2. L. H. Morgan, *Houses and House-Life of the American Aborigines*（New York, 1881）, p. 45.
3. J. H. Province, "Cooperative Ricefield Cultivation Among the Siang Dyaks of Central Borneo," *American Anthropologist*, Vol. 39, No. 1（1937）, pp. 80-91.

历史的启示

人性的本质

1971年，菲律宾塔萨代人的发现令全世界为之震惊和兴奋。塔萨代人是一个只有27人的食物采集部落，与世隔绝地生活在菲律宾的棉兰老岛上。在至少600多年的时间里，他们的祖先一直过着一成不变的生活。这个小族群有一个最突出和最重要的特征：没有任何攻击性。他们没有表示武器、敌意、愤怒和战争的词汇。塔萨代人接触到外界之后，很快学会了使用菲律宾人的大砍刀，因为在采集食物、劈柴和砍伐丛林灌木时，大砍刀要比石器好用得多。不过，他们不愿使用长矛和弓箭，因为采集食物用不上这些东西。他们会把采集来的食物（甘薯、水果、浆果、鲜花、鱼、螃蟹和青蛙）在所有成员中平均分配。

关于塔萨代人部落的真实性，怀疑者有之，维护者亦有之。不过，鉴于世界各地都发现了有着相似社会特征的小群体，塔萨代人作为人类学家公认的一种常见的史前类型人群，依然具有重要的意义。塔萨代人的重要性在于，如同农业革命之前——换言之，人类历史超过80%的时间段——的人类一样，他们是食物采集者。在这数以万计的年代里，如果所有地方的人都像塔萨代人那样爱好和平，那种认为智人天生具有攻击性的普遍信念也就不攻自破了。

遗憾的是，就在发现塔萨代人部落的同时，新几内亚又发现了一个只有30人的芬图族。这些部落民是勇猛的战士，性喜用弓箭作战。历史上的美洲印第安人当中也有过类似的矛盾现象。科曼奇人和阿帕奇人将孩子培养成战士，霍皮人和祖尼人却想让后代过和平的生活，时至今日依然如此。

关于人性的本质，这给我们带来了什么启示呢？历史记录表明，人类的天性既非爱好和平，也非热衷战争，既没有合作精神，也没有攻击性。决定人类行为的不是基因，而是社会如何教导人们行事。心理学家阿尔伯特·班杜拉深入探讨了这个课题，他的结论是，人性是"一种巨大的潜能，可以通过社会影响塑造成各种形式……攻击性不是人类与生俱来、难以改变的一种禀性，而是社会尚武环境的产物"。[1]

对于我们每个人而言，人性问题是个生死攸关的大问题。随着科技的发展，战争变得更致命、也更频繁。在涵盖了人类历史大部分时间的旧石器时代，战争十分罕见，因为人数有限的食物采集群体无须多大的地盘。他们夺取邻近群体的地盘并没有任何好处。相反，战争有可能让他们失去一切，散布在全球各地的人类数量极为稀少，血腥的战争极有可能毁灭整个人类。毕竟，人不同于猴和猿。猴子幼崽只需一年、猿的幼崽只需3～4年，就可以离开父母，独自生存，而人类幼儿最少需要6～8年才能独立生存。人类幼儿的依赖期如此之长，只有营地内的合作机制，才能提供必要的食物和保护，从而最大限度地使幼儿存活下来。总之，在旧石器时代的数百万年中，合作性的血缘社会之所以成为主流，就是因为它们能够很好地适应人类物种的生存。

农业革命改变了这一切。随着农业生产力提高，人口持续增长，村落发展为城市，城市又扩张成帝国，建造起宏伟的宫殿和庙宇，积聚起庞大的财富。人们觊觎和争夺的东西越来越多，战争不仅越来越频繁，而且越来越具有毁灭性。手持短剑的罗马士兵和身披重甲的中世纪骑士杀掉的人毕竟有限，而进入现代之后，大屠杀已是司空见惯。第一次世界大战造成840万军人和130万平民死亡。第二次世界大战中死亡的军人和平民人数上升到1690万和3430万。如果爆发第三次世界大战，必将造成更大的伤亡。1985年9月，30个国家的科学家组成的国际科学理事会发表报告称，核爆炸产生的冲击波和辐射将瞬间夺走几亿人的生命，而全世界50亿人口当中，还将有10亿～40亿人死于"核冬天"造成的饥荒。核爆炸产生的巨大蘑菇云遮天蔽日，全球农作物将失去太阳的温暖和光照。

历史带给我们的重大启示是，核战争并非不可避免。因为战争本身并非植根于人性，而是起源于人类社会。而人类社会是人的产物，人能够改造社会。人类学家阿什利·蒙塔古指出了人性问题的要义所在："毋庸置疑，我们生来就具备基于基因的多种行为潜能，而这些潜能如何转化为实际能力，则取决于它们所受到的训练和学习……我们真正的遗传特性在于我们创造和塑造自我的能力，我们不是命运的造物，而是命运的创造者。"[2]

[推荐读物]

关于人类天生就是攻击性动物的观点，请见：R. Audrey, *African Genesis*（Atheneum，1961），and *Territorial Imperative*（Atheneum，1966）；D. Norris, *The Naked Ape*（McGraw-Hill，1967）。相反的观点则认为，人类行为并非出自遗传，而是社会环境所决定的，参见下列广受欢迎的著作：M. F. A. Montagu, *The Nature of Human Aggression*（Oxford University，1976）；A. Bandura, *Aggression*（Prentice Hall，1973）；R. C. Lewontin，S. Rose and L. J. Kamin, *Not in Our Genes*（Pantheon，1984）。最新一部有争议的相关著作是L. H. Keeley, *War before Civilization*（Oxford University，1996）。

[注释]

1. A. Bandura, *Aggression*（Prentice Hall，1973），pp. 113，322.
2. *New York Times*，February 3，1983（Letters to the Editor）.

第二编

亚欧大陆的古典文明

（公元500年前）

我们在第一编中讲到，实现从猿到人的进化之后，人类取得的第一项重大成就是农业革命。这场革命使底格里斯河和幼发拉底河、尼罗河、印度河以及黄河等大河流域孕育出古代大河文明。古代文明始于公元前3500年前后，一直延续到公元前2千纪，最终被来自中亚大草原和中东沙漠的游牧民族所摧毁。这样，古代文明让位给了新的古典文明。

古典文明在几个方面有别于古代文明。古代文明局限于大河流域，古典文明却向外扩展，直到彼此之间建立起联系。因此，古典时代的文明地跨从大西洋到太平洋的整个亚欧大陆。古典文明不仅地域广袤，而且具有独特的内涵。像古代文明一样，每个古典文明都发展出自己的社会、宗教和哲学体系，形成了一直延续到现代的独特风格。需要指出的是，古典文明的创造力并不像古代文明时期那样局限于中东地区。在整个古典时代，亚欧大陆各个地区旗鼓相当、相互交往。每个文明都做出了至今仍在全球范围内影响着人类生活的独特贡献。

> 城邦为了满足生活需要而产生，为了追求良好生活而存在。
>
> ——亚里士多德
>
> 每个城邦又都分为两个城邦，一个是多数穷人的城邦，一个是少数富人的城邦，二者总是处于相互的敌对之中。
>
> ——柏拉图

第三章　最初的亚欧大陆文明
（公元前3500—前1000年）

人类文明的第一缕曙光出现在一片沙漠平原，在这片烈日炎炎的平原上，底格里斯河和幼发拉底河孕育出人类最早的文明。过去人们曾一度认为尼罗河流域是文明的摇篮，但现在人们一致认为最早的文明中心是苏美尔，即《旧约全书》中所称的"士拿地"。这一地区南临波斯湾，有一些贫瘠、多风的平原，其南部过去常被称为"美索不达米亚"，地域范围大致相当于今天的伊拉克。公元前3500年前后，一些农业社群在这片干旱荒原上发明了农耕技术，成功实现了从新石器时代的部落制度到文明的转变。

这里给出的时间只是大致的年代，之所以精确到公元前3500年，也只是为了方便起见。事实上，我们无法确定这种转变发生在哪一年，哪一个十年，甚至哪一个世纪。我们已经指出，从食物采集到食物生产的转变并不是在有人发明农业这一概念后突然发生的。同样，向文明的过渡也不是在有人提出发展城市中心和城市文明的想法时发生的。简言之，这种转变不是一个事件，而是一个过程。本章就是要考察这个过程的性质和起源。

一、古代文明的起源

那么，我们所说的"文明"究竟为何物呢？人类学家总结了古代文明的一些特征，这些特征使这些文明有别于此前新石器时代的部落文化。这些特征包括：城市中心、以国家为形式的制度化政治权威、纳贡或税收、文字、阶级或等级的社会分层、纪念性建筑以及专门化的艺术和科学。并不是所有的文明都具有这些特征。例如，安第斯文明就是在没有文字的情况下发展起来的，而埃及文明和玛雅文明没有通常意义上的城市。但是，这一组特征确实可以作为通用的衡量标准，来界定世界各地不同时期出现的文明的普遍本质。

文明的这些共同特征表明，这种新的社会形态完全不同于早先崇尚平等的部落社会。那么，新石器时代简单的村落究竟是如何演变成复杂的新文明的呢？要回答这个问题，我们不妨看一看最早孕育出文明的中东地区所走过的历程。在底格里斯河和幼发拉底河畔的山丘上，人类学会了驯化动植物，从而启动了农业革命。人类随即开始了第二次伟大冒险，从山区迁徙到河谷，逐步发展出生产力更高的新型灌溉农业，建立起新的社会制度。新技术和新制度相互促进，引发了连锁反应，最终孕育出文明。

迁徙到低地之后，新石器时代的农夫们面临诸多新问题，如降雨不足、灼热难当、洪水泛滥以及缺乏建筑石料。但低地也有显而易见的好处，足以抵消各种不利因素。椰枣树提供了充足的食物和木材，只是椰枣树的木质不太好。芦苇丛生的沼泽里有各种飞禽走兽和鱼类，提供了宝贵的蛋白质和脂肪食物，最重要的是，河谷地区有极其肥沃的冲积土壤。新环境蕴藏着巨大的发展潜力，也有一个不小的障碍。在丘陵山地，降雨量勉强够庄稼生长，但山下河谷地区的降雨量明显不足。这就意味着要在这片肥沃冲积土上耕种，必须采用灌溉方式，于是，农业先驱们开凿短渠，从河道引水到农田。最终，农作物产量远远超过之前在石质山地的收成。根据公元前2500年的文献记载，大麦的平均产量是播种量的86倍！食物供应比以往任何时候更丰富多样，而且由于实行了灌溉，食物来源也更有保障。食物供应的增加，带来了人口增长，而更多的人口意味着能够开凿更多的灌渠，开垦更多的农田，生产更多的粮食。

人类不仅发明了灌溉技术，还掌握了新的冶金工艺。对于很难找到燧石的大河流域居民来说，冶金工艺的意义尤为重大。起初，人们把天然金属当作可以打磨的坚硬石头，用打磨的方法来进行冷加工。最终，人们学会了从矿石中冶炼出金属，真正的冶金术就诞生了。最早冶炼出来的金属可能是铜，人们发现，铜矿石加热后会变成液体，可以用容器或模具塑造成各种形状。铜器冷却变硬后，刃口像石器一样锋利。在公元前3000年的中东和印度，人们已经普遍知道，冶铜时加入少量其他金属，可以冶炼出更坚硬的合金。最终，人们找到了铜和锡的理想组合。铜锡合金制成的青铜器明显胜过石器。青铜主要用来制造兵器，因为石制兵器易碎，作战时不堪一用。铜和锡都很稀缺，所以青铜十分昂贵，不会用于制作农具等日常器具。

犁具也是一项十分重要的发明。最早的犁结构很简单，将小树削去树枝，将树干的三分之二处做成一个Y形，Y形一端削成一个尖头，能够插入土壤，另一端系在两头牛上，农夫扶着犁把手，驱赶牛向前拉犁，木犁的尖头便能将土壤开出沟槽。这种原始犁具尤其适用于中东地区半干旱的轻质土壤。公元前3000年，犁已经在整个美索不达米亚和埃及得到广泛使用。之后，犁传入印度，公元前1400年，传入遥远的中国。牛拉犁具的发明具有非凡的意义，它标志着人类首次利用人力之外的动力。从这个意义上说，犁是蒸汽机、内燃机、发电机和核反应堆的先驱。

公元前3000年，人们开始利用风力来辅助人力，用于水上运输。波斯湾地区的居民最先使用了简陋的横帆，之后，尼罗河上也出现了横帆。这是人类首次成功利用人力和畜力之外的动力。早期的帆船很简陋，但运送重物时远比驮驴和牛车经济高效，所以古代文明的贸易大多取道水路。

车轮是这个创造力迸发的时代的又一项重大发明。在美索不达米亚，最早的车

图11 埃及皇家墓室壁画中的犁和椰枣树。

46 轮是实心的，车轮与车轴连为一体。公元前3000年，人们将车轴固定到手推车上，车轮与车身分开，之后又很快出现了有轮辐的中空车轮。这种原始的手推车沉重笨拙，效率却远胜之前的人挑肩扛和驮兽（通常是驴）。车轮还用于制造战车。士卒用力推动战车，冲向敌阵，战车停下来后，变成一个作战平台，车上的武士投掷标枪杀敌。这项发明也可用于和平目的，陶轮就是用轮子做的。最简单的陶轮只是将一对轮子装上横轴，然后竖直放立，陶工用脚转动下面的轮子，同时将上面轮子上的软黏土塑捏成形。这样，陶器成为最早的一种批量生产的技术产品。

技术进步与制度变革如影随形，二者都带来了深远影响。随着人口增长，一些村落发展成城镇，新的宗教精英以及军事和行政首领相继兴起，成为这些城镇的统治者。随着农业生产力提高，粮食有了盈余，能养活一个不断壮大的新兴祭司、军人和官僚阶层。这样的发展并非朝夕之间的事情，也不是简单的单向过程。技术革新与制度变革究竟孰轻孰重，人们一直众说纷纭。这个问题上的争议类似于关于人类早期进化阶段的争论：究竟是先有人类大脑的进化，然后创造出包括语言和工具在内的人类文化，还是语言和工具促进了人脑的进化？如今人们一致认为，语言和工具与人脑的进化互为因果。技术革新与社会变革的关系也是如此，二者相辅相成，最终推动了城市革命和文明的诞生。新石器时代的耕作者并没有在某个特定时刻同意或者被迫向统治精英提供盈余产品，从而由部落民的身份转变为农民的身份。相反，这是一个循序渐进的过程，其中的原因和结果从根本上说是相互依存、互为因果的。

简朴的村落神龛的发展轨迹，为我们揭示了文明所特有的阶级分化最初是如何形成的。神龛是村落社会宗教生活的中心，不过当时还没有专职的祭司。当村庄发展为城镇，神龛也发展成寺庙，有祭司、扈从以及侍奉他们的人，这批人最先成为不必为了生计而劳作的人。我们不妨把祭司看成是早先部落巫师的传人，也就不难理解祭司何以成为最早的精英群体。萨满之所以有巨大的影响力，乃是因为他们为新石器时代耕作者举行了集体农事仪式，如祈雨仪式。而新兴祭司不仅像过去那样与超自然力量打交道，还要承担起一个日趋复杂的社会所必不可少的管理职能。

随着技术发展，粮食盈余增加，新兴的祭司统治集团应运而生，而祭司阶层又反过来促进了技术和经济发展。文字就是祭司们为了记事而发明的，已知最早的文字记载表明，祭司们不仅从事各种宗教活动，还掌管许多经济活动。他们保存相关记录，为的是确定每年洪水泛滥的时间。他们承担了使不断增加的灌溉设施正常运转所需的重要管理职能，包括供水配给，修建和维护堤坝和水渠。他们还为手工业提供了主要的动力，因为手工艺品主要是为了满足寺庙的需要，而不是供应世俗市场。

宗教精英对社会异质化做出了极为重要的贡献，而随着社会异质化日益加深，开始削弱这个阶层的地位。城镇的规模日益扩大，社会结构日趋复杂，单纯的宗教制裁逐渐丧失了约束力。与此同时，战争的规模逐步扩大、频率逐步上升，这或许是因为人口增长超出了农业资源的承受限度。此外，吊诡的是，寺庙拥有的财富可能会招致劫掠，从而进一步加剧了混乱。结果，权力从祭司阶层转入到世俗精英手中。

从前，当原始公社偶尔遭遇外来攻击时，公社的成年男子会召开议事会，推举一名战时首领。但是，随着和平时期越来越短，这些战时首领的任期就越来越长，直到最后他们被任命为终身的军事首脑，并最终成为国王。于是，宫廷开始与寺庙一争高下，久而久之，双方势必会形成一种合作的伙伴关系。祭司们通常仍然拥有大量土地，继续履行宗教职责，宫廷官吏则忙于修筑城墙、招募大军，与邻近城市相互杀伐，最终建立起帝国。

世俗国家和帝国崛起的一个后果是极大地促进了非农业商品的生产。陶器和金属器具的大量生产，以及在一些大房子遗址中出土的一应俱全的各种物品，都表明当时出现了一个重要的新兴中产阶级市场。人数日益增加的宫廷扈从也消耗了大量奢侈品。此外，随着军事化不断发展，对武器的需求达到前所未有的程度。军队不但需要大批金属武器和甲胄，还需要战车等更复杂的装备。所有这些都与早期相对有限的生产形成了鲜明的对比，早期的手工艺品生产主要是为了满足寺院的需求。

大规模生产对对外关系产生了重大影响。低地地区几乎没有任何矿产和优质木材，大多数手工业都依赖于从外部引进的原材料。例如，铜来自波斯湾南部的阿曼，银和铅来自小亚细亚的托罗斯山脉，木材来自伊朗的扎格罗斯山脉和地中海沿岸的黎巴嫩。为了购买这些进口原料，各行各业必须扩大生产，提供作为交换的出口产品。另一个办法就是征服原材料产地。这种兴兵征讨之举史不绝书，公元前3千纪中叶，阿卡德国王萨尔贡的征服就是一个很好的例子。史诗《四方之王》记述说，为了援助受到当地统治者虐待的阿卡德商人，萨尔贡率军翻越不为人知的山脉，进入小亚细亚腹地。最终，萨尔贡的帝国版图"从上海到下海"，从波斯湾扩展到地中海，[1]从而控制了至关重要的金属、石料和木材产地。稍后的史料讲述说，萨尔贡"废寝忘食"，推动了商业发展，"码头一派繁忙景象，四方安居乐业、丰衣足食……舟楫往来穿梭，畅行无阻，各色货物咸集苏美尔"。1

早期的城市国家难以负担维持军队和修建宫殿的巨大开支，从而削弱了传统议

---

[1] "从上海到下海"语出萨尔贡的王室铭文，"上海"指地中海，"下海"指波斯湾。——译者注

事会的地位。这些议事会反对为了应付节节攀升的开支而横征暴敛。到头来，它们日益受到排挤，逐渐被终身制和世袭制的王权取代。

政治权力的集中导致了阶级分化日益加剧，这种阶级分化从墓葬随葬品的差异中可见一斑。早期墓葬的随葬品几乎没有什么差别，但随着时间的推移，随葬品的差距越拉越大。大多数墓葬仅有屈指可数的几件陶器，有的墓葬甚至没有任何随葬品，反映了平民的贫困。富人墓葬则有铜器和贵金属珠子，表现出"炫耀性消费"。王室陵墓更是穷奢极欲，随葬的不仅有大批精美兵器和珍贵饰品，为了陪伴王座的占有者，彰显其生前的权力和财富，还有大批宫廷侍从殉葬，包括士兵、姬妾、乐师、御者和仆役。

从中国到安第斯山脉，许多文明都出土了有着大量随葬品的皇家陵墓，表明这些文明迥然有别于它们所取代的朴素的部落社会。我们对中东地区古代文明的考察表明，从部落制度过渡到古代文明，乃是技术革新与社会变革相互作用的结果，最终，在底格里斯河和幼发拉底河、尼罗河、印度河和黄河流域，诞生了最早的亚欧大陆文明（见地图6）。

二、古代文明的传播

当文明在亚欧大陆和新大陆的几个地区扎下根来，便开始向四面八方扩散。正如农业革命导致部落社会取代狩猎社会，如今文明社会取代了部落社会。部落社会之所以被取代，背后的原因与之前的狩猎群如出一辙。我们在前面的章节中指出，由于人口不断增长，狩猎者被迫转向农业，因为农耕有更高的生产力。在同等大小的土地上，农民能养活的人口要远远超过狩猎者。现在，同样的命运落到了部落的耕种者头上，他们也因为生产力低下而被取代。从本巴部落劳动作息的记录中我们不难看出，基于血缘关系的部落过着十分安逸和悠闲的生活。由于没有任何压力刺激人们多劳多得，生产力始终徘徊在很低的水平。部落成员从事劳动，只是为了维持家庭和有需要的亲属的基本生活。

部落人口增长导致对食物的需求持续上升，部落社会在与文明社会的竞争中败下阵来。文明社会的生产力远超部落社会，因为文明社会是有着国家结构的阶级社会，为了供养国王、朝臣、官僚、军事首领、教士和书吏，要从农民身上榨取税收和地租。为了交租纳税，文明社会的农民不得不付出无尽的辛劳。本巴部落的悠闲生活与埃及农民和工匠的悲惨境遇有着天壤之别。不妨来看看公元前3千纪，一位埃及父亲在送儿子上学途中所说的一番话，这位父亲为了劝儿子努力学习，将社会底层大多数人的苦难与社会上层的少数幸运儿做了一番对比：

图12　公元前3000年前后的古埃及壁画，描绘的是部落农民向埃及迁徙的场景。

　　写字要用心，学会了写字，就不用干重活，还能当大官。书吏不但不用干活，还能使唤人……你手里不是拿着书吏用的书板吗？有了它，你就用不着当桨手了。

　　我见过在炉边干活的金属匠，手指头就像鳄鱼爪子。他身上的气味比鱼子还臭……石匠要凿硬石头，干完活累得连胳膊都抬不起来，只好整夜蜷着身子睡觉。他的膝盖和脊梁骨都要折了……剃头匠从早忙到晚，除了吃饭，连坐下来歇一会儿的工夫也没有。他忙着走家串户，兜揽活计。就像蜜蜂吃自己酿的蜜，他就算累断了胳膊，也只能勉强填饱肚子……种地的一年到头只有一件衣服。他的嗓子粗得像老鸦。他手上从来不得闲，胳膊叫风吹得干巴巴。他要想歇着，只能躺在烂泥地上，再说他还总是闲不下来。没病的时候，他要喂牲口；得病了，只能在牲口中间找块地躺下……

　　好好上学吧。世上没有什么事情比得了上学。哪怕只上一天学，一辈子都有好处。[2]

　　很显然，这位埃及父亲提到的农夫、石匠、剃头匠和金属匠，全都过着悲惨的生活，而本巴部落的成员却过得舒适自在、无忧无虑。但恰恰是因为本巴人生活安逸，注定了他们被淘汰的命运。本巴人的生产力远不及在地主和税吏的横征暴敛下

47

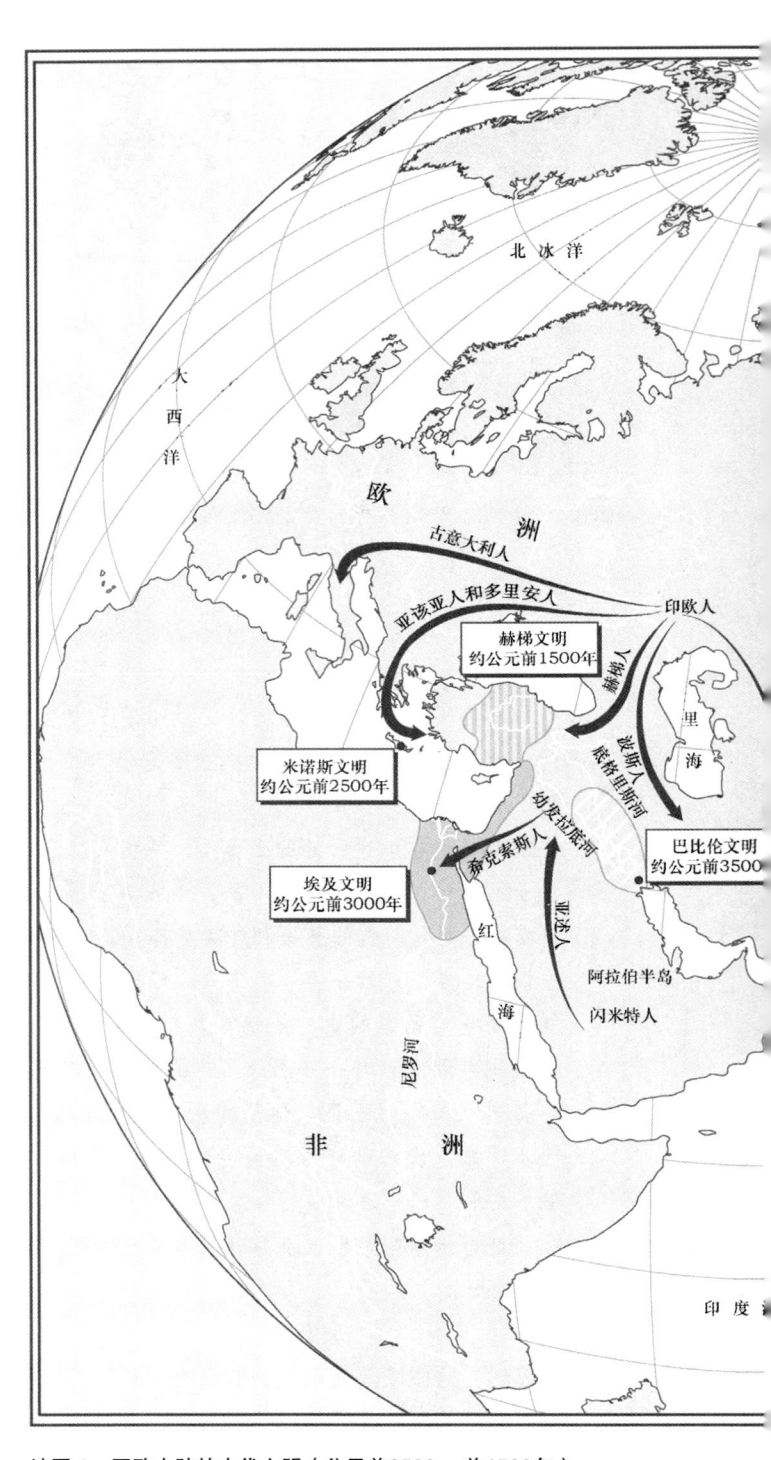

地图 6　亚欧大陆的古代文明（公元前 3500—前 1500 年）

第三章 最初的亚欧大陆文明（公元前3500—前1000年）

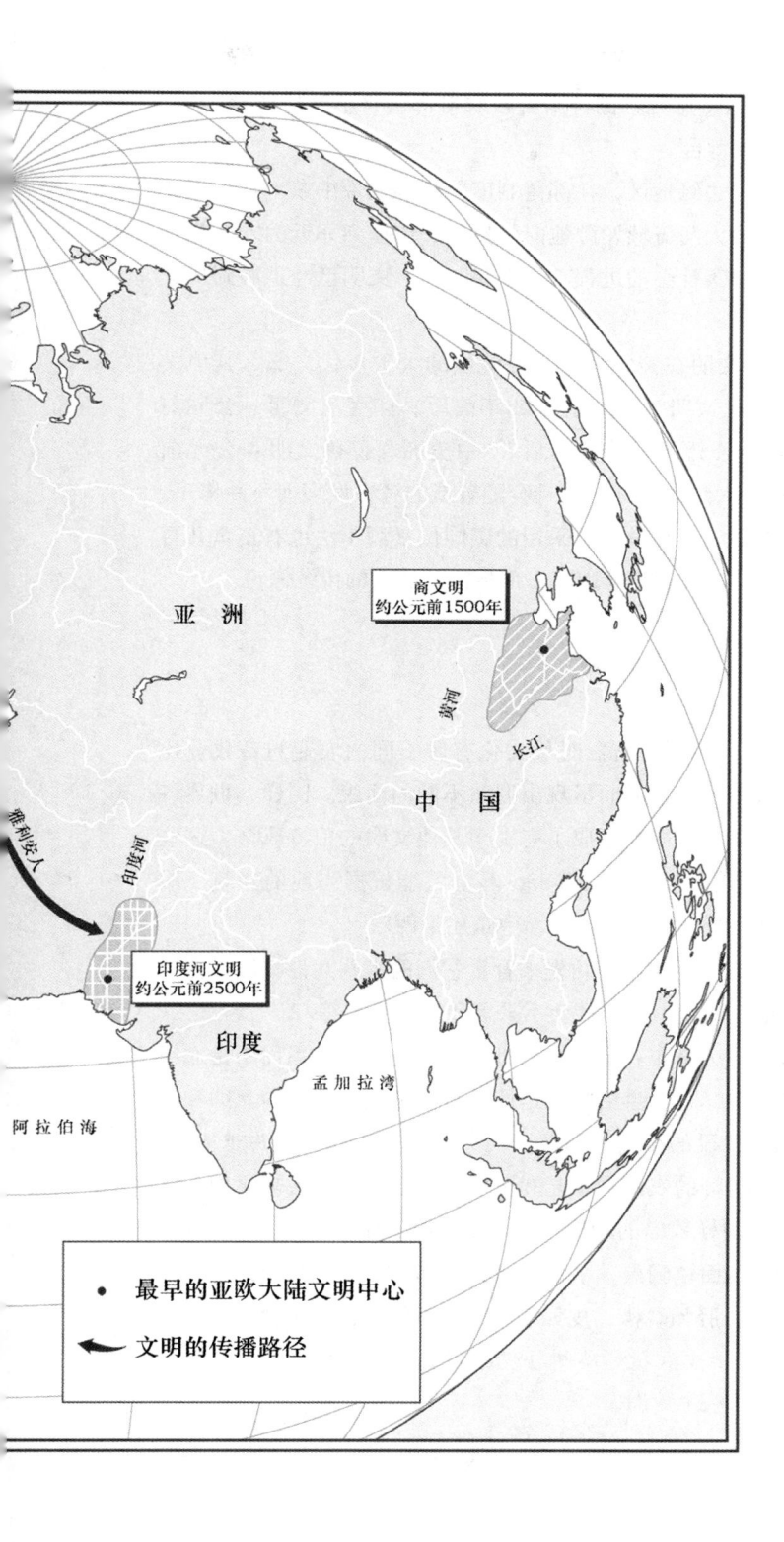

亚洲

商文明
约公元前1500年

黄河

长江

中国

雅利安人

印度河

印度河文明
约公元前2500年

印度

孟加拉湾

阿拉伯海

- • 最早的亚欧大陆文明中心
- ← 文明的传播路径

疲于奔命的古埃及人。结果不难想见，就像狩猎群被农耕部落挤下历史舞台一样，部落社会也被无情地逐出了历史舞台。

当部落制度传播到亚欧大陆边缘地区，在部落制度的核心地带中东，它正在被文明社会所取代。文明从最初的大河流域发源地向外扩散，传播到邻近的未开化地区，持续推进了文明社会取代部落社会的进程。到基督时代，文明已经扩展到从英吉利海峡到中国海的广大地区。

如果将公元前3500年作为文明在美索不达米亚诞生的大致年代，那么其他文明中心兴起的大致年代为：埃及文明：公元前3000年前后；印度河文明：公元前2500年前后；中国黄河文明：公元前1500年前后；[1]中美洲和秘鲁文明：公元前500年前后。上述断代年份只是大致的估计，而且会随着新的考古发现而不断修正。事实上，近来人们发现，以前史前年代学广泛采用的碳同位素测年法也有正负几百年的误差。因此，有学者开始质疑文明从地中海东部传播到西欧的传统假说。

三、古代文明的类型

我们在前一章中已经提到，各个新石器时代文化有着不同的农业与畜牧业比重，栽培和养殖的动植物也大相径庭，因而呈现出迥然不同的面貌。同样，世界各地的古代文明也各异其趣。每一个文明都形成了有别于其他文明的独特风格。这些风格一直延续至今，当人们来到一个陌生的城市，马上就能根据当地的建筑、服饰、食物和语言，判断出自己是身处中国、印度、中东还是西欧。

在考察古代文明的区别性特征之前，不妨先来看看它们的某些共性特征。古代文明有两个最重要的共同特征，即新出现的社会不平等和性别不平等。

社会不平等乃是源于这样一个事实：所有文明都是建立在纳贡关系而不是血缘关系的基础之上。在文明社会中，日常生活的决定性因素不是亲属之间的互助和义务，而是表现为税收、地租和劳役的纳贡。那位埃及父亲所描述的剥削并非特例，而是普遍现象。并非只有尼罗河畔的农民、石匠和金属匠生活在水深火热之中，其他文明中的相关史料也记载了同样残酷的剥削。在1世纪的中国汉朝，一位观察家［崔骃《博徒论》］笔下的农民"面色骊黑，手足胼胝，肤如桑朴，足如熊蹄，蒲伏陇亩，汗出调泥……背上生盐，胫如烧椽，皮如领革，锥不能穿，行步狼跋，脚戾胫酸。"["脸色黢黑，手脚生茧，皮肤犹如桑树枯皮，脚像熊蹄一样粗粝，弯腰屈

---

[1] 本书关于中国历史的叙述，有不少地方在观点和表达方式上与我国学术界不同，国内通行的看法是中国黄河文明出现在公元前3000年前后。——译者注

背在田里劳作，汗水滴落到脚下的土地……背上结满了盐痂，小腿如同烧焦的木条，皮肤像锥子都扎不透的厚皮革，腿脚酸痛不已，走起路来一瘸一拐。"]³

这种社会不平等一直延续到现代，在沙皇俄国，富裕贵族的乡村庄园通常有300～800名奴仆。对于这些贵族来说，买卖、抵押或是交换农奴（"魂灵"[1]）是家常便饭的事情。他们将"魂灵"与家庭用品和其他商品放在一起出售："待售：宴会桌布若干，两个训练有素的姑娘和一个农夫。""待售：一个举止得体的16岁姑娘和一辆没怎么用过的二手马车。"⁴

即便在死者身上，也体现出往昔文明的社会不平等。考古学家发现，平民的墓中仅有少量陶器，有的墓甚至没有任何随葬品，富人的墓葬则有昂贵的家什和珠宝，而皇家陵寝不仅有奢华的随葬品，还有士兵、姬妾、太监、乐师和仆役等宫廷侍从殉葬，以在地下侍奉死去的皇族，彰显其世时的权势和高贵。20世纪70年代，中国发现了秦始皇陵兵马俑，这位统一中国的伟大帝王用7500个兵马俑组成军阵，拱卫自己的陵寝，每个武士俑都有真人大小，头部造型各不相同，代表着2200多年前这位皇帝统治下的各个族群。[2]

甚至墓中的骸骨也反映出往昔文明中生命不平等的残酷现实。在危地马拉的蒂卡尔遗址，考古学家测量了纪元1000年墓葬中发掘出来的骸骨，考古学家发现，玛雅男性的平均身高为1.55米，但少数豪华墓葬中玛雅男性的平均身高有1.74米，骨骼也更为粗壮，显然寿命也更长。考古学家断定，"营养优势"使玛雅精英阶层充分发挥了身高和预期寿命的潜力。⁵即便在当今时代，仍然存在这种阶级差别导致的身高差距。1984年12月，英国卫生部发表报告称："在几乎所有的年龄段，户主为体力劳动者的家庭，家庭成员的平均身高要明显低于非工人家庭。"⁶

除了社会不平等之外，古代文明的第二个共同特征是性别不平等。我们已经看到，在旧石器时代，妇女享有平等地位，因为她们采集来的食物甚至比男性狩猎者还要多。新石器时代亦是如此，当时的农业技术相当简陋，妇女依然可以耕种住地周围的土地，而且像过去一样采集任何能找到的食物。因此，妇女依然是与男人同等重要的食物提供者，拥有与男人平等的地位。

这一切随着犁、灌溉技术和冶金术等新工艺的发明而改变。先进的新型农业为文明的诞生奠定了经济基础，也削弱了妇女的独立经济地位，从而损害了妇女的社会独立性。妇女发现自己很难参与新型农业活动，新的农活包括照料役畜、清除树桩、维护灌渠、保养犁具和其他农具，这类农活要么太过繁重，要么让妇女无法照

---

[1] 俄语中，农奴与魂灵是一个词。——译者注
[2] 原文如此。秦兵马俑的不同种类反映的是身份和兵种，而不是民族。——译者注

图13 展示公元前2000年前后乌尔城（今伊拉克境内）风貌的透景画。

看孩子。于是，妇女逐渐不再是与男人平等的食物生产者。她们越来越多地待在家里，负责照顾孩子和丈夫。

新兴的农业和手工业逐渐成为男人的领地，妇女则从社会退出，回到家庭，成为被抚养者。历史上第一次出现了"男主外、女主内"之分。当然，"家务活"对家庭和社会来说也是必不可少。但人们普遍认为，家务活没有男人从事的工作重要。既然妇女承担的是次要的工作，因而也就被视为次要的性别："第二性别"。

不仅如此，由于妇女被"家务活"束缚在家庭之中，男人不但掌控了新的农业和手工业，而且独占了国家中的新职位。议事会、法庭和军队成为男人的绝对领地。最终，男人把持了所有的经济、政治和军事权力，妇女则沦为依赖和顺从的所谓"弱势性别"。绝非偶然的是，15世纪开始海外扩张的欧洲人发现，在食物采集社会，如拉布拉多的蒙塔格尼－纳斯卡皮印第安人部落，妇女享有与男人平等的地位，欧洲人对此深感困惑。反之，在中国、印度和中东等海外文明，欧洲人发现那里的妇女像欧洲妇女一样低眉顺眼，犹如池鱼笼鸟，甚至有过之而无不及。

各种文明中妇女地位低下的另一个原因是，人们开始强调私有财产的继承。由于继承人将承继自己的全部财产，男人要最大限度地确保与继承人的血缘关系。为了控制女性（而不是男性）的性行为，富有的精英阶层不仅制定了严格的制度，还采取种种周密的措施。这些措施包括：让妇女佩戴贞操带、记录女性每次性生活的准确时间、将伺候统治者嫔妃的男人阉割，以及广泛盛行的女性割礼（即切除少女的外生殖器），这种做法通过降低乃至彻底消除性快感，被认为是防止妇女与丈夫以外的男人发生性关系的有效方法。

众所周知，在这种"男尊女卑"的整体社会氛围中，也有极个别的例外。历史上从来不乏女中豪杰，例如，野心勃勃的埃及女王克丽奥佩特拉，尤里乌斯·恺撒和马克·安东尼先后拜倒在她的石榴裙下，她试图利用这两个男人夺回统治埃及的实权；伯利克里的情妇阿斯帕西娅，她的博学、聪慧和美貌闻名全希腊；独断专行的拜占庭女皇艾琳，她废黜了亲生儿子，成为拜占庭帝国第一位女性统治者（797—802年在位），尽管为了尊重传统，官方文件在提到她时仍称之为"忠诚的皇帝艾琳"；还有中国女皇武则天，她废黜了儿子的皇位，成为中国历史上第一个、也是唯一一个女性统治者，她还是最能干、最开明的统治者之一。这些杰出女性凭借超凡才智和惊人成就而名垂青史。不过，她们的声望对于人微言轻的广大妇女同胞谈不上有什么帮助，在我们这个时代，庇隆夫人、英吉拉·甘地和科拉松·阿基诺并没有给阿根廷、印度和菲律宾妇女的日常生活带来明显改善。

至此，我们考察了不同文明在社会关系和两性关系上由平等到不平等的历史转变，接下来让我们来看看这些有着各自独特风格的文明。

美索不达米亚文明

人类文明的先驱美索不达米亚文明属于城市文明。最早的文明中心是苏美尔。公元前3000年，苏美尔地区出现了12个独立城邦。这些城邦相互杀伐不已，结果被来自北方的印欧人和来自南方的闪米特人轻而易举地征服。从很大程度上说，美索不达米亚的历史就是千百年间印欧人与闪米特人争夺肥沃的两河流域的历史。

第一位雄才大略的帝国缔造者是前文中提到过的闪米特人萨尔贡大帝（约公元前2276—前2221年），他建立的帝国以两河流域中部的阿卡德为中心，南抵波斯湾，西达地中海。另一位帝国缔造者汉谟拉比（约公元前1704—前1662年）[1]也是

图14 竖琴上装饰的黄金牛头，制作于公元前2500年前后，出土于乌尔王陵。

---

[1] 通常认为，萨尔贡在位时间为约公元前2334—前2279年。汉谟拉比在位时间为约公元前1792—前1750年。——译者注

闪米特人，我们后面会谈到他最著名的法典。直到现代，这一地区持续不断地遭受外来入侵，继汉谟拉比之后，相继入侵的有赫梯人、亚述人、波斯人、马其顿人、罗马人、阿拉伯人、蒙古人、突厥人和西方人。

虽然各帝国如走马灯一般轮番登场，但城市始终是古代美索不达米亚文明的基本单位。平民大多是农夫、工匠、商人、渔民和养牛人。每个城市都专门划出一块地方给各行各业的手工艺人，包括石匠、铁匠、木匠、陶工和宝石匠。工匠们在城中自由市场售卖手工艺品，买主要么以物易物，要么用钱购买，货币是银锭或银环，每次交易时都要称重。

城墙之外就是农田，那是城市居民的生活来源。国王、祭司和富人以大地产的形式占有绝大多数土地。这些大地产分成许多小块份地，连同种子、农具和役畜一起，分派给农民耕种。农民则提供劳动力，通过多种方式向寺院、宫廷和地主缴纳剩余产品。基本的粮食作物是大麦和小麦，产乳牲畜有山羊和母牛，绵羊所产羊毛是美索不达米亚最重要的纺织纤维。最常见的蔬菜有蚕豆、豌豆、大蒜、韭葱、洋葱、萝卜、莴苣和黄瓜，水果有甜瓜、椰枣、石榴、无花果和苹果。

管理地产需要精确记录许多细节，诸如佃农地租、畜群数量、牲畜所需饲料量、播种所需种子量，以及有关灌溉设施和灌溉计划的种种复杂安排。经营记录和账目用削尖的芦苇秆刻写在软泥板上，再将泥板烘干，以便于保存。这种最早的文字形式称为楔形文字，它的发明显然是为了便利经营管理，而不是出于知识或文学目的。正如一位著名学者指出："文字并非一项深思熟虑的发明，而是一种强烈的私有财产意识带来的副产品，这始终是古典苏美尔文明的特色。"[7]

最初的楔形文字由图形符号组成，书吏用简单图形画出牛、羊、谷物、鱼以及任何需要记录的东西。不久，象形文字的书写有了固定模式，不再任书吏凭艺术想象任意发挥。从此，文字的刻写和阅读有了统一标准，但还有一个基本问题尚待解决，即象形文字无法表达抽象概念。苏美尔书吏们想出了一个解决办法，即给原有的象形文字加上符号，使其表达新的含义，尤为重要的是，新符号代表的是语音，而不是物体或抽象概念。这是日后数个世纪逐步发展出来的音标字母的关键要素，不过，苏美尔人尚不能全面系统地应用音标原理。公元前2900年，楔形文字的符号从最初的大约2000个减少到600个左右。这是一个巨大的改进，但比起日后腓尼基人和希腊人发明的字母，楔形文字仍过于复杂，这就需要有人能够掌握这门艰深的书写技艺，唯有书吏能写会读楔形文字，从而享有很高的地位和特权。

虽然文字最初起源于生产经济盈余的新环境，但文字的诞生具有重大而深远的意义。文字促进了知识的积累，人们从此能够收集和记录真实的资料，并且将其代代相传。同样意义重大的是，文字有助于形成和巩固别具一格的文化。借助于文字、宗教传统、社会习俗、口述神话和传说便可以转化为永久性的书面形式，成为圣书、法典和典籍。这样，文字成为人类文明所不可或缺的文化整合手段。

为了满足日趋复杂的社会的具体需求，苏美尔人不仅发明了文字，还发展出科学和数学。最早的苏美尔数字文献记录了羊群账目、谷物数量和土地测量数据。苏美尔人的一大贡献是发明了最早的计量时间、距离、面积和重量的度量衡。此外，早在公元前3000年，苏美尔人就仔细观察和记录了天体运行，而这仍然是出于功利目的。苏美尔人认为，神的意志决定了天体的运行，只有掌握天体运行的知识，才能领悟神的旨意，进而采取相应行动。因此，美索不达米亚的占星家们在数百年时间里积累了大量天文资料，这些资料日后被用于发展科学的天文学。

苏美尔人及其后代的宗教信仰深受自然环境的影响，尤其是底格里斯河和幼发拉底河一年一度的洪水泛滥。在北部地区，大雨往往与扎格罗斯山和托罗斯山积雪融化的雪水同期而至，引发灾害性洪水，冲垮灌渠，毁坏农田。在苏美尔人眼里，洪水之神宁努尔塔并不仁慈，而是邪恶之神。苏美尔文学作品中随处可见这样的诗句：

　　　　大河泱泱，洪水汤汤，
　　　　天摇地坼，苞桑其亡，
　　　　……
　　　　丰年穰穰，尽付茫茫。

每年洪水泛滥带来的恐惧，加上络绎不绝的外族入侵，苏美尔人感觉自己面对一个充斥着不可控力量的世界，从而产生了强烈的生命无常意识。一首苏美尔诗篇写道："人生凡世间，来日苦无多。我辈皆蜉蚁，万事总成空。"美索不达米亚人的人生观带有浓厚的忧郁和悲观色彩，反映出自然环境所带来的不安全感。苏美尔人认为，人生来就是为神服务的，而神的意志和作为又是人所无法预知的。为此，苏美尔人想尽一切办法，试图预测虚无缥缈的未来。一个办法是解释形形色色的预兆，尤其是

最初的象形文字	后来的楔形文字	早期的巴比伦文字	亚述文字	初始的或引申的意思
				鸟
				鱼
				驴
				牛
				太阳白天
				谷物
				果园
				耕作
				回力镖投掷
				站立/走

图15　楔形文字的起源和发展。

梦境。另一个办法是祭牲剖肝占卜术,即通过查看祭祀动物的肝脏,占卜吉凶祸福。前面提到的占星术也被用来预测人的命运,研究天体对想象中的吉凶祸福的影响。最后,每个苏美尔人都供奉一位人格神,以求获得神的保佑。这种人格神可以将个人愿望和需求传递给凡人无法企及的大神。

人与人之间也毫无安全感可言,为了将潜在的冲突扼杀在萌芽状态,美索不达米亚人编纂了许多完备的法典。最重要的一部法典是《汉谟拉比法典》,它试图一劳永逸、事无巨细地明确规范所有的社会关系。它不仅揭示了古巴比伦的法律制度,也反映出当时的社会状况。这部法典具有以下几个显著特征:

1. 奉行"以牙还牙、以眼还眼"的原则:"倘自由民损毁任何自由民之眼,则应毁其眼。倘彼折断自由民之骨,则应折其骨。"(法典第196、197条)

2. 阶级歧视,对下层社会的赔偿低于上层社会:"倘自由民之子打与之同等的自由民之子,应赔银一明那。倘自由民之奴隶打自由民之子一颊,则应割其一耳。"(法典第203、205条)

图16 公元前3000—前2500年的苏美尔雕像,出土于今巴格达附近阿斯玛尔丘一座寺庙的圣坛旁。这组雕像有神、祭司和信众,最高的那座雕像是"植物之神"阿布神。

3. 商业社会保护财产的严格规定:"自由民窃取神殿或宫廷之财产者应处死;收受其赃物者亦应处死。"(法典第6条)

4. 大量涉及"福利制度"的条款,包括每年规定基本商品的价格,利息最高不得超过20%,对家庭关系做出详细规定,保证度量衡的准确,城市有责任对未破获的抢劫和凶杀案的受害者进行赔偿。"如强盗未能捕获,被劫者应于神前发誓,指明其所有失物,则盗劫发生地点或其周围之公社及长老应赔偿其所失之物。"(法典第23条)

5. 前现代民族所特有的对过去、现在和未来的静态观念。由是之故,法典被视为出自神的指示,用法律的正义造福人类,任何胆敢篡改法典的统治者,都将蒙受名目繁多的深切诅咒:"注定其统治动摇,国祚短暂,饥饿连年,天日无光,死不旋踵……其城市毁灭,其人民离散,其王位灭绝,其姓名及国号无传……[在下界]使其灵魂干涸。"(法典,结语)

最后,不论是《汉谟拉比法典》,还是美索不达米亚的其他法典,都用明确的法律术语确立了男尊女卑的定位。婚姻主要是为了现实目的,结婚意味着生病、残疾或养老有了保障。所以,在婚事上拿主意的人,不是被爱情冲昏头脑的新郎和新娘,而是父亲,如果父亲去世,则是母亲或长兄。丈夫是法律承认的无可争辩的一家之主,妻儿必须对其毕恭毕敬。作为一家之主,丈夫是妻儿真正的主人。为了还债,丈夫可以将妻儿当作物品一样典当乃至卖掉。

妻子通奸将受到严惩,通常是和奸夫一并处死。对于丈夫而言,则没有不忠一说。依照法律,丈夫不但可以娶一个正妻,为了满足其"欲望"并保证有子嗣,还可以纳妾和拥有女奴。实际上,倘若妻子不能生育,便有义务为丈夫纳妾,使其可以有子嗣。丈夫要离婚很容易,只需宣布妻子不能生育、挥霍浪费或是蔑视丈夫。但妻子要离婚,那无异于

图17 《汉谟拉比法典》石柱,刻有300余条旨在规范社会的法律条款。

一场致命的赌博。法典规定,她必须接受调查:"倘她贞洁无过,而其夫经常外出,且对之凌辱备至,则此妇无罪,她得取其嫁妆,归其父家……倘她不贞洁而常他往,使其家破产,其夫蒙羞,则此妇应投于水。"

埃及文明

埃及文明是一种帝国文明而非城市文明,这与美索不达米亚文明形成了鲜明对比。国祚长久的埃及历代王朝统治着这个统一的大河流域地区,这种稳定性和连续性主要得益于地理环境。尼罗河谷的西面是利比亚沙漠,东面是阿拉伯沙漠,南面是努比亚沙漠和尼罗河大瀑布,北面是没有港口的三角洲海岸,这些自然屏障很好地保护了埃及免遭外来入侵。由于四面屏障的地理环境,埃及人得以无牵无挂地主宰自己的命运,无须担忧外部入侵。与美索不达米亚不同,埃及没有随着频繁的外来入侵而来的帝国兴衰更迭。此外,尼罗河犹如一条天然的纽带,把河谷地区连成一个稳定和正常运转的整体。尼罗河水流平缓,船只可以毫不费力地溯河北上,而盛行的北风、西北风又使得回程几乎同样轻松。这样,尼罗河为埃及人提供了价值连城的可靠交通运输线,推动河谷地区在公元前3100年前后实现了统一。

图18 伊西斯女神引领妮菲妲莉王后。

从公元前3100年实现统一，到公元前525年被波斯人征服，在这2500多年间只有三个帝国先后统治埃及，而且各帝国之间的间隔期相对较短。因此，埃及文明形成了稳定和保守的特征。埃及文明也是一个自信而乐观的文明，这部分是因为尼罗河的泛滥温和而有规律，不像底格里斯河和幼发拉底河洪水那样不可预测且极具破坏力。美索不达米亚人将洪水之神视为冷酷无情的邪恶之神，埃及人却认为洪水之神"给每个人带来了欢乐"。

埃及宗教信仰的主要特色在于对死亡的关切，看重为来世做好物质准备，尤其是国王。在埃及人看来，国王的死亡并不意味着生命的终结，国王的尸体经过防腐处理，与食物和其他必需品一起放入巨大的陵墓：金字塔。最大的金字塔是第四王朝法老胡夫的金字塔，又称齐阿普斯金字塔。这座金字塔占地79亩，高147米，用大约230万块巨石砌成，每块石头重约2.5吨。金字塔是用坡道、滚柱和杠杆等最简单的工具建造而成，就连滑轮和铁器都没有！

据说，埃及农民在建造金字塔时充满热情，认为自己是在为一位能赐予福祉的神祇建造居所。姑且不论这种说法能否站得住脚——事实上，无论是否有热情，他们别无选择——它反映了埃及王权的神性。法老自始至终被看成是神王。法老集神权与世俗权力于一身；正是出于这种不可思议的观念，埃及没有美索不达米亚那样的法典。身为神王，法老的旨意就是神赐的法律。

以维齐尔为首的官僚集团强化了王权，维齐尔被称为"王室产业总管"和"君王的耳目"。其他官员还有掌印大臣，掌管尼罗河运输；家畜总管，负责管理所有牲畜；财政大臣，掌管全国财政机构和仓库，并负责征税。年景不好时，财政大臣还要负责分配种子和牲畜。此外还有管辖各省（诺姆）的省长（诺马尔赫），管理城镇和村庄的市长。

埃及文明的最后一个显著特征是国家对经济生活的绝对控制。埃及已经出现了私有财产和个体业主，但远不及美索不达米亚那样普遍。国家不仅控制了绝大部分农业和手工业生产，而且负责产品的分配。巨大的国库和粮仓里装满了收来的实物税：谷物、牲畜、布匹和各种金属。它们不仅用来支付政府开支，也充作荒年的储备物资。据说，法老是"掌管天下粮草之人"。除纳税之外，每个村社还要抽调男丁服徭役，即强制劳工。这些劳工修建的金字塔成为他们最著名的劳动成果，他们还被用于采石、开矿和整修灌渠。

埃及工匠的技艺举世闻名，尤其是奢侈品制作工艺。埃及人制作的珠宝至今罕有其匹，此外还有异常精美的珐琅制品、象牙和螺钿镶嵌制品。他们发明了玻璃着色技术，而且最早开始用树皮鞣料制革，至今世界上大部分地区仍在用这种方法鞣革。他们还能织出不逊今人的优质亚麻布。埃及人还有十分先进的美容品制造技

图19 狮身人面像。

术。纸莎草手卷中记载了消除皱纹和将白头发染黑的方法。埃及人化妆用眼影粉画眉毛和描眼影，这种眼影粉有绿色和灰色两种颜色，分别用孔雀石和方铅矿研磨而成；用红色赭石粉涂口红、染指甲；用棕榈油滋润手和脚；用真人发丝制作假发，假发顶部用融化的蜂蜡固定。

克里特文明

克里特岛的米诺斯文明可以用希腊语"thalassocracy"一词概括为海洋文明。克里特是靠贸易繁荣起来的，克里特人的贸易对象遍及整个地中海地区。地中海是内陆海，没有广阔大西洋上的惊涛骇浪，克里特商人可以在几乎始终能看到陆地的情况下航行到地中海沿岸的所有地区。此外，克里特岛森林密布，提供了建造单桅商船的木材。米诺斯人驾着这些商船往返穿梭于地中海各地，运送的货物包括埃及的粮食、象牙和玻璃，叙利亚的马和木材，爱琴海诸岛的银、陶器和大理石，塞浦路斯的铜，以及本岛出产的橄榄油和陶器。

贸易影响了米诺斯文明的方方面面。克里特人掌握了强大的海上力量，足以保护克里特岛不受侵犯，所以岛上所有城市都不设防。相比大陆文明，克里特人有着更广泛的社会和经济平等。在大陆的文明社会，只有少数几座神庙和宫殿修建得宏伟壮观，周边都是贫民区，而克里特人社会是由开放的村落组成，祭祀的神庙成为社会生活的中心。各家各户通常住在用木头和灰泥建造的独栋房屋里。岛上可能已有家庭奴隶，不过数量不会很多。考古学家至今没有在岛上发现专供奴隶住的克里特建筑，所以，克里特人的大划桨船大概是由自由民当桨手。

图20　希腊克里特岛米诺斯王宫遗迹。

米诺斯的艺术家们并不想靠单纯的规模宏大来打动人，也不关心遥不可及、令人敬畏的神祇或神王。相反，他们在日用器皿、住宅墙壁和艺术作品中再现生活。在他们看来，一切事物皆可成为艺术原型，他们不仅描绘了花鸟、海贝和海洋生物等自然物，还描摹了日常生活场景：锄禾归来的农夫、与公牛角斗的力士以及翩翩起舞祭祀大母神的妇女。克里特人盖房子时完全不在意外观，而是注重居住的舒适。克诺索斯的王宫规模巨大、结构复杂，显然是历经几个世纪建造而成。这座迷宫般的建筑不仅有王宫正殿、觐见室和寝宫，还有占去了一大半地方的仓库和作坊，可以说与这个商业民族的身份相得益彰。王宫还有复杂的供水和排水系统，其完备程度直到现代之前无人能及。

克里特岛远离战争，也没有大规模军事和国家机构，因而比大陆上的中东文明保留了更多的新石器时代血缘制度。与美索不达米亚和埃及不同，在克里特岛上，男人并未垄断经济、军事和政治权力。克里特出土的壁画、印章和印章戒指表明，这里的妇女既干"家务活"，也积极参与"抛头露面的工作"。她们在田间劳作，在果园起舞，即便是斗牛场的露天看台也可以看到她们的身影。她们甚至下场参与斗牛，有些人还参加战争，这与深居简出的美索不达米亚和埃及妇女形成了鲜明反差。有些妇女还拥有财产，可以像男人一样离婚。在妇女地位问题上，克里特文明在亚欧大陆的古代文明中独树一帜。

图21 印度河文明的石制印章。印章图案为常见的印度瘤牛。

印度河文明

印度河文明呈现出因循性、浓厚的宗教色彩以及高度的计划性。我们可以从印度河文明的城市中看出这些特性。这些城市都是按照相同的布局精心建造而成，全盛时期的城市占地16～18平方公里。每座城市皆呈网格状布局，宽阔的大街环绕长方形的大街区，每个街区长约366米、宽约183米，比当今城市常见的街区要大得多。印度河文明城市的建筑是用烧制的砖块建成，而埃及文明是用石块，美索不达米亚文明是用晒干的土坯。在整个印度河文明地区，砖块只有两种标准规格（27.9×13.9×6.3厘米和23.4×11.4×5.6厘米），可见各地有着统一的度量衡。这种条理性和系统性似乎渗透到印度河文明的方方面面。公元前2500年前后，印度河文明进入鼎盛期，在接下来的1000年里，它几乎始终维持不变。每当城市被洪水冲毁，重建的新城总是造得跟老城一模一样。这种一以贯之的连续性传统在古代文明中无出其右，就连埃及文明也无法与之相提并论。人们提出一种推测：或许有某种精神权威控制着这个纪律严明的社会。印度河文明遗址没有出土任何军事装备和防御工事，也为这一假说提供了证据。

像其他古代文明一样，印度河文明主要是农业文明。除了小麦和大麦等主要农作物外，当地居民还种植紫花豌豆、甜瓜、芝麻、椰枣以及棉花，印度河流域是最早用棉花织布的地区。印度河文明与外部世界有很多贸易往来，出口货物包括孔雀、猿猴、珍珠、棉织品、铜、象牙以及梳子一类的象牙制品。今天的印度人仍使用同样款式的梳子篦出头发里的虱子。对外贸易大多是与美索不达米亚地区，帆船沿海岸将货物运往波斯湾。如果航行途中看不到海岸，水手们就放出乌鸦，然后跟着乌鸦航行，因为乌鸦总是飞向最近的海岸。《圣经》中记载，诺亚驾着方舟寻找陆地时，用的正是这种方法。

目前尚不清楚究竟什么原因和环境导致了印度河文明的衰落。一种普遍的看法是，公元前1500年前后，来自中亚的雅利安人入侵，摧毁了印度河文明。不过，近来有人提出，这一文明其实是毁于泥浆。按照这种说法，由于地底火山活动，涌出大量泥浆、淤泥和沙子，堵塞了印度河，形成一个巨大的堰塞湖，淹没了印度河文明的中心摩亨佐·达罗。数十年后，堵塞河道的坝体崩塌，堰塞湖水下泄，印度河恢复了原来的河道，但这座城市已遭灭顶之灾。根据摩亨佐·达罗遗址上堆积的多层淤泥，人们判断这样的灾难至少发生过5次，甚至可能更多。最终，印度河文明的中心遭受无可挽回的损害，这使得北部边远地区变得十分孱弱，无法抵御本土文化的同化。

上述说法大多属于推测，无从加以证实，因为印度河文明的文字至今未能释读出来。这些文字为象形文字，上一行由左往右读，下一行由右向左读。早期希腊人也是采用这种书写方式，它被称为"牛耕式转行书写法"，意思是像牛犁地一样来回转行。

商 文 明

中国北部黄河流域的商文明是亚欧大陆古代文明中最为特殊的一种类型。时至今日，中华文明依然保持着独树一帜的特色，这主要是因为这个国家拥有天然屏障。中国位于亚欧大陆东端，周边的高山、沙漠和大草原将其与亚欧大陆其他地区分隔开来。中国东临浩瀚的太平洋，北面是冰封的西伯利亚大草原。

虽然地理环境闭塞，中国却并没有与外界隔绝。早期商文明在黄河流域北部兴起，就是因为这一地区是一个文化交汇地带，同时受到来自西北的游牧牧羊民族、来自东面的农耕民族以及来自南方的森林居民的影响。就连遥远的中东也在中国北部留下了自己的印记，将小麦种植以及青铜兵器和战车制作技术传入中国。公元前1500年前后，建立商朝的入侵者运用这些技术征服了中国北部的新石器时代村落。

商人入侵者的境遇与日后入侵中国的许多入侵者如出一辙。由于中国人口众多，"商人"被同化，普通百姓依然保持中国特色。虽然来自中东的大麦、小麦、绵羊、牛、马、青铜和轮子为中国带来了丰富的异域元素，但这些新事物并未从根本上改变中国。古代埃及文明久已消亡，美索不达米亚文明和印度河文明也早已湮没无闻，唯有中华文明不间断地延续了下来。今天，中国人为拥有世界上最古老且连续不断的文明而自豪。

中国的文明不但是最古老的文明，也是最独特的文明。它是第一个养蚕并将纤细的蚕丝织成精美丝绸的文明，也是唯一不食用动物奶和奶制品的重要文明。实际上，中国人喝动物奶的反应，与西方人吃虫子和蚂蚁的反应没有什么两样。此外，自远古时代以来，祖先崇拜就始终是中国宗教独有的特征。这与中国人对宗族的重视息息相关，中国人的姓名通常是前姓后名，即标明宗族血缘的姓氏放在代表个人的名字之前，而不像西方人姓名那样，名在前姓在后。这一习俗反映了传统中国社会的主要支柱是家庭，而不是个人、国家或教会。常见的中式建筑碧瓦朱甍、雕梁画栋，这种建筑样式可以追溯到远古时代，与中国人使用筷子而不是刀叉的习俗一样源远流长。

对于中国和整个东亚的历史而言，殷商遗址出土的复杂的表意文字具有极为重要的意义。它是现代汉字的直系祖先，这种文字的传承再度表明了中华文明的连续

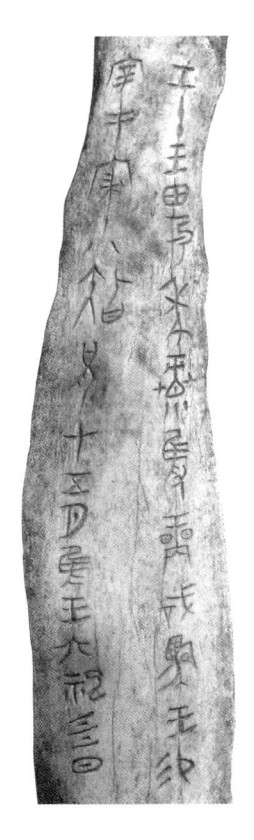

图22　甲骨文。晚商甲骨名篇"宰丰骨匕"（现藏中国国家博物馆）。
辞文：壬午，王田于麦麓，获商戠兕。王赐宰丰、寝小、（矢旨）兄，在五月，唯王六祀肜日。
释文：在壬午那天，商王在皇家田猎区一个叫"麦"的地方，在山脚下猎获了一头罕见的兕兽，商王很高兴，对跟随他的内务总管丰、侍从官小和御厨师傅进行了赏赐，这件事发生在商王六年五月。

性。中东民族早就完全看不懂象形文字和楔形文字，而现代中国人却能辨识商朝文字。留存至今的商朝文字大多刻于占卜吉凶的龟甲兽骨上，这也是中国人的一个独特习俗。他们在甲骨上刻下要卜问的有关疾病、梦境、畋猎、天时、年成等事项，然后在甲骨上划一些口子，用烧热的木棍按在这些切口上，使其产生裂纹。卜者就根据这些裂纹的形状、排列和方向来解释卜问之事的吉凶。[1]这些甲骨都被小心地埋藏起来，有许多保存至今，今人因而得以释读商朝文字，进而了解到商朝人日常生活的大量细节。

像亚欧大陆的其他文明一样，商朝农民也要将部分收成上交，供养城市里的贵族、书吏和官员。他们还要替贵族领主打仗，不过只能充当轻装士卒，只有上层武士才能配备两匹马牵引的战车、青铜头盔和铠甲。精英阶层垄断了青铜冶铸业，加剧了商朝社会的阶级分化。精美的宫殿和王室陵墓与百姓的简陋窑屋有着天壤之别，反映出巨大的社会贫富差距。昂贵的随葬品也可以作为佐证，王公贵族的陵墓里有青铜礼器、精美的丝织品、翡翠、大理石、乐器和精致的兵器。

如同其他古代文明一样，中华文明也存在着男尊女卑现象。性别歧视从出生那一刻就开始了，杀婴行为更多是针对女婴而不是男婴。女性在童年时就要缠足，以使她们走路蹒跚，大门不出二门不迈。[2]女子的婚姻由父母一手包办，心惊胆战的新娘由受父亲的管教转为受婆婆的管教。富裕家庭的妇女还不得不容忍丈夫娶二房或是纳妾，尤其是没有生养子嗣的话。

中国人独特的世界观也折射出男尊女卑的特征，中国人认为，既对立又互补的阴和阳是构成宇宙万物的基本元素。阴代表那些与女性、黑暗、虚弱、消极有关的事物，阳则代表与男性、光明、强壮、主动有关的事物。尽管男人和女人相辅相成、缺一不可，但女人天生就是被动和从属的。几千年来，男性卫道士从这一哲学命题出发，宣扬唯命是从、逆来顺受的传统妇德。

---

[1] 原文如此。商人先举行一些祝祷仪式，在准备用来占卜的甲骨背面挖出或钻出一些小坑，然后用烧热的木棍对这些小坑进行烫灼，甲骨表面出现的裂纹就是所谓的"兆"，卜者据之来判断吉凶，最后才把所卜问的内容和结果刻到兽骨或龟甲上。——译者注

[2] 缠足开始的时间有多种说法。有中国学者考证，缠足风俗源于北宋而兴于南宋。——译者注

土著与农民

文明社会的一个代价就是将人划分为统治者与被统治者。在新几内亚,荷兰殖民官员意识到了这一点。那里的巴布亚人不知文明为何物,他们认为自己是自由人,不愿意向荷兰人鞠躬。但是,生活在阶级社会的印度尼西亚人却甘愿把荷兰人当作主人。这里所选取的一名美国记者的报道,揭示了文明对于人与人之间关系的影响。*

一名荷兰官员走进霍兰迪亚[新几内亚]的一个办事处。办事处里,一个为荷兰人效力的印度尼西亚官员坐在桌前,两个巴布亚人酋长坐在对面。看到荷兰人进来,印度尼西亚人连忙起身,恭敬地站在一边。两个巴布亚人抬起头,笑了一下,坐着没动。

有天晚上,9点左右,一个荷兰官员走进政府接待中心脏兮兮的酒吧,向巴布亚人酒保要了一杯啤酒。足足等了五分钟,酒保才把啤酒端上来。他还不耐烦地看了看表,问荷兰人打算要待多久。

一艘荷兰驱逐舰停靠在新几内亚南部的一座港口。当地荷兰官员觉得这是个难得的机会,让那些还保留着猎头族习俗的丛林人见识一下什么是真正的武器。

丛林人长途跋涉赶来,到军舰上四处转悠,其中一个人说出了自己的看法:

"看来,你们有枪有炮。看到我们手里的弓箭没有?想来你们也不懂得怎么用这些上好的弓箭。我们会用……"

凡是在印度尼西亚待过的荷兰官员,到了新几内亚后都要重新适应环境。

在印度尼西亚,他们到了一个有等级和阶级之分的社会,那里已经形成了统治者权威和权力观念。他们在那儿是主人,而且被当作主人看待。

在新几内亚,没有主人和奴隶之分。巴布亚人过着自由不羁的生活。那里既没有村委会,也没有了不起的立法者或是官方人士。每个人都有自己的主见,只有恶魔和神灵才能影响他们的生活。

巴布亚人从来不会对荷兰人点头哈腰。有个印度尼西亚教师劝巴布亚人,应当尊敬长官,在长官面前要鞠躬,结果得到了这样的回答:

"我们是人,是人就要挺直腰杆。"

* *New York Times*, December 25, 1957.

四、蓄势待发的游牧民族

公元前2千纪，无论中东、印度，还是遥远的中国[1]，所有的古代文明都崩溃了。亚欧大陆出现这种普遍的政治和社会溃败，主要原因究竟是内部衰朽，还是外部入侵呢？对于这样一个大问题，我们很难做出具体明确的回答。但可以肯定的是，内因和外因都对事件的进程起到了重要作用。

首先是内部衰弱。铜和青铜稀缺而昂贵，无法广泛应用于制造兵器和工具，为了强化自身在社会金字塔顶层的特权地位，君主及其政治军事盟友几乎将所有兵器都掌握在自己手中。这就意味着总人口中只有很少一部分人拥有武器，一旦受到全民皆兵的游牧民族进攻，古老的文明中心就很难招架。此外，由于铜和青铜价格昂贵，农民没有金属工具，只能使用石斧、石锄、石刀和石镰。石器远没有金属工具好用和耐用，从而使生产力得不到提升。

这种内在的腐朽削弱了古代文明，使之很容易成为外来游牧民族攻击的对象（关于游牧民族的起源，见第二章第三节）。摧毁帝国的主要有三大游牧集团：南部沙漠地带的闪米特部落民、亚欧大草原西部的印欧人以及大草原东部的蒙古－突厥人。

印欧人与其说是一个种族群体，不如说是一个文化群体。他们最初大概发源于里海地区，以畜牧为生，也做一点农活。这些逐水草而居的牧民总是用牛车装上全部家当，迁往更有前途的土地。迁徙时，包括女人、孩子和战士在内，整个部落倾巢而出。印欧人就以这样的方式，向西推进到俄国南部和欧洲东南部，公元前2000年，他们已经进入从多瑙河平原到阿姆河和锡尔河流域的广大地区。印欧人从这个遥远的基地出发，越来越多地威胁到地理上可以接近的文明中心：中东、巴尔干半岛和印度河流域。

阿尔泰山和天山成为一条天然分界线，将西伯利亚大草原西部的印欧人与东部的蒙古－突厥人分隔开来。分界线以东的大草原地势较高，干旱少雨，气候通常更为恶劣。这里的牧场没有西部草原肥美，只能养羊、骆驼和马，养不了牛。正是由于大草原东西部的这种贫富差距，引发了旷日持久、波澜壮阔的自东向西梯次迁徙浪潮。大草原东部各族相继前往西部，他们有的是为了征服，有的是为了避难。一批又一批部落前赴后继地向西推进：西徐亚人从阿尔泰山迁徙到乌克兰，突厥各部先是进入中亚，填补了西徐亚人留下的空白，继而尾随西徐亚人向西迁徙。最后，蒙古人也紧随其后，不断向西，最终于13世纪突然崛起，占领了亚欧大陆大部分地

---

[1] 原文如此。作者在本书其他地方多次提及中华文明是世界上唯一从未间断的文明。——译者注

区。由于所处的地理位置，这些东方游牧民族不仅进入欧洲、中东和印度，还逼近中国，一旦时机成熟，便周期性地进犯中原。

东方游牧民族从东向西梯次迁徙，逐渐改变了大草原西部各民族的人种构成，至少在西至里海的地区，当地人种构成由原来的以高加索人种为主，转变成以蒙古人种为主。这一人种变迁过程始于公元前1千纪末，一直持续到中世纪末期。此后，属于斯拉夫人一支的俄罗斯人扭转了这一趋势，他们拥有西方技术装备起来的武器和运输工具，先是滑膛枪和火炮，随后是机枪和铁路。

最后，闪米特人基本上占据了从地中海到底格里斯河、从托罗斯山脉到亚丁湾之间的地区。闪米特人显然是来自阿拉伯半岛的沙漠地区，在历史上接连掀起迁徙浪潮。闪米特人起初是用驴作运输工具，公元前1100年前后，骆驼的驯养改变了闪米特文化，就像马的驯养改变了草原游牧民族文化一样。随着文明的兴起，许多闪米特部落来到城市边缘，与城市居民共同生活，但总是一有机会就袭击和劫掠城市。

对于游牧部落而言，亚欧大陆边缘的古老文明中心有着不可抗拒的吸引力。丰富的农产品、满仓的粮食、令人垂涎欲滴的奢侈品，无不让草原和沙漠上饥肠辘辘的游牧民族趋之若鹜。文明中心随即遭受游牧民族的周期性袭击和入侵，尤其是美索不达米亚的城市，它们比克里特岛、尼罗河和印度河流域的城市更加不堪一击。毫不奇怪，文明中心的定居民族对游牧民族恨之入骨。一位埃及官员写下了对闪米特游牧民族的看法："他们的名声比鸟粪还要臭。"无独有偶，在亚欧大陆的另一端，一位中国朝廷大臣斥责蒙古人"人面兽心，非我族类"[1]。

公元前2千纪，亚欧大陆的力量平衡被全面打破，游牧民族第一次对各大文明的生存构成了威胁。两项重大发明提升了游牧民族的战斗力，一是马的驯养，二是稍后出现的冶铁技术。据目前所知，大约在公元前5000年左右，中东最早驯养了动物，那里的人也最先学会乘骑动物，不过，当时很少有人乘骑动物，原因只有一个，当地可供骑乘的动物只有牛和中亚野驴，前者速度太慢，后者体型太小。然而，动物驯养方法向北传播到俄罗斯南部，那里不仅有中亚野驴，还有野马。公元前2500年，这两种动物都已完成驯化，很快，马就凭借强壮、体型大和速度快的优势脱颖而出。不仅如此，经过选择性育种，马的体型越来越大。野马的平均高度为13手之宽（一手之宽为10厘米），而现代家马的平均高度为15～16手之宽。一旦停止选择性育种，仅需繁育数代，家马很快就会恢复到小体型，这一特性在美洲西部的北美野马身上得到了验证。

---

[1] 此处引文可能是来自《贞观政要》卷九中魏征的一句话："匈奴人面兽心，非我族类，强必寇盗，弱则卑伏，不顾恩义，其天性也。"——译者注

图23 赫梯人轮辐战车模型。

马匹第一次运用于战争，是游牧民族用马匹来牵引轻便的双轮马车，这种配有轮辐车轮的战车是从美索不达米亚的四轮马车改进而来，后者用的是实心车轮，因而比较笨重。游牧民族把高头大马与灵便马车组合在一起，就拥有了一种可怕武器：战车。公元前2千纪，游牧民族的战车兵掀起了第一波入侵浪潮。战车兵作战时，一人负责御马，车上其他士兵用强劲的复合弓射箭。步兵几乎无力招架长时间的弓箭齐射，更不用说抵御随后发起冲锋的密集战车。

公元前2千纪末，游牧民族用骑兵取代了战车，进一步提升了战斗力。此时的马匹高大强壮，足以承受骑兵的体重。游牧民族还发明了驾驭马匹的缰绳、马嚼、四角马鞍和马镫，骑兵能够腾出双手，一边疾驰，一边箭如雨发。从此，亚欧大陆的游牧民族拥有了空前的机动性，用骑兵冲击并打败城市守军。在整个古典时代和中世纪，骑射技能奠定了游牧民族军事实力的基础，13世纪，成吉思汗的惊人征服标志着游牧民族的势力达到巅峰。直到西方发明了先进火器之后，各大文明中心才得以摆脱游牧民族频繁入侵的威胁。

骆驼成为沙漠游牧民族的马。骆驼分为两种，阿拉伯人的单峰驼和大夏人的双峰驼，前者适应炎热的沙漠环境，后者适应寒冷的沙漠环境。这两种骆驼都能在即便是驴也会饿死的恶劣环境中生存，骆驼的驼峰能贮存脂肪，多个胃囊储水，能在不吃不喝的情况下跋涉好几个星期。目前尚不清楚骆驼最早是在何时何地成功驯养，不过，公元前1000年，在中亚和中东沙漠地区，人们就已经靠这种"沙漠之舟"来从事交通运输。

冶铁术的发明也提高了游牧民族的军事实力。公元前2千纪中叶，小亚细亚东北部已经出现了冶铁技术。但是，直到公元前1200年前后，赫梯帝国灭亡，当地铁匠流散四方，冶铁技术才传播开来。冶铁术之所以姗姗来迟，主要是由于冶铁的工艺流程有别于铜和铜合金的冶炼。

冶铜时，熔化的金属会沉淀在熔炉底部，熔渣浮在表面。冶铁时，由于古代熔炉温度不够，铁矿石无法完全液化，从而会烧制出一种多孔的灰色铁块，在技术上称作大方坯，将大方坯反复加热锻打，才能炼成熟铁，因此，这一发明姗姗来迟是可以理解的。此外，与铜和青铜相比，生铁在性能上并没有什么提升。生铁不仅更难铸造，需要更多燃料，而且做成刀具后刃口很容易变钝。人们后来才发现，将生铁反复锤打、加热、投入冷水（淬火），并与燃料炭接触，可以提高生铁的硬度。总而言之，熟铁的发明并非发现了一种新金属，而是发明了一种全新的冶金术，因此，只有在积累足够的经验之后，早期的铁匠才有可能找到这种新方法。

改良后的铁器比过去坚硬，但很容易生锈。不过，铁矿石的分布要比铜和锡广泛得多，因而更容易获取，足以弥补铁器生锈的缺陷。即便是普通农民也负担得起铁制工具，从而提高了农业生产力，可以在以前无法用石斧开垦的森林地区开荒。这种廉价的新金属还带来了另一个意义重大的后果，即打破了亚欧大陆的军事平衡。从前，一贫如洗的游牧民族无法像城市中心的统治者那样大批装备昂贵的青铜兵器。如今，几乎每个地区都有铁矿石，每个村庄的铁匠都能打造精良和便宜的新武器。从此，游牧民族的战士不仅在机动性上占优势，还像守卫文明地区的士兵一样，拥有大量优质铁制兵器。

五、游牧民族摧毁古代文明

游牧民族凭借马匹和铁制兵器，两次掀起席卷各大文明中心的大规模入侵浪潮。第一次浪潮大约从公元前1700年延续到公元前1500年，入侵者通常驾着马拉战车，手执青铜兵器；第二次浪潮大约从公元前1200年延续到公元前1100年，入侵者通常是手执铁制兵器的骑兵。这些入侵并不意味着外来游牧部落取代本地族群，并彻底改变了原有种族格局。相反，少数入侵者凭借优势的军事技术，以军事精英阶层的身份统治在人数上远远占优的被征服民族。

两次入侵浪潮最终将各大文明彻底摧毁，只有中东的文明幸存下来。[1]其他地区随即出现了帝国的兴衰更迭。由于地理位置四通八达，中东遭受的外来入侵最为频繁，但那里的文明，连同城市、宫殿、寺庙、书吏、商人和政府官员，最终得以幸免于难。究其原因，首先是中东的文明历史更悠久，根基更深厚。其次，到公元前1700年，广大的中东地区已经文明化，不可能被彻底征服或摧毁。最后，入侵中东的通常不是刚刚走出大草原或沙漠的原始野蛮人，而是早已定居在文明周边地区的半开化蛮族，他们在开始征服时就已经被文明社会部分同化了。

中　东

首先来看看中东的情况，这里的入侵始于公元前2000年前后，印欧语系的赫梯人渗入小亚细亚。赫梯人与土著民族联手建立起一个大帝国，其疆域囊括整个小亚细亚和叙利亚大部分地区，但不包括美索不达米亚。赫梯人之后，另外两支印欧人入侵者加喜特人和胡里人接踵而至。在这一时期，就连拥有自然屏障的埃及也被希克索斯人占领，这支入侵者成分复杂，但大多数属于闪米特人。公元前1500年，第一波入侵浪潮进入尾声，三股主要势力控制了中东地区，即北方的赫梯人、南方的埃及人和东方的闪米特语系亚述人。

公元前1200年前后，第二波蛮族入侵浪潮打破了这种三足鼎立的局面。赫梯人与埃及人长年征战不休，使得两个帝国都元气大伤。三支闪米特人入侵者进入真空地带：腓尼基人进入地中海沿岸地区，阿拉米人进入叙利亚、巴勒斯坦和美索不达米亚北部，希伯来人进入巴勒斯坦和叙利亚。公元前1100年前后，强大的第二亚述帝国开始扩张，亚述人拥有铁制兵器、训练有素的军队、高效的官僚机构以及轮式铁制攻城槌，公元前7世纪，亚述帝国以尼尼微为首都，统治了美索不达米亚、小亚细亚、叙利亚、巴勒斯坦和埃及。但是，帝国的盲目扩张和被征服民族的强烈敌意，最终引发了灾难性结果。公元前612年，亚述的敌人联手摧毁了尼尼微，亚述人从此彻底消失在历史长河之中。

亚述人之后，继之而起的是波斯人，他们建立起迄今为止最大的帝国。在国王居鲁士（公元前550—前529年在位）率领下，波斯人运用亚述人的军事技术，征服了西至尼罗河、东抵印度河的所有地区。整个中东首次归于一统，蛮族入侵者被彻底挡在门外。

---

[1] 作者此处叙述与书中其他地方内容矛盾，目前国内主流观点认为，中国上古文明并未被游牧民族摧毁而失去其延续性。——译者注

图24 亚述弓箭手浮雕，一人张弓搭箭，另一人用盾牌掩护。

希　腊

与中东相反，希腊、印度和中国[1]的文明都未能在蛮族入侵中幸存下来。这些边缘地区的古代文明缺乏时间和空间的延展度，因而都遭到了灭顶之灾。也正因如此，这些地区形成了新的古典文明，建立起新的宗教、社会和哲学体系。

在希腊，最早的入侵者是印欧语系的亚该亚人。公元前20世纪，这些手执青铜兵器的战车兵进入希腊，不过，从总体发展水平上说，亚该亚人要远比米诺斯文明的克里特人落后。公元前1600年，这些新来者已经大量吸收了传入大陆的米诺斯文化，在从塞萨利到伯罗奔尼撒半岛南端的广大地区建立起许多小王国。

最先进的亚该亚人聚居地位于伯罗奔尼撒半岛，因为那里离克里特岛最近。迈锡尼是半岛上重要的文明中心，新兴的文明就是以它的名字命名。与克里特岛的城邦不同，在迈锡尼时代，希腊所有的定居点都有坚固的防御。巨大的城堡建在山顶，供国王及其家臣居住。平民的房舍建在城堡外，遇到危险时，平民可躲入城堡避难。

---

[1]　此处与作者在本书其他地方的说法矛盾。——译者注

迈锡尼人不同于在中东和印度河流域定居下来的其他印欧语系入侵者，他们追随克里特人的榜样走向海洋，建立起一支强大的海上力量。他们要么劫掠、要么经商，并在罗兹岛、塞浦路斯和小亚细亚西岸建立了海外殖民地。迈锡尼人很快夺取了克里特人在地中海的经济霸权，公元前15世纪，他们还对克里特岛发动突袭，攻占了岛上没有城墙的城市，包括首府克诺索斯在内，所有城市被夷为平地。除了这些人祸之外，克里特岛还接连发生大地震，公元前1150年，璀璨的米诺斯文明彻底消亡。

不过，迈锡尼人也难逃覆灭的命运，被新来的入侵者多里安人征服。公元前1200年前后，多里安人凭借精良的铁制兵器，相继攻占了迈锡尼的城堡和城镇。希腊的行政体制崩溃，农业人口逃散，对外贸易衰败，倒退到农牧业经济。"黑暗时代"降临，笼罩了整个希腊，直到公元前800年前后，城邦崛起，希腊才再度绽放出耀眼的光芒。

多里安人的主要定居点也在伯罗奔尼撒半岛。他们从半岛向海外推进，在克里特岛、罗兹岛和小亚细亚沿海地区建立起殖民地。其他希腊人，可能是迈锡尼的难民，从雅典渡海，前往基克拉迪群岛，再从基克拉迪群岛到达小亚细亚西海岸中

图25　希腊迈锡尼的狮子门。

部，在那里建立起以爱奥尼亚闻名的居留地，爱奥尼亚一度成为整个希腊世界最先进的地区。在更北的地方，一些说伊欧里斯方言的希腊人从塞萨利和希腊中部出发，先是航行到莱斯博斯岛，接着前往小亚细亚北部。希腊人建立这些新殖民地时遭到当地居民的强烈反抗，因而无法深入到小亚细亚腹地。虽然这些殖民地始终局限在沿海地区，但它们都很繁荣，注定将在希腊历史上扮演重要角色。

我们对"黑暗时代"希腊的了解，要远远超过同样遭受蛮族入侵的印度，这主要归功于希腊人留下了四部宏伟史诗的宝贵遗产：荷马的《伊利亚特》和《奥德赛》，赫西俄德的《工作与时日》和《神谱》。荷马描绘了战争、冒险以及贵族和国王的生活，赫西俄德则把笔触伸向农夫的生活和传统以及众神的系谱。这些诗篇展现了数百年间原始农牧业社会的生动画面。希腊家庭大多过着自给自足的生活，种植粮食，织布缝衣，所用羊毛产自自家饲养的羊。少数专职商人都是腓尼基人或塞浦路斯人等异族人，他们偶尔前来，卖给平民一些小首饰，给贵族的货物则要贵重得多。吟游诗人偶尔到来，给千篇一律的务农生活带来一丝惊喜，这些说唱者歌颂战争的荣耀和显赫祖先的英勇事迹。

希腊的公社由贵族和平民组成，贵族是统治阶层，发生战争时指挥作战，平民包括自耕农、佃农、少量工匠、雇工和奴隶。地位最高的是国王，国王的权威取决于作战英勇以及领导贵族议事会的能力。国王偶尔也召集全体成年男子参加的人民大会，但通常是为了动员人民支持国王和贵族们共同做出的决定。这些朴素的制度带有这一发展阶段印欧人部落的典型特征，成为日后希腊城邦政府机构的萌芽。

印 度

印度河文明落入了与克里特岛的米诺斯文明如出一辙的命运。公元前1500年前后，一些外来部落凭借铁制兵器和马拉战车的军事优势，轻而易举地打垮了还在使用铜制兵器和牛车的原住民，占领了这一文明中心。这些入侵者自称为雅利安人，称他们定居的地方为"雅利安瓦尔塔"，意思是"雅利安人的土地"。雅利安人也属于印欧语系族群，这个族群在西方的几个分支民族入侵了美索不达米亚和希腊。雅利安人以小集团的方式渗透，轻易地摧毁了衰败的印度河文明，公元前2千纪下半叶，印度出现了一个新的蛮族社会。关于这个蛮族社会的史料十分匮乏。印度河文明虽然没有任何可释读的文字记录，却留下了大量的实物遗存。相反，雅利安人几乎没留下任何实物遗存，因为他们用木头和泥土建造房屋，而且没有任何大城市。不过，雅利安人以"吠陀"的形式保存下来大量文献材料。

"吠陀"的意思是知识。正如《圣经》之于基督教徒、《古兰经》之于伊斯兰教徒，《吠陀》是印度教徒宗教信仰的主要源泉。最早的《吠陀》有四部，其中最重要、最古老的是《梨俱吠陀》。随着时间的流逝，其他一些著作也增补到这四部《吠陀》之中，获得了同等的神圣地位。正如《荷马史诗》是了解希腊迈锡尼文明的主要资料，《梨俱吠陀》是研究早期雅利安人的第一手资料。《梨俱吠陀》共有十卷，收录了1028首诗篇，篇幅相当于《伊利亚特》和《奥德赛》的总和。

雅利安人身材高大、蓝眼白肤，他们非常清楚自己的体貌特征与所征服的原住民迥然有别。《吠陀》中将原住民称为"达萨"，意思是奴隶，他们身材矮小，皮肤黝黑，鼻子扁平，而雅利安人则被描绘成充满阳刚之气，喜好战争、饮酒、赛战车和赌博。雅利安人的战神因陀罗是理想化的雅利安勇士：他身披金色盔甲，奋勇当先地冲锋陷阵，一次能吃掉300头水牛，喝干三座湖泊的酒。

初到印度的雅利安人基本上都是牧民，经济生活的中心是牛，牛群的规模决定了财富的多寡。这些新来者在肥沃的印度河流域定居下来，逐步转向农业。他们的村庄由若干有亲属关系的家庭组成，若干个村庄组成氏族，若干个氏族结成部落，国王是部落的首领。像希腊一样，国王的权威来源于个人才能和主动精神，这种权威受到贵族议事会的制约，在某些部落还受到自由民的限制。

早期雅利安人社会有一个显著特点，即它与日后的印度教社会有着天壤之别：雅利安人崇拜牛，但吃牛肉；非但不拒斥、反而畅饮醉人的烈酒。雅利安人有阶级之分，无种姓高下，祭司居于贵族之下，而不是占据社会金字塔的最高层。总之，雅利安人社会更接近于同时代的其他印欧人社会，而不是之后数百年间发展起来的古典印度教社会。

中　国

公元前1500年前后，手执青铜兵器的战车兵也侵入了遥远的中国北部黄河流域。他们在那里遭遇了殷商这一繁盛的新石器时代文化，他们为这一文化做出了自己的贡献，同时也被其同化。中国历史上从来都是如此，外来入侵并未导致与中国文化的过去彻底决裂，这与希腊和印度的情形截然相反。独特的中华文明不间断地从先商时期一直延续至今，虽然时有调整，却始终屹立不倒，也从未发生彻底的转型。

公元前1027年[1]，周王朝取代商王朝就突出体现了这种连续性。周人长期生活在文明边缘的渭水流域，他们不仅有着与殷商相同的语言和文化基础，还借鉴了西面和北方牧羊"戎狄"的军事技术。因此，当周人占领中国北部，推翻了商王朝，却并没有打断中华文明的发展进程。文字系统、祖先崇拜和筮法一如既往，社会依

---

[1] 原文如此。后文又说公元前1028年。国内通行的断代是约公元前1046年。——译者注

然划分为武士贵族和农民大众。分封制也承袭下来，事实上还得到了强化，因为周朝君主将征服的广大领土分封给诸侯。诸侯定期前往周天子宫廷，举行精心安排的授职仪式，不过，日后这一惯例逐渐废弛。最终，诸侯们从设防的城市统治周边乡村地区，几乎不受朝廷控制。

公元前771年，新的"犬戎"联合反叛的诸侯，攻占了周朝都城。周王朝将都城向东迁到远离边陲、不易遭受攻击的地方，随后重新恢复了统治。中国人将公元前771年之前的王朝称为"西周"，之后的王朝称为"东周"。在东周时期，周天子只是名义上的统治者，虽然仍然履行某些宗教职责，并受到礼仪上的尊敬，但实力孱弱，名下的领地比封臣的领地小。实际上，他们之所以能苟延残喘，直到公元前256年灭亡，完全是因为起到了精神领袖的作用。周王朝君主还是皇家祭司，被视为国家统一的象征。

东周时期政治动荡，却是一个文化繁荣的时代。在这个充满活力和创造力的时代，涌现出文学、哲学和社会理论的旷世杰作。这也是中国古典文明的奠基时代。大致在同一时间，希腊和印度也发展出古典文明。我们将在接下来的章节里讲述这些古典文明的起源和性质。

图26　西周晚期的青铜器颂簋，铭文记载的是西周时期的册命制度。

[推荐读物]

关于文明的起源，参见 J. Gowlett, *Ascent to Civilization*（Knopf，1984）；P. R. S. Moorey, ed., *The Origins of Civilization*（Clarendon，1979）；C. B. Heiser, Jr., *Seed to Civilization*（W. H. Freeman，1973）；J. E. Pfeiffer, *The Emergence of Society*（McGraw-Hill，1977）；A. C. Renfrew, *Before Civilization*（Cape，1973），该书挑战了文明扩散理论。

关于各大文明的著述有：K. C. Chang, *Shang Civilization*（Yale University，1980）；O. R. Gurney, *The Hittites*（Penguin，1980）；C. Y. Hsu, *Western Chou Civilization*（Yale University，1988）；T. Jacobson, *The Treasures of Darkness : A History of Mesopotamian Religion*（Yale University，1976）；N. Postgate, *The First Empires*（Elsevier，1977）；J. Hawkes and L. Woolley, "Prehistory and the Beginnings of Civilization" in *UNESCO History of Mankind*, Vol. 1（Harper & Row，1963）；M. Hammond, *The City in the Ancient World*（Harvard University，1972）；J. G. Macqueen, *The Hittites and Their Contemporaries in Asia Minor*（Thames & Hudson，1975）；B. M. Fagan, ed., *Avenues to Antiquity*（W. H. Freeman，1976）；R. F. Willetts, *The Civilization of Ancient Crete*（University of California，1977），以及有精美插图的 *The Epic of Man*（Time Incorporated，1961），and *The Dawn of Civilization*（McGraw-Hill，1961）。

关于游牧入侵者，参见 E. D. Phillips, *The Royal Hordes : Nomad Peoples of the Steppes*（Thames & Hudson，1965）；O. Lattimore, *Studies in Frontier History*（Mouton，1962），and *Inner Frontiers of China*（American Geographical Society，1940）；A. Guha, ed., *Central Asia : Movement of Peoples and Ideas from Times Prehistoric to Modern*（Harper & Row，1972）。关于当今游牧民族的概况，参见附有精美插图的 *Nomads of the World*（National Geographic Society，1971）。

[注释]

1. N. Bailkey, "Early Mesopotamian Constitutional Development", *American Historical Review*（July 1967），pp. 1, 225.

2. Adapted from J. Hawkes and L. Woolley, *UNESCO History of Mankind*, Vol. 1, *Prehistory and the Beginnings of Civilization*（Harper & Row，1963），p. 467；and V. Gordon Childe, *Man Makes Himself*（Mentor Books，1951），p. 149.

3. A. J. Wright, *Buddhism in Chinese History*（Stanford University，1959），pp. 19-20.

4. G. Soloveytchik, *Potemkin*（Butterworth，1938），p. 25.

5. W. A. Haviland, "Stature of Tikal," *American Antiquity*（July 1967），pp. 316-325.

6. *New York Times*, December 11, 1984.

7. E. A. Speiser, "The Beginnings of Civilization in Mesopotamia," *Supplement to the Journal of the American Oriental Society*（December 1939），p. 2.

> 从前，世界上发生的事件彼此毫无关联，事件的原因和结局因地区不同而各不相同。但是，从这个时候起，所有的事件开始成为一个互相联系的整体。
>
> ——波利比乌斯

第四章　开启亚欧大陆整体化的古典文明
（公元前1000—公元500年）

古典时代有一个最显著的特征，即亚欧大陆开始走向整体化。只要翻开地图，对比一下公元前1500年前后的亚欧大陆与公元200年前后的亚欧大陆，我们可以清楚地看出这种整体化的程度。在前一个时期，几乎所有的帝国都局限于河谷地区，文明之于野蛮，犹如汪洋大海中的几座孤岛。然而，到公元1世纪，罗马帝国、安息帝国、贵霜帝国和汉帝国横亘在从苏格兰高地到中国海的整个亚欧大陆。这使得各帝国之间有了一定程度的互动与交流。当然，即便是古代文明时期，也始终存在着区域性联系，游牧部落的全面入侵即是明证。但是，在古典时代，区域联系更为密切、多样和持久。不过，直到古典时代终结，亚欧大陆两端的罗马帝国和中华帝国仍未建立起直接的官方联系，彼此之间缺乏深入准确的了解。可以说，在整个古典时代，亚欧大陆的整体化自始至终停留在初始阶段。本章讲述的就是这一整体化进程初始阶段的起源、性质和意义。

一、整体化的根源

技术进步是新兴的亚欧大陆整体化的根本原因。这并不奇怪，因为自从人类历史之初，人类的活动范围就始终取决于技术水平。在食物采集阶段，狩猎群都是在猎食区范围内活动。人类掌握了农业、冶金术和造船技术之后，活动范围随之扩大，例如，萨尔贡和埃及法老们建立起大河流域帝国。到古典时代，随着技术进一步发展，农业和文明扩展到更广大的地区。亚欧大陆不仅出现了地区性帝国，而且彼此接壤。铁器的发明及其日益广泛的应用，成为推动重大技术进步的主要原因。

公元前 2 千纪中叶，冶铁术首先在小亚细亚发展起来，公元前 1200 年前后，赫梯帝国灭亡之后，冶铁术开始向外传播。我们已经指出，这项发明推动了公元前 2 千纪末的第二次蛮族入侵浪潮。不过，数百年之后，这种新金属才广泛应用于人们的日常生活。铁不仅用于制造兵器，也用于制造锄、斧、犁等农具，产生了直接而深远的经济、社会和政治影响。

铁器的广泛应用姗姗来迟：印度大约是在公元前 800 年，中欧是在公元前 750 年，中国是在公元前 600 年。在这些地区和其他地区，廉价的铁器首先被用来砍伐茂密的森林，以往农民只有石斧和木犁，奈何不了森林，有了坚固锋利的铁斧和铁犁铧之后，便可以开垦森林，农业随即由中东向东扩展到伊朗高原，向西扩展到地中海地区，接着传播到中欧和北欧。在印度，新来的雅利安人向东推进，砍伐恒河河谷的森林。与此同时，在中国，农夫的活动范围从黄河流域向南扩展到长江流域。

图 27　尼尼微出土的公元前 2300—前 2200 年的阿卡德统治者头像

农业地域的拓展，推动了文明疆界的扩大。从公元前 1000 年到公元前 500 年，文明在这 500 年间的发展要远远超过公元前 4000 年到公元前 1000 年的 3000 年。究其原因，主要是这一时期的生产力有了巨大增长，不仅开展农业的地域有了极大扩展，中欧以及恒河、长江季风盆地有利的土壤和气候，也使得新开垦土地的生产力远高于比较干旱的中东、印度河和黄河流域。

农业生产力大幅增长，意味着有足够的盈余来发展经济和建立国家。贸易也有了长足发展，尤其是已有现成交通干道的沿河地区。各种手工艺行业也日益繁荣，为新兴的农业社会和贸易提供了所需服务和产品。起初，货物和劳务交换采取以物易物方式，这给买卖双方都带来了很大的不便。于是，交换媒介开始出现，如采用定量的谷物作为交易的中间物，更常用的是小块金属。不过，为了防范有人在分量和成色上做手脚，每次交易时都要称量和查验金属块的重量和纯度。

公元前 700 年前后，小亚细亚西部的吕底亚人开始在金属块上加盖标明质量和重量的戳记。希腊城邦很快改进了这一技术，在扁平的圆形硬币的正反两面都打上戳记。金币和银币的出现，为大规模批发贸易和区际贸易的发展创造了条件。此外，随着铜币的出现，农民出售产品时无需物物交换，工匠所挣的工钱也是货币而不是粮食。最终，货币大大促进了所有的商业活动，进而推动了制造业和农业的发展，全面提升了经济效率和生产力。从此，廉价品生产者拥有了巨大的市场。小土地所有者则从自给农业转向特色农业，举例来说，在中国是种桑养蚕，在希腊是生产橄榄油和葡萄酒。

新的铁制工具能造出更大更好的船舶，人们能在海上航行到更远的地方，从而扩大贸易规模，开拓更多的殖民地。海外扩张起初受到海盗的阻碍，在当时，海盗和陆上的劫匪都被视为一种正常活动。《奥德赛》描绘了墨涅拉俄斯和奥德修斯在爱琴海上半海盗、半商业性质的远征，他们在遇到其他船只时会很自然地问对方是不是海盗。海上贸易具备巨大的经济优势，逐步向规模化方向发展。海运要比陆路运输便宜很多倍，直到中世纪发明高效的马具，以及18世纪修筑平整的公路，这一状况才有所改观。

到古典时代末期，贸易路线已遍布整个亚欧大陆（反之，公元前2千纪的蛮族入侵浪潮之后，绝大多数地区都是地方性的自给自足经济）。贸易路线不仅有穿越亚欧大陆腹地的商队贸易，还有环绕亚欧大陆的海上航线：这些航线从北海到地中海西部，从地中海西部到黎凡特，从红海到印度，再从印度到东南亚和中国，只是与中国的贸易往来没有那么频繁。海上贸易推动了殖民活动，尤其是腓尼基人和希腊人在地中海地区的殖民，以及晚些时候印度人在东南亚的殖民。

在经济发展的推动下，社会和政治领域也发生了同样重大的变化。新的商人、工匠和水手阶层兴起，不断冲击着在公元前2千纪的入侵中脱颖而出的军事贵族。金钱正在改变旧的部落社会，市场需求也逐步取代个人效忠。

经济发展使政治整合成为可能，而这种政治整合同样具有颠覆性。王国和帝国先后取代了部落酋长、议事会和人民大会，不论是意大利、印度，还是中国，莫不如此。经济发展推动政治集权的发展，也并非是一个单向的过程。反之亦然，亚欧大陆建立起新兴的区域性大帝国，维护秩序和安全，促进了陆路和海上长途贸易的发展。这些区域性帝国还修建和维护区域性公路网，为商业发展创造了便利条件。

例如，波斯帝国修建的"御道"全长2699千米，起于波斯湾北面的苏萨，向西直达底格里斯河，再穿越叙利亚和小亚细亚，抵达爱琴海沿岸的以弗所。这条大道沿途设有111个驿站，每个驿站都备有供宫廷信使换乘的马匹。商队走完全程需要90天时间，而宫廷信使只需一个星期。随着波斯帝国版图不断扩大，又修筑了几条支线，向西南通往埃及，向东南可达印度河流域。几个世纪后，罗马人也修筑了举世闻名的道路系统，这些道路十分坚固耐用，有些路段和桥梁至今仍在使用。

在亚欧大陆的另一端，中国人修建了由驿道和运河组成的发达交通网，货物可

图28 阿庇亚大道,这条被誉为"道路之冠"的道路将罗马与意大利南部连接起来,至今仍可使用。

以通过水路从如今的广州运抵长江流域,从而促进了海外贸易的发展。西北方向的驿道则与漫长的丝绸之路相连接。我们将在下一节中谈到这条穿越整个中亚、直抵中东的丝绸之路。主要驿道两旁都有植树,沿途设有驿站和客栈。中央和地方官员负责修筑和养护驿道,玩忽职守将会受到惩罚。同样,在印度,皇家大道从恒河三角洲直达西北部开伯尔山口附近的呾叉始罗,与西至中东、北抵中亚的商路相连。

在这些新发展的推动下,社会关系、政治组织乃至生产和生活方式都发生了深刻变化。这种翻天覆地的变化让人惶恐不安、备受煎熬。人们开始自我反思,提出新问题、寻求新答案。思想家们不得不重新评估既往的传统,要么抛弃这些传统,要么使之适应转型时代的要求。人们开始探究理想政府的道德基础、社会秩序的功能、宇宙和生命的起源和目的。

公元前6世纪前后,亚欧大陆各地都在提出和探讨这样的问题。为了解答这些问题,发展出古典时代博大精深的哲学、宗教和社会思想体系。这些体系的代言人——中国的孔子、印度的佛陀、波斯的琐罗亚斯德、希腊的理性主义哲学家——都生活在同一个时代,这绝非出于巧合。这些地区都遭逢巨变,面临相同的挑战,却做出了大相径庭的回答,亚欧大陆文明从此走上了截然不同的发展道路。事实上,正是在这一时期,这些文明孕育出各具特色的哲学观念和社会制度,形成了不同的文明特质，并且历经时间的洗礼，一直传承到今天。

在接下来的章节里，我们将逐一考察这些古典文明的不同观念和制度。我们先来看一看这些文明之间的相互联系。当时，亚欧大陆上的人们对于这种相互联系有很清晰的认识。他们不仅清楚地意识到历史舞台越来越大，生活越来越复杂，而且感受到境内外许多新势力的冲击。希腊历史学家波利比乌斯在开始讲述公元前220年到公元前145年间的历史事件时表示："在这段时期内，历史变成了一个有机的整体。意大利和利比亚的事件同希腊和亚洲的事件相勾连，所有的事件都通往一个单一的结果。"

这个新的"有机整体"有两个方面尤为突出，即便是在当时，人们也对此有清晰的认识，这就是区际贸易纽带和文化纽带。

二、贸易纽带

有形的区际纽带主要是商业纽带，虽然并非全然如此。在这个时代，不同地区之间不仅有商品的流通，还有人员的流动，从而带来了技术技能和植物的传播。我们可以从下面的事实中看出这种交流的范围有多么广泛：最早在印度驯化的棉花、甘蔗和鸡，都在这一时期传入中国和亚欧大陆西部。同样，在这数百年间，葡萄树、苜蓿、香葱、黄瓜、无花果、芝麻、石榴、胡桃传入中国。反过来，中国的柑橘、桃、梨、牡丹、杜鹃花、山茶花和菊花输出到亚欧大陆其他地区。技术领域也出现了相互交流，水磨的传播就是一个例证。在西亚发现的最早的水磨属于本都国王米特里达梯，大约建造于公元前65年的黑海南岸。不久，中国也造出了第一台水磨，时间大约在公元前30年。时间间隔如此之近，排除了两地之间相互传播的可能性，强烈暗示有某个未知的中间源同时向两地输出了这项重大发明。在古典时代的数百年间，地方贸易和长途贸易全面发展，成为亚欧大陆各地区相互交往的源头。

当时主要有两条贸易路线，穿越亚欧大陆中部的陆路贸易以及沿着亚欧大陆海岸线航行的海上贸易。这两条总体贸易路线既非相互排斥，亦非彼此独立。大部分货物的运输兼有海陆两种方式，埃及与印度之间的贸易通常取道海路，印度与中国之间的贸易则经由几条陆上贸易线。此外，陆路与海路相互竞争；如果某条路线费用太高，或是安全没有保障，人们通常会改走其他线路。

海上贸易古已有之。在古代文明时期，埃及商人冒险从红海航行到东非，沿着黎凡特海岸航行到黎巴嫩。同样，苏美尔商人沿着波斯湾海岸航行到阿拉伯半岛沿岸地区，印度河流域的商人则向西航行，与苏美尔商人会合，会合地点可能是波

图29 公元前5世纪（公元前440—前430年）的雅典银币，面值为4德拉克马。银币正面（左图）是雅典娜女神侧面像，背面（右图）是智慧的象征猫头鹰。银币所用白银主要产自阿提卡南部修尼阿姆的国有银矿。

斯湾的巴林岛。不过，比起克里特岛的米诺斯人，这些早期航海者未免相形见绌。米诺斯人是出色的海上贸易商，往来穿梭于地中海各地，成为这个内海无人能及的海上民族。

亚该亚人和多里安人入侵之后，这种跨地区贸易日渐凋零，地中海东部地区倒退到农耕社会和闭塞状态。腓尼基人率先重启了克里特人的商业活动。这个闪米特语系的民族生活在狭窄的东地中海沿海平原，他们很快发展起繁荣的贸易。他们主要是充当中间商，经营范围包括东方商队带来的没药、香料和美索不达米亚的工艺品，从海外地区输入各种金属、兽皮、谷物、橄榄油和奴隶。腓尼基人制作精美家具、珠宝、金属器皿，尤其是纺织品，这些织物所用羊毛产自腓尼基人自养的羊，并用久负盛名的紫红色染料染色，这种染料是用沿海地区的贝类提炼的。

随着这种居间贸易的发展，腓尼基人发明了一种设有多排桨位的大船。这种船速度快，适合长途航行，腓尼基人得以向西航行到更远的地方。公元前11世纪，腓尼基人开始扩散到整个爱琴海地区，公元前9世纪末，腓尼基人进入西地中海，先后在非洲西北部沿海、西班牙南部海岸以及西西里岛、马耳他岛和巴利阿里群岛建立起商栈和殖民地。腓尼基人甚至冒险穿越直布罗陀海峡，远航到如今英国的康沃尔，购买那里出产的昂贵的锡。

从公元前11世纪前后，到公元前8世纪末，腓尼基水手和商人控制了地中海地区的大部分海上贸易。此后，同样是在人口压力的推动下，希腊人开始以竞争者的姿态登上舞台。希腊人先是设立商栈，随后在适宜耕种的地方建立农业定居点。这些居留地完全独立于母邦，但殖民者依然沿用母邦的制度和宗教习俗。因此，希腊人殖民活动建立起来的是许多独立城邦，而不是一个中央控制的帝国。

西西里和意大利南部是希腊人移民的主要地区，希腊人建立起众多殖民地，乃至这个地区被称为"大希腊"。在大陆上，希腊人向北推进到那不勒斯，与来自小亚细亚的移民伊特鲁里亚人建立起联系。在西地中海地区，希腊人在西班牙东北部和法国南部牢牢站稳了脚跟，那里最大的希腊殖民地是马西利亚（马赛）。最后，希腊人在黑海地区找到了一块自由的土地，当地寒冷多雾的气候几乎让他们打退堂鼓，但他们出于经济上的考虑，最终还是大批移居此地。黑海有丰富的金枪鱼资源，当地的西徐亚人（生活在当今俄国南部地区）用各种原料来交换希腊制造的商品。公元前5世纪，繁荣的希腊商栈和居留地已遍布整个黑海盆地。

希腊人开启海上繁荣之际，波斯人正着手建立一个帝国，最终，波斯帝国的版图从尼罗河流域一直延伸到印度河流域。虽然波斯人是山地民族，对海事所知甚少，但为了加强帝国东西部行省之间的相互交往，波斯人力图开辟新的海上航线。为此，波斯人起用治下臣民中有经验的航海家腓尼基人和小亚细亚希腊人。公元前510年前后，波斯人派遣希腊水手西拉克斯率领探险队，从印度河航行到红海入口处的阿尔西诺。波斯人还计划开凿从尼罗河到红海的运河，似乎还为这一计划做了大量准备。波斯帝国的贸易蓬勃发展，贸易规模和地域都远远超过了以往的水平。希腊、腓尼基、阿拉伯和印度的水手们穿梭往返于印度、波斯湾、埃及以及地中海的众多港口。

亚历山大帝国的创立者亚历山大大帝及其继任者继续了波斯人的事业，他们派出了更多探险队，从而掌握了更丰富的地理知识。他们还在红海沿岸修建了一连串港口，货物运抵这些港口后，改由陆路运到尼罗河，再重新装船，顺流而下运到亚历山大港。这一时期的印度洋贸易分两步进行。印度和阿拉伯商人从印度港口出发，沿海岸线向西航行到阿拉伯半岛，再沿半岛绕行至目的地亚丁和穆哈，与那里的希腊和埃及商人交易，后者用所带的货物交换东方商品，再将东方商品经由红海沿岸港口运往亚历山大港。

这还只是新一轮东西方贸易大发展的序幕。这一轮大发展兴起于基督纪元前不久，持续了大约两个世纪。贸易发展的一个原因是中国在中亚的影响力不断增强。中国人打通了陆路贸易路线，还提供了区际贸易最重要的商品：丝绸。我们将在考察陆路贸易时具体分析中国所起到的实际作用。强盛的罗马帝国是贸易繁荣的另一个重要原因，罗马帝国统治了整个地中海盆地以及欧洲中部和西北部大部分地区，建立起"罗马统治下的和平"，帝国当局不仅彻底剿灭了一直阻碍贸易发展的劫匪和海盗，而且几乎废除了所有的苛捐杂税。帝国的富庶也带动了贸易发展，尤其是富有的罗马统治阶层热衷于购置异国情调的舶来品。

罗马人与所有周边地区都有非常频繁的贸易往来，包括北面的斯堪的纳维亚、莱茵河对岸的日耳曼尼亚、多瑙河对岸的达契亚以及撒哈拉沙漠以南非洲。罗马帝国对亚欧大陆产生了广泛影响，其中最重要的是与东方的商业往来。东西方贸易的大发展始于公元前1世纪，当时，希腊水手发现，乘着季风可以缩短印度洋航行的往返时间（这很可能是一次重新发现，因为在希腊人之前，阿拉伯水手似乎就已经知道了季风现象。"季风"一词就是源于阿拉伯语的"Mauzim"，意思是"季节"）。每年10月到来年4月，东北季风（冬季风）从印度吹向东非；6月到9月的西南季风（夏季风）的风向正好相反。以往，商船只能沿海岸走一条弧形航线，耗时长，航程远；如果利用季风顺风航行，船只可以直接横渡大洋。从此，商人从罗马到印度只需16个星期，其中还包括走陆路穿过埃及的时间。

"罗马"商人大多是希腊人和叙利亚人，他们长途跋涉，往返于印度洋沿岸各地，我们从印度文献资料中得知，他们当中有少数人还在印度城市定居下来。他们携带的货物有玻璃、铜、锡、亚麻布、羊毛织品，最重要的是金币。反之，罗马人需要的是胡椒和其他香料、棉纺织品、宝石以及最重要的中国丝绸，丝绸是由陆上丝绸之路运抵印度各港口。有些更有冒险精神的"罗马"商人一路向东，走出印度。2世纪和3世纪，他们到达缅甸、马来亚、苏门答腊，再经马六甲海峡抵达卡提喀拉（河内），最终打通了与中国的直接联系。

陆路贸易的兴衰在很大程度上取决于沿途的社会秩序和治安状况。如果官方当局牢牢控制了商路沿线大部分地区，贸易就能兴盛；反之，如果各地陷入混乱无序，贸易就会衰落。这一时期的贸易发展趋势清楚表明了这一点。总体上看，贸易规模呈现出明显的上升趋势，这是技术进步、文明发展和帝国扩张使然。不过，虽然贸易整体上呈上升趋势，政治局势的变化也造成了贸易的起伏波动。例如，在亚欧大陆西部的西徐亚帝国、亚欧大陆东部的中华帝国以及囊括亚欧大陆大部分地区的蒙古帝国，数百年间始终有安全的贸易路线和繁荣的商业。

图30 公元1世纪的罗马货币。

举例来说，西徐亚人与黑海北岸的希腊城邦有活跃的贸易往来。西徐亚人用奴隶、牛、兽皮、毛皮、鱼、木材、蜂蜡和蜂蜜，交换希腊人的纺织品、葡萄酒、橄榄油和各种奢侈品。同样，中国人沿着著名的丝绸之路往来贸易，这条商路从中国西北出发，横穿中亚，直抵黑海和黎凡特港口。中国的主要出口商品是丝绸，此外还有肉桂、大黄和上等铁器。反过来，中国获得了中亚的毛皮、毛织品、玉石和牲畜，波罗的海的琥珀，罗马行省的玻璃、珊瑚、珍珠、亚麻布、羊毛织品以及最重要的黄金。

2世纪后，罗马帝国和中华帝国逐渐陷入内战和动乱之中，繁荣的陆路贸易日渐凋敝。7世纪，陆路贸易再遭沉重打击，阿拉伯穆斯林征服了整个中东地区，随后又推进到中亚。751年，阿拉伯人在怛罗斯战役中打败了唐朝军队，整个中亚都皈依了伊斯兰教。庞大的穆斯林帝国不但没有成为中国与西方、中国与印度之间的桥梁，反而成为一道难以逾越的屏障。最终，陆路贸易线被彻底切断，贸易转移到周边的海洋，阿拉伯水手和商人一跃成为主角。直到13世纪，蒙古人征服了从太平洋到波罗的海和黑海的整个亚欧大陆，陆路商贸才得以重启，为中世纪的马可·波罗和其他商人铺平了道路。

我们的上述考察表明，虽然贸易起伏不定，但一个基本事实是不容置疑的，即古典时代的贸易规模和地域远胜之前的古代时期。古典时代的贸易超越了单一区域的范畴，不再局限于地中海、阿拉伯海或者亚欧大草原一隅，而是发展成区际贸易，商品沿海陆两路从亚欧大陆一端运送到另一端。

三、文化纽带

贸易纽带与文化纽带既相互联系，也相互依存。希腊商人跟随亚历山大的军队，将希腊文化传播到整个东方。无独有偶，佛教也是沿着举世闻名的丝绸之路，从印度传播到中国。不过，文化传播也有其自身的内在动力，绝非完全依靠商人和商路。除了中国之外，整个古典世界的文化发展都源于一个根本性因素，即公元前2千纪末发明了简便的拼音文字。在此之前，只有极少数职业书吏能够阅读和书写美索不达米亚的楔形文字和埃及的象形文字。西奈半岛的闪米特商人发明了最早的字母系统，他们用自己熟悉的一些埃及字符来表示辅音。不过，他们也用许多其他符号来标示单词和音节，所以未能发展出严格意义上的音标字母。公元前13世纪，腓尼基人发明了22个符号的字母系统，每个音符对应一个辅音，从而完成了从象形文字到字母文字的转变。希腊人改进了这一字母系统，加入了元音字母。经过改进后的希腊字母由罗马人向西传播、拜占庭人向东传播。

图31 阿提密西安出土的青铜跨步神像，制作于公元前460年前后。它出土于希腊埃维尼岛北端阿提密西安附近的海中，现藏于雅典考古博物馆。目前尚不清楚雕像究竟是哪位神祇。有人认为是手持三叉戟的波塞冬，还有人认为是正在释放雷电的宙斯。不论孰对孰错，它都是古典时代早期希腊雕塑艺术的杰出代表。

字母文字的发明意义重大，从此，知识传播的范围远远超出了以往时代祭司和书吏的小圈子。埃及和美索不达米亚的书吏显然是刻意回避使用这种新的书写方式，他们的传统文字几乎一直沿用到基督纪元。遥远的中国也依然使用兼具表音和象形的文字系统，其间历经数次改进，一直沿用至今。但是，亚欧大陆其他地方都采用字母文字，只是稍作调整，以适合各种不同的语言。无论在何处，字母文字都在一定程度上缩小了文明诞生后形成的城市统治集团与农民大众之间的隔阂，虽然这种隔阂并未彻底消除。简化的字母系统挑战了通常致力于维护现状的特权知识精英对知识的垄断，从而掀起了一场浪潮。这场浪潮不仅影响到政治领域，而且波及文化领域。著名印度政治家和历史学家贾瓦哈拉尔·尼赫鲁指明了这场运动的意义，在《世界历史管窥》（他写给十几岁的女儿英吉拉·甘地的一系列书信汇编而成）一书中，尼赫鲁写道：

> 当时一定出现了一场席卷全球的思想浪潮，这是一场不满于现状、对更美好事物充满了希望和渴求的浪潮。伟大的宗教奠基者总是在寻求更美好的事物，竭力改变人民的生活现状，使他们进步并减轻他们的苦难……[1]

在数百年的古典时代,所有的亚欧大陆文明都呈现出一种清晰可见的总体文化模式,即地方文化土崩瓦解,被整合为具有独特语言、宗教和社会制度的新型区域文明。对于这些文明而言,有形商品的交换要比不同文化间的交流容易得多。纺织品、香料和奢侈品四海皆宜、人人向往;反之,一旦离开其发源地,祖先崇拜、种姓制度和城邦就成为不合时宜乃至匪夷所思的东西。因此,在这一文明重组时期,区际商业纽带通常比文化纽带更广泛、更有力。

不过,文化纽带也有新的发展,其中一些发展具有重大的历史意义。最突出的例证是希腊文化从希腊世界向东传播到东方,向西传播到欧洲。此外,古典时代末期,兴起了影响至为深远的普世宗教,尤其是基督教和佛教,它们不是面向任何单一的人群,而是要求全人类的皈依。

先来看一看希腊文化。"Hellenism"(希腊文化)一词源自希腊语"Hellas"(希腊)。著名的亚历山大东征深入到中亚和印度河流域,将希腊文化传播到整个中东地区。我们将在下一章中看到,亚历山大帝国犹如昙花一现,仅在亚历山大在世时维持了数年时间。公元前323年,亚历山大去世,帝国旋即被他手下的将领瓜分,之后又被西方的罗马人和东方的帕提亚人瓜分。公元前4世纪到公元前3世纪,希腊的军事优势为成千上万希腊商人、行政官员和各类专业人员铺平了道路,他们大批涌向亚历山大及其继承人建立的众多城市(它们往往是用这位大军事家的名字命名)。不论是最早也是最著名的埃及亚历山大港,还是最东面的亚历山大城、阿富汗的埃斯哈达(苦盏),都成为传播希腊文化的中心。

尽管这些城市的大多数居民通常不是希腊人,但有代表性的城市基本上都希腊化了,它们都有选举产生的执政官、议事会和公民大会。整个中东地区广泛使用一种新的希腊语言,即希腊共同语。许多希腊移民与当地妇女通婚。亚历山大就带头娶了波斯贵族女子为妻,他还安排远征印度归来的3000名士兵和波斯妇女举行了大规模集体婚礼。他不仅招募波斯士兵入伍,还穿戴波斯国王的服饰和头巾,采用波斯宫廷礼仪。

虽然希腊文化的传播令人赞叹,却并未给中东留下永久的印记。根本原因在于,希腊文化的影响仅限于希腊移民居住的城市和希腊人王朝的宫廷所在地。虽然有些当地人也受到希腊文化的影响,但几乎仅限于少数上层阶级。在广大乡村地区乃至许多城市,大多数人仍然说当地的语言,崇拜当地的神祇。因此,希腊文化并没有真正扎下根来,无法在移植的地方长期存续。到中世纪,外来的穆斯林征服者轻而易举地征服了这些希腊文化孤岛,时至今日,希腊语和希腊文化的地盘仅剩下巴尔干半岛南端的希腊本土。

在西地中海地区,希腊文化用了更长时间才扎下根来,因为当地原住民尚未形成富庶和复杂的文明。不过,也正是由于这个缘故,希腊文化较少受到本土文化的竞争,从而对当地产生了更持久的影响。

早在公元前6世纪,罗马人已经受到意大利南部希腊殖民地的影响。但直到公元前3世纪后,罗马人征服了希腊文化中心巴尔干半岛和黎凡特,才感受到希腊文化的全部力量。罗马士兵和军官直接接触到受过良好教育的希腊统治者和行政官员,他们带回罗马的人质和奴隶中有许多各具专长的希腊人,从道德哲学家到杂技演员,从善颂的诗人到厨艺大师。罗马上层阶级领略到希腊臣民的见多识广、温文尔雅和侃侃而谈,让他们的精神层次提升到一个新的境界。

希腊人给罗马上层家庭当私人教师,讲授希腊语言、修辞学、哲学和文学。公元前1世纪,罗马已经流行让年轻人到雅典或罗兹岛的学园求学。在文学领域,罗马人起初只是翻译或模仿希腊作品,之后逐步转向罗马生活的主题。

希腊文化对罗马城和帝国其他城市的建筑风貌也产生了显著影响。罗马人广泛采用了多立克柱式、爱奥尼亚柱式和科林斯柱式等三种希腊建筑形式,不过,罗马的建筑往往规模更大、装饰更华丽。像中东地区一样,在希腊艺术和建筑的影响下,意大利城镇和城市开始形成统一的建筑风格。事实上,罗马人对人类文明的一

图32 爱奥尼亚风格的希腊伊瑞克提翁神庙。

大贡献就在于借鉴和改造了希腊文化,随后传播给从未直接接触过希腊文化的各个民族:高卢人、日耳曼人、不列颠人和伊比利亚人。

与希腊文化相比,基督教和大乘佛教这两大普世宗教的影响要持久得多。古典时代晚期,这两大宗教开始从发源地中东和印度向外传播。在接下来的几个世纪里,基督教赢得了整个欧洲,佛教传播到亚洲大部分地区。这两种宗教的成功源于它们所具备的一些共同特征。首先是注重救赎,承诺来世的永恒幸福。其次是平等主义,向所有愿意皈依的人敞开大门,不论男女、贫富、自由人还是奴隶,全都一视同仁。最后是重视道德规范,只有恪守这些道德规范,才能获得救赎。这种道德要求和高效的教会组织使这两大宗教对信徒的日常生活产生了重大影响。

到古典时代的后几个世纪,这两大宗教尤其让人心向往之。在这几个世纪里,普遍出现了社会动荡和道德沦丧,大城市的情况尤其严重,许多城市居民感到失去寄托,精神上漂泊无依。基督教和大乘佛教为这些人提供了慰藉、安全感和指引。当彼拉多表达出时代的绝望情绪,询问"真理是什么"时,宗教给予了回答。最早皈依基督教的都是地位卑微、无依无靠之人,这绝非偶然。同样,在汉朝覆灭后的乱世,大乘佛教在中国迅猛发展,因为人世间有太多问题找不到答案。

图33 斋戒的佛陀。在修炼到"中道"之前,佛陀已经进行了6年的苦修。按照古典文献的记载,佛陀"身体羸瘦,如阿斯树;肉尽肋现,如坏屋椽;脊骨连露,如筇竹节;眼目欠陷,如井底星;头顶销枯,如暴干瓠。"公元前4世纪至公元前2世纪的犍陀罗(今巴基斯坦境内)佛陀雕像,反映出希腊文化对于早期佛教雕塑的影响。

事实上，这两种宗教之所以具备这些令人向往的特质，完全是为了顺应时代的需要。作为基督教和大乘佛教源头的犹太教和原始佛教都没有这样的特质。

犹太教是犹太人的地方性宗教。公元前12世纪前后，犹太人奉耶和华为民族之神。"我是耶和华你的神……除了我以外，你不可有别的神。"这是耶和华借由摩西颁布的《十诫》中的第一诫，它本意不是说耶和华是世界上唯一的神，而是说他是以色列人唯一的神。此外，这一时期的犹太教与其说是神秘主义和注重来世的信仰，不如说更注重社会和伦理。用一位犹太先知的话来说，耶和华并不在意仪式和献祭，他关心的是人们应当"寻求公平，解救受欺压的，给孤儿伸冤，为寡妇辩屈"。

但是，公元前6世纪开始，在波斯人和其他统治者的宗教信仰影响下，犹太人的宗教观念发生了改变。许多犹太人生活在巴勒斯坦以外的地方，他们受到希腊文化的熏陶，尝试用希腊哲学术语来诠释犹太教。因此，犹太人逐渐接受了来世观念：服从上帝旨意，就可升入天堂，获得永恒幸福，反之则将堕入地狱，遭受永久惩罚。

基督教诞生之初，并未直接面向广泛的各色人群；在耶稣生前和受难后不久，基督教还完全是一个犹太人的教派。但是，保罗把基督教改造成一种普世宗教。保罗是一位来自小亚细亚塔尔苏斯城的希腊化犹太人，他大胆地否认耶稣只是犹太人

图34 罗马帝国晚期的象牙雕版，描绘了耶稣受难的场景，耶稣正扛着十字架走向刑场。

的救世主。相反，他宣称，慈爱的天父差遣自己的独子耶稣来到人间，为的是救赎全体人类的罪愆。从此，基督教不再是一个犹太教派，而是成为一种同时面向犹太人和异教徒的新宗教。正是由于保罗的贡献，基督教从此不仅能吸引犹太人，而且能吸引罗马帝国成千上万的异教徒。

虽然这个新兴宗教持续遭到罗马官方的迫害，却依然发展壮大起来。最终，313年，罗马皇帝君士坦丁颁布《米兰敕令》，承认了基督教的合法地位；399年，基督教正式成为罗马帝国的国教。罗马帝国灭亡后，600年到800年间，基督教传教士把基督教传给英格兰人和日耳曼人；800年到1100年间，传给斯堪的纳维亚人和斯拉夫人。此后，随着欧洲的扩张，传教士和移民又把基督教传播到世界各地。

佛教有着类似于基督教的发展历程。我们将在第六章中看到，佛教也是起源于印度人反抗种姓制度的不公和婆罗门祭司阶层的压迫。佛教创始人乔达摩·悉达多（约公元前563—前483年）出身于贵族阶层，耳闻目睹的人间苦难让他痛苦不堪，于是，他舍弃家庭和优裕生活，成为四处云游的苦行者。他最终顿悟，修成正道，从此被称为"佛陀"，意思是"觉悟者"。

佛教的核心是四种真谛：（1）人生的本质是苦；（2）苦的根源在于欲望；（3）只有消除欲望，才能消灭苦因，断绝苦果；（4）消除欲望的唯一途径是"八正道"，即正见、正志、正语、正业、正命、正精进、正念、正定。修行的终极目标是涅槃，意思是"空""灭"。

佛陀本人并没有打算创立一种新的宗教，佛陀去世后，弟子们宣讲他的教义，还建立了一些逐渐对佛教产生支配性影响的僧团。这些僧团的理想是通过身心的苦修，最终达到神秘的涅槃境界。僧侣们为此感到满足，但这种做法却忽略了俗人的日常生活需要。随后，"摩诃衍那"（大乘佛教）逐渐发展起来，它与"希那衍那"（小乘佛教）截然不同，强调以无量慈悲普渡众生。大乘佛教不仅吸收了皈依大乘者的宗教观念，还吸收了佛教诞生之前的印度思想。大乘佛教还稍微改变了原先偏重默祷的做法，采用更容易领会和奉行的戒律。信徒凭借信仰即可获得拯救，哪怕是不假思索的信仰行动，如念诵佛陀之名。涅槃的含义也改变了，至少在不那么见多识广的信徒看来，它转而指来世的天堂，只要乐善好施，就有可能死后升入天堂。

大乘佛教和小乘佛教都传播到印度之外的地方，大乘佛教不再强调修道、苦行和默祷，而是注重施舍、虔诚和救赎，在其他民族眼中显然比小乘佛教更为合意。公元前3世纪，佛教首先传播到锡兰和印度西北部边境地区。公元前1世纪，佛教传入中亚和中国，佛教的传播先是通过商人，接着是印度传教士，最得力的则是皈依佛教的中国人，这些中国佛教徒前往印度研修佛学，回国后说服同胞信奉佛教。他们的事业极为成功，据说，4世纪末，中国西北部90%的居民都信奉佛教，到6世

图 35 印度桑吉佛塔，建于公元前 3—前 1 世纪，是世界上现存最古老的佛教遗迹。

纪，中国南方居民也开始信奉佛教。佛教从中国进一步向外传播：4 世纪传入朝鲜，6 世纪传入日本。在此期间，大乘佛教和小乘佛教还同时渗透到东南亚。这种状况可谓空前绝后，更确切地说，这从一个侧面反映了几个世纪以来这个地区出现了印度化。

佛教广泛传播之后，在许多国家相继衰落了。在中国，700 年前后，佛教臻于极盛，此后由于内部腐败和政府打压，佛教由盛转衰。佛教寺院拥有大量土地和财富，大批僧侣免除赋役，引起了官方的不满和嫉恨，最终招致了迫害。据官方记载，841—855 年间，共拆除寺院 4600 余所、民间寺庙 4 万余所，还俗僧尼 26 万余人，这些人和 15 万寺院奴隶一起，重新成为纳税户。经此打击，佛教一蹶不振，此后仅是儒、释、道三教之一。在印度，佛教最终让位于复兴的印度教，如今，在佛教发源地已几乎没有佛教徒。不过，在锡兰和东南亚许多地方，小乘佛教至今长盛不衰。

尽管佛教已经过了鼎盛时期，但直到古典时代末期和中世纪初期，佛教始终是亚洲占主导地位的宗教。除西伯利亚和中东之外，佛教盛行于整个亚洲大陆，使亚洲广大地区的文化整体化达到空前绝后的程度。像同一时期欧洲的基督教一样，佛教在亚洲成为一股强大的文明力量。对于许多民族而言，佛教带来的不仅仅是宗教信仰和伦理规范，还有文字系统、建筑式样以及辉煌的印度文明和中国文明所特有的其他元素，传教士在传播佛教的同时，还将这些文明元素传播到亚洲大陆的四面八方。同样，在亚欧大陆的另一端，基督教传教士不仅将基督的教义，还将罗马文明和君士坦丁堡文明带给了野蛮的日耳曼人和斯拉夫人。这种强有力的"文化纽带"的影响和历史意义就在于将亚欧大陆各民族联系起来。

佛教在印度和中国

亚欧大陆的整体化始于古典时代，贸易和文化都起到了纽带作用。佛教在文化交流中发挥了重要作用。中国高僧玄奘的经历足以证明这一点。629—645年，玄奘造访了印度的许多寺庙。在那烂陀寺，玄奘告知寺中僧众，自己打算返回中国，僧人们的反应很能说明问题。*

那烂陀寺的僧人听说玄奘要走，纷纷劝说他留下来："印度者，佛生之处。大圣虽迁，遗踪具在，巡游礼赞，足豫平生，何为至斯而更舍也？又支那国者，蔑戾车地，轻人贱法，诸佛所以不生，志狭垢深，圣贤由兹弗往，气寒土险，亦焉足念哉！"

["印度是佛陀降生之地，虽然佛已入灭，但圣迹还在，理应留此参访礼拜，才不虚度这一生啊！怎么想着要回去呢？何况唐国属于蛮荒边地，那里的人不敬三宝，所以三世诸佛都不选择在那里降生，那里的人志向短小，烦恼深重，所以圣贤人物都不愿意前往。而且那里气候寒冷，地理环境恶劣，又有什么值得留念的呢？"]

法师（玄奘）回答说："法王立教，义尚流通，岂有自得沾心而遗未悟。且彼国衣冠济济，法度可遵，君圣臣忠，父慈子孝，贵仁贵义，尚齿尚贤。加以识洞幽微，智与神契。体天作则，七曜无以隐其文；设器分时，六律不能韬其管……岂得称佛不往，遂可轻哉！"

["世尊法王既立下教法，我们便应好好地弘扬，以报答佛陀的恩德，怎么可以自悟自了，而不管未曾领悟的众生呢？何况，大唐国素来是礼仪之邦，一切皆有法度可循，君圣臣忠，父慈子孝，崇仁重义，尊长敬德。加之国人洞察事物的幽深微妙，智慧足以体悟天道。他们依据天命制定的法则，比天上的七星还要耀眼；设立的礼乐，连人世的六律也不能囊括。……岂能说诸佛不往，就予以轻视？"]

* J. Needham, *Science and Civilization in China*（Cambridge University，1954），Volume I, pp. 209-210.

在古代文明的数千年间，中东始终是创造力的中心。古代文明时期，中东为全人类做出了最卓越的贡献，发明了农业、冶金术、城市生活方式和帝国组织。到古典时代，中东全面丧失了优势，只有一个领域除外，那就是宗教。犹太教和琐罗亚斯德教都发源于中东。在波斯帝国的鼎盛时期，琐罗亚斯德教对中东产生了重大影响，如今只有少数印度拜火教信徒还信奉这一宗教。

然而，到古典时代，除了这些宗教及相关教派外，中东已不再是创新的主要源泉。古典时代时涌现出来并且大多延续至今的新思想和新制度，都是出自亚欧大陆的边缘地区。有鉴于此，在接下来的三章，我们将分别讲述这些地区的文明：希腊－罗马文明、印度文明和中国文明。在考察这些文明之前，我们有必要指出，亚欧大陆的主要宗教至今仍在发挥着影响。例如，对于20世纪和21世纪的人们来说，这些宗教关于战争与和平的教诲依然发人深省。孔子教导说："四海之内皆兄弟。"《圣经·旧约》中的先知弥迦也有同样的远见卓识，弥迦所倡导的"铸剑为犁"如今已成为联合国的座右铭："他们要将刀打成犁头，把枪打成镰刀。这国不举刀攻击那国，他们也不再学习战事。"1986年10月27日，各大宗教的代表聚集一堂，参加了教皇约翰·保罗二世主持的"世界和平祈祷日"，向全世界宣告了他们的共同关切。下面节录的不仅有各大宗教的祷词，也有其他信仰的和平祷词：[2]

佛教

愿代众生，受无量苦；令诸众生，毕竟大乐。

基督教

只是我告诉你们这听道的人，你们的仇敌，要爱他；恨你们的，要待他好；咒诅你们的，要为他祝福；凌辱你们的，要为他祷告。有人打你这边的脸，连那边的脸也由他打。有人夺你的外衣，连里衣也由他拿去。凡求你的，就给他。有人夺你的东西去，不用再要回来。你们愿意人怎样待你们，你们也要怎样待人。

犹太教

我们在天上的父，和平的主，必慈爱和怜悯我们，及于世上所有祈求慈爱和怜悯，祈求和平、寻求和平的民族。

非洲万物有灵论

全能的神啊，你是打绳结时少不了的大拇指，劈开大树的雷电，从高天也能看清地上羚羊脚印的天眼神。你是有求必应的神。你是和平的基石。

美洲印第安人

抽烟斗的时候，我让家人和我一起抽，还有你，我的朋友，和我一起为今天祈祷，为世界和平祈祷。我祈祷，人人都为我们的家庭、我们的部落和我们的国家的和平祈祷和工作。我为大地上的所有兄弟姐妹祈祷。

[推荐读物]

有关亚欧大陆区际联系的一部力作是G. F. Hudson, *Europe & China: A Survey of Their Relations from the Earliest Times to 1800* (Edward Arnold, 1931)。另可参阅李约瑟的多卷本著作, *Science and Civilization in China* (Cambridge University, 1954),该书第一卷宏观考察了中国与亚欧大陆其他地区的交流,包括对文化传播的理论分析。关于亚欧大陆贸易纽带的相关问题,参阅A. Toussaint, *History of the Indian Ocean* (University of Chicago, 1966); S. Chandra, ed., *The Indian Ocean: Explorations in History, Commerce, and Politics* (Sage, 1987); D. Harden, *The Phoenicians* (Praeger, 1962); E. H. Warmington, *The Commerce Between the Roman Empire and India* (Cambridge University, 1928); Ying-shih Yu, *Trade and Expansion in Han China* (University of California, 1967); J. I. Miller, *The Spice Trade of the Roman Empire, 29 B. C.-A. D. 641* (Oxford University, 1969); C. G. F. Simkin, *The Traditional Trade of Asia* (Oxford University, 1969); P. D. Curtin, *Cross Cultural Trade in World History* (Cambridge University, 1984)。

关于亚欧大陆的文化纽带,参阅H. G. Rawlinson, *Intercourse Between India and the Western World* (Cambridge University, 1916); E. Zürcher, *Buddhism: Its Origin and Spread* (St. Martin's, 1962); R. MacMullen, *Christianizing the Roman Empire, A. D. 100-400* (Yale University, 1984); J. Pelikan, *Jesus through the Centuries* (Yale University, 1985)。

[注释]

1. Jawaharlal Nehru, *Glimpses of World History* (Oxford University, 1982), p. 35.
2. *New York Times*, October 28, 1986.

> 雅典的学生已成为其他地方人的老师,雅典让"希腊人"
> 这个名词不再指一个民族,而是指一种精神面貌。
>
> ——伊索克拉底

第五章　希腊-罗马文明

我们接下来逐一探讨希腊-罗马文明、印度文明、中华文明等三个古典文明。之所以本章的篇幅最长,乃是因为希腊文明和罗马文明是两个彼此相关但又截然不同的文明。这一时期西方的历史发展与印度和中国的单一文明有着天壤之别。这三个文明都是从一个文明发祥地传播到整个周边地区,即从希腊半岛传播到西地中海,从印度河流域传播到印度南部,从黄河流域传播到中国南部。我们已经在第三章中指出,铁制工具使文明的传播成为可能,它推动了农业扩展到森林地区,商业和殖民地扩展到新的沿海地区。但是,在古典时代,文明传播不再有划一的模式。在印度和中国,新兴文明地区通常依然从属于早先的文明中心,而在西方,罗马不仅凭借军事优势征服了巴尔干半岛的希腊本土,还征服了古代中东的西部地区:小亚细亚、巴勒斯坦、叙利亚和埃及。在此过程中,罗马开启了西方历史的新阶段,并开创了一种新的、虽然与希腊文明相关的西方文明。本章的主题就是讲述希腊和罗马这对姊妹文明的历史和特质。

一、希腊古风时代(公元前800—前500年)

公元前12世纪,多里安人的入侵标志着希腊进入"黑暗时代"(见第三章第五节)。这一时期希腊的特征是部落、贵族和农业,地域则仅限于爱琴海盆地。到公元前6世纪末,希腊发生了翻天覆地的变化。部落让位于城邦,贵族阶层受到其他社会阶层的挑战,工商业开始发挥举足轻重的作用,希腊殖民地遍布整个地中海沿岸。这些变革让古风时代的希腊世界焕然一新,为古典时代的到来铺平了道路(见地图7)。

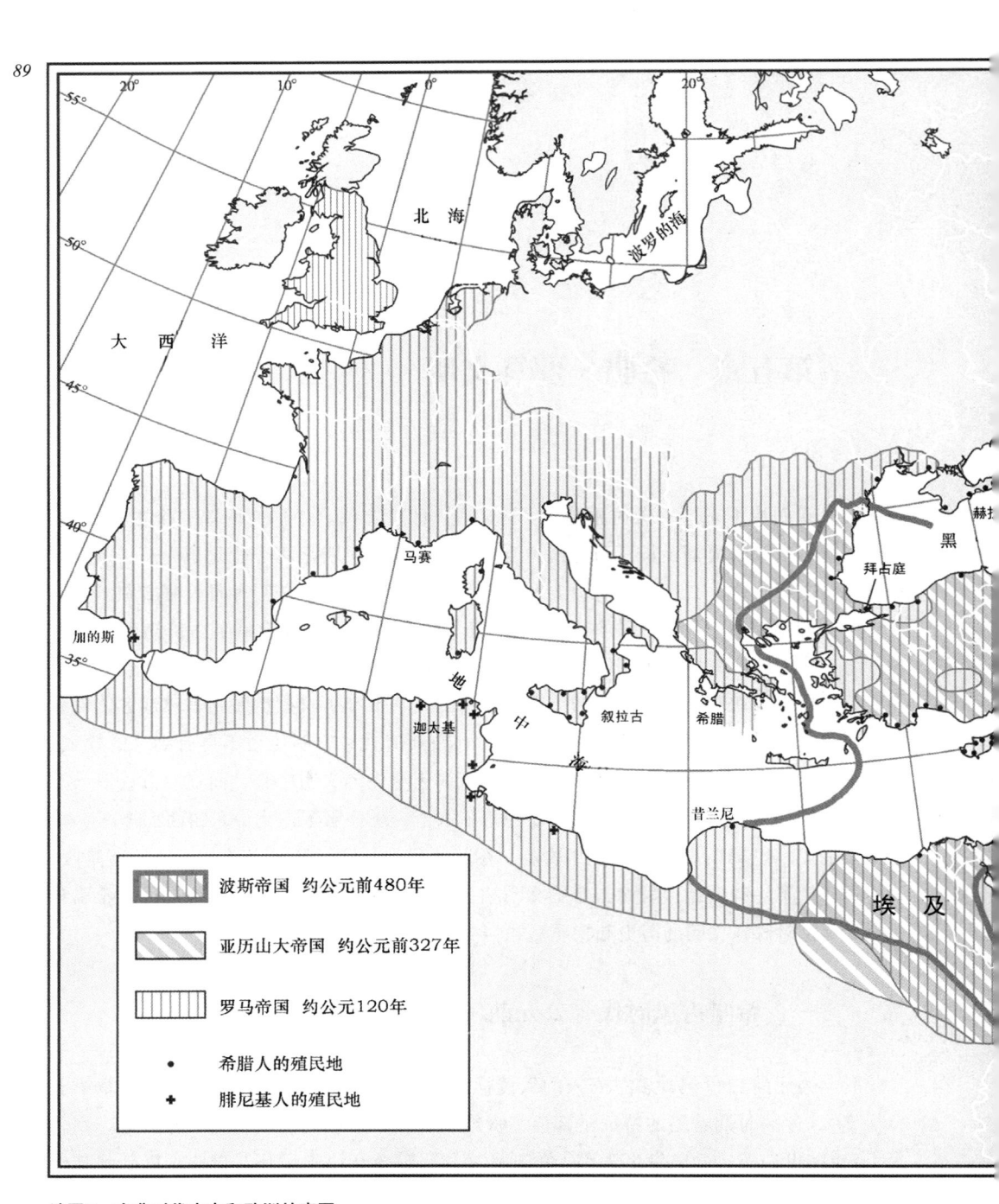

地图7　古典时代中东和欧洲的帝国

图例：
- 波斯帝国　约公元前480年
- 亚历山大帝国　约公元前327年
- 罗马帝国　约公元120年
- ● 希腊人的殖民地
- ✚ 腓尼基人的殖民地

第五章 希腊-罗马文明　111

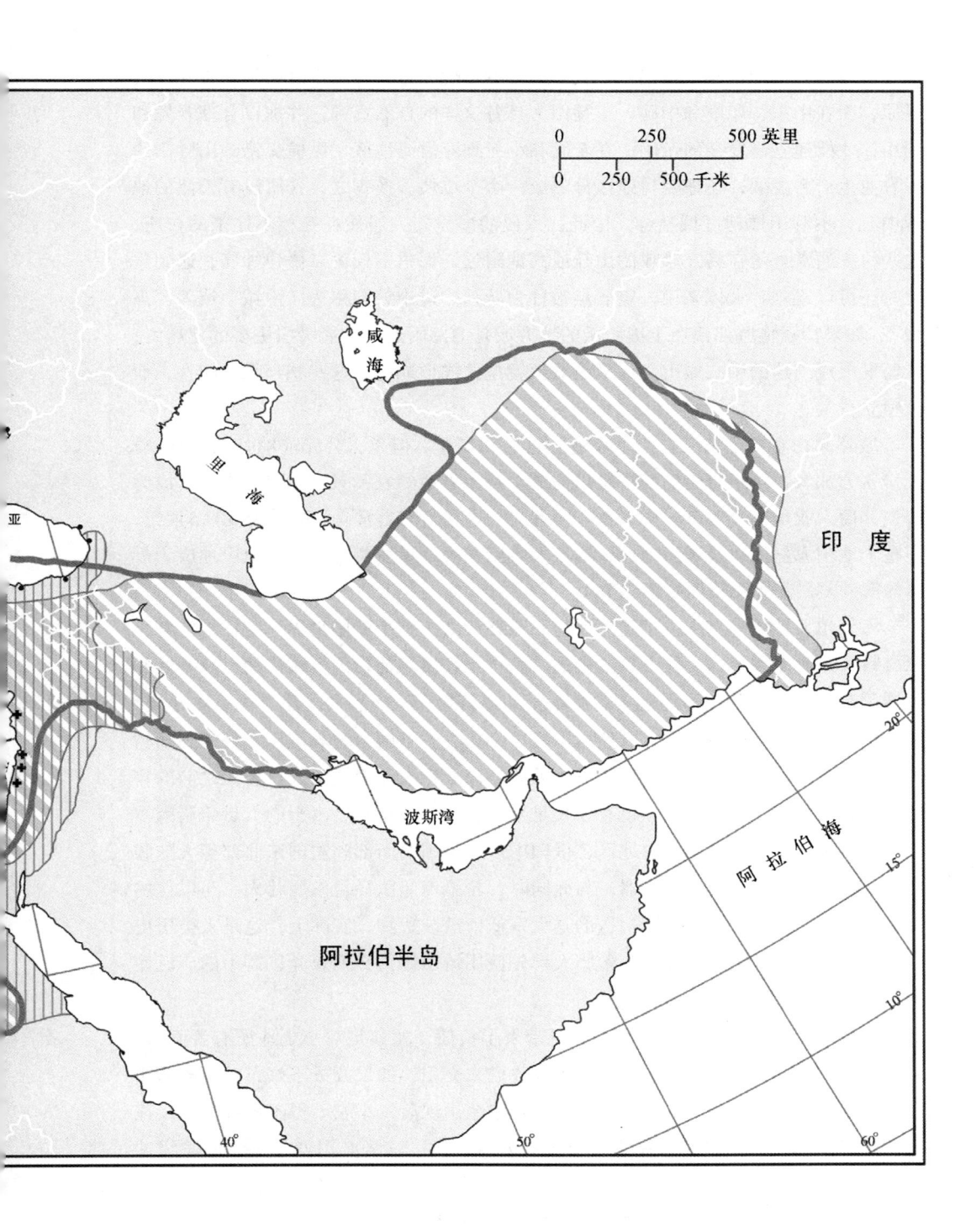

0　　250　　500 英里
0　　250　　500 千米

咸海

里海

印度

波斯湾

阿拉伯半岛

阿拉伯海

希腊城邦的形成和发展离不开关键的自然环境因素。希腊没有肥沃河谷和广阔平原，而在中东、印度和中国，正是因为具备这样的自然资源，并加以合理开发和利用，才能建立起复杂的帝国。在希腊和小亚细亚沿海地区，纵横交错的山脉制约了农业生产力发展，还把乡村地区分隔成一个个小块。换言之，希腊没有天然的地理中心，不利于推动区域整合。因此，入侵的多里安人居住在互相不往来的村庄，这些村庄通常坐落在易守难攻的山丘或高地附近，那里不仅可以修建神庙，遇到危险时还可以避难。大体来说，定居点被称为城邦，避难处则称为"卫城"或者"高城"。如果特意将城邦建在土壤肥沃的地方或是商路附近，就能吸引更多的定居者，从而发展成当地的中心城市。许多小城邦就是这样形成的，这些城邦相对闭塞，而且独立自主。

城邦起初主要是依靠自给型农业、牧业和渔业。但是，公元前8世纪初，随着人口压力加大，自给自足的经济难以为继。缺少土地的农民只得到海上谋生，成为海盗、商人或殖民者，有时候三者兼而有之，这在当时是常有之事。公元前5世纪，在整个地中海盆地以及黑海地区，富庶的希腊殖民地星罗棋布，这些殖民地成为母邦的海外复制品（见第四章第二节）。

海外殖民地的建立引发了连锁反应，最终改变了整个希腊世界。殖民地把各种原材料，尤其是谷物，运往人口过剩的希腊本土，换取葡萄酒、橄榄油以及布匹和陶器等制成品。这种贸易促进了希腊本土的经济繁荣。希腊的土壤不适合种小麦，更适合经营橄榄园和葡萄园，既然可以进口小麦，多石的山坡就可用来种植葡萄树和橄榄树，从而大大增加了耕地面积。因此，商业化农业养活的人口要比之前的自给性农业高出两三倍。制造业也有了长足发展，这一点从日后出土的大量希腊陶器中可见一斑，不仅地中海周边地区，俄国中部、德国西南部和法国东北部等大陆腹地地区，都出土了大量希腊陶器。与此同时，希腊商船队日益发展壮大。与以往的奢侈品贸易不同，希腊商船队运送的是大宗低值散装货物，实际上，这是人类历史上最早的大宗商品交易和运输。希腊人率先使用铸币作为交换媒介，铸币的广泛使用有力促进了各项经济活动的发展。

农业的商品化不仅意味着获利，也带来了负债，尤其是对小土地所有者而言。从前，贵族收取实物地租，农民用一部分收成来交租，如果收成不好，就要勒紧腰带过苦日子。海外市场、货币经济以及新奢侈品出现后，小农不得不抵押贷款，往往因为欠债而失去土地和房屋，乃至丧失人身自由。这势必引发了尖锐的阶级冲突，平民强烈要求废除债务、重新分配土地。另一方面，新兴的城市富裕家庭也要求获得与自身经济实力相符的政治地位，他们得到城市贫民、工匠、搬运工和水手的拥戴。于是，所有对现状不满的人联合起来，共同反对土地贵族阶层独掌大权的传统政治制度。

公元前7世纪，重装步兵取代了贵族骑兵成为战场主力，从而大大加速了变革的进程。重装步兵又叫方阵步兵，士兵左手持盾、右手执长矛，作战时排成密集整齐的队形，即所谓的方阵。训练有素的方阵步兵能够统一行动，在战场上把以往战无不胜的骑兵打得落花流水。方阵的发明动摇了贵族政治权力的军事基础，并提升了自带装备进入方阵服役的农民和工匠的地位和影响力。

经济变迁和军事变革推动了政治变革。在"黑暗时代"，城邦实行君主制，此时逐步转变为贵族寡头政治。公元前7世纪，城邦统治权落到被称为"僭主"的独裁者手中。这些野心勃勃的领袖大多出身贵族，他们支持民众的诉求，从而赢得了广泛拥护，建立起个人统治。"僭主"本是指不按照合法程序而篡夺国家权力的人，但这个称呼并没有任何道德谴责的意味。实际上，僭主通常站在平民一边，反对特权阶层，而且往往（尽管并非总是）加快了民主政治的到来。

希腊也有与民主政治背道而驰的城邦，伯罗奔尼撒半岛南部的斯巴达就是一个典型代表。公元前1000年前后，斯巴达人的祖先多里安人占领了肥沃的埃夫罗塔斯河谷，他们把原住民贬称为"希洛人"，意思是奴隶。公元前8世纪中后期，斯巴达人征服了邻近富饶的麦西尼亚平原，因而不再需要向海外扩张。不过，这种安全感不可避免地要付出沉重的代价。斯巴达丧失了通过海外交往来发展经济和智识的机会，注定要形成一种一成不变的生活方式。此外，为了统治人数众多的希洛人，斯巴达人不得不按照严格的军事路线来组织国家。军事成为压倒一切的目标：只有健康的婴儿才能由母亲领养，体弱者则被丢弃到荒山野外。年满7岁的男孩都要到兵营接受训练。每个斯巴达男子要一直服役到60岁。在斯巴达，人们几乎没有任何私生活可言，也不得拥有奢侈品。斯巴达人的生活方式闻名全希腊，他们过着粗衣粝食的生活，住在用原木搭建的房子里，每天早晨都要跳入埃夫罗塔斯河冰冷的河水中沐浴。集体进餐、公共事务、有组织的娱乐以及军事训练和作战，几乎构成了斯巴达人生活的全部内容。这种生活制度使斯巴达人成为

图36　斯巴达武士铜像。

全希腊最优秀的士兵，也使得他们既没有时间、也没有兴趣去创作戏剧、制作雕像或是阐释哲学。

反之，雅典人建立了一个全然不同的社会。斯巴达人是入侵者，身处充满敌意的受压迫人群之中，而雅典人是阿提卡的本土居民，并且引以为荣。像其他希腊城邦一样，雅典起初也有一个王政时代，之后，9名执政官的寡头政治取代了王权，这9名最高行政长官无一例外都是贵族。不过，与斯巴达所走的道路截然相反，雅典朝着日益民主化的方向发展。在雅典，繁荣的贸易孕育出一个强大的中产阶级，他们联合失地农民，要求推行政治改革。公元前594年，雅典各派一致推举梭伦为首席执政官，全权负责推行改革。梭伦采取直接而严厉的措施缓解社会疾苦。他宣布将所有抵债的土地归还债务人，释放所有因为欠债而卖身为奴的公民，彻底废除债务奴隶制。在政治领域，他首次准许没有财产的公民参加公民大会，尽管这一机构依然权力不大。他还承认富裕商人有资格担任执政官，设立新的民众法庭，从而削弱了贵族的战神山议事会（最高法院）的权力。总之，梭伦的贡献在于奠定了举世闻名的雅典民主政治的宪政基础。

梭伦改革并未一劳永逸地解决所有的问题，在接下来的30多年里，雅典一直冲突不断。虽然从法律上废除了债务奴隶，但贫民很难维持温饱；虽然贵族的权力有所削弱，他们仍然能够阻挠受民众欢迎的立法。在这种情况下，公元前560年前后，庇西特拉图成为雅典第一个僭主。在其统治的30年里，庇西特拉图将贵族地产划成小块，无偿分配给无地农民，他还兴办大规模公共工程，这些工程不仅美化了城市，还为参与工程的城市贫民提供了生计。庇西特拉图死后，他的数个儿子先后继位，但他们都是无能之辈。随后，雅典的社会冲突更为尖锐，直到公元前506年前后，克里斯提尼掌握了政权。克里斯提尼废除了原有的血缘部落，代之以按照地域来划分的10个新部落。这一改革大大削弱了贵族的政治权力。此外，克里斯提尼还建立了新的五百人会议，所有年满30岁的男性公民都有资格成为代表；五百人会议有权为公民大会准备议案，还掌握了最高行政权力。克里斯提尼改革之后，公元前500年，雅典民主政治已经初具雏形，而斯巴达依然是一个严格刻板的军事化社会。

二、希腊古典时代（公元前500—前336年）

公元前431年，在悼念与斯巴达人作战中阵亡的雅典战士的葬礼上，伯利克里发表了著名的演说，他宣称："我们的城邦向全世界开放……雅典是全希腊的学校。"这番自我夸耀并非不实之词。公元前5世纪，雅典的辉煌使得斯巴达和其他所有希腊城邦都黯然失色。雅典进入伯利克里时代——古典希腊的黄金时代。

雅典之所以能铸就光彩夺目的辉煌，主要是因为它在打败强大的波斯帝国的重大战争中发挥了主导作用。希波战争前不久，雅典人幸运地发现了拉乌里翁银矿。他们决定用这笔财富来建立海军，建造了200艘最新式的三层桨座战船。这支舰队在随后的战争中起到了决定性作用。

希波战争的起因是波斯人在公元前6世纪中叶征服了小亚细亚的希腊城邦。波斯人用高压手段干涉这些城邦的内部事务，公元前499年，这些城邦发动了起义。它们向希腊母邦求援，并得到了积极响应，这部分是因为当时波斯帝国已经扩张到欧洲东南部，从北面威胁希腊。尽管得到来自爱琴海对岸希腊母邦的海军援助，公元前494年，小亚细亚城邦还是被波斯帝国击败。波斯皇帝大流士决定征讨桀骜不驯的希腊人，公元前490年，大流士派出远征军在雅典东北的马拉松登陆。由于希腊各城邦之间的恩怨，雅典人几乎是孤军作战，但雅典方阵让入侵者铩羽而归。这场大捷极大地振奋了希腊人的士气。"在希腊人当中，他们是第一次奔跑着向敌人进攻的，"历史学家希罗多德写道，"又是第一次不怕看到波斯人的衣服和穿着这种

图37 米太亚德献给宙斯的青铜头盔，纪念公元前490年雅典人打败波斯人。

衣服的人的，而在此之前，希腊人一听到波斯人的名字就给吓住了。"

10年后，波斯人卷土重来，一支更强大的波斯军队从陆路取道色雷斯和塞萨利攻打希腊。斯巴达人统率希腊联军阻击波斯人，在温泉关英勇地战至最后一人。波斯人攻入雅典，洗劫了这座城市，但雅典舰队在附近的萨拉米海湾击溃了波斯舰队。当波斯舰队撤出爱琴海，希腊联合舰队尾随追击，赢得了另一场海战的胜利。不久，小亚细亚的希腊城邦摆脱了波斯人的统治，希腊人战胜了统治中东地区的大帝国。

希腊的胜利具有十分重大的意义。首先，希腊人避免落入东方式专制统治，从而得以保持自身特性，为人类文明做出独特的贡献。其次，希腊的胜利，尤其是雅典舰队的胜利，推动了民主政治进程，雅典战舰的桨手都是没钱购置重装步兵装备的公民，因此，城市贫民在这场战争中的作用甚至超过了有财产的重装步兵。这势必推动了争取民主的运动，伯利克里时代（公元前461—前429年）标志着这场运动达到了顶峰。

伯利克里出身贵族，却是一个真诚的民主主义者，在他的领导下，雅典完成了向公民大会移交权力的任务。公民大会成为雅典的最高权力机构，雅典全体成年男性公民都有权参加。公民大会每年召开40次例会，如有需要还可以召开临时会议。公民大会不仅制定雅典的大政方针，还有权决定外交、军事和财政等所有政府领域的具体政策。伯利克里还规定大部分公职实行薪酬制度，这样，贫民也能担任公职。此外，伯利克里还设立了一系列民众法庭，法庭由抽签产生的陪审团做出最终裁决，所有公民都可以担任陪审员。总之，伯利克里完全有理由宣布："雅典是全希腊的学校。"

雅典在希波战争中发挥了中流砥柱的作用，从此走上了帝国主义的道路。另一方面，斯巴达经济停滞不前，还要时刻提防希洛人造反，从而束缚了斯巴达人的手脚。雅典牵头组建了小亚细亚和爱琴海诸岛希腊城邦的同盟，同盟总部最初设在提洛岛，故称提洛同盟。同盟的宗旨是维护集体安全，防范波斯人可能发动新的进攻。理论上说，提洛同盟是一个成员平等的同盟，盟约规定每个城邦在同盟例会上只有一票表决权，但雅典从一开始就扮演了盟主角色。同盟的将军都由雅典人担任，无力或不愿提供战舰的盟邦须向雅典交纳贡金。雅典还逐步加强对同盟的控制：同盟金库从提洛转到雅典，雅典钱币成为同盟内部的共同货币，加盟城邦不得退出。这样，公元前450年，提洛同盟已经变成一个帝国，用欧里庇得斯的话来说，雅典的势力从爱奥尼亚"延伸到西方的外海"，即大西洋。

不难想见，海上强国雅典几乎不可避免地会与陆上强国斯巴达发生冲突。双方的战争断断续续打了10年，始终未能决出胜负。斯巴达军队虽然年年进攻阿提卡，却始终无法突破雅典长墙，这道长墙从雅典城一直延伸到海岸，保障了雅典的后勤供给。在雅典方面，公元前429年的一场大瘟疫重创了雅典，将近一半的雅典人死于瘟疫，就连伯利克里也未能幸免。雅典人只能漫无目标地向伯罗奔尼撒半岛沿岸地区发起攻击。公元前415年，雅典人做出了一个致命的举动，派舰队前去夺取西西里，试图一举切断斯巴达的粮食供应。"舰队和军队全部灰飞烟灭，"修昔底德写道，"什么也没有留下。"雅典陷入众叛亲离的境地，斯巴达人最终摧毁了长墙。雅典遭到围困，粮食断绝，公元前404年，回天乏术的雅典宣布投降。雅典丧失了全部舰队和帝国，就连引以为荣的民主政治也就此终结，胜利的斯巴达人将一个短命的寡头政权强加给了雅典人。

这场毁灭性战争让整个希腊世界元气大伤，却解决不了任何问题。斯巴达人专横霸道，底比斯和雅典为了互保，结成新的联盟。公元前371年，底比斯人让斯巴达人遭受了200年来的第一场大败仗。接下来的10年里，底比斯称霸希腊本土，随后，希腊各城邦之间战火重燃，希腊再度陷入一片混乱之中，各城邦尔虞我诈、出尔反尔，小规模战争从未平息。这种混乱状况埋下了祸根，外来势力得以用武力征服和统一希腊。公元前338年，马其顿国王腓力在喀罗尼亚大败底比斯和雅典联军。腓力剥夺了希腊城邦的大部分自治权，但还没有来得及采取进一步行动，便于公元前336年遇刺身亡。腓力的儿子、举世闻名的亚历山大登上历史舞台。

至此，希腊古典时代结束，希腊化时代开始。在讲述下一个时代之前，我们先来看看古典时代的希腊文明，人们普遍认为，这个时代是人类思想和精神取得光辉成就的黄金时代。

三、古典时代的希腊文明

"伯利克里的黄金时代""希腊的奇迹""光荣属于希腊"，人们经常这样赞美公元前5世纪的希腊文明。

我们将会看到，虽然这一文明也有自身的缺陷，但上述赞誉之词大多可谓是实至名归。这样说的依据何在？希腊的"天才"又是从何而来？首先，我们可以有把握地说，我们所说的天才的希腊人，并非是指字面意义上的天才，并不能说迁徙到巴尔干半岛南端的印欧人恰好在遗传上优于迁徙到中东、印度或西欧的印欧人。反之，我们只需将希腊人与亚欧大陆其他地区印欧人的不同历史发展做一番比较，就能找到问题的答案。

通过比较，我们不难发现，有两个因素造就了希腊人的非凡成就。首先，希腊人离最早的文明中心埃及和美索不达米亚很近，从而能够借鉴先驱者的成就，但又没有近到丧失自身个性的地步。事实上，希波战争的主要意义就在于从此确保了希腊人能够做到两全其美。

伯利克里在阵亡将士葬礼上的演说

雅典领袖伯利克里为后人留下了对雅典黄金时代文化的经典论断。公元前431年，在为与斯巴达人的战争中牺牲的将士举行的葬礼上，伯利克里作了如下著名的演说：*

我们的政府形式不与其他人的制度一争高下。我们没有照搬邻人的制度，反而是我们成为了别人的榜样。我们的制度之所以被称为民主政治，因为行政权掌握在多数人手中，而不是在少数人手中。在解决私人纠纷的时候，法律保证对所有人一视同仁。追求卓越也是得到认可的，公民只要有一技之长，都可以优先担任公职，这不是出于特权的考虑，而是对美德的报偿。贫穷也不再成为障碍，只要能够对国家有所贡献，任何人都不会因为贫穷而在政治上湮没无闻。我们的公共生活对所有人开放，在私人交往中我们也不会互相猜忌，当我们的邻人做了他喜欢做的事，我们不会因此而生气……我们喜爱美丽的东西，但我们的爱好很朴素；我们陶冶情操，但不至于变得过于柔弱。我们把财富当作有真正用途的东西，而不是用来当作谈资或炫耀。我们不会以承认自己的贫穷为耻；真正的耻辱是不做任何事情来摆脱贫穷。雅典公民不会因为要照顾自己的家庭而不关心国家；在我们这里，就连那些经商的人也十分熟悉政治。如果有人丝毫不关心公共事务，我们不说他是一个无害的人，而说他是一个无用的人。如果说我们当中很少人是政策的制定者，那么可以说我们都是明智的政策评判者。在我们看来，行动的最大障碍不是讨论，而是缺乏在行动前通过讨论所获得的知识。因为我们有三思而后行的独特能力，我们还有独特的执行能力。

一言以蔽之，雅典是全希腊的学校……

依照法律上的要求，我已经作了祭献，说了我所应当说的话。现在，献祭已经完成了一部分，因为死者已经被体面地埋葬。接下来要做的是，将由公费抚养死者的儿女，直到他们成年为止。这是一个有形的奖励，就像一个花冠，在他们那样的奋斗之后，雅典授予她活着的和死去的儿子。

* B. Jowett, trans., *The History of Thucydides*（Tandy-Thomas, 1909）, book 2, pp. 35—46.

第二个因素是城邦的形成和延续为文化繁荣提供了不可或缺的制度保障。当然，城邦制度并非希腊人所独有。例如，在印度，早期的雅利安移民也在某些地区建立起类似于城邦的组织，但它们最终被逐步统治印度半岛的地区性君主国所吞并。只有希腊人的城邦在数百年的时间里始终屹立不倒。

希腊城邦能够长久续存的一个原因在于，希腊多山的地形不具备建立地区性帝国的地缘政治基础（见本章第一节）。另一个原因是大多数希腊城邦直接靠海，这既是经济实力的源泉，也激励了智识发展。诚然，希腊人为碎片化的城邦体制付出了沉重代价，城邦之间一直冲突不断，连年战争，这种鹬蚌相争的局面最终导致马其顿和之后的罗马等外来势力强行统一了希腊。不过，希腊人在各自的城邦享受到数百年的自由，而这种自由正是公元前5世纪希腊迸发出巨大创造力的先决条件。

希腊古典文明并非全然出自原创。每个文明都大量借鉴了既往文明的成果，中东文明成为希腊古典文明的借鉴对象。不过，不论是埃及的艺术，还是美索不达米亚的数学和天文学，希腊人在借鉴这些成果时都烙上了独特的希腊精神印记。总起

图38 宙斯神殿是希腊世界最大的庙宇之一

来说，这种独特精神表现为开放的心态、求知的欲望、学习的热衷以及讲求常识的态度。不论是商人、士兵、殖民者，还是以观光者身份，前往海外的希腊人始终秉持怀疑精神和批判眼光。他们质疑一切，运用理性审视一切事物。柏拉图在《申辩篇》中写道，苏格拉底认为，个人必须不惜一切代价，拒绝接受人类权威或任何法庭的胁迫，去做任何事，或想任何事，只要他自己认为是错误的。"未经省察的人生没有价值……"苏格拉底还指出了自由辩论的公共价值，正因如此，苏格拉底在著名的审讯中为自己辩护：

> 雅典人，现在我不是像你们可能会认为的，在为了自己辩护，我是在为了你们的利益才保护我自己……杀了我，你们就再也不会有像我这样的人了。我这样的人，打一个滑稽的比方，就好比是一只牛虻，一天到晚我都烦在你们大家身边，鼓励你们、说服你们、责怪你们……我想让你们知道，如果你们杀死一个像我这样的人，你们对自己造成的伤害将会比对我造成的伤害更大。[1]

这种自由思想是希腊人所独有的，至少这样一种有力而普遍的表达方式是独一无二的。希腊人还有独特的现世主义人生观，人生在世的主要任务是表现人的个性。希腊人将理性主义和现世主义融为一体，从而能够自由而富有创造力地思考人类问题和社会事务。希腊的文学、哲学和艺术博大精深，成为希腊人思想和情感的结晶，至今仍意蕴深远、引人入胜。

希腊人的宗教观念和习俗清楚地反映出希腊文明独树一帜的特质。希腊人认为，神祇本质上与人相差无几，只不过神比人更强大、长寿和美丽。由于信奉这样的神祇，希腊人觉得自己生活在一个由熟悉的、可理解的力量主宰的世界，从而感到安全和安逸。人与神的关系本质上是一种平等交换关系。人向神祈祷和献祭，是为了换取神的善意回应。正如希罗多德所说，宗教纽带是"普通的神龛和祭品"，而不是教会组织和共同的宗教信仰。荷马的《伊利亚特》和赫西俄德的《神谱》反映了当时流行的宗教观念，但希腊宗教从未制定统一的教义，也没有形成圣书。对比一下美索不达米亚的宗教，希腊宗教的特质一览无余。按照美索不达米亚人对万物起源的解释，神之所以造人，完全是为了让人建造神庙，奉献祭品。人活着的唯一理由是为了履行对神的义务。相反，公元前6世纪，希腊哲学家色诺芬表达了截然不同的观念：

> 凡人们以为诸神和他们一样由父母生出，穿着和他们一样的衣服，有

和他们一样的音容相貌。假如牛、马和狮子也长着手,能用手画画,或者像人一样创作作品的话,那马就会画出长得像马的神,牛也会画出长得像牛的神,各自都会按照自己的样子为神赋予形象。埃塞俄比亚人会说他们的神是黑皮肤、扁鼻子,色雷斯人会说他们的神是蓝眼睛、红头发。[2]

古典希腊的宗教构成了城邦生活不可或缺的一部分,影响了城邦生活的方方面面。宗教不仅提供了对自然界的解释,将日常工作和社会制度神圣化,还成为诗人和艺术家的主要灵感源泉。希腊神庙是地方文化和民族文化的中心。或多或少是出于偶然,许多神庙都在特定技艺的发展中占有一席之地。一些施行神迹者从小就接触到科斯岛上崇拜医神埃斯科拉庇俄斯的传奇,日后成长为最早使用科学方法的医生。著名医生希波克拉底是其中的佼佼者,他撰写的医学论著都是以临床诊断为依据。他为病人看病完全依据客观观察,从不将病因和疗法与巫术混为一谈。在谈到所谓的"神圣病"癫痫时,希波克拉底写道:

> 依我看,这种被称为神圣病的疾病一点也不比别的病更神圣。和其他疾病一样,它也是由自然原因引起。现在还有人相信它的神圣,是因为对它不了解……自然万物有一点是相通的,那就是它们全都有因可循。[3]

同样,酒神狄俄尼索斯崇拜培养出一批演员,他们先是戏剧化地表现祭祀神祇的仪式,进而创造出意蕴深刻的悲剧和令人捧腹的喜剧。只有公元前5世纪的雅典才能孕育出这种文学形式。雅典定期举办宗教节日,由国家负责组织和提供资金,每逢宗教节日,雅典都会上演戏剧,公民成群结队前来观看。剧作者与观众之间有着密切联系和强烈共鸣,推动了雅典戏剧的常态化和均衡发展。正是在打赢了萨拉米战役的公民面前,埃斯库罗斯的《波斯人》用戏剧手法再现了这场胜仗。索福克勒斯的悲剧经常提及诸神,但他感兴趣的主要不是宗教问题。相反,他主要关注的是人,让人肃然起敬的高尚者、与无法抗拒的力量抗争的勇敢者、作恶多端之人、遭到可怕报复之人。例如,俄狄浦斯王面对不可抗拒的逆境表现出来的英雄主义和所承受的痛苦,正是悲剧艺术的精髓所在。索福克勒斯的悲剧在一定程度上揭示了人生的意义,提出了全人类共同面临的问题。

如果说索福克勒斯对于传统宗教还表现出些许兴趣,那么欧里庇得斯对宗教完全持怀疑态度,他用朴实无华的语言一针见血地讽刺那些认为神比人高明的人。欧里庇得斯表现出强烈的批判精神,投身于那些被人忽视的事业,他捍卫奴隶和外邦人的权利,宣扬妇女解放,抨击对战争的美化。阿里斯托芬更是有过之而无不及,他的喜剧着力讽刺各种社会丑恶现象。作为向往过去好时光的保守派，阿里斯托芬嘲笑民主派领袖及其政策。《吕西斯忒拉忒》描绘了一群妇女憎恶无尽的杀戮，拒绝和丈夫同房，除非他们停止战争。在《骑士》中，阿里斯托芬讲述了一名将军鼓动腊肠贩去罢免民主派领袖克里昂的故事，嘲讽了民主制度。[4]

>腊肠贩：你说吧，像我这样一个腊肠贩，怎样才能变成一个大人物？
>
>将军：这是世上最容易的事。你完全有资格当个大人物，因为你是一个坏蛋，一个冒失鬼，一个市场里摸爬滚打出来的人。
>
>腊肠贩：我认为我还不配。
>
>将军：不配？那是你心眼儿太好了。你是名门望族出身吗？
>
>腊肠贩：老天作证，真的不是！是下流人家出身。
>
>将军：你这个命运的宠儿啊，这是一种多么好的政治本钱啊！
>
>腊肠贩：可我几乎不识字。
>
>将军：识字就碍你的事儿了。因为如今有教养的人、正人君子成不了政治家，只有那无知的、卑鄙的人才能够呢。你可不要错过这个天赐良机。

图39 雅典卫城是雅典的宗教和市政中心。公元前5世纪末，伯利克里及其继任者最终完成了建造。图片中央为帕特农神庙，左边是伊瑞克提翁神庙。

希腊艺术是这种以城邦为中心的文明的另一个独特产物。神庙是城邦文化的社会和宗教中心，从而成为艺术和建筑的最高表现形式。神庙是备受尊崇的保护神和女神的居所。例如，雅典的帕特农神庙就是为女神雅典娜建造的神殿。雕塑艺术是建筑的基础，神殿都用雕像加以装饰。斐迪亚斯和普拉克西特利斯等雕塑大师不仅在神庙外墙和三角墙进行雕刻，也为神庙内部雕刻雕像。只要比较一下帕特农神庙与埃及金字塔和美索不达米亚塔庙，比较一下希腊雕像与当时大多数中东民族比较粗糙和呆板的雕像，就不难看出，希腊艺术反映了希腊人平衡、和谐和克制的基本理念。

如果将希腊人与其他民族的哲学思考做一番比较，我们同样能看到类似的差异。公元前6世纪，在小亚细亚的爱奥尼亚地区，理性主义哲学家率先挑战了传统的对万物本原的超自然解释。他们提出了一个根本性问题："世界的本原是什么？"哲学家泰勒斯推测万物的本原是水，因为这种物质有液体、固体和蒸汽三种形态。赫拉克利特认为火构成了世界的本原，因为火非常活跃，能够转化成万物。阿那克西美尼认为气是万物本原，他论证说，当气散开时，就生成了火，当气凝聚时，就依次生成了风、云、水、土和石头。从现代科学的角度来看，这些解释不免有些幼稚，但关键在于，希腊人不是用神的干预来解释万物，而是自由地运用理性来提出问题和寻找答案。

公元前5世纪中叶前后，随着希腊社会变得日趋复杂，哲学家们将目光从物质世界转向人以及人所面临的问题。智者派的杰出代言人普罗塔戈拉就反映了这种新的兴趣。他提出"人是万物的尺度"，这个命题是指世上没有绝对真理可言，一切皆以人的需要为准绳。智者派重视人的价值，并从这一立场出发，谴责奴隶制和战争，支持最大多数人的事业。另一方面，许多希腊人，尤其是那些保守派，担心智者派的相对主义会危及社会秩序和道德规范。苏格拉底就是其中的一个代表，当时的雅典人政治腐败，缺乏正确的指导，这让苏格拉底忧心忡忡。苏格拉底不断与朋友们谈话，逐渐形成了对话式的辩证法，用一问一答的对话将问题层层推进，最终得出普遍承认的真理。苏格拉底认为，用这种方法可以发现绝对真理、绝对的善或美的观念。这些观念将成为个人行为的永恒指导，这就与智者派的相对主义形成了鲜明对比，因为相对主义往往被用来为个人和公共腐败辩护。

柏拉图（公元前427—前347年）是苏格拉底的弟子。柏拉图出身贵族，像他的朋友们一样，他以身为雅典人而自豪，但他内心深处并不信任雅典民众。雅典民主政治判处苏格拉底死刑后，这种不信任转化为仇恨。柏拉图主张的理想社会既要维持贵族特权，又应能为贫民阶级所接受。在他所设想的"理想国"中，人分为四个等级：护国者、哲学家、士兵和劳动群众。这种等级划分是永久性的，其依据

图40 苏格拉底。　　　　　　　　　　**图41** 柏拉图。

来源于一个神话或者说"高尚的谎言"：神创造了金、银、铜、铁四种人。柏拉图曾数度前往叙拉古，想让那里的统治者采纳自己的学说并付诸实施，但始终未能如愿。他回到雅典，在之后的40年里给一小群弟子讲学。

亚里士多德（公元前384—前322年）是这个时期的又一位杰出思想家。亚里士多德起初师从柏拉图，老师去世后，他创办了吕克昂学园。亚里士多德是知识分类者和理性主义者，而不是神秘主义者；是逻辑学家和科学家，而不是哲学家。他广泛涉猎了所有知识领域，在这一点上可以说是前无古人、后无来者。亚里士多德在逻辑学、物理学、生物学和人文学科等领域都做出了杰出贡献，实际上是这些学科的开创者。亚里士多德是百科全书式的卓越学者，探求自然界和人类生活的内在秩序。他将人类社会的阶层与自然界的等级对应起来，由低到高依次为矿物、植物和动物，人类则处于最顶层。这种分级方式证明人划分为天生的主人和天生的奴隶是天经地义的：

> ……有些人生来就注定应该服从，另一些人生来就注定要统治……战争的艺术是一门关于获取的自然艺术，因为它包含追捕。我们应该用这种

艺术来对付野兽和那些生来就要被统治但不会屈服的人。这样的战争是正义的。[5]

任何关于古典希腊的记载都离不开希罗多德和修昔底德，他们讲述了自己那个时代激动人心的事件，并由此创立了一种新的文学形式：历史。希罗多德早年生活在波斯人统治的小亚细亚，后来移居到让波斯人铩羽而归的雅典。希罗多德将波斯人的失败归因于雅典的民主政体，从而使他的《历史》成为第一部高度赞扬民主政体的著作。希罗多德记述了一个希腊人对波斯国王谈及自己同胞的一番话，清楚地表明了这部著作的寓意：

> 他们是自由的，但是他们并非在所有事情上都是自由的。他们受着法律的统治，他们对法律的畏惧甚于你的臣民对你的畏惧。凡是法律命令他们做的，他们就做，而法律的命令始终如一。不管眼前的敌人多么强大，法律禁止他们临阵脱逃，要求他们坚定不移，直至战胜或者战死。[6]

修昔底德撰写了一部迥然不同的历史，讲述了伯罗奔尼撒战争的来龙去脉，在这场战争中，雅典经过27年苦战，最终屈膝投降了。希罗多德讲述了雅典的胜利和荣耀，修昔底德则分析了雅典的失败和痛苦。修昔底德无疑是站在雅典这一边的，他曾担任过雅典军队的将军。但是，他极力抑制自己的情感，给自己设定的任务是客观地探明这场灾难的原因。修昔底德从未使用"社会科学"一词，但事实上他致力于创立一门社会科学。

> 关于战事的叙述，我绝不是一拿到什么材料就写下来，我甚至不敢相信自己的观察就一定可靠。我所记载的，一部分是根据我亲身的经历，一部分是根据其他目击者向我提供的材料。这些材料的确凿性，我总是尽可能用最严格、最仔细的方法来加以检验。然而，即使费尽了心力，真实情况也还是不容易获得的。因为不同的目击者，对于同一个事件会有许多不同的说法，他们或者偏袒这一边，或者偏袒那一边，而且记忆也未必完美无缺。我这部没有奇闻异事的史著，读起来恐怕难以引人入胜。但是，如果研究者想得到关于过去的正确知识，借以预知未来（因为在人类历史的进程中，未来虽然不一定是过去的重演，但过去总是很相似的），从而认为我的著作是有用的，那么我就心满意足了。一言以蔽之，我所撰写的著作不是为了迎合人们一时的兴趣，而是要成为千秋万世的瑰宝。[7]

至此，我们已经讲述了希腊人在众多领域的非凡成就，我们还必须指出他们的一些缺陷。一个缺陷是有奴隶，雅典的奴隶和客籍民（外邦人）占到人口的大多数，却没有任何公民权。此外，像其他地中海和中东国家一样，希腊妇女的社会地位很低。在雅典（妇女的处境比其他城邦更糟），妇女不得拥有财产，也没有任何政治权利，包括投票权或是担任陪审员的权利。子女的一切都由丈夫掌控，甚至在不得不杀婴时，也完全由男人说了算。妇女不得从事法律、医生或戏剧演员等职业，也不准参加奥林匹亚竞技会。一些最杰出的剧作家和哲学家都有男尊女卑的观念，他们警告说，女人如果有了太多权力，将带来可怕的后果。女人若要维持体面，就应当老老实实待在家中。伯利克里给寡妇的忠告是："女人最大的荣耀就是被男人谈论得最少。"德摩斯梯尼再清楚不过地总结了这种赤裸裸的性别歧视，他提及雅典有三种女人："我们有交际花供我们享乐，有情妇和娼妓服侍我们，有妻子为我们生育合法的后代。"[8]

像所有古代文明一样，在希腊，禁止妇女抛头露面的严格规定仅适用于上流社会妇女。家境贫寒的妇女不可能远离社会，终日闲居在家。她们必须出门干活，帮着养家糊口。街上和市场里很少能见到有钱人家女子。而劳动妇女却四处奔忙，在作坊做工，在市场卖货，给富裕人家当佣人、保姆或是侍女。亚里士多德注意到，社会阶层决定了妇女的生活状况，由于穷人家没有奴隶，不得不让自家女人走出家门。

上述这些缺陷不容小觑，但是，我们在评价古典希腊时应该看它做到了什么，而不是它没有做到什么。以这条标准来衡量，古典希腊的贡献及其历史意义既一目了然，也非同寻常。自由探究的精神，民主政治的理论和实践，绚烂多姿的艺术、文学和哲学，对个人自由和责任心的强调，所有这一切构成了希腊留给全人类的光辉遗产。

四、希腊化时代（公元前336—前31年）

所谓希腊化时代，指的是伴随着亚历山大的征服，古典希腊文化传播到整个中东地区，形成了一种新的文明（见第四章第三节）。公元前336年，亚历山大继承了马其顿王位，随后残酷镇压了底比斯的反抗，迫使其余希腊城邦接受马其顿的统治。公元前334年，亚历山大率领马其顿军队向东方的波斯人发动进攻。亚历山大渡过赫勒斯滂海峡，先是占领了小亚细亚，之后一路攻占叙利亚、埃及、美索不达米亚，直捣波斯，公元前330年，攻占了大流士的国都波斯波利斯。次年，这位征服者继续向东推进到兴都库什山脉和大夏，然后调转兵锋进攻印度，一直打到旁遮

图42 亚历山大大帝。

普。由于士兵们不愿继续向东方进军,亚历山大不得不退回巴比伦。公元前323年,亚历山大在巴比伦死于疟疾,终年33岁。

为了争夺这个庞大帝国的控制权,亚历山大的部将展开了你死我活的斗争,到公元前3世纪初,形成了三个后继国家。首先是马其顿,它恢复原状,成为一个疆域不大的希腊化王国。马其顿控制了南面的希腊城邦,虽然并未在那里建立起直接统治。其次是托勒密王朝统治下的埃及,它拥有丰富的自然资源,又有大海和沙漠的屏障,因而成为三个后继王国中存活最久的一个。最后是塞琉古王国,它占据了帝国的亚洲行省,是三个王国中版图最大的一个。由于幅员辽阔,这三个王国陷入了与众多周边敌国的长期战争,结果接连战败,丧失国土。先是印度国王旃陀罗笈多夺取了前帝国的印度行省,随后,入侵的凯尔特人占据了小亚细亚,帕提亚人夺取了波斯和美索不达米亚。最后,公元前1世纪,罗马征服了地中海沿岸其余省份,最终征服了马其顿和埃及,从而终结了希腊化时代,开启了罗马时代。

虽然亚历山大帝国昙花一现,三个后继国家却基本完好无损地延续了3个世纪,中东地区在此期间也希腊化了。这些富饶地区提供了前所未有的机会,成千上万的希腊商人、行政官员、教师、专门人员和雇佣兵从各城邦前往埃及和亚洲行省,为

图43 大流士一世接受朝觐，波斯波利斯国库的浮雕。注意国王前面的香炉以及朝觐者恭敬的姿态。大流士手持象征王权的权杖和荷花，身后是他的儿子和继承人薛西斯（公元前486—前465年在位）。[1]

新的希腊化文明奠定了基础，这是一种融合性文明，几乎在所有方面都不同于母体古典希腊文明。

希腊化时代的政治结构发生了根本变化，因为城邦遭到破坏，日益衰微。希腊城邦为了求得生存，曾尝试建立希腊联邦。亚该亚同盟包括斯巴达之外所有的伯罗奔尼撒半岛城邦，而埃托利亚同盟则涵盖了雅典之外的几乎整个中希腊。这两个希腊城邦同盟往往被说成是联邦组织，其实还是属于联盟性质，中央机关并没有被赋予多大权力。由于联盟实力太弱，组建太晚，希腊城邦被周边帝国一个接一个地蚕食，直到罗马军团到来，征服了全希腊。

在这三个幅员广阔的后继国家，城市从一开始就不同于古典时代的希腊母邦。这些城市因为希腊移民与当地人之分而陷入分裂。不仅如此，它们还被接踵而至的帝国彻底征服。倘若统治者是暴君或昏君，城市居民便沦落到任人宰割的境地。宫廷和战场决定一切，公民大会形同虚设。在这种情况下，城市居民只想着聚敛财富，耽于享乐，听任贫民和奴隶自生自灭。昔日城邦的公民精神和社会凝聚力丧失殆尽，取而代之的是自我中心和阶级冲突。

经济状况和经济制度也今非昔比。希腊本土不仅政治衰落，经济也日渐凋敝。过去，希腊出口葡萄酒、橄榄油和各种制造品，以换取海外殖民地的粮食和原材

---

[1] 薛西斯在位时间已根据学界通行观点修订。——译者注

料。然而，到公元前4世纪，这些殖民地已经站稳脚跟，建立了自己的工业、葡萄园和橄榄园。

由于希腊本土经济一蹶不振，许多希腊人迁居到向他们开放的中东地区。他们带来了进取精神和先进的商业和金融手段，对当地经济做出了很大的贡献，他们也因此发家致富。他们找到了波斯王朝秘藏的大批金银储备，并将其投入流通。他们还引入或者说推广了许多技术发明，例如，活塞抽吸泵、水磨和蜗杆。希腊人还管理大规模公共工程和国有企业，包括灌溉系统、矿山、采石场、盐田、"王田"和生产奢华面料和陶瓷制品的工场。最终，希腊化地区的经济日趋一体化，带动了地区贸易和生产力的发展。不过，收入分配严重不均。一方面，投机商利润稳步增长，聚敛起大笔财富，另一方面，随着奴隶越来越多，自由劳动者地位下降。总之，在这个时期，生产力有所提升，经济不平等和社会冲突也日益加剧。

在希腊化时代，普通人不仅经济上遭受损失，精神上也遭受重创。大批希腊人背井离乡来到陌生的大城市，不论男人还是妇女，无不备感失落。在昔日的希腊城邦，生活相对单纯。法律、道德、宗教和义务都有明确规定，而且得到普遍认可。如今，往昔的一切都一去不返，城市居民发现自己身处一个纷扰的世界。更有甚者，希腊化城市往往因为种族、文化以及阶级冲突而陷入四分五裂。统治者意图营造个人效忠的神秘感，给自己安上"救世主""保护人"之类的头衔。这样的权宜之举并不能带来长治久安。人们始终面临一个问题：面对无力抗拒的压倒性力量，个人如何才能安身立命？

知识分子的反应是从理性主义转向神秘主义，倾向于远离世俗事务。浪漫的冒险文学和乌托邦文学风行一时，折射出知识分子的出世观念。在这些作者的笔下，理想社会不是现实世界中的希腊城邦国家，而是天涯海角五彩斑斓的奇异国度。尤其受欢迎的是描绘印度洋上理想化岛屿社会的传奇，岛上有得天独厚的自然条件，能满足所有的物质需要，岛上的生活"朴素而有节制……没有妒忌和争斗"。当时的哲学思潮也反映出这种逃避现实的倾向，犬儒主义、怀疑主义、伊壁鸠鲁学说和斯多葛主义在许多方面大相径庭，却不约而同地致力于追求个人幸福而不是社会福祉。

如果说哲学是有教养的上层社会的宗教，那么下层阶级的宗教则大异其趣。他们转而信奉东方的宗教信仰，如密特拉教、诺斯替教、埃及的生命女神伊希斯和迦勒底人的占星术宗教。所有这些宗教都允诺来世救赎，也全都令人欣慰地保证天国降临，从而满足了劳苦大众的情感需求。这样，神秘主义和来世观念就取代了古典希腊的现世主义和理性主义。

鉴于这种哲学和宗教上的反理性主义趋向，令人惊讶的是，希腊化时代在科学上的进步超过了17世纪前的所有时代。这部分要归因于亚历山大的征服所带来的经济机会。市场大大扩展，促使人们改进技术，从而提高了产出和收益。此外，几个后继国家彼此之间以及与外部强国之间连年征战不休，刺激了对于更复杂的战争武器的需求。希腊人直接接触到中东的科学，既有美索不达米亚和埃及的科学，在一定程度上还包括印度科学，同样起到了促进作用。最后，希腊化国家的马其顿统治者从小受到享有盛名的希腊学问的熏陶，通常会慷慨地支持科学研究，尤其是埃及的统治者。事实上，亚历山大博物馆是历史上第一个由国家资助的研究机构，它设有天文台、实验室、解剖室、植物园和动物园，还有一座拥有50万～70万册藏书的图书馆。当时出现了最早的"人才流动"，埃及有适宜而活跃的思想氛围，一流的设施，免费的膳宿和高薪，吸引了整个地中海世界的哲学家、数学家、医生、植物学家、动物学家、天文学家、语言学家、地理学家、艺术家和诗人。

在数学领域，杰出代表有欧几里得和《几何原本》。在天文学领域，希帕恰斯发明的许多仪器一直沿用到近代，他还编制了最早的天文星表。托勒密将希腊化时代的天文学知识编纂成书，直到文艺复兴之前始终是最著名和最权威的天文学教科书。阿利斯塔克是最具独创性的天文学家，他第一个认识到宇宙的宏大规模，并且

图44 拉奥孔群雕，这尊罗马雕塑复制了希腊化时期的雕塑杰作。传说中拉奥孔是特洛伊的祭师，警告特洛伊人不要将希腊人的木马运进城。雕像描绘了他所受的惩罚：护佑希腊人的女神雅典娜派来几条巨蟒，当着目瞪口呆的特洛伊人的面，吞噬了拉奥孔和他的两个儿子。

指出宇宙的中心是太阳而不是地球。他的观点几乎不被人理解，反而被认为是亵渎神圣并且与日常经验背道而驰。因此，在整个中世纪，人们普遍接受的仍然是托勒密的"地心说"。天文学的进步推动了科学地理学的发展。亚历山大博物馆馆长埃拉托色尼计算出地球周长为39751千米，这一数值与实际数值仅有402千米的误差，直到18世纪才有更精确的计算。他还绘制了一幅世界地图，除了标出了有人居住的地区，还标有纬度；他根据大西洋和印度洋海潮的涨落，推断出各大洋彼此相通，欧洲、亚洲和非洲构成一个巨大的岛屿。

医学和力学是希腊化时代科学做出非凡贡献的领域。博物馆鼓励解剖学研究，医生们首次认识到心脏在血液循环中的作用、脉搏的意义、感觉和运动神经的功能以及脑回。这些知识大多是由百科全书式的名医盖伦传诸后世，他的著作名满天下，后世的医生无人敢质疑，也不敢开辟新的领域，这种状况直到近代才扭转过来。力学领域的杰出人物是流体静力学的奠基者阿基米德，他发明的浮体定律被用来检验金属纯度。他还设计了精巧的战争武器，阐述了螺旋运动、滑轮和杠杆原理。关于杠杆原理，据说阿基米德曾说过一句名言："给我一个支点，我就能撬动地球。"

综上所述，希腊化时代的历史意义在于打破了历史上形成的东西方分立模式，将东方与西方融为一体。人们第一次将所有的文明世界看成是一个整体。起初，希腊人和马其顿人以征服者和统治者的身份前往东方，强制推行希腊化模式。但是，他们自己也在这一过程中发生了改变，随之产生的希腊化文明并非古典希腊文明的简单移植，而是成为一种融合性文明。从长远来看，东方宗教传播到西方，对罗马帝国和中世纪欧洲的转型做出了重大贡献。

五、早期罗马共和国（公元前264年前）

我们在前文中已经提到，在希腊化时代，希腊城邦仍然像过去一样相互争斗。希腊城邦相继组建了亚该亚同盟和埃托利亚同盟，但全都昙花一现，徒劳无功。尽管危险信号反复出现，但一盘散沙的希腊人始终没有注意到罗马人的力量正在崛起。罗马人摧毁了西地中海的劲敌迦太基人，随即调转兵锋直指东方，他们先是征服了马其顿和四分五裂的希腊城邦，接着将整个希腊化东方收入囊中。

为什么罗马人能够成为整个地中海乃至全欧洲的主宰？事实上，希腊人和罗马人的早期历史有颇多相似之处。两者源于同一个种族，印欧语系的亚该亚人和多里安人是从巴尔干半岛进入希腊，同属印欧语系的拉丁人则是沿着意大利半岛抵达台伯河南岸。当时在这一地区出现了许多拉丁人社群，罗马人只是其中之一。罗马位

图45 我们对伊特鲁里亚人的了解多半来自他们的墓葬艺术。这对伊特鲁里亚夫妇的雕像是石棺的一部分。

于台伯河上便于渡河的最低点,同时又是小船能够抵达的最高点,这种优越的地理位置很像泰晤士河上的伦敦,使得罗马从一开始就比其他拉丁人定居点更商业化,更容易接受外来影响。

外来影响主要来自早先从海外移居意大利的两个文明民族:伊特鲁里亚人和希腊人。伊特鲁里亚人可能是来自小亚细亚,公元前800年前后,他们在台伯河北岸定居下来,随后征服了南岸的拉丁人。在他们的统治被推翻之前,伊特鲁里亚人已经给罗马人带来了他们所信奉的男神女神,有关拱门和拱顶的知识,以及通过查看动物内脏来占卜的典型东方习俗。在伊特鲁里亚人之后不久,希腊人在意大利南部和西西里建立了一些殖民地,包括塔伦图姆、叙拉古和那不勒斯。希腊人给拉丁人带来了字母表、艺术和神话、某些宗教观念和习俗,举例来说,罗马诸神就是来源于希腊神话。希腊神话中的宙斯、赫耳墨斯和阿尔忒弥斯,演变为罗马神话中的朱庇特、墨丘利和狄安娜。

公元前500年前后,罗马人赶走了末代伊特鲁里亚人国王,开始成为独立的城邦。短短数年时间,罗马就征服了周边各民族,控制了从亚平宁山脉到海岸的整个拉丁平原。罗马形成时期的制度类似于古风时代的希腊城邦。起初,国王拥有统治权,即最高权力。国王受到贵族顾问委员会和民众大会的限制,后者只有权批准或否决立法。后来，像希腊一样，罗马的君主政体被推翻，贵族成为社会的主宰。两名执政官接管了从前由国王掌握的最高权力，执政官由选举产生，任期一年，只有贵族才能担任。元老院是主要的立法机关，它完全是一个贵族机构，即便日后接纳了少量平民，也依然没有改变其性质。

罗马完成了希腊城邦力所不及的事业，征服和统一了整个意大利半岛，走上了与希腊城邦截然不同的发展道路。为什么没有哪个希腊城邦能够统一希腊本土，更不用说整个巴尔干半岛，而罗马却能够成为意大利半岛的主宰呢？一个原因在于两地显著不同的地势。巴尔干半岛重峦叠嶂，"巴尔干"之名就是来自突厥语的"山脉"。希腊境内山脉纵横交错，相反，意大利没有横向的山脉，只有一道并不险峻的亚平宁山脉纵贯南北。因此，意大利半岛不像巴尔干半岛那样被山脉分隔成多个地区，更易于实现和维持统一。此外，巴尔干没有罗马那样的将整个意大利联结成一个整体的道路系统，例如，著名的阿庇亚大道沿着靴子状的意大利半岛，从罗马一直通到靴子跟部的布林迪西。阿庇亚大道至今尚存，1943年在意大利南部登陆的英国和美国军队还使用过这条道路。

罗马人成功的另一个原因在于他们宽厚地对待意大利的其他民族。在希腊，雅典向其他城邦征收贡金，而且不肯授予其雅典公民权。而在意大利，整个半岛大约四分之一的居民享有完整的罗马公民权。其余人则被授予拉丁公民权，拉丁公民权虽不完整，却也享有一系列的重要特权。所有罗马征服地区都享有自治权，仅有的限制是不能掌控对外关系，也不能强制征兵。这种政策在关键时刻拯救了罗马，在汉尼拔横扫罗马人，一直打到意大利半岛南部的危机年代，意大利同盟者始终对罗马不离不弃。

最后，罗马人拥有强大的军事实力和高明的战术，从而在战场上所向披靡。罗马人在与邻邦作战时意识到，8000人的传统方阵过于庞大，作战时不灵活，尤其是在山地。于是，罗马人把士兵组成"小队"，又叫"百夫队"，每个百夫队有120人，30个百夫队组成一个3600人的军团，每个军团还配备保护侧翼的骑兵。除了传统的头盔、盾、长矛和剑之外，罗马人还为军团配备了强大的进攻武器：铁制枪尖的重标枪。罗马士兵作战时，先从远处将标枪掷向敌人，然后奔跑发起冲锋，罗马军团灵活机动，能抓住敌人阵型的漏洞，给予敌方致命一击。

公元前295年，罗马人夺取了中意大利，一路向南推进到塔伦图姆城下。塔伦图姆地处靴子状意大利半岛的"脚背"，是个富庶的希腊城邦。塔伦图姆人向希腊伊庇鲁斯国王皮洛士求援，皮洛士曾被汉尼拔誉为仅次于亚历山大的将才。皮洛士赢得了两次"皮洛士式的胜利"。但是，他承受不起为此付出的重大代价，而罗马人虽然损失更为惨重，却有75万意大利勇士作为后备。公元前272年，皮洛士撤退回国，临走时留下一句颇有先见之明的预言："我为罗马和迦太基留下了一个多么好的战场！"仅仅8年之后，公元前264年，罗马与迦太基在西西里岛开战。

在讲述布匿战争（罗马人把腓尼基人称作"布匿人"）之前，有必要提及罗马出现的民主化趋势。平民为战无不胜的罗马军团提供了兵源，于是他们乘势要求获得政治上的让步。当平民的要求遭到拒绝，他们采取了"撤离"这样一种新颖而有效的斗争方式，即集体撤出城市，直到要求得到满足。平民用这种方式赢得的第一个成果是有权推选保护平民利益的"保民官"。保民官由新的平民大会选举产生，平民大会还关注其他与民众相关的事务。平民还争取到其他一些让步，如制定成文法典，限制个人拥有的土地数量。

公元前265年，意大利的霸主罗马走上了一条民主化的道路。不妨想象一下，如果一切顺利的话，这一民主化进程将使罗马成为世界历史上第一个民主化的民族国家。然而，即便真的存在这种可能性，随着罗马卷入一系列的海外战争，这种前景也将彻底化为泡影。战争不仅让罗马成为一个大帝国，也深刻地改变了罗马的内部制度，而民主化的夭折只不过是战争带来的诸多灾难性后果之一。

六、晚期罗马共和国（公元前265—前27年）

罗马从意大利半岛上的一个共和国转变为一个大帝国。就像亚历山大的征服一样，罗马的迅速崛起既突如其来又令人惊叹。事实上，马其顿和罗马的爆炸式扩张有着一些相通的因素。二者都掌握了优良的军事装备和高超的军事技术。二者也都具备一个至关重要的优势，即社会充满活力和凝聚力，相反，波斯帝国和希腊化后继国家都出现了社会衰败和分裂。

迦太基是罗马的劲敌，它最初是公元前850年前后腓尼基人建立的一个殖民地。迦太基几乎垄断了西地中海的中转贸易，因此日益富庶和强盛。迦太基人凭借远海舰队和雇佣军，控制了非洲西北部、西班牙南部、撒丁岛、科西嘉岛和西西里岛西部。罗马与迦太基起初没有任何直接冲突，原因很简单：一个是陆上强国，一个是海上强国。但是，罗马征服意大利南部之后，双方最终发生了冲突。迦太基在西西里的势力日益增长，让罗马人深感忧虑，因为那里离罗马人新近获得的领土咫尺之遥。

第一次布匿战争（公元前264—前241年）迫使罗马人第一次转向海洋。罗马人建立了一支舰队，将海战变成甲板上的近身格斗，顽强地挫败了迦太基人，夺取了西西里岛。至此，两大强国不可避免地要有一场殊死决战。罗马用20年时间征服了波河流域的凯尔特人部落，进一步扩大了农民士兵的兵源。迦太基为了弥补丧失西西里岛的损失，加强了对西班牙的控制。迦太基大军事家汉尼拔从西班牙基地出发，英勇地向意大利发起进攻。公元前218年，汉尼拔率军翻越阿尔卑斯山，打响了第二次布匿战争（公元前218—前201年）。汉尼拔势如破竹，连续击败罗马军队，在坎尼会战（公元前216年）中更是取得了辉煌胜利。但是，罗马同盟者始终忠于罗马，导致汉尼拔功败垂成。罗马军队在迦太基附近登陆，汉尼拔奉召回国驰援，结果，在意大利所向披靡的汉尼拔却在本土被罗马人击败。罗马又一次拖垮了对手。公元前201年，迦太基被迫缔结和约，迦太基只获准保留不大的本土、城墙以及仅够驱逐海盗的十艘战船。尽管遭受了灾难性失败，迦太基人很快就重振了经济。这引起了罗马人的惊恐，于是无情地发动了第三次布匿战争（公元前149—前146年）。结果，迦太基被攻占，城市遭到彻底毁灭，幸存的迦太基人悉数沦为奴隶。

伴随着三次布匿战争，罗马的征服形成了连锁反应，一轮征服总是会引发新的征服。有几个原因造成了这一状况，首先是罗马拥有压倒性优势，消灭迦太基之后，罗马成为地中海的霸主。其次，征服能带来明显的好处，每征服一个新行省，战利品、奴隶和贡品都会源源不断地送往罗马。最后，随着帝国版图不断扩大，不

图46 共和国时期一对罗马夫妇的半身雕像。有人认为这是小加图和他的女儿波契亚的雕像，但这种说法没有确凿的证据。

可避免地要做出承诺并遭遇挑战。例如，第二次布匿战争期间，马其顿的腓力五世曾经出兵援助汉尼拔，罗马毁灭迦太基之后，便把矛头对准了马其顿。随后的马其顿战争掀开了一连串战争的序幕，罗马人纵横捭阖，在中东挑唆马其顿、叙利亚的塞琉古王朝、埃及的托勒密王朝等几个强国鹬蚌相争，在希腊则挑拨埃托利亚同盟与亚该亚同盟争斗。

随后，罗马人在很短时间里相继攻占和吞并了马其顿、希腊，小亚细亚的帕加马、比提尼亚和西利西亚，接着是塞琉古王朝的叙利亚，并于公元前30年吞并了埃及。这样，罗马人接管了东方的所有希腊化后继国家。不过，在亚洲，罗马人仅在地中海沿岸建立了行省。整个内陆地区则落入帕提亚人之手，帕提亚人从此成为罗马在东方的主要对手。与此同时，公元前58—前49年，尤里乌斯·恺撒征服了英吉利海峡到地中海之间的高卢全境，声望日隆。最后，1世纪，罗马开始了对不列颠的长期占领，为了巩固在不列颠的统治，罗马人在克莱德湾到福斯湾之间修筑了一道防御工事。这标志着罗马人在北欧的统治达到极限。

罗马对于新获得的行省远不及早先对待意大利同盟者那样宽宏大量。元老院任命的行省总督恣意妄为，向本土源源不断地输送大量贡品、税金、谷物和奴隶。这导致了肆无忌惮的压榨和搜刮。高卢总督盖尤斯·维勒斯在西西里岛的苛政（公元前73—前71年）就是屡见不鲜的例子，西塞罗控诉说：

> 按照毫无原则可言的新规定，农夫们缴纳了无数的金钱。我们最忠诚的盟友被当作国家的敌人来对待，罗马公民受到的折磨就像是奴隶。罪大恶极的罪犯花钱就能逃避法律制裁，而最高尚、最诚实的人却受到秘密指控，不经审判就被定罪和流放。那里设防严密的坚固港口和固若金汤的城市变得人烟稀少，任由海盗出没。西西里的士兵和水手、我们的同盟者和朋友，忍饥挨饿，奄奄一息，装备精良的舰队在远海遭到毁灭。那些著名的古代艺术品，有些是富有的国王赠送的礼品……都被这位总督掠去。他不仅这样对待城市的雕塑和艺术品，还洗劫了最神圣、最圣洁的圣地。事实上，他没有给西西里人留下一尊他认为做工精良、具有艺术价值的神像。⁹

这样的政策不仅对征服地区造成了不利影响，同样也给罗马本土带来了负面作用。由于汉尼拔战争所造成的破坏，加上之后历次战争中长年在海外服役，意大利的许多小农纷纷破产。雪上加霜的是，廉价谷物和大量奴隶源源不断地从征服省份流入罗马。农民被迫将土地卖给新兴的富人阶层，这些巨富极其热衷于购置大地产，因为农业依然被富绅看成是唯一体面的职业。因此，公元前2世纪，意大利出现了由奴隶耕作的在外地主大庄园（"拉蒂芬丁"）。失地农民流向城市，栖身肮脏的公寓，不得不再一次与奴隶抢饭碗。为了防止平民闹事，官方尽力为平民提供"面包和马戏"。尽管城市生活毫无安全感和归属感可言，但至少是令人兴奋和令人向往的。诗人们大力歌颂淳朴的美德，农民们却不这么认为，他们继续成群结队地涌向罗马，当时的历史学家萨卢斯特将罗马称作"藏污纳垢之地"。

罗马共和国的政治果实也如同经济果实一样苦涩。早期的民主化趋势遭到逆转，因为元老院指挥的海外战争捷报频传，大大提升了元老院的威望和权力。另外，新兴的城市暴民也并未成为民众政治的基础，他们总是乐于出卖手中的选票，支持任何允诺为他们排忧解难的蛊惑人心的政客。同样具有破坏性影响的是，罗马军队的性质发生了蜕变。要维持帝国统治，必须建立一支庞大的常备军。以往的兵源来自征召有产者短期服役，如今这种办法已经无法适应战争的需要。因此，凡是志愿当兵者皆可入伍，而且入伍的失地农民都是长期服役。从此，罗马军团由公民兵军队转变为职业军队。罗马士兵首先效忠的是指挥官而不是国家，因为他们要仰仗指挥官来分得战利品和土地。罗马将军逐渐把麾下的军团当成私家军队和个人敛财的工具。

罗马的扩张也对罗马的文化造成了有害影响。罗马传统美德的基础乃是贫穷勤劳的农民的品德。但是，当滚滚而来的财富涌入首都，节俭、节欲和勤勉的古老价值观旋即被抛到九霄云外。到共和国末期，罗马社会的主要特征就是对金钱的贪得无厌、暴发户的挥霍浪费以及对于人类价值观的麻木不仁。难怪当时有人抱怨说："罗马已经变了味，情妇的身价比耕地还要高，庄稼汉还没有几盆腌鱼值钱。"

鉴于上述情况，我们也就不难理解，从公元前146年布匿战争结束，到公元前27年罗马共和国覆灭，何以成为一个危机重重的时期：阶级斗争日益尖锐，奴隶起义此起彼伏，军人干政愈演愈烈。起初，提比略·格拉古和盖约·格拉古兄弟大胆推行改革。两人相继当选为保民官，试图实施温和的土地分配方案。但是，寡头统治集团坚决反对这一举措，不惜诉诸暴力来阻挠改革。公元前133年，提比略和大约300名支持者被杀。12年后，盖约也被迫自杀，元老院重新夺回了权力。

格拉古兄弟的命运表明，有序改革已是死路一条。高层军事将领们争权夺利、相互厮杀，社会底层的奴隶纷纷揭竿而起，整个帝国陷入四分五裂的状态。公元前73年，罗马爆发了一次最大规模的奴隶起义：斯巴达克起义。在奴隶起义的打击下，整个帝国一时间摇摇欲坠，但最后，斯巴达克还是被打败了，起义者被钉死在通向罗马的大道两旁的十字架上。

高卢征服者尤里乌斯·恺撒组建了一支强大而忠诚的军队,成为最终的胜利者。公元前49年,恺撒渡过高卢与意大利的界河卢比孔河,经过一连串大获全胜的战役,彻底击败了对手庞培指挥的元老院军队。恺撒一跃成为帝国当之无愧的主宰者。我们无从知晓恺撒将会凭借到手的权力做些什么,公元前44年,他被旧寡头政治的代表人物谋杀了。

恺撒死后,他的养子和继承人屋大维与政治冒险家马克·安东尼展开了一场长达13年的政治博弈和武装冲突。在亚克兴海战(公元前31年)中,屋大维打败了安东尼和克丽奥佩特拉,从此成为独一无二的最高统治者。此时,屋大维年仅33岁,雄才大略的亚历山大去世时也是这个年纪。不过,屋大维之后又活了44年,为罗马帝国两个世纪的黄金时代的和平与稳定奠定了基础。

七、早期罗马帝国(公元前27—公元284年)

公元前27年,元老院授予屋大维"奥古斯都"和"最高统帅"的称号,标志着罗马从共和国转变为帝国。屋大维声称更喜欢"第一公民"(元首)这一共和国的

图47 这座花岗岩渡槽建于图拉真时期,至今仍在使用,见证了罗马帝国的卓越成就。

头衔，但事实上他与皇帝无异，以牺牲元老院和人民的利益为代价，独揽国家一切大权。他建立了由他亲自掌控的中央法院系统，直接控制各行省总督，严厉惩处贪污受贿和搜刮勒索的总督。他制定统一的税收标准，使征税成为一项国家职能，而不再是贪得无厌的包税人的私人事务。他把军队牢牢掌握在自己手中，给予士兵很好的待遇，让士兵直接宣誓效忠于他本人。他还建立了一支常备海军，缉捕海盗，保障货物和军队在帝国境内所有地区的往来安全。

通过上述这些措施，屋大维，即日后所称的奥古斯都，建立起高效的行政管理体系，奠定了长达两个世纪的"罗马统治下的和平"的基础。奥古斯都之后的四个皇帝，提比略（14—37年在位）、卡利古拉（37—41年在位）、克劳狄（41—54年在位）和尼禄（54—68年在位），都是德不配位的统治者。但是，帝国安然度过了这段暴政时期，此后，五位贤明的皇帝，涅尔瓦（96—98年在位）、图拉真（98—117年在位）、哈德良（117—138年在位）、安敦尼·庇护（138—161年在位）和马可·奥勒留（161—180年在位），先后相继，施行仁政，让罗马走向强盛。"五贤帝"统治期间，罗马帝国的版图达到最大，文明也臻于鼎盛。

在帝国的最北端，福斯湾到克莱德湾的防线构成了帝国的北部边界。在东北方向，莱茵河和多瑙河提供了天然边界，一直向东延伸到多瑙河以北的达契亚（现代的罗马尼亚）。小亚细亚和埃及都是罗马的属地，不过，两地之间的边界线靠近地中海海岸，帕提亚人则控制了内陆地区，公元224年后，这一地区又落入萨珊人手中。在北非，罗马人控制了埃及到大西洋之间的沿海地区，向南最远抵达了撒哈拉沙漠。

罗马帝国有着稳固的自然边界的广袤领地构成了一个繁荣的、基本自给自足的经济体。帝国长达几个世纪的经济繁荣可以归功于多种因素：廉明高效的行政管理，稳定的货币，兴办大规模公共工程，以及帝国境内外大规模的贸易。在帝国境内，自由贸易保证了各种货物畅通无阻地行销各地：埃及的小麦、纸莎草纸和玻璃制品，叙利亚的亚麻布、毛织品和水果，小亚细亚的羊毛、木材和小地毯，意大利的葡萄酒、橄榄油和制成品，高卢的谷物、肉类和羊毛，西班牙和不列颠的矿物。罗马人还从境外进口一些商品：波罗的海地区的琥珀、毛皮和奴隶，撒哈拉沙漠以南非洲的象牙、黄金和奴隶，最重要的是各种亚洲奢侈品，包括香水、宝石、香料和最受欢迎的丝绸（见第四章第二节）。通过繁荣的境内外贸易，近至高卢、远到中国，各地的支柱产品和奢侈品络绎不绝地运送到罗马，其数量之巨，足以为100多万人提供衣食，让西方世界的统治者过上奢华的生活。

在文化领域，罗马人的一大贡献在于将城市文明以及随之而来的一切传播到中欧和西欧。在这个方面，罗马人在西方所起的作用可以与希腊人在中东的作用相媲美。亚历山大之后，公元前3世纪，希腊人建立了许多城市，将希腊文化传播到遥远的印度和中亚。如今，罗马人也建立了许多城市：不列颠的伦敦和科尔切斯特，高卢的奥顿和维松，日耳曼尼亚的特里尔和科隆。这些城市的面积从8公顷到202公顷不等，明显要好过凯尔特人和日耳曼人肮脏的山顶堡垒和村落。就连这些城市的奴隶区，卫生状况也比当时土著村民的茅舍要好。不仅如此，这些城市还设有让人身心放松的公共浴场和公共剧场，以及住宅区、公共市场和商店。这些城市既是帝国政治制度的基层组织，也是帝国文化的基本单位。

罗马城当然是帝国最大的城市。它占地2020公顷，据估计，2世纪时，居民有100万人出头。来访者发现，贫民居住的拥挤公寓里没有任何卫生设施，公共厕所却修得富丽堂皇，里面设有大理石质地的座椅式坑位，还用神像和勇士雕像来装饰。这势必会造成一个后果，人们都往街上倒便壶，这种情况司空见惯，罗马法典中多处提及这一习俗。另外值得一提的是街上没有任何照明，在没有月光的夜晚，整个首都一片漆黑。家家户户大门紧闭，没有人敢出门，富人当然例外，他们有奴隶手持火把护送，劫匪不敢下手。白天，街上人来人往，嘈杂喧闹。小贩沿街叫卖，钱币兑换商把硬币敲得叮当作响，修锅匠敲敲打打，耍蛇人吹奏长笛，乞丐向路人诉说自己的不幸。夜幕降临后，罗马也不得安宁。由于白天禁止运货马车上街，太阳刚一落下，街头立刻冒出大批运货马车、驮畜和赶车人。夜间运输使得罗马成为一座不眠之城，只有富人才能享受清静，住进远离喧哗的别墅。

国家提供的大众娱乐活动让这种条件下的生活有了一点盼头。最受欢迎的是战车比赛和角斗表演。豪华的公共浴场也是消闲的好去处。这些浴场设计巧妙，戴克里先时期，罗马城的公共浴场占地13公顷，卡拉卡拉时期，公共浴场占地11公顷。这样的浴场当然要比简陋的浴池豪华得多。浴场不仅设有热水厅、温水厅和冷水厅，还有运动场、休息厅、花园和图书馆。总之，这些浴场类似于如今的"体育俱乐部"，但是规模更大，充分体现了罗马人的一个观念："健全的头脑寓于健康的体格"。

最后，在这几个世纪里，罗马城还是帝国的文化中心。如前所述，罗马的文化基本上源于希腊，尤其是文学、艺术和哲学。但是，注重实用的罗马人在工程和法律领域做出了重大贡献。通常说来，罗马人在理论科学上没有多少建树，却擅长建造渡槽，铺设排水系统，修筑道路和桥梁。罗马的道路施工精良，先在夯实的硬土上铺设石块，再铺上碎石，最后用大块石板铺设路面。设计巧妙的路面中间高两边低，让积水排入道路两侧的沟渠。这些著名的道路以及沿途桥梁坚固耐用，一直使用到中世纪，有些路段至今仍在使用。此外，与希腊建筑不同，罗马建筑主要是世俗建筑，如浴场、圆形剧场、运动场和凯旋门等。罗马人使用混凝土、砖和砂浆等

图48 安敦尼·庇护圆柱上的浮雕，描绘了罗马步兵被骑兵包围的场景。

新型建筑材料，从而能为大型建筑物建造宏伟的拱顶。

　　罗马人最重要的文化贡献当属基于理性而非习俗的法律体系。公元前450年前后，罗马人制定了最早的成文法典《十二铜表法》，这部法律简单而保守，反映出农业民族的特征。随着商业和帝国的发展，社会生活日益复杂，这些法律已经滞后于社会需求。一个常见的问题是：如果外邦人在罗马被捕、财产被没收，这种情况该适用何种法律呢？尤其是当时有这样一种观念：一个民族走到哪儿，他们的法律就在哪儿生根。罗马设立了专门的法庭来审理这类案件，罗马人通过法律实践认识到，异邦人的法律制度千差万别，普遍适用的法律原则却少之又少。为此，罗马人制定了一部新的法律《万民法》，这部法律同时适用于罗马公民与非罗马公民。

　　《十二铜表法》也规定了罗马妇女的从属地位，她们必须服从家中最年长的男性继承人的权威。家父权以法律形式确定下来，丈夫是法定户主，享有绝对权力，掌握了所有家庭成员的生死权，有权将家庭成员卖为奴隶。但是，与希腊妇女不同，罗马妇女有权继承和获得不动产，而且无须征得监护人同意即可处置不动产。罗马妇女也不像雅典妇女那样被囚禁在家庭牢笼之中。从共和制到帝制的过渡时期，罗马的社会面貌变化很大，我们很难下定论。不过，我们可以有把握地认为，虽然罗马妇女依然要无条件地服从男人，但她们的境遇要好过希腊妇女。

八、晚期罗马帝国（公元284—476年）

180年，马可·奥勒留去世，标志着罗马辉煌时代的终结。一段时期以来，皇帝都是传位给有才干的养子，这种继承制度造就了一连串能力超群的统治者。但是，马可·奥勒留却把皇位传给了亲生儿子康茂德，从而带来了灾难性后果。康茂德不理朝政，沉溺于战车比赛和角斗表演。192年，康茂德遇刺身亡，接下来的统治者大多是昏庸无能之辈。训练有素、待遇优渥的禁卫军本是奥古斯都为保卫首都而建，此时已经完全失控。皇帝只有得到禁卫军的拥戴，才能坐稳宝座。235—284年间，罗马先后立过20多个皇帝，只有一人是自然死亡。中央的糜烂势必会造成边境防御的废弛。边疆行省屡屡遭到外敌入侵：西方行省是日耳曼部落，东方行省则是东山再起的萨珊波斯帝国。

图49　君士坦丁大帝（306—337年在位）。

两位精明强干的皇帝戴克里先（284—305年在位）和君士坦丁（306—337年在位[1]）在一定程度上缓解了3世纪的帝国危机。为了维护帝国的统一，两位皇帝推行了一系列政策以应对燃眉之急，他们逐步在许多领域实行严格管制：为了遏制耕地撂荒，向村庄开征集体税；为了抑制居高不下的通货膨胀，颁布了著名的"限价敕令"（301年），对数千种商品和劳务设定了最高价格，按质定价；为了抑制利率不断攀升，规定利率在6%～12%之间浮动，利率高低依风险程度而定；在物资短缺时禁止出口相关物资，如粮食以及铁、青铜、武器、军队装备和马匹等"战略物资"。罗马对社会各阶层的控制日益强化，几乎发展成一种种姓制度。君士坦丁下令，士兵的儿子必须入伍，除非能证明不适合当兵。农业劳动者也被束缚在土地上，只能世代务农。这一做法随即推行到所有被认为不可或缺或是后继乏人的行业。

分而治之是这个动荡年代实施的又一项政策，随着帝国经济状况日趋恶化，这一举措已是势在必行。戴克里先将帝国分成两个部分，他本人管辖东半部分，提拔一位共治皇帝负责治理西半部分。君士坦丁在博斯普鲁斯海峡的希腊殖民地拜占庭建立了一个新都，进一步明确了帝国东西两部分的分治。新都很快就被称作"君士坦丁堡"，它的选址十分考究，博斯普鲁斯海峡两端都很狭窄，有易守难攻的地利。这座城市还可以很便捷地通往至关重要的多瑙河和幼发拉底河边界地区。君士坦丁堡成为当时世界上最大的城市之一，在罗马和西罗马帝国灭亡后的几个世纪里，它一直是东罗马帝国（拜占庭帝国）引以为荣的首都。

罗马帝国的最后几个世纪里，还有一项政策对后世产生了深远影响，即如何处理基督教与帝国政府的关系。为了谋求稳定和凝聚力，君士坦丁做出了一个重大决定，帝国政府不再镇压基督教，转而与基督教合作。这标志着几个世纪以来罗马人宗教态度和习俗的重大转变。罗马帝国晚期，生活的苦难让越来越多的人到救赎宗教中寻求慰藉，这种状况与早先的希腊化东方如出一辙（见本章第四节）。帝王崇拜和官方的多神教崇拜已无法满足人们的精神需求。崇拜神秘的东方神祇的宗教团体涌现出来，它们圆满地解释了尘世生活，提供了行为规范，指明了从邪恶和死亡中解脱出来的途径。

基督教从形形色色的新兴宗教中脱颖而出，用唯一神，即"全能的父"，取代了多神教的希腊、罗马神祇以及一神教的东方崇拜。基督教给人们带来了救世主耶稣的慰藉，耶稣不是神话迷宫中看不见摸不着的人物，他是上帝的儿子，却奇迹般

---

[1] 此处以及图49君士坦丁的在位时间均作了订正。——译者注

图50　君士坦丁凯旋门，建于312—315年，是为了纪念君士坦丁统一罗马帝国而建。

地过着尘世生活："不要惧怕，我报给你们大喜的信息，是关乎万民的。"基督教还允诺信徒可以得到拯救，这并不是许诺人人都有光明的来世，而是基督复活所预示的个人复活。最为重要的是，在一个分崩离析的时代，普通百姓流离失所，生活在水深火热之中，而基督教为人们带来了同胞情谊。所有的基督徒都是兄弟姊妹，他们的聚会常常称作"爱筵"，希腊语意为"爱"。他们相互帮助，虔诚而克己，成为志向远大而且震撼人心的楷模。在旧秩序的法律和哲学日益脱离现实、乃至泥古不化之际，基督教让困苦贫寒之人有了追求和希冀。

　　64年，罗马城发生了大火灾，此时基督徒已是人多势众，乃至尼禄认为不妨将火灾的罪责归咎于基督徒，于是首开迫害基督徒的先河。但是，迫害只不过成全了循道者的圣徒名声，反而激励了更多的人皈依基督教。4世纪初的最后一次大规模迫害之后，皇帝君士坦丁颁布《米兰敕令》（313年），不再将基督教列为异教，承认基督教享有和其他宗教同等的合法地位。最后，皇帝狄奥多西在位期间（379—395年在位），基督教成为事实上的罗马国教。罗马旧贵族和"叛教者"尤利安皇帝（361—363年在位）为了维护异教习俗，一直顽强地进行最后的挣扎，但到4世纪末，基督教最终占据了统治地位。

罗马皇帝承认基督教是为了提升社会凝聚力，出于同样的缘由，他们还推行隆重盛大的东方宫廷礼仪。与自命为"第一公民"的奥古斯都不同，戴克里先自称"朱庇特之子"，意思是朱庇特在尘世的代表；君士坦丁皈依基督教之后，也自命神圣。从此，皇帝的权力被认为是来自于神，而不是来自于公民的授权。宫廷礼仪随之改头换面，以便凸显皇帝的至高无上和唯我独尊。皇帝头戴宝石皇冠，身着织金紫绸长袍，臣民必须匍匐在皇帝脚下。只有少数权贵获准亲吻皇袍的衣角。帝国重臣同样享有荣华富贵，帝国司库成为"圣库伯爵"，帝国议事会称作"神圣御前会议"。

在整个3世纪和4世纪，历代罗马皇帝千方百计地试图扭转帝国衰落的势头。如果单凭决心和努力便能力挽狂澜，他们原本能成就一番伟业。事实上，他们确实在一定程度上稳定了局势，但不过是苟延残喘而已。到头来，他们的发愤图强只是延缓、而不是避免了帝国的覆灭。406年后，法兰克人、勃艮第人、西哥特人、汪

图51　这块象牙浮雕的年代略晚于395年，浮雕人物是罗马军队中身居高位的汪达尔武士斯提利科。3世纪开始，罗马军队越来越倚重异族雇佣兵。

达尔人不断对高卢、西班牙和非洲发动大规模入侵，罗马帝国的皇帝们根本无力招架。410年和455年，蛮族两度洗劫罗马城，给帝国带来难以洗刷的奇耻大辱。最终，476年，在日耳曼雇佣兵首领奥多亚克的逼迫下，西罗马帝国末代皇帝罗慕路斯·奥古斯都宣布退位。

这个事件被公认为西罗马帝国灭亡的标志，但在当时并未引起多大的反响，因为它只是两个多世纪以来罗马帝国分崩离析过程的终点。如果要从这种传统的灾难性事件的角度来解释"罗马衰亡"的原因，我们必须弄清楚究竟是什么原因开启了帝国无法遏止地走向灭亡的漫长过程。

显而易见，日耳曼蛮族是造成罗马帝国"衰亡"的元凶。一位法国历史学家断言："罗马文明不是自然死亡的，而是被扼杀的。"[10]这个说法不无道理。然而，罗马的灭亡显然并不是因为势不可挡的游牧民族拥有席卷八荒的优势兵力。历史学家估计，入侵意大利的东哥特人只有10万人左右，征服西班牙和法国南部的西哥特人也只有10万人。渡过直布罗陀海峡进入北非的汪达尔人总共才8万人，仅为北非行省人口的1%。

所以，我们依然要回答这个问题：罗马为什么会"衰亡"？一位美国历史学家指出："虽然战争是导致灭亡的直接原因……但帝国的器质性病变在于经济。"[11]事实上，不仅是罗马帝国，希腊化国家、古典希腊乃至早先的古代文明，都有这种"器质性病变"。生产力落后这一根本性问题困扰着所有的文明。这一问题的症结在于，自从新石器时代出现冶金术、犁、轮子、帆和太阳历等核心发明之后，人类再未能取得重大的技术进步。

奴隶制似乎是造成技术停滞不前的根本原因，奴隶制是所有这些文明不可分割和普遍公认的一部分。即便在从未像罗马那样盛行奴隶制的古典希腊，如我们前文所述，亚里士多德曾经宣称，有些人生来就是统治者，有些人生来就是被统治者，如果后者拒绝接受命中注定的地位，那么像捕获"野兽"一样捉拿他们，就是"自然而公正的"。

奴隶制造成了多重有害影响。在这种制度下，奴隶没有动力去改进传统的生产活动。由于有充足的奴隶劳动力，奴隶主也没有任何动力去从事技术革新。韦斯巴芗统治时期，在如今罗马圣彼得广场的位置要建造一座方尖碑，当时有发明家发明了一项更高效的施工技术。但这位皇帝为了不让奴隶们闲着，宁愿让奴隶用人力施工。类似例子还有水磨，早在公元前1世纪，帝国东部行省就已经了解水磨的功能，但直到4世纪，奴隶供应枯竭，罗马才开始使用水磨。

同样有害的是，在一个奴隶社会，人们自然而然地把体力劳动与奴隶挂起钩来，从而认为从事体力劳动有损于自由民的尊严。希腊作家普鲁塔克记述说：

（非凡的阿基米德）认为军用机械的发明并非值得认真研究的课题，只是把它当作几何学研究之余的消遣。不过，他也没有完完全全做到这一步，因为叙拉古国王希罗一再恳求他将自己的技艺从抽象运动转向实际事物，使他的推理更容易为一般人所理解，将它们应用到日常生活中。

欧多克索斯和阿尔希塔斯最早将思想转向力学这一后来备受推崇的知识分支，他们通过合理的实验和使用仪器，证实了当时在理论上无法解决的一些问题。但是，柏拉图义愤填膺地痛斥他们，说他们使几何学从无形的和思维的事物堕落到有形的和可感知的事物，迫使几何学借助物质的力量，而物质不仅需要大量的手工劳动，而且是奴隶所从事行当的对象，从而腐蚀和贬低了几何学的卓越。因此，力学就从几何学中分离出来，并在很长一段时间里受到哲学家们的鄙视。[12]

由此可见，在平等主义的新石器时代后的数千年里，奴隶制在不同层面上阻碍了技术革新。奴隶制还阻碍了国内购买力的增长，从而抑制了国内经济市场的发展，因为奴隶显然无法购买自己的劳动成果。

帝国的扩张以及随之而来的大量战利品、贡品、粮食和奴隶，在一段时期里掩盖了这些重大的结构性缺陷。但是，帝国扩张受制于当时的技术发展水平，后勤和交通成为制约扩张的瓶颈。因此，像中国一样，罗马的扩张达到一定限度之后，便犹如逆水行舟，不进则退。帝国疆域达到极限，就会停止扩张，甚至开始收缩，之前被掩盖的结构性缺陷逐渐暴露出来。

罗马军队从前一直是奴隶和物质财富的宝贵来源，如今却成为难以摆脱的沉重包袱。同样，官僚机构在帝国扩张阶段日益膨胀，到帝国收缩阶段便有尾大不掉之势。过度的开支引发了通货膨胀，最终达到失控的程度。例如，在埃及，1世纪，一个计量单位的小麦价格为6德拉克马，此后小麦价格一路飙升，从276年的200德拉克马暴涨到314年的9000德拉克马，334年的7.8万德拉克马，不久后更是超过200万德拉克马。这样的通货膨胀使得钱币变得一文不值，在某些情况下，人们又重新采用以物易物的方式。工业不断向农村和外省转移，加剧了这种以物易物的趋势。工业的转移有多方面的原因，如帝国交通状况恶化、奴隶供给减少，由于奴隶劳动力减少，帝国不得不发掘新的劳动力资源。工业从城市转移到乡村和大庄园，意味着帝国出现了重新分配土地的过程。大庄园自给自足的程度日益提高，不仅拥有农业劳动者，还以拥有各种行当的工匠为荣。而大庄园越是自给自足，帝国经济就越是分化为一个个独立的经济单位。

经济上的分散经营必然伴随着政治上的权力分散。随着贸易凋敝和国家收入锐减，帝国大厦摇摇欲坠，开始了缓慢的崩塌过程。戴克里先和君士坦丁希望扶大厦之将倾，孤注一掷地推行严刑峻法。然而，帝国的弊病并非不痛不痒的小病，而是"器质性病变"，严格管制虽然让帝国暂时得以苟延残喘，但这种治标不治本的做法终究不是长久之计。当然，严格管制并非造成帝国衰亡的原因，而是扬汤止沸，徒劳地试图扭转衰亡的势头。正如一位经济史学家所指出的那样，"先有危机，后有管制"[13]。

由此可见，之所以西罗马帝国"衰亡"，而东罗马帝国屹立不倒，主要就是因为帝国西部的经济没有东部先进和发达。意大利农业从未像中东的肥沃河谷那样高产。意大利的谷物产量平均只有播种量的4倍。要等到中世纪时期的技术进步之后，中欧和北欧的肥沃土地才得到充分开发。西部的工业同样发展得较晚，而且普遍落后于东部。因此，虽然整个罗马帝国饱受"器质性病变"的折磨，但帝国西部的生命力更弱，因而首先灭亡，而东部又继续存在了1000年。

西罗马帝国虽然灭亡了，却留下了丰富的遗产。一望而知的遗产是罗马留下的有形遗迹：圆形剧场、竞技场、庙宇、渡槽、道路和桥梁。语言上的遗产也一目了然，欧洲罗曼语族的语言都是源于罗马帝国的拉丁语。此外，如前所述，许多欧洲和美洲国家的法律体系至今仍保留了大量的罗马法元素。天主教会组织和仪式也在很大程度上得益于罗马帝国时期的组织和宗教传统。最后，"罗马统治下的和平"带来了长达两个世纪的和平与繁荣，大一统帝国的传统取代了独特的希腊城邦传统。在接下来的几个世纪里，这样一种帝国传统激发起全欧洲的蛮族君主争当皇帝、巴塞勒斯和沙皇的野心和抱负。

[推荐读物]

新近出版的希腊和罗马史著作有：J. Boardman, J. Griffin, and O. Murray, eds., *The Oxford History of the Classical World*（Oxford University, 1987）。关于希腊历史，参阅 M. Grant, *The Rise of the Greeks*（Scribner's, 1988）; R. Sealey, *A History of the Greek City-States*（University of California, 1977）; R. Meiggs, *The Athenian Empire*（Oxford University, 1972）。关于希腊历史和文明的不同方面，参阅 A. R. Burn, *Persia and the Greeks : The Defense of the West*（Edward Arnold, 1963）; J. Boardman, *The Greeks Overseas : Their Early Colonies and Trade*（Thames & Hudson, 1982）; C. Kerenyi, *The Gods of the Greeks*（Thames & Hudson, 1979）; R. Flacelière, *Daily Life in Greece at the Time of Pericles*（Macmillan, 1965）。

关于希腊化世界，最经典的史著是 W. W. Tarn and G. T. Griffith, *Hellenistic Civilization*（Edward Arnold, 1952）; 简史著作可参阅 M. Grant, *From Alexander to Cleopatra*（Scribner's, 1982）; 学术性人物传记有 N. G. L. Hammond, *Alexander the Great : King, Commander and Statesman*（Chatto & Windus, 1980）; 专门史可参阅 M. Rostovzeff, *Social and Economic History of the Hellenistic World*, 3 vols.（Clarendon, 1941）。

一流的一卷本罗马史有 A. E. R. Boak and W. G. Sinnigen, *A History of Rome to 565 A. D.*, 5th ed.（Macmillan, 1965）; M. Grant, *History of Rome*（Scribner's, 1978）。有关罗马前三个世纪的历史，参阅 M. P. Charlesworth, *The Roman Empire*（Oxford University, 1951）; 晚期罗马史，参阅 A. H. M. Jones, *The Decline of the Ancient World*（Longmans, 1966）。相关专题研究，参阅 J. Carcopino, *Daily Life in Ancient Rome*（Yale University, 1940）; R. MacMullen, *Christianizing the Roman Empire, A. D. 100-400*（Yale University, 1984）; M. I. Finley, ed., *Slavery in Classical Antiquity*（Heffer, 1960）。

关于希腊-罗马时代妇女的地位，最佳著作是 S. B. Pomeroy, *Goddesses, Whores, Wives and Slaves*（Schocken, 1975）; V. Zinserling, *Women in Greece and Rome*（Schram, 1973）。一部很好用的原始材料汇编是 M. R. Lefkowitz and M. B. Fant, eds., *Women's Life in Greece and Rome*（Johns Hopkins University, 1982）。另外值得一读的有 M. W. Bingham and S. H. Gross, *Women in European History and Culture*, Vol.1, *Ancient Greece and Rome*（Glenhurst, 1983）。

最后，关于罗马"衰亡"的原因，有两本文集不仅收录了优秀的分析文章，还提供了很好的参考书目：S. N. Eisenstadt, ed., *The Decline of Empires*（Prentice Hall, 1967）; D. Kagan ed., *Decline and Fall of the Roman Empire*（D. C. Heath, 1962）。

[注释]

1. Plato, *Apology*, trans. B. Jowatt in *Dialogues of Plato*.
2. F. M. Cornford, *Greek Religious Thought*（Dent, 1923）, p. 85.
3. C. J. Singer, *A History of Biology*（Schuman, 1950）, p. 4.
4. From *The Greek Mind* by W. R. Agard. © 1957 by Litton Educational Publishing Inc. Reprinted by permission of D. Van Nostrand Company.
5. Aristotle, *Politics*, I, 5, 2.
6. Herodotus, *The Persian Wars*, trans. G. Rawlinson, Book VII, Chap. 104.
7. Thucydides, *The Peloponnesian War*, trans. B. Jowatt, Book I, Chap. 22.
8. S. Pomeroy, *Women in Classical Antiquity*（Schocken, 1976）, p. 8.
9. Cicero, *First Part of the Speech Against Gaius Verres at the First Hearing*（New York, 1928）, Chap. 5.
10. A. Piganiol, *L'Empire Chrétien*（Presses Universitaires de France, 1947）, p. 422.
11. R. S. Lopez, *The Birth of Europe*（M. Evans, 1967）, p. 23.
12. *Life of Marcellus*, from *Plutarch's Lives*, Vol. 3, trans. J. and W. Langhorne（London, 1821）, pp. 119ff.
13. J. Lévy, *The Economic Life of the Ancient World*, ed. J. G. Birain（University of Chicago, 1967）, p. 99.

> 政事是一门关于惩罚的学问。
>
> ——考底利耶
>
> 视天下为己任,为众生谋福祉。
>
> ——阿育王

第六章　印度文明

当我们从希腊和罗马转向印度,便进入到一个迥然不同的世界。两者之间的差异不只是体现在职业、饮食、居所和服饰等物质环境,而是要广泛和重大得多。西方完全没有印度那样的基本观念和制度,如种姓、不杀生(非暴力)、转世说和"业"(关于行为的道德后果的法则)。这些并非只是古怪或抽象的想法,而是构成了印度文明的基石,塑造了每一个印度人的心灵和日常生活。印度人由此形成了独特而持久的思维和行为模式,乃至印度文明至今仍具有有别于亚欧大陆其他文明的鲜明特征。

我们将在下一章中看到,中华文明也具备这种独特性,然而,中国的独特性是自然而然地形成的,源于绝无仅有的地理环境和历史发展上的闭塞。相反,早期阶段的印度基本上类似于雅利安入侵者定居的亚欧大陆西部其他地区,如伊朗高原、巴尔干半岛和意大利半岛。我们已经在前文(第三章第五节)中指出,公元前1500年前后入侵印度的雅利安人部落,在体貌特征、游牧经济、社会制度、神祇和史诗等方面,与亚该亚人和多里安人等部落毫无二致。此外,在印度次大陆,印度-雅利安人与外界的隔绝程度也远远不及亚欧大陆东端的中国人。印度西北部的山脉并非不可逾越的天堑,千百年来,一直有军队、商人和朝觐者往来穿越这些山脉。事实上,在大部分时间里,印度北部与中东和中亚的交往要比印度北部与南部之间的交往更频繁。

人们不禁要问,为什么印度-雅利安人的文明与其西方亲属的文明会有如此大的差异?由于缺乏足够的证据,我们很难给出具体明确的答案。但是,最简单又最有可能的原因是印度-雅利安人印度化了。亚该亚人、多里安人或拉丁人进入的是相对野蛮的地区,而印度-雅利安人在印度河流域遭遇到有着大规模中心城市和稠密人口的高度发达的文明（见地图8）。原住民虽然被征服和贬低，但他们人口众多，文化发达，因此不可能被灭绝、驱逐或同化，以至留不下多少渊源文化的痕迹。反之，当游牧的雅利安人在印度次大陆定居下来，开始从事农业，便不得不在这片新土地上与原有居民比邻而居。经过几个世纪的混居和通婚，势必会推动文化融合。本章要讲述的就是这种文化融合的状况、性质和后果。

一、雅利安人的影响

雅利安人入侵印度河流域后，起初集中在雨水充足的旁遮普地区，因为那里有草场可供放牧。随后，雅利安人开始扩散到森林茂密的恒河盆地。一开始，雅利安人的扩张十分缓慢，因为他们只有石斧、青铜斧和铜斧等工具。公元前800年前后，随着铁器的引入，雅利安人扩张的步伐大大加快。雅利安人的主业由畜牧业转变为农业。此外，恒河流域的季风气候十分适合水稻栽培，水稻的产量要远远高于旁遮普种植的小麦和大麦。这样，人口稠密的中心就从西北部转移到东部，在东部出现了最早的强大王国。

从畜牧业向农业的转型带动了建立新村庄所需的各种行业，如木工、冶金、纺织和制革等。农业还促进了贸易，河流成为运输盈余粮食的天然运输线。最早的贸易通常采取以物易物的方式，母牛成为大笔交易的价值单位。值得指出的是，最早的铸币所采用的正是雅利安人到来之前印度河文明的度量衡。有些村落占据了便于开展贸易的地理位置，有些则经营某些特定行业，这些村落最终发展成为城市。

经济发展反过来又推动了政治统一。像其西方亲属一样，印度-雅利安人最早的社会组织结构由部落首领、长老会议和部落成员大会组成。随着经济的发展，在恒河平原，王国取代了部落；在旁遮普和喜马拉雅山山麓，共和国取代了部落。在这些早期国家中，恒河下游的摩揭陀王国地处两条主要商路上，而且控制了铁矿丰富的地区，因而很快脱颖而出。摩揭陀的这些有利条件为日后的孔雀帝国和笈多帝国奠定了基础。

公元前4世纪，难陀王朝全面开发摩揭陀的资源，建立起最早的国家。难陀国王开凿灌溉渠，修建灌溉工程，建立起有效的税收征管体制。历代难陀国王被认为是印度最早的帝国创立者。事实上，他们虽然为帝国奠定了基础，却未必建立了最早的帝国。完成这一历史使命的是旃陀罗笈多·孔雀，公元前320年，这位年轻冒险家推翻了难陀王朝，进而建立了以他的名字命名的著名帝国。

随着经济和政治的发展，社会结构同步出现了重大变化。像其他雅利安人一样，印度-雅利安人最初划分为武士贵族、祭司和平民三个等级。这些社会等级并没有日后种姓制度那样森严壁垒的规定,如职业世袭制、不同种姓不能通婚、用餐禁忌等。但是,到公元前500年,种姓制度已经成型,具备了所有的基本特征。关于种姓制度的起源,人们提出了多种解释,比较一致的看法是,肤色是种姓最基本的要素。"种姓"一词在梵文中称作"瓦尔那",意思是"肤色"。

外来的雅利安人很清楚自己与黑皮肤的原住民肤色不同,他们将原住民称作

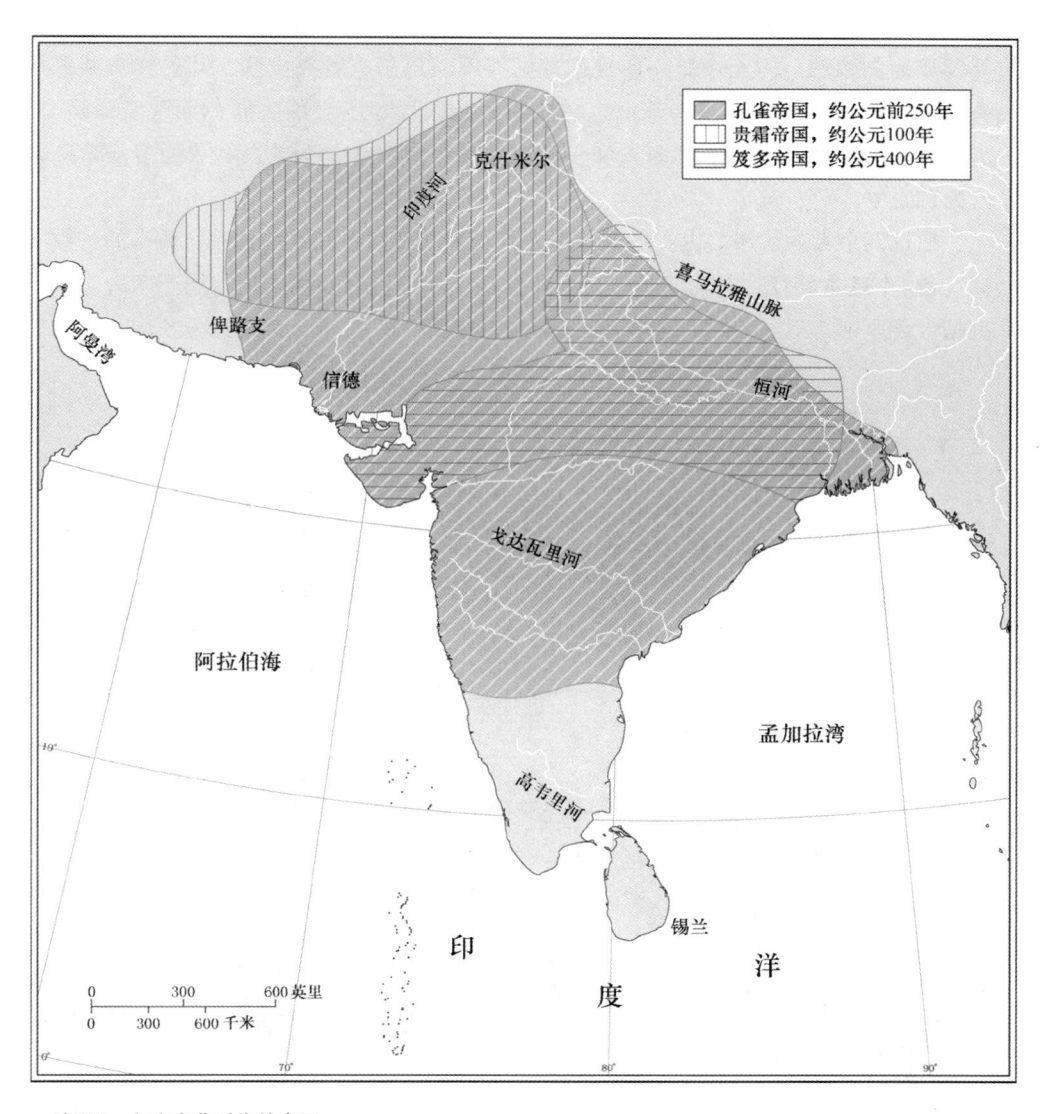

地图8 印度古典时代的帝国

"达萨"，意思是奴隶。雅利安人表现出强烈的种族优越感，极力与他们所贬低的被征服民族划清界限。为此，他们建立了划分为四个世袭种姓的制度。前三个种姓是雅利安人的不同职业阶层，祭司（婆罗门）、武士贵族（刹帝利）和农民（吠舍）。第四个种姓（首陀罗）是达萨，达萨不得参加宗教仪式，也没有征服者所享有的社会权利。

随着时间的推移，种姓之分开始与现实中的种族脱钩。一些雅利安人部落常常与达萨人部落结盟，对其他雅利安人部落开战。雅利安人还与已经采纳雅利安人语言和习俗的原住民混居。在这种情况下，达萨人祭司也成为婆罗门，达萨人首领成为刹帝利。时至今日，印度南部的婆罗门虽然有着黑皮肤，却照样贵族派头十足，而在印度北部一些地区，白肤灰眼的贱民也不会因为肤色而改变命运。为了应对这样的社会现实，商人和一些地主被归入吠舍，而农民和普通劳动者则沦为首陀罗。

在这四个大的阶层之内，形成了令人眼花缭乱、数不胜数的种姓。所有的种姓都具备4个基本特征。首先，种姓与职业挂钩，如银行家和商人通常属于吠舍。其次是世袭原则，不同种姓的通婚有繁琐的规定和限制。再次，严格区分不同种姓的

图52 印度祭司等级的婆罗门正在向信众布道。

食物、饮水、接触和礼仪。最后，每个种姓都有各自的"正法"，规定了成员的义务，如赡养家庭，结婚、出生和去世时举行规定的仪式等。

除了这四个等级之外，还有一类人，他们被称为"贱民"，意思是不可接触者，如今大约占印度总人口的七分之一。贱民只能从事被视为不洁的行当或职业，这些职业要么是又脏又累的差事，要么涉及人命或是宰杀动物。这些职业包括猎人、渔民、屠夫、刽子手、掘墓人、殡葬业者、制革工、皮革工、清道夫和拾荒者。从事这些职业的人没有任何社会地位可言。贱民居住在偏僻的村庄，或是城外的聚居区，只准许用他们自己的寺庙和水井。他们必须十分小心地回避有种姓者，不得与有种姓者有任何身体接触，极端情况下甚至不得进入有种姓者的视线。直到最近几十年，贱民走出自己的居住区或村庄时，仍必须敲打响板，以提醒其他人回避。

更有甚者，不可接触者还遭受了精神上的重创，这种精神伤害看不见摸不着，却和有形的社会制裁一样严重、一样有辱人格。按照业力轮回的教义，一个人前世的行为决定了今生的地位。因此，不可接触者的卑贱地位是罪有应得，起因于前世的罪孽，他们在来世能否翻身，唯一的希望在于今生今世要逆来顺受地当牛做马。

在社会制裁和宗教惩罚的共同作用下，种姓制度一直延续至今。当然，种姓制度也有许多互助的规定，在一定程度上提供了安全感。因此，在今天的印度社会，种姓制度依然成为一种根深蒂固的社会框架。种姓制度虽然受到改革家的口诛笔伐，在现代工业社会的压力下有所松动，但在印度四分之三人口居住的乡村地区，种族制度犹如百足之虫，死而不僵。

二、宗教改革与反改革

种姓制度以及作为其基本内核的"正法""业"和轮回说，构成了印度宗教体系的重要组成部分。雅利安人最初信奉的都是典型的部落神祇，即人格化的自然神，如因陀罗为雷神和战争之神，阿耆尼为火神，苏摩为酒神，酒神之名源于祭神的苏摩酒。这种性质的神祇很适合游牧民族，但是，当雅利安人开始定居从事农业，他们不得不转而崇拜新的神祇。随后诞生了印度教的三大主神：创造之神梵天、仁慈的守护之神毗湿奴、强大的毁灭之神湿婆。这些新神祇，尤其是湿婆，与印度河流域遗址中的发现惊人地相似，这并非偶然。很自然，雅利安人将古代农业文明数千年间发展起来的宗教观念和习俗据为己有。

伴随着新神祇的出现，权力日益集中到祭司阶层的婆罗门手中。这种状况可能也是源于雅利安人之前的宗教传统。在某些地区，婆罗门接触到土著宗教首领，很可能知晓了印度河文明祭司神奇的主张和习俗。不论在遥远的过去有什么样的历史原型，婆罗门充分地利用了他们所掌握的《吠陀》，即在宗教仪式和祭祀时高声吟诵的赞美诗。《吠陀》以口耳相传的方式代代流传，被奉为圣典，乃至被逐字逐句背诵下来。作为这一宝贵遗产的保管者和传承者，婆罗门申明并巩固了自身作为印度社会领袖的地位，凌驾于世俗首脑刹帝利之上。

由于婆罗门肩负着神圣的职责，因此他们享有诸多特权和豁免权。凡是向婆罗门赠送礼物的人都可以在今生与来世获得奖赏。"土地赠与"的级别最高，可以"赦免所有的罪孽"。因此，婆罗门获得了大量地产，有时甚至是整座村庄。此外，婆罗门无须纳税，因为他们被认为已经用"虔诚行为"履行了这种义务。婆罗门被奉若神明，因而不得被判处死刑或是任何肉刑。最后，"业"、转世说和"正法"等教义的盛行，使得婆罗门掌握了几乎难以抗拒的心灵控制手段。如果现世生活是前世行为的必然结果，而来世的希望完全取决于能否忠实履行特定的种姓义务，不论这些义务多么艰巨和有辱人格，在这种情况下，个人几乎没有机会维护自身的权利。

婆罗门的自命不凡和巧取豪夺成为公元前6世纪至公元前5世纪印度宗教改革的一个动因。另一个因素是前文中提及的经济发展，由此造就了富裕的商人阶层，他们属于吠舍种姓，对两个高级种姓享有特权感到不满。最后，婆罗门与非雅利安人之间也有矛盾，非雅利安人虽然获准成为印度教信徒，却对婆罗门的统治地位不满。佛陀降生的释迦部落生活在尼泊尔丘陵地带，被认为属于蒙古人种。在各种因素的共同作用下，印度宗教和思想领域出现了持续数个世纪的思潮。人们寻求摆脱轮回，这是比刻板仪式和僵化教义更有意义、更称心意的事情。

这种思潮的一个表现是出现了禁欲主义趋势。一些思维活跃之人感觉自己与社会格格不入，转而专注于纯粹的内省。他们开发出种种"修行"（瑜伽）技巧，静心凝神，最后进入到一种出神或陶醉状态，神秘主义者称之为"开悟"，无神论者称之为"自我催眠"。这种内心探索和沉思成为许多改革运动的源头，其中最重要的是佛教。这种新宗教拒斥种姓制度和婆罗门，主张圣典不应由一小撮上层人士把持，而是应当让所有信徒都能理解。佛教还反对一切巫术、祭祀和晦涩的经文。

佛教不仅在印度，在中亚、东亚和东南亚也成为一股强大力量。然而，公元600年之后，佛教在印度失去了影响力，最终仅在佛教发源地等极少数地方还有少量信徒。佛教在本土衰落的一个原因在于未能为人们日常生活中的重要时刻做好安排。举凡出生、结婚、死亡以及尘世生活的其他重大关头，佛教都没有相应的仪式。相反，婆罗门则为人们提供了各种仪式，因此，虽然遭到改革者的攻击，婆罗

图53 印度南部出土的青铜湿婆雕像。湿婆是最重要的印度教神祇之一。这尊雕像名为"舞蹈的湿婆",姿态优美,结构匀称。湿婆的舞蹈不仅毁灭世界,也创造世界,雕像用神话和艺术的手法表达了世间万物永恒的变化(13世纪,青铜,33.5×24.8厘米)。

门却仍能生存下来。更重要的是,婆罗门也投身改革,在哲学典籍《奥义书》中阐述了印度教的轮回解脱之路。

婆罗门教导说,"梵"是宇宙中无所不在的最高精神,是具备所有知识和感觉的存在,是宇宙的灵魂和无孔不入的气息,舍此而外,别无其他实体。个体灵魂(阿特曼)只不过是最高存在的一丝火花,它通过轮回不断改变状态,除非重新归入"梵"之中,方能彻底摆脱轮回。苦行者的终极目标就是通过修行、冥想以及远离感官世界,识别个体灵魂与宇宙灵魂。因此,真理追求者应当退出尘世生活,到印度教中寻求安宁。在当今的印度,作为一种现实信仰的佛教已不复存在,但印度教反改革运动吸收了佛教的基本信条,从这个意义上说,佛教至今仍在发挥着影响。

三、孔雀帝国

当我们把目光从宗教运动转向政治发展,首先映入眼帘的重大事件是印度出现了第一个帝国:孔雀帝国。本章前面已经讲到,雅利安人迁徙到恒河流域,文明中心也随即转移到那一地区,尤其是摩揭陀王国。与此同时,由于与波斯文明往来密切,印度西北地区开始走上另外一条发展道路,与印度其他地区分道扬镳。事实上，公元前518年前后，波斯皇帝大流士翻越兴都库什山脉，将旁遮普西部划为帝国的第20个行省。两个世纪之后，公元前327年，亚历山大大帝也从西北方向侵入印度。但亚历山大来去匆匆，两年后便离开了印度，希腊人在旁遮普的统治随即宣告结束。虽然亚历山大帝国只是昙花一现，却对印度产生了很大的影响。

一个影响是促进了东西方贸易的发展，当时的商人从印度西北部出发，经阿富汗和波斯，最终到达小亚细亚和黎凡特港口。亚历山大在中东各地建立的希腊殖民地无疑也为这一贸易做出了重大贡献，亚历山大之后，希腊化国家在200年的时间里推动了这一贸易。

对于印度历史来说最重要的是，亚历山大推翻了印度西北部的几个王国和共和国，从而造成了这一地区的政治真空。旃陀罗笈多·孔雀很快趁虚而入，建立了以他的名字命名的帝国。亚历山大离开印度三年后，公元前322年，野心勃勃的青年将领旃陀罗笈多推翻了摩揭陀国的难陀王朝，建立了孔雀王朝。在接下来的几年里，他稳步向西北扩张，将恒河和印度河三角洲悉数收入囊中，建立起地跨这两条大河的帝国。与此同时，为了维持统治，他还建立了强大的军队和高效的行政管理体制。因此，当亚历山大的继承人之一塞琉古成为中东的君主，试图收复亚历山大一度征服的印度省份，旃陀罗笈多轻而易举地击退了希腊军队。

旃陀罗笈多的儿子征服了南部的德干地区，他的孙子、著名的阿育王（公元前273—前232年在位）则征服了羯陵伽，即东印度。这样，到阿育王时期，孔雀帝国统治了除半岛南端之外的整个印度半岛。

孔雀王朝统治下的印度十分富庶，治理有方，可以与鼎盛时期的罗马帝国相媲美。帝国修建了四通八达的驰道，商人、士兵和皇家信使络绎往来。帝国对东海岸羯陵伽的征服也有利于贸易的发展，有专门的海事部门负责维护航道和港口。首都华氏城被称为

图54 鹿野苑出土的阿育王圆柱上的狮子柱头，现陈列于新德里博物馆。这座阿育王圆柱建于阿育王王朝（公元前273—前232年），这位孔雀帝国的统治者建造了许多纪念佛陀的石柱。

"花城",以公园、公共建筑以及长达14千米的临河街道而闻名。教育机构招收来自帝国各地和海外的学生。

所有这一切都要靠土地税来维持,税率一般为收成的六分之一,因此国王被形象地称为"六分之一享有者",而实际收取的比例通常高达四分之一,这使得农民仅能勉强维持生存。帝国推行严刑峻法,用铁腕手段维持秩序。帝国军队号称有70万人,配备9000头大象、1万辆战车。密探人数众多,无孔不入,他们将打探来的消息用信使和信鸽送往首都。酷刑是家常便饭的事情,被当作惩罚和逼供手段。一言以蔽之,这是一个高效、严酷、官僚化管理的社会,充分体现了考底利耶所说的原则:"政事是一门关于惩罚的学问。"

阿育王的统治与这种传统的帝国治理有着天壤之别。阿育王通过血腥战争征服了羯陵伽王国,之后经历了内心深处的痛苦煎熬。据他自己说,看到10多万名俘虏被杀,让他"悲不自胜,悔之莫及"。从此以后,阿育王开始推行佛陀的仁慈教义。他颁布的诏令体现出佛教观念:朴素、怜悯、相互宽容、爱惜众生。他下令兴办了许多公共事业,为平民谋福祉:建造医院,由国库支付医疗费用,在驿道两旁修建果园和休息场所,向所有教派发放布施,资助佛教传教团去外国传教。

阿育王并没有宣布佛教为国教,也没有迫害其他教派,而是一视同仁地扶持所有教派。这表明阿育王不止是经历了宗教信仰的改变,更是人生态度的转变。他将宽容和非暴力视为重中之重,既是因为两者合乎道德,也是因为它们能够促进多元的大帝国的和谐。这种态度决定了阿育王的成功,他长达41年的统治备受赞誉。然而,阿育王死后不到半个世纪,他的王朝被推翻,孔雀帝国也就此覆灭。

印度历史的这种模式一直延续到现代。印度与中国的历史形成了鲜明对照,在中国,大一统帝国的长期统一间以短暂的分裂,而印度正相反,短暂的统一之后是长期的分裂。这并不是说印度没有统一。印度有统一,但这种统一在于文化而不是政治。印度文化强调忠于社会秩序而不是国家,正如我们已经谈到的那样,高级种姓的地位是来自于种姓制度而不是政治制度。由此可见,印度文化在不同领域起到了大相径庭的作用,它在一个领域促进了统一,在另一个领域削弱了统一。

四、入侵者、商人和传教士

公元前2世纪初,孔雀帝国灭亡,随后是长达500年的混乱和黑暗时代。但这一时期有一个贯穿始终的不变因素,即印度与外部世界的交往日趋频繁,并且对政治、经济和文化等领域带来了多方面的影响。

首先是一批又一批入侵者的涌入。亚历山大和希腊人之后,帕提亚人、西徐亚人、贵霜人接踵而至,这里提及的还只是最重要的入侵者。虽然这些民族建立的帝国都是以中亚或中东为中心,但印度同样成为帝国不可或缺的组成部分,从而打通了印度与异域的联系,促进了印度内陆贸易和海外贸易的发展。罗马商人前往印度南部和西部,而大批印度商人则到东南亚定居。就像希腊人在整个地中海地区经商和殖民一样,印度人到东南亚各地经商和殖民。

在文化领域,在这几个世纪里,印度的佛教传教士将佛教传播到所有周边国家。托钵僧可以安全地游走于敌对或陷入混乱的民族之间,他们身无分文,自然也就没有被劫被盗之虞;他们又是献身宗教之人,因此受人敬重。抢劫或伤害他们非但无利可图,反而会遭天谴。因此,佛教和婆罗门教从印度传播到周边国家,同时也将印度文化传播开来。文化交往也并非只是单向输出。来自北方的一批批入侵者相继带来了希腊、波斯和中亚的文化。1世纪,基督教这一新宗教由海路传入印度。相传,公元52年前后,圣多马抵达印度西南部的马拉巴尔海岸,在当地修建了许多教堂。此后,他跋山涉水,前往印度东海岸,但他的布道遭到当地人的强烈抵制,68年,他在马德拉斯附近遇害。不过,他在马拉巴尔地区的传教收到了成效,当地至今仍有许多基督教社团。

五、笈多古典时代

4世纪,印度进入繁荣昌盛的笈多时代,在这个时代,前几个世纪的入侵者已经同化,不同文化的融合结出了硕果。这是印度文明的古典时代,可与西方早期罗马帝国的奥古斯都时代相媲美。像孔雀帝国一样,笈多帝国也是起源于恒河流域的摩揭陀国家。孔雀帝国覆灭后,摩揭陀设法维持了独立,随后乘贵霜帝国崩溃之际再度将势力扩张到真空地带。

320年前后,旃陀罗笈多一世继位,拉开了笈多时代的序幕,在他的孙子旃陀罗笈多二世(375—415年在位)统治下,笈多帝国达到鼎盛。旃陀罗笈多二世开疆拓土,帝国版图从印度河扩展到孟加拉湾,从北部山区扩展到讷巴达河。笈多帝国是个北印度帝国,并未囊括整个印度半岛。事实上,当时的南印度在许多方面属于另一个世界,温迪亚山脉依然是一道难以逾越的天堑,将印度半岛南北一分为二。与北方的印度-雅利安语不同,南方各民族说的是达罗毗荼语,也就是雅利安人到来之前的语言,包括泰米尔语、泰卢固语和卡纳拉语。不过,南方已经接受了印度教、佛教以及北方的社会习俗,并用梵文来记录经文和知识。这样就形成了一个单一的印度文明,将南方几个独立国家以及有着不同种族和语言背景的民族联系在一起。

笈多帝国富庶繁荣,尤其是旃陀罗笈多二世引入标准的金币和银币之后。印度

图55　公元前700—前600年前后的梵天浮雕。

半岛内部贸易和对外贸易的规模都达到了一个新的高度。在笈多王朝统治下，对外贸易贷款的利率大幅下降，从孔雀帝国时期的240%下降到笈多王朝的20%，这反映出社会安全度的提升。纺织业是最主要的工业，产品包括丝绸、平纹细布、印花棉布、亚麻布、毛料和棉布，这些产品产量很大，行销国内外市场。其他的重要行业有冶金、制陶、雕刻和宝石雕琢。

根据中国的佛教朝觐者的报告，笈多帝国的统治似乎要比孔雀帝国温和。401—410年间，中国僧人法显游历了印度的许多寺院，国家提供的各项服务和普遍繁荣给他留下了深刻印象。他发现，笈多王朝信奉印度教，但并不歧视佛教徒。乡村一派祥和繁荣景象，不像孔雀帝国时期那样到处是捕快和密探。法显还注意到：

> 人民殷乐，无户籍官法，唯耕王地者乃输地利，欲去便去，欲往便往。王治不用刑罔，有罪者但罚其钱，随事轻重，随复谋为恶逆，不过截右手而已。王之侍卫、左右，皆有供禄。举国人民悉不杀生，不饮酒……市无屠行及沽酒者。

> [人民殷富快乐，国内没有户籍，也没有官法。只有耕种国王土地的人才交纳土地上的出产，而且耕种国王土地的人也是想走就走，愿留则留，去留自由。国王治理国家不用刑法条文，有罪的人只是视其罪行的轻重罚钱了

事，即便是犯了十恶不赦的大罪，也不过是砍去右手而已。国王的侍卫以及左右大臣都有俸禄供应。国内所有的人都不杀生，不饮酒……市场上没有卖肉、卖酒的人。]¹

一个中国人眼中的印度

中国的佛教朝觐者留下了关于古典时代印度的宝贵叙述。最著名的是玄奘法师，公元629—645年间，他遍访印度各地，留下了关于印度的生动记录。*

若夫邑里间阎，方城广峙，街衢巷陌，曲径盘迂。阛阓当涂，旗亭夹路。屠钓倡优，魁脍除粪，旌厥宅居，斥之邑外，行里往来，僻于路左。至于宅居之制，垣郭之作，地热卑湿，城多叠砖，暨诸墙壁，或编竹木。室宇台观，板屋平头，泥以石灰，覆以砖墼。诸异崇构，制同中夏。苫茅苫草，或砖或板，壁以石灰为饰，地涂牛粪为净，时花散布，斯其异也……

夫其洁清自守，非矫其志。凡有馔食，必先盥洗，残宿不再，食器不传。瓦木之器，经用必弃。金、银、铜、铁，每加摩莹。馔食既讫，嚼杨枝而为净。澡漱未终，无相执触。每有溲弱，必事澡灌。身涂诸香，所谓旃檀、郁金也。

至于乳酪、膏酥、秒糖、石蜜、芥子油、诸饼麨，常所膳也。鱼羊獐鹿，时荐肴馔。牛驴象马，豕犬狐狼，师子猴猿，凡此毛群，例无味啖……

什物之具，随时无阙。虽釜镬斯用，而炊甑莫知。多器坯土，少用赤铜。食以一器，众味相调，手指斟酌，略无匙箸。

[谈到城市聚居之地，方型城垣宽而又高，大街小巷，曲折环绕。市肆当途，楼店夹道。屠夫、渔夫、娼妓、戏子、刽子手、清道夫的住处有特殊标志，被排斥在城外。如果在城市里行走，只能躲在路旁走。至于住宅的构造，城垣的建筑，因为地势低下潮湿，城墙多叠砖而成，住宅的墙壁间或以竹木编制。房屋、平台、楼观，用木头制作屋顶，涂上石灰，再盖上砖坯。有的非常高大，形制与中国相同。屋顶铺以茅草，或用砖盖，或用板盖。墙壁涂上石灰以为装饰，地面涂上牛粪认为洁净，应时的鲜花撒在上面，这是和中国不同的地方……

他们自觉保持清洁，并非出于外力强迫。凡要饮食，必先去盥洗，隔夜的剩饭菜不再食用，食饮器皿不相传用。瓦和木质器皿用过后就丢弃。金、银、铜、铁食器，经常擦拭得锃亮。吃过饭后，嚼杨枝来使口腔干净。洗澡漱口没完，不相互接触。每当大小便后，必定清洗。身上涂有各种香料，有檀香、郁金香。

经常食用的食物有乳酪、膏酥、沙糖、石蜜、芥子油以及各种面粉制成的干粮。

鱼、羊、獐、鹿是有时食用的肉食。牛、驴、象、马、猪、狗、狐、狼、狮子、猴、猿一类长毛的牲畜，照例是不吃的……

各种器物，随时都不缺，虽然也使用锅，但不知道用甑蒸饭。器具多用土坯制成，很少用赤铜。仅用一件器皿进食，各种味道调在一起，用手指抓食，没有勺子筷子。]

* Si-Yu-Ki, *Buddhist Records of the Western World*, trans. S. Beal（Kegan Paul, 1884）, I. pp. 70–89. Reprinted by Paragon Reprint Corp., New York（1968）.

在语言和文学领域，这是一个梵语取得巨大成就的时代。梵语本是婆罗门学者使用的一种古老语言，如今东山再起，成为行政管理和世俗文学的用语。在王室的慷慨资助下，梵语诗歌和散文蓬勃发展。最杰出的作家是有着"印度的莎士比亚"之称的迦梨陀娑，他把古代传说和民间故事改编成戏剧和抒情诗。18世纪末，迦梨陀娑的《沙恭达罗》被翻译成英语，广受赞誉，还被搬上外国舞台。笈多时代最大的文化成就当属将辉煌的民族史诗《摩诃婆罗多》和《罗摩衍那》编写成定本。这两部史诗最早可以上溯到基督诞生前好几个世纪，早期版本早已佚失。今天所看到的是笈多时代作家留下来的编定本，它们至今仍是印度文学的经典和印度传统的宝库。史诗的男女主人公已经融入了印度人的生活之中，其情节成为一代又一代作家的灵感源泉，其中的哲理诗《薄伽梵歌》成为最负盛名的印度教经典。

在科学领域，笈多时代也取得了杰出成就。印度与希腊人的交往给双方都带来了有益的思想交流。476年生于华氏城的阿耶波多是历史上最杰出的天文学家之一。阿耶波多指出，地球是个球体，围绕地轴自转；月食是地球的影子落在月球所致；太阳年的时长为365.3586805天，这与我们今天的计算结果只有很小的误差。

笈多时代最重要的贡献是数字"0"的发明以及在此基础上发展起来的十进制。数字进位制的基数可以是任意一个数；印度人选取十进制，可能是因为他们用十个手指计数。有了十进制，个位数始终为0，1，2……9。相反，在古代希腊人那里，数字888中的每一个8都是不同的。罗马人则将888写作DCCCLXXXVIII。这样的进位制显然很难进行乘除法运算。简便的印度数字被阿拉伯商人和学者传到西方，并被称为"阿拉伯数字"。尽管这些数字优势明显，却长期被西方人斥为异教徒的东西，而且很容易伪造，只需加一笔就可以把0变成6或9。直到15世纪末，印度-阿拉伯数字才在西方流行开来，打开了现代数学和科学的大门。从人类历史的角度来看，印度文化的这一贡献不亚于轮子、杠杆、字母表的发明。

[推荐读物]

关于印度文明最有用的原始资料汇编是W. T. de Bary et al., *Sources of Indian Tradition*（Columbia University，1958）；A. T. Embree，ed.，*The Hindu Tradition*：*Readings in Oriental Thought*（Vintage，1972）。另一部很有价值的工具书是J. E. Schwartzberg，ed.，*A History Atlas of South Asia*（University of Chicago，1978）。

一流的印度通史有S. Wolpert，*A New History of India*（Oxford University，1977）。也可参阅：P. Spear，*India*：*A Modern History*（University of Michigan，1961）；R. Thapar，*A History of India*（Penguin，1961）；D. D. Kosambi，*Ancient India*：*A History of Its Culture and Civilization*（Pantheon，1965）；H. Kulke and D. Rothermund，*A History of India*（Croom Helm，1986）。

从社会学角度阐释印度的著作有D. G. Mandelbaum，*Society in India*：*Continuity and Change*，2 vols.（University of California，1970）；B. S. Cohen，*India*，*The Social Anthropology of a Civilization*（Prentice Hall，1971）。下列书中有许多生动的材料：J. Auboyer，*Daily Life in Ancient India from Approximately 200 B. C. to A. D. 700*（Weidenfeld & Nicolson，1961）；M. Edwardes，*Everyday Life in Early India*（Batsford，1969），这本书图文并茂，介绍了公元前300年到公元700年间印度人的生活。另可参阅K. W. Morgan，*Asian Religions*：*An Introduction to the Study of Hinduism，Buddhism，Islam，Confucianism，and Taoism*（Washington，1964）。

[注释]

1. Fa-hien，*A Record of Buddhist Kingdoms*，trans. J. Legge（Clarendon，1886），pp. 42-43.

> 其人存，则其政举；其人亡，则其政息。
>
> ——孔子

第七章　中华文明

与松散而断续的印度文明不同，中华文明具有凝聚性和连续性的特征。中国的历史进程中没有像印度那样由雅利安人、穆斯林和英国人带来的历史断裂。当然，许多游牧民族曾入侵中国，其中极少数入侵者还建立了王朝。然而，入侵者总是很快彻底地变成了中国人，而不是中国人全面接受入侵者的语言、习俗和游牧经济。

究其原因，中国在地理上的闭塞程度比印度更高，因而仅在西北方向面临游牧民族的侵袭。中国人无须应对相继入侵印度的那些有着相对成熟的文化，从而能够在不同程度上维系自身种族和文化认同的民族。从一开始，中国人就都是蒙古人种，游牧入侵者以及中国人向东扩张至太平洋、向南扩张到越南的过程中同化的相对原始的部落也都属于蒙古人种。因此，种族和文化同质性贯穿了整个中国历史。如我们将要看到的那样，在古典时期，由于统一了文字，即便方言千差万别，中国人也能相互沟通，从而进一步强化了这种同质性。反之，当今印度仍有14种"官方语言"，其中之一是英语，用尼赫鲁的话来说，它是其他13种语言的"纽带"。

除了文化同质性之外，同样重要的是中国有着历久弥坚、非同凡响的政治统一。这种统一在很大程度上要归因于中华文明特有的世俗主义，它是各大文明中唯一一个从未形成过祭司阶层的文明。诚然，皇帝也是祭司，代表普天之下的臣民祭天，但相对于治国平天下，皇帝的宗教职能始终是第二位的。因此，中国从来没有亚欧大陆其他文明那样的宗教与世俗、教会与国家之间的明显区分。中国也没有任何像印度史诗那样的东西，印度的史诗专注于玄学，注重个人的灵魂拯救，而中国的典籍强调人的社会生活，尤其重视家庭成员之间、君臣之间的关系。这种强烈的世俗主义为政治组织和政治稳定提供了深层的坚实基础。千百年来，一项独特的制度进一步巩固了这种社会基础，即通过公开的竞争性考试来选拔文官，这要比西方或其他任何地方早2000年。

了解上述历史背景，有助于理解本章所讲述的中华文明和中国历史。

一、转型时期

表面上看，东周时代（公元前770—前256年）是一个暗无天日的时期，王朝疲弱，封建领主相互杀伐（见第三章第五节）。然而，这个时期发生的根本性社会经济变革对中国的发展进程产生了深远的影响。如同印度一样，铁器的引入成为变革的根本动因。中国很晚才进入铁器时代。直到公元前600年前后，铁器才得到广泛使用。但是，到公元前5世纪至公元前4世纪，铁器已经深刻地影响了中国的社会和政府。

铁器带来的影响尽人皆知。由于有了更高效的新式铁制工具，农业从最初的黄河发源地向南传播，扩展到森林茂密的长江流域（相当于印度的农业从印度河流域扩展到恒河流域）。铁制工具引入后，人们可以在大河流域地区兴修水利，为大宗商品的长途运输开凿运河，在干旱的西北地区打井灌溉。

所有这一切推动了生产力大幅增长，促进了贸易和工业发展，最终使大部分经济领域都开始使用货币。早前就已经出现了货币，通常是用贝壳来充当货币。此时又出现了铜币，并且越来越广泛地应用于各个经济部门。货币使用日益广泛，催生出新兴的商人和工匠阶层。他们自由而富有，不再像过去那样依赖封建领主，而是成为新兴的货币贵族，很快便向封建主的领导地位发起挑战。

随着货币的广泛使用，土地成为可以买卖的财产。富商广置地产，贵族为了增加收入，委派代理人收租。收税人不是像过去那样向村长收租，而是直接向农民索取更多的地租。

经济变迁伴随着根本性的政治变革，封建分封制过渡到中央集权制。经济增长和货币的使用，为诸侯国统治者提供了建立中央集权所需的财政资源。由于新开垦的土地尚未被纳入封建关系的范畴，因此新土地所收地租可以直接进入诸侯们的金库。诸侯还垄断了越来越有利可图的盐铁生产和分配。最终，诸侯国君主向从前分给贵族的封地派驻官员，使之成为诸侯国中央政府管理下的行政单位。这是一个循序渐进的过程，凡是实现了这一转变的地方，统治者的财力和实力都有了极大提升，从而导致了周王朝的衰微。秦国统治者成功征服整个中国，根本原因就在于率先采取了上述措施，国力日益强盛。我们将在本章第三节来探讨这个问题。

二、哲学家与典籍

上文中描述的社会败坏和重组对中国的思想家产生了深刻的影响。他们不得不重新审视自己的传统，要么抛弃这些传统，要么使之适应转型时期的需要。这样，东周时期成为一个新思潮涌动和创造力迸发的时代，让人联想起希腊的理性主义哲学家、印度的佛陀和其他宗教改革者在类似环境下所取得的成就。

由于中华文明注重现世的世俗性质，所以，杰出的思想家都倾向于成为务实的政治家，他们最热衷的是游说各国统治者采纳自己的学说。他们外出游历授业，广招门徒，逐渐形成了不同的哲学学派。当时各种思想流派层出不穷，中国人称之为"百家争鸣"。我们来看看几家延续了千年，对中华文明的演进产生了重大影响的学派。

这些学派的创立者多半是大胆的创新者，却几乎全都将遥远过去的所谓黄金时代作为灵感源泉。大多数文明都有类似的倾向，但中国人尤为突出地表现出对过去的意识和崇敬。因此，他们小心地保存和研究早先时代的著作，视之为处理公私事务不可或缺的指南。

这些古代著作中最重要的是"五经"，其中包括诗歌、民间传说和历史文献。哲学家和教师们致力于研究和利用这些"经书"，其中最著名的是孔子。孔子的影响如此巨大而持久，乃至我们可以用"Confucianism"[1]一词来代表过去2000多年来中国人的生活方式。公元前551年，孔子出生于一个没落的低级贵族家庭，因而只能靠自己在世上闯出一片天地。孔子面对的是一个残酷的世界：列国纷争，天下大乱，礼崩乐坏，诸侯僭越。为了改变这种状况，孔子周游列国，希望能找到一位理想的统治者将自己的政治抱负付诸实施。孔子担任过一些低级官职，但人微言轻，很难影响国家大政。于是，孔子着手教育年轻人，希望年轻一代能更好地实现自己的理想。

孔子终于找到了自我。事实证明，他是一位具有罕见热情和技巧的老师。现存的史料记载中，孔子被描绘成一个很有人格魅力的人：通情达理，心地善良，为时代的愚昧而苦恼，深信自己能够恢复社会的正常秩序，还有一种含蓄的幽默感。孔子的学说本质上是一种保守的思想。他并不想打破现行的社会秩序，而是主张"君君、臣臣、父父、子子"。不过，孔子虽然致力于维护君主的统治权，却坚持认为这种统治应当建立在健全的道德原则之上。像柏拉图一样，孔子认为，贤人才是理

---

[1] 孔子的英文译名为Confucius，在不同语境下，Confucianism可以指孔子学说、儒家思想、儒家、儒教、礼教。——译者注

图56 孔子像（中国明代刻本）。

想的国王，也就是要具备仁、义、礼、智、信等五种最基本的品德。[1]

在那个迷信泛滥、畏惧神怪的年代，孔子却是个理性主义者。世人对梦境的预兆、占卜术以及可怕的亡灵深信不疑。孔子虽然承认鬼神和天命的存在，但基本上采取存而不论的态度："敬鬼神而远之"，"未能事人，焉能事鬼"。[2]

孔子在世的时候，他的学说并没有得到普遍认可，更不用说被官方采纳了。然而，孔子学说最终还是传播开来，成为国家的官方教义。究其原因，孔子的基本立场是保守和承认现状，这自然对上层人士有吸引力。此外，他强调伦理原则，将伦理视为恰当行使权力的先决条件。最后，孔子提供了一种官僚哲学，在他去世250年后，随着帝国政府的建立，官僚阶层变得不可或缺。一位著名儒家学者提醒汉朝开国皇帝说：（天下）"居马上得之，宁可以马上治之乎？"

---

[1] 孔子最早提出"仁、义、礼"，孟子扩充为"仁、义、礼、智"，董仲舒最后扩充为"仁、义、礼、智、信"，后称"五常"。——译者注

[2] 原文此处作者引用《论语》中的两句是"知之为知之，不知为不知"和"未知生，焉知死"，与前文意思不符，故用《论语》中论及鬼神的两句代替。——译者注

儒家的教诲[1]

儒家学说首先是一种关注日常生活问题的实用性伦理体系。它特别强调"礼"和社会责任,如以下几节所示:*

个人

立于礼。

[学礼为立身的根本。]

礼器,是故大备。大备,盛德也。礼释回,增美质;措则正,施则行。

[以礼为器,就可导致"大顺"的局面。这样的结果则是盛德所体现出来的。礼能够消除邪恶,增进本质之美,用到人身上则无所不正,用到做事上则无所不成。]

家庭

君子生则敬养,死则敬享,思终身弗辱也。

[君子在父母生前尽心奉养,父母死后则诚心祭享。终身牢记不做有辱父母的事。]

孝有三:大孝尊亲,其次弗辱,其下能养。

[孝有三等,第一等的孝是充分尊重父母,第二等的孝是使父母不受辱没,第三等的孝是能够赡养父母。]

生,事之以礼;死,葬之以礼,祭之以礼。

[父母活着的时候,要按礼侍奉他们;父母去世后,要按礼埋葬他们、祭祀他们。]

政府

(叶公问政。)子曰:"近者悦,远者来。"

[叶公问孔子怎样管理政事。孔子说:"近处的人欢悦无怨,于是远处的人就会慕名而来投奔。"]

民为贵……君为轻。

[百姓最重要……君王为轻。]

百姓足,君孰与不足?百姓不足,君孰与足?

[百姓富足,君王怎么会不富足?百姓不富足,君王怎么会富足?]

---

[1] 原文为"孔子的教诲",但有些条目出自《礼记》和《孟子》。——译者注

上好礼，则民莫敢不敬。

[居上位的人遇事依礼而行，民众就容易役使了。]

是故君子有诸己，而后求诸人；无诸己，而后非诸人。

[品德高尚的人总是自己先做到，然后才要求别人做到；自己先不这样做，然后才要求别人不这样做。]

教育和艺术

凡学之道，严师为难。师严然后道尊，道尊然后民知敬学。

[凡是求学的道理，以尊敬老师最难做到。老师受到尊敬，然后老师所传授的真理、学问才会受到敬重。真理学问受到尊敬，然后人民才会敬重学问。]

士依于德，游于艺。

[士应当以道德为依归，遨游于六艺。]

乐者，天地之和也。

[音乐所表现的是天地间的和谐。]

* M. M. Dawson, *The Ethics of Confucius*（Putnam's，1915），pp. 2-5，167-168，255-257.

公元前2世纪，儒家学说正式成为帝国的官方教义或官方信仰。"五经"成为学者和政治家的主要研究对象。从那时起直到1911年清王朝覆灭，在2000多年的时间里，孔子学说在中国从未受到过质疑。事实上，孔子的学说一直在发挥影响，民国总统蒋介石极力主张用儒家学说的原则来解决所面临的问题。时至今日，中国台湾地区仍以孔子诞辰为教师节。

道家学说在中国的影响力仅次于儒家学说。原因不难理解，这两种学说正好互补，从而满足了中国人的智性和情感需求。儒家学说重视礼仪、服从和社会责任，道家学说则强调个人驰骋兴致和想象，效法自然的伟大法则。这一法则就是"道"，它的信徒称为道家。道家所说的效法自然，是指清心寡欲，不争名夺利，通过冥想回归大自然。理想的臣民骨骼粗壮，肌肉强健，头脑空空，而理想的统治者则应该"虚其心，实其腹，弱其志，强其骨，常使民无知无欲……为无为，则无不治"["净化百姓的心灵，满足其温饱，削弱其争名夺利之心，强健其筋骨体魄，使百姓无奸巧之心，无非分之想……按照'无为'的原则来做事，那么天下也就没有什么治理不好的了"]。

法家学说与儒家和道家学说迥然有别。法家都是身体力行的政治家而不是哲学家，他们关注的是整治社会，提升所投效诸侯的实力，使诸侯能够发动战争，用武力统一国家。法家将贵族视为过去时代的余孽，诸侯不应当依靠贵族，而应当用军队取而代之。法家还认为，应当驱使平民大众从事生产劳动，商人和学者则可有可无，不必宽容待之。为了富国强兵，需制定周密的法律，对生活的方方面面做出具体规定。统治者不应追求儒家所称颂的仁慈、公正等传统美德，而应追求权力和财富。

秦国君主运用这些法家原则，成功地征服了其他诸侯，建立起第一个帝国。随后，他们运用无情手段在全国范围内实行严密控制，结果适得其反，我们将要看到，在其创立者死后没多久，帝国就被推翻了。法家学说名誉扫地，儒家学说则从此成为官方信条。儒家学者把持了社会地位和政府职位。其余学派也就渐渐被淡忘了，而道教[1]吸收了民间的迷信和鬼神传说，成为没有受过教育的民众的宗教，虽然受到儒家学者和官员的贬低，却得到了一定程度的宽容。

三、秦帝国

在漫长的中国历史上，曾有三次重大变革彻底改变了中国的政治和社会结构。第一次变革是公元前221年，推翻了封建制度，建立了中央集权的帝国；第二次是1911年，推翻了帝制，建立了共和国；第三次是1949年，建立了共产党政权。

第一次大变革的发动者是中国西北部渭河流域的秦国。秦国据有有利的地理位置，渭河流域大部分地区易守难攻，秦国君主在进攻东部国家时没有后顾之忧。秦国地处边陲，经常要与游牧蛮族作战，这有利于秦军保持战备状态。事实上，秦人是最早用铁制兵器取代青铜兵器、用骑兵取代战车兵的中国人之一。秦国的胜利还有一个重要因素，即公元前318年，[2]秦国征服了四川的产粮大平原，从而极大地扩充了秦国的地盘和实力，从某种程度上说，此时秦国与其他国家的关系类似于马其顿与希腊城邦的关系。最后，历代秦国君主都是精明能干而又野心勃勃的现实主义者，他们率先采纳法家学说，独揽一切大权。

秦国君主凭借这些有利条件不断开疆拓土，一个接一个地征服了周边国家。惶惶不安的各国将秦国称作"虎狼之国"，把秦国的稳步扩张比作"蚕食"。公元前221年，秦国君主成为全中国的主宰，他自命为"始皇帝"，意思是"第一个皇帝"。他的继承人将是"二世"皇帝，一代一代传下去，"至千万世，传之无穷"。

---

[1] 前文中的Taoism指的是作为一种哲学派别的道家思想，它与作为一种民间宗教的道教有密切联系，但不可混为一谈。——译者注

[2] 原文如此。公元前316年，秦灭巴蜀。——译者注

图57　中国历史上第一位皇帝秦始皇。

这位新皇帝着手在全中国范围内推行早先在秦国大获成功的法家制度。他废除了诸侯分封制度，将广袤的国土划分为若干行政区域，推行郡县制，郡县官员由中央政府任命并向中央政府负责。此外，他解散了除秦国军队之外的所有军队；将各国的旧贵族迁到首都以便监视；在全国各地驻扎秦国卫戍部队。这位新皇帝还推行经济集中化，统一度量衡和货币。

从日后的历史来看，最重要的革新之一是废除了统一前各国写法不一的文字，在全国推行统一的标准文字。鉴于汉字的特性，这种统一文字成为行之有效、经久不衰的纽带。汉字不是数量有限的表示语音的字母符号，而是数量巨大的书写符号，每个汉字表示一个物体或是一个抽象概念。西方人也正是用这种方法来表示数字。例如，在西方人的不同语言中，数字"5"有不同的发音，如five、funf、cinque、cinq，但所有西方人都知道"5"这个符号的含义。汉字亦是如此，它是一种表意文字，书写符号表达的是意义而不是语音。汉字和数字一样，表示的是概念，但人们可以按照自己的方言发音。这种新的统一文字经过改进后一直沿用至今，所有受过教育的中国人都能阅读和理解，尽管他们往往听不懂彼此的方言。同

图58 秦始皇陵出土的真人大小的兵马俑。　　**图59** 跪射俑。

样，外国人也能看懂这种文字，受过教育的日本人、朝鲜人或越南人即使不会说汉语，却能阅读汉字。对于中国的民族团结以及中国文化对整个东亚的影响来说，汉字的重要性是不言而喻的。

秦王朝推行的变革损害了许多既得利益集团的利益，因而激起了广泛的反对。文人的反应尤其强烈，他们憎恶法家学说和政策。秦始皇决定切断文人的知识来源，下令"焚书"。除了医学、农业和卜筮等实用书籍，所有典籍都要付之一炬。这个计划落空了，因为文人学士冒着巨大风险，纷纷把书籍藏匿起来，要么在上交书籍之前将整本书的内容背下来。秦王朝覆灭后，凭借藏匿起来的书籍和老人们的回忆，找回了大部分传统文献。不过，这种迫害抑制了东周时期以来的思想浪潮，终结了中国思想史上的黄金时代。

经济进步弥补了知识上的损失，人力资源和自然资源得到了更有效的开发。度量衡和货币的统一促进了经济发展。四通八达的驿道形成了全国性的网络，这些驿道以首都为中心，辐射到最边远的地区。为了更好地利用驿道，秦始皇统一了车轴间距的长度，这是一项必要举措，因为松软的沙土上有很深的车辙，如果车轴形制不一，车辆就无法沿着现有车辙行驶。秦始皇还凭借刚刚实现的国家统一和实力，将中国的疆界向南推进到今天的越南。在西北地区，他击退了游牧部落，为了将游牧部落拒之门外，他下令修筑了举世闻名的长城，长城从内蒙古一直延伸到大海，绵延2250余千米。这项宏伟的工程付出了巨大的生命代价，2000多年后的人们还会说起为修长城死了100万人，长城的每一块砖石都是用血肉筑成。正如文人学士声讨秦始皇"焚书"，老百姓都诅咒秦始皇修长城。

由于民怨沸腾，加之继承人昏庸无能，秦始皇死后仅仅4年，公元前207年，民众造反就推翻了秦王朝。然而，秦王朝的统治虽然转瞬即逝，却给中国留下了深刻而持久的印记。这个国家从一个诸侯国的松散集合体转变为一个中央集权的帝国，并且一直延续到20世纪。西方人对中国的称呼（China）来源于秦（Ch'in），看来是再合适不过了。

图60　中国长城。长城始建于公元前3世纪的秦朝，明朝又重修了长城。

四、汉帝国

秦始皇一举废除了分封制，但随后的汉朝皇帝更务实也更谨慎，他先是部分恢复了分封制，之后又将其削弱到无足轻重的程度。起初，他将封地分封给几个儿子和近亲，不过这些封地要比周朝的诸侯国小。此外，封地还由国家官员直接统治。此后，公元前127年，当时的皇帝下了一道诏令，规定诸侯王的长子只能继承一半的封地，另一半封地分给其他儿子。于是，诸侯王的封地不断缩小，重要性日益下降，最后只相当于大地产。秦始皇建立的帝国结构又逐渐得以恢复，只是不再像当初那样暴虐和压迫。汉帝国兴盛了4个世纪，大致与罗马帝国相当。

汉帝国也和罗马帝国一样幅员广阔。汉初的60年，汉朝君主推行休养生息的政策，巩固王朝的统治。汉武帝（公元前141—前87年在位）时期，帝国疆界在各个方向上都有了很大扩展。南方部落地区被征服，但汉人还要经过几个世纪的移民，逐步同化当地居民，才在帝国的这一地区占据主导地位。最大的扩张在西面，中国探险队穿越中亚，与印度西北部的贵霜帝国建立起联系，从而大大促进了丝绸之路的贸易（见第四章第二节）。

游牧的匈奴人有充足的马匹来源，因此在骑兵上占有优势。事实上，为了维持骑兵部队，中国人不得不向游牧部落购买马匹。但是，中国人拥有一种决定性新式武器，那就是战国时代晚期发明的弩。弩主要由弩臂、弩弓和弩机等部分组成，它比普通弓箭射程更远，穿透力也更强。凭借这种武器和大帝国所拥有的资源，汉朝时期中国的边界线已大体上接近现代边界。

汉帝国在疆域和人口数量上都堪与罗马帝国相媲美。

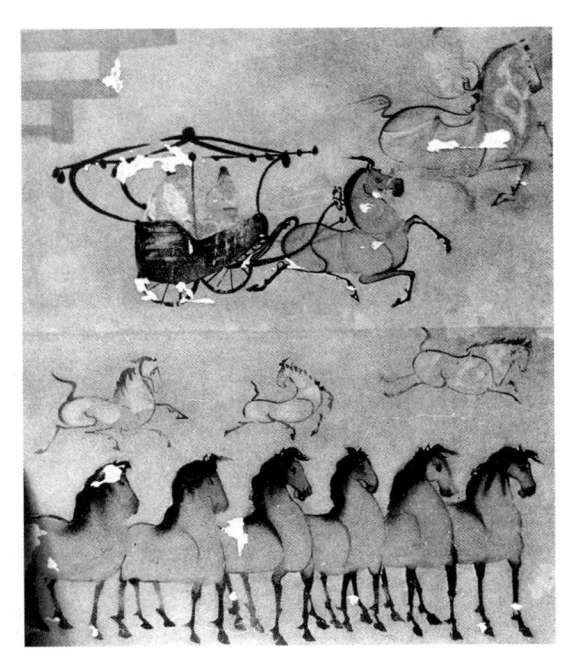

图61　出土汉墓中的壁画牧马图（摹本）局部。

图62 东汉时期的绿釉陶楼模型（87.6×35.6×38.1厘米）。注意它与日后中国佛塔的相似之处。

公元1年，[1]政府进行了一次被认为相当准确的人口调查，调查结果表明，汉帝国有1220万户，总人口5960万人。据估计，奥古斯都时代（公元前27—公元14年）的罗马帝国，欧洲行省的人口有3000万~5000万人，亚洲行省要少一些，非洲行省有不到2000万人。

皇帝高居汉帝国的顶端，他掌握了一切政治权力，有责任为臣民带来福祉和繁荣。皇帝的日常活动凸显其个人的神圣性：主持冗长的宫廷和神庙仪式，在不同场合穿着不同的礼袍，身边簇拥着大批官员、朝臣、太监和嫔妃，外出时乘坐奢华的车辇，生前就营建宏伟的陵寝，以便死后用隆重的仪式安葬。

皇帝之下是两名高级官员，相当于现代的首相和文官部门首脑。他们经常面见皇帝，负责政府的实际运作。在他们之下是九卿，分别掌管如下职责：宗庙礼仪，

---

[1] 原文如此。据《汉书》记载，这次人口调查是在汉平帝元始二年，即公元2年。——译者注

守卫宫殿，掌管皇家马厩，惩处罪犯，接受外邦首领的效忠和贡物，王室亲族事务，征收国家赋税，管理帝国财政。

中央政府下辖各级地方官僚机构，依次管理州、郡、县、乡。基层官吏的职责范围包括征收以谷物、纺织品或现金缴纳的赋税，缉捕罪犯，维护道路、运河和谷仓，维持帝国邮驿，提供驿马和驿站。

据说，公元前1世纪，帝国官僚机构共有官吏13万人，平均每400～500名平民有1名官吏。相对于总人口而言，官吏数量是很少的，这一官民比例在整个中国历史上都很有代表性，原因在于帝国政府的作用有限。中国有一句格言："治大国若烹小鲜"，意思是说，治国与烹调一样，都是过犹不及。九卿的职能范围表明，王朝政府不承担现代世界视为理所当然的社会服务职能。确切地说，政府的职能主要是收税、抵御外来进攻和防范内部颠覆。

官僚阶层构成了一个特权精英集团，但这个阶层并不是世袭制的。汉朝建立了一种独特的制度，通过竞争性公开考试来选拔官吏。[1]公元前124年，创建了一所帝国大学，为政府培养官员。这所学校的规模不断扩大，公元前1世纪下半叶，学生人数达3000人；汉朝灭亡前，学生人数已达3万人。日后，当考试制度发展完备时，文官考试分为三个级别，每个级别的学位大致相当于西方大学中的学士、硕士和博士。这些考试原则上向所有人开放，但由于需要长期学习，实际上只有富家子弟才有资格参加。不过，村庄、氏族或是行会的捐赠也常常使穷人孩子有求学的机会。

这些考试都是依据儒家典籍，所以帝国实际上是由儒家学者根据儒家原则来进行治理。每个官员都被分派到家乡之外的地方去做官，以防止其利用职权在家乡发展家族势力。这样的行政制度要比现代社会之前的其他任何制度效率更高、反应更灵敏。中国的皇权体制从秦始皇一直延续到20世纪，一个主要支柱就是这种以考试成绩来选拔官员的制度。不过，这种考试制度还有另外一面。由于它的前提是全盘接受一家学说，这就形成了僵化的正统观念和知识上的傲慢，千百年以后，当西方商人和炮舰到来，这些因素将对中国造成不利影响。

虽然近代中国由于科学和工业落后而被动挨打，有汉一代却完全是另一番气象。当时中国在技术上与亚欧大陆其余地区并驾齐驱，在许多领域还处于领先地位，这种领先一直保持到很晚近的几个世纪。在汉朝的数百年间，中国最重要的发明有：水力磨坊、极大提升马匹效率的马轭、铸铁技术、造纸术和上釉陶器。布浆

---

[1] 原文如此。汉代的选官制度是察举制。——译者注

纸最早可以追溯到公元100年前后，它很快取代了书写用的木简和竹简。但是，纸没有木简耐久，而且在印刷术发明之前，纸的使用在中国已有悠久的历史，我们不得不说，一些书籍的佚失恐怕要归咎于使用了纸。不过，上釉陶器的发明是无可挑剔的幸事，最终发展成瓷器，在英文中，瓷器又叫china。上釉陶器和瓷器不仅达到了真正的艺术水准，也意味着卫生上的一大进步，因为光滑的瓷器比粗糙的陶器或木制器皿更容易保持洁净。

汉代在学术上的重大贡献主要体现在历史编撰领域。对于一个奉行师古鉴今的民族来说，这是情理之中的事情。"五经"中已经收录了大量史料。但是，公元前1世纪，出现了一部在内容的全面和丰富上远超前人的史书。

这就是《史记》。《史记》是由父子两代人共同编撰的，但人们通常将其归于儿子司马迁的名下，因为他撰写了这部史书的主要部分。司马迁是朝廷史官，可以利用皇家图书馆的藏书和各种档案。他还广泛周游帝国各地，收集各地图书馆的资料。司马迁的这部史书与其说是原创性著作，不如说是所有可收集到的史料的汇编。只是在叙述自己那个时代的事件和人物时，司马迁才表达个人的判断并撰写独创性的历史。他谦虚地说明了这样做的原因："网罗天下放失旧闻，略考其行事，综其始终，稽其成败兴坏之纪。"

这种方法有明显的不足，尤其是缺乏希罗多德等早期历史学家所具备的戏剧性和风格统一。[1]但是，《史记》为后世收集和保存了取自当时书籍和档案的数量惊人的史料。《史记》实际上是一部综合性通史，全书共52万余字，分为130篇，包括各个朝代的编年史和年表、汉朝名人传记以及有关礼仪、音乐、占星术、天文学、

图63 西汉陶女立俑，公元前2世纪。

---

[1] 原文如此。——译者注

经济、外国风土人情的文章。后世中国史学家对司马迁推崇备至，纷纷效仿他的方法。结果，几千年来，中国的史书保留了其他任何国家都望尘莫及的大量史料。

所有的中国史学家都秉持一种"天命"观。他们认为，皇帝只要具备公正、仁慈和诚信的美德，就可以代表上天进行统治。如果丧失了这些美德，推行暴政，皇帝就不再是天命所归，随之而起的反叛就不是以下犯上，而是上天借助造反者施加的惩罚。中国的史学家虽然往往意识到王朝衰亡背后的社会和经济因素，却总是认为这些因素都是次要的，统治者的道德素质才是更关键的因素。因此，中国的史书倾向于汇编各种原始资料，而不是提出史学家自己的分析，而史书的基本框架也是以天命观念来解释王朝的盛衰兴亡。

五、帝国的衰亡

对中国历史的传统解释是将其视为不断重演的王朝循环。这种王朝循环的表象却掩盖了一些根本性的变迁。当然，各个朝代的兴亡更替是事实。王朝创立者总是有能力、有干劲、有作为。但是，经过数代宫廷生活的腐蚀，继位者往往变得羸弱而颓废。偶尔也会有明君或是忠诚干练的大臣，千方百计想扭转衰落的势头，但王朝大势已去，非人力所能挽回，最终，王朝被起义所推翻，重新开始新一轮的循环。

然而，在这种王朝循环之下还有一个更基本的循环，或许可以称之为经济－行政循环。大王朝建立之初，无不是社会稳定、经济繁荣。随着和平生活的恢复，必然带来人口增长和生产扩大，国家收入随之增加，国库贯朽粟陈。但是，在个人野心、家族影响和制度压力三者的共同作用下，皇帝迟早会变得好大喜功、挥霍无度。他们不惜劳民伤财，大兴土木，修道路、开运河、筑城池、建宫殿，更不用说宫廷的奢华铺张和边疆战争。因此，新王朝建立之后，每每在百年之内便开始面临财政困难。

为了弥补亏空，政府不断加税，而最沉重的负担落到了自耕农身上。自耕农是中国社会的脊梁。改朝换代之初，自耕农构成了农民阶层的主体。随着赋税日益繁重，越来越多的自耕农失去了小块土地，沦为大地主的佃农。地主依靠手中的财富和政治势力，只缴纳微不足道的赋税。这样，随着地主兼并的土地越来越多，政府的收入不断下降，而日渐减少的自耕农却要承担日益繁重的赋税，从而开启了一个恶性循环：赋税加重，岁入减少，道路和堤坝失修，生产力下滑。局势进一步恶化，最终导致饿殍遍野、盗匪猖獗乃至大规模的农民起义。不仅如此，由于边防日渐废弛，游牧部落乘虚而入，越境劫掠。在内忧外患的夹击之下，本已摇摇欲坠的王朝轰然崩塌，为新王朝的建立扫清了道路。

西汉王朝的兴衰基本上就表现出这样的模式。汉武帝（公元前141—前87年在位）赢得了一系列重大胜利，将中国的疆界推进到中亚，而帝国资源也消耗殆尽。为了应对危机，汉武帝采取了种种措施，包括货币贬值、卖官鬻爵、重新启用盐、铁和酒的官营制度。虽然汉武帝尚能勉力支撑局面，但随着纳税的小农日益减少，后继者们陷入了更深的困境。各地爆发了大规模起义，就连朝堂上也将天灾物怪视为上天对王朝末日来临的警告。

事实上，汉王朝已被把持朝政30年的权臣王莽篡位。王莽建立了短命的政权（9—23年）。他大胆地触及根本性的经济问题，下令将私人大地产收归国有，重新分配给纳税的农民。这一举措和其他改革措施触犯了豪门望族的利益，他们强烈反对这个篡位者。与此同时，黄河下游发生灾害，造成数百万人流离失所，破产农民纷纷加入盗匪和造反者的行列。游牧部落也趁乱入侵并洗劫了首都，23年，王莽死在他们手上。[1] 代之而起的是西汉皇帝的一位远房表亲。

东汉（25—220年）的历史走势基本上与西汉如出一辙。由于连年的战争，许多旧贵族和大地主被消灭。因此，复兴王朝之初，政府能够收上来充足的赋税。但是，纳税农民再度受到压榨，又一次开始了恶性循环。各地相继爆发大规模起义，出现了与罗马帝国末期颇为相似的形势。由于小农锐减，原先征召农民入伍的军队失去了兵源。取而代之的是职业军队，士兵效忠的是军队将领，而将领们对中央政府的命令阳奉阴违。大地主也公然蔑视政府，他们不但逃税，还用尽种种合法和非法手段来兼并土地。无助的农民为了躲避蛮族入侵者或政府税吏，只得托庇于地主，以换取经济和人身保障，实质上沦为了农奴。各地豪门望族把庄园改造成堡垒，几乎接管了当地政府的统治。这些大庄园在很大程度上自给自足，进一步加剧了贸易衰退和城市凋敝。222年[2]，在农民起义、军阀政变、游牧部落入侵浪潮的冲击下，汉朝彻底退出了历史舞台。像罗马帝国崩溃后的西方一样，中国进入到一个长期分裂和混乱的时期。

---

[1] 原文如此。王莽是为绿林军所杀。——译者注
[2] 原文如此。220年，曹丕篡汉称帝，东汉灭亡。——译者注

[推荐读物]

比较好的中国通史读本有 E. O. Reischauer and J. K. Fairbank, *East Asia: The Great Tradition*（Houghton Mifflin, 1978）; C. O. Hucker, *China's Imperial Past: An Introduction to Chinese History and Culture*（Stanford University, 1975）; W. Rodzinsi, *The Walled Kingdom: A History of China from Antiquity to the Present*（Free, 1985）。如想了解更多细节，可参阅陆续出版的十卷本 *Cambridge History of China*（Cambridge University, 1978）。

关于中国思想和宗教发展的原始资料，参阅 W. T. de Bary et al., *Sources of Chinese Tradition*（Columbia University, 1960）。关于最著名的中国文化名人，参阅 H. G. Creel, *Confucius, the Man and the Myth*（John Day, 1949）; A. Waley, *The Analects of Confucius*（Allen & Unwin, 1938）。关于现代之前中国人的日常生活，参阅 M. Loewe, *Everyday Life in Early Imperial China*（Putnam, 1968）; J. Gernet, *Daily Life in China on the Eve of the Mongol Invasion 1250—1276*（Stanford University, 1970）。最后，J. Spence, *Emperor of China: Self-Portrait of K'ang-hsi*（Knopf, 1974），这本书读来轻松愉快，其中收录了1661年以来中国皇帝的作品的译文。

> 总之,(游牧民族的)入侵对这个盛极之后陷入停滞、似乎注定要消亡的文化造成了致命打击。这让人联想到我们这个时代残酷的轰炸,破败不堪的老建筑毁于轰炸,从而使得用更现代的方式重建城镇成为可能。
>
> ——罗伯特·洛佩兹

第八章 古典文明的终结

希腊、罗马、印度和中国的璀璨文明主导了古典时代的亚欧大陆。然而,边陲地区的游牧民族最终征服了这些文明,从而彻底改变了全球历史的进程。帝国表面上看起来无懈可击,实际却是危机四伏,这些祸根终将导致帝国的衰败和最终崩溃。由于技术停滞不前,生产力低下,古典文明无力抵挡3世纪至6世纪的蛮族入侵浪潮。

游牧民族入侵的影响因地而异,不可一概而论。中国北部和印度北部虽遭蛮族蹂躏,但仍然维持了各自的独特文明。中国南方和印度南方地域遥远,游牧民族鞭长莫及,因此两地得以幸免于难。拜占庭和波斯实力强大,足以击退入侵者。然而,西方迭遭日耳曼人、匈人、穆斯林、马扎尔人和维京人入侵,旧秩序被连根拔起,这种情况在亚欧大陆是绝无仅有的。吊诡的是,这种彻底毁灭反而是西方能在现代世界独占鳌头的一个根本原因。旧文明的废墟上孕育出一种崭新的文明,一种能更好地适应变化中的世界的文明。本章旨在分析古典文明衰落的原因,讲述西方何以成为例外,开始走上一条最终通往世界霸主地位的新路。

一、古典文明的衰落

如前文所述,古典文明衰落的根本原因在于技术发展相对停滞以及由此导致的生产力低下。约翰·梅纳德·凯恩斯描述了这种技术发展的停滞:

> 从史前时代到接近现代的时代,有一个真正令人瞩目的现象,即没有出现重大的技术发明。几乎所有真正重要的东西,迈入现代之际的世界所拥

有的一切，都已在历史的黎明为人类所知……历史破晓前的某个时代……必定是堪与我们生活的时代相媲美的进步和发明的时代。但是，在有文字可考的大部分历史时期，再没有发生这样的事情。[1]

凯恩斯的看法切中肯綮，抓住了问题的要害。事实上，在文明诞生之前的新石器时代，人类已经取得了显著的技术进步。在这个时代，人类发明了轮式车、帆船和犁，发现了冶金的化学反应，计算出准确的太阳历，学会了利用畜力和风力。城市革命之后，这种迅猛的发展势头戛然而止。在接下来的数千年里，能与早先时代比肩的发明只有铁器、字母表和铸币。更值得注意的是，这三项发明都不是诞生于尼罗河、底格里斯河和幼发拉底河流域的古老文明中心，而是诞生于文明周边较少束缚的环境：高加索地区边缘和爱琴海商业城市。

除了这三大发明外，古典时期的技术进步都是基于早先的发现，要么是对原有技术进行改进，要么是扩大其应用范围。即便这些细微进步能够带来很大的效益，在很多情况下也没有落到实处。例如，远古时代的挽具本是用来役牛的，却被用来当作马挽具，结果马匹拉重物时容易窒息，至少浪费了三分之二的马力。直到中世纪，人们才发明出设计更合理的马挽具。在此之前，马匹只能牵引轻负荷，重负荷还是要靠人力拖曳。从描绘建造金字塔和塔庙的古代雕刻中，我们可以看到成千上万人拖曳石块的场景。另一个例子是水磨，公元前1世纪，小亚细亚和中国就发明了水磨。这项发明本可以大大节省人力，将妇女和奴隶从碾磨谷物的繁重劳动中解脱出来。但直到4世纪，罗马才开始建造水磨，即便到那时，水磨也不多见。

意味深长的是，唯有在战争的刺激下，古典文明才能摆脱技术发展的低迷状态。希腊人发明了带棘轮装置的投石机和靠滑轮组驱动的轮式攻城车。另一项前无古人的发明是所谓的"希腊火"（8世纪），这是一种以石油为主要成分的燃烧剂，可以烧毁敌方战船和攻城器械。但是，这些发明显然不能创造财富，也无法从根本上解决古老文明的基本经济问题。

既然新发明不能提高劳动生产力，那么增加财富就只有两条途径，要么开垦新土地来从事耕作，要么通过征服和剥削。但是，未开垦的土地毕竟有限。相反，由于大面积土壤侵蚀，广袤富饶的地中海盆地已不再是主要的粮食产地，这正成为一个日益严峻的问题。同样，帝国版图也不可能无限扩大，军事技术水平成为制约帝国扩张的瓶颈，帝国达到极限之后，只得停下扩张的脚步。因此，当军事和官僚机构带来的压力超出了生产力的承受限度，势必造成收益递减的状况，从而如我们在前文中指出的那样，开启一轮恶性循环。汉帝国和罗马帝国的衰亡就很能说明问题。赋税日益苛重，贫困日渐加剧，最终激起了城乡暴动，蛮族趁虚而入，到头来不是内部造反成功，就是外来入侵得逞，要么就是内忧外患联袂而至，最终形成了前现代时期帝国历史的周期性循环。有历史学家分析了罗马帝国衰落的原因，尤其着重指出了技术落后的因素：

> 我们不能忘了，罗马帝国在技术上要比中世纪更落后。农业通常采用不同作物的二圃制，最肥沃的土地几乎没有得到开发利用。马轭尚未发明，只能用牛来耕地拉车。水磨虽已出现，但似乎为数不多，碾磨谷物通常是用牲畜或人力。然而，这种原始技术的农业却要支撑远比任何一个中世纪国家都要沉重得多的庞大上层建筑。没有哪个中世纪王国像罗马帝国那样，既要维持职业化的常备军和支薪的官僚阶层，又要供养土地贵族和教会。[2]

回首历史，我们可以看得很清楚，唯有依靠技术进步才能打破这种恶性循环，为耗费巨大的帝国组织提供必要的经济基础。然而，技术却始终停滞不前，根本症

图64 西哥特国王阿拉里克二世编纂的罗马法典早期手稿。图中可见一位蛮族国王、一位主教、一位伯爵和一位公爵。这样的法律汇编有助于将罗马法的原则保存下来。

结在于所有的统治集团只知一味榨取财富，不懂如何创造财富。为了建造金字塔、塔庙、大教堂和宫殿，统治者投入了大量人力和物力，可见从农民身上榨取了大得惊人的剩余价值。但是，技术创新需要的不只是高效的组织管理和高压政治，还需要另外的某种条件，而所有的农业文明都不具备这样的条件，这正是它们始终未能超越农耕阶段的原因所在。

广泛存在的奴隶制是造成技术停滞不前的原因之一。人们与其设计和制造新机器，不如使用奴隶劳动，因为奴隶劳动更省事、更便宜。当时的发明家制作一些小器具，通常不是为了节省人力，而是为了自娱自乐，或是用于宗教仪式。1世纪，亚历山大城的希罗运用蒸汽动力知识，造出一种能打开寺院大门的装置。同一个世纪，罗马皇帝韦斯巴芗禁止使用一种用于竖起石柱的低成本机械，按照他的说法："让我给老百姓提供食物吧。"这种态度也许值得称道，却改变不了一个事实，即古典时代的帝国城市成为依附于乡村的寄生虫，而不是生产性行业的中心。

奴隶制还助长了对待劳动的消极态度，从而阻碍了技术进步。由于奴隶的本质是强迫劳动，因此自由民逐渐将劳动视为有失身份的事情。即使是不那么盛行奴隶制的文明，依然普遍存在鄙视劳动的观念。中国人蓄长指甲的风气就是一个例证。社会等级越是泾渭分明，上层阶级就越是鄙视劳动和劳动者，而奴隶制进一步强化了这种观念。亚里士多德在《政治学》中说："在治理得最好的城邦……公民不会过工匠或者商人的生活，因为这样的生活毫无尊荣可言，不利于品格的完善。" 65年，罗马哲学家塞涅卡在写给鲁基里乌斯的信中同样对体力劳动嗤之以鼻，在他看来，体力劳动者应当"低眉顺眼，俯首帖耳"：

> 我们知道有些事情只存在于我们的记忆里。比如，玻璃窗能让白昼的光芒穿过透明的玻璃，浴池的底部结构和埋入墙体散发热量的管道能让浴池上下保持同样的水温……还有速记法，它让手的速度能跟上说话的节奏，记录下最快的演说。所有这些都是最卑贱的奴隶发明的。哲学女神高高端坐在宝座上，她并不训练人的手，而是指导精神的女教师……是的，依我看来，她绝不是为了日常生活之需而制造工具的手艺人。[3]

哲学家与工匠分道扬镳，阻碍了亚欧大陆文明的技术进步。反之，在现代西方，正是由于哲学家的有序思考与工匠的实践经验和传统知识相互作用，催生出意义非凡的科学革命和工业革命，为人类的发展做出了杰出贡献。而在各个古典文明，由于判若鸿沟的社会分裂以及随之而来的社会观念，双方不可能有这样的互动。高高在上的知识阶层没有兴趣，下层工匠则缺乏动力。

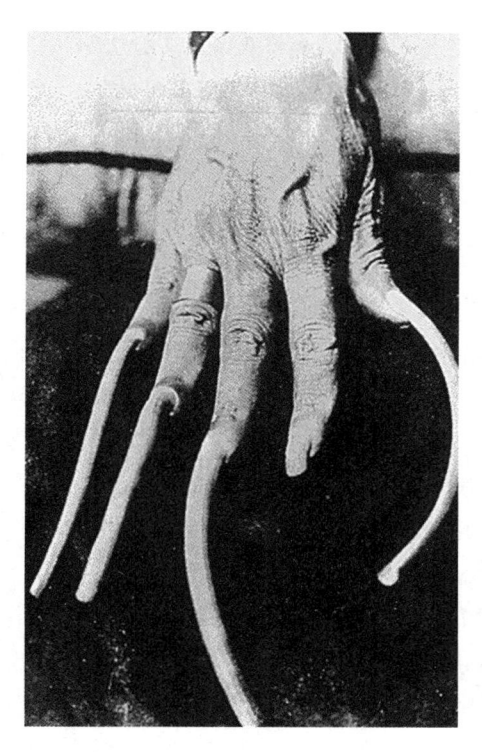

图65 中国贵族的长指甲,指甲蓄得这样长,或许只是为了证明自己不必从事体力劳动。

在前现代的数千年里,亚欧大陆的帝国之所以呈现出循环往复的特征,症结就在于技术停滞不前。帝国的盛衰兴亡遵循基本相同的模式。没有一个帝国能够突破瓶颈,达到新的发展水平,由此而来的重复循环与现代工业社会的蓬勃跃动形成了鲜明对照。W. W. 罗斯托分析了在英国发生划时代和开创性的工业革命之前,各农业文明普遍具备的共同特征:

……技术上的限制划定了它们无法突破的瓶颈。它们并不缺乏创造力和创新能力,有些还具有很高的生产力。但它们缺乏对所处自然环境的系统了解,无法使发明或多或少常态化地持续涌现,而只是继承过去的一系列特定成就……

由于无法突破生产力的瓶颈,仅粮食生产就耗费了四分之三乃至更多的劳动力,而超过最低消费水平部分的收入有很大一部分用于非生产性或低生产力的开支:宗教纪念碑和其他纪念碑、战争以及收取地租者的奢侈生活；穷人们彼此以邻为壑，为了土地争得你死我活，偶有盈余，又都浪费在铺张的婚礼或葬礼上。社会价值观与人们所能感知的狭窄视野相吻合，社会结构趋向于等级制……[4]

二、蛮族的入侵

3世纪至6世纪，亚欧大陆又一次掀起了蛮族入侵浪潮，这次蛮族入侵的势头不亚于公元前2千纪使用青铜兵器和铁制兵器的蛮族入侵（见第三章第五节）。正如前一波入侵推动了古代文明向古典文明的过渡，新一波入侵浪潮终结了古典文明，为中世纪的到来扫清了道路（见地图9）。

游牧民族迁徙的总体方向是自东向西，这起因于亚欧大草原的地理梯度，西部大草原水草丰美、土地肥沃，吸引了东方的游牧民族（见第四章第四节）。蛮族入侵的主要路线是沿着一条草原走廊，这条走廊起自北京附近，横贯亚欧大陆中部，终点在中欧的匈牙利平原。因此，众多游牧民族抵达今天的匈牙利境内后便不再到处游荡，而是以这里为基地，袭扰周边欧洲国家。

究其根本，这次蛮族入侵起因于文明中心与周边游牧民族的交往日益频繁。在许多文明中心，游牧民族充当奴隶或雇佣兵，这种做法埋下了祸根，要么引发帝国都城的军事政变，要么招致蛮族雇佣兵所属的部落入侵。另一个原因是，游牧民族逐渐定居下来，而且往往是在靠近帝国边境的地区。通常情况下，随着从游牧转变为农耕，游牧民族人口增长，经济和军事实力也同步增强。当帝国的弱点不断暴露，游牧民族看到有机可乘，便动用新兴的军事力量乘虚而入，发起攻击。此外，蛮族入侵往往还是一连串失败的冲击的最终结果。游牧民族在中国长城脚下铩羽而归，或是在蒙古遭遇到咄咄逼人的部落联盟，通常会掉头向西。一波接一波的蛮族入侵犹如不断向西冲击的浪潮，最终以游牧民族渡过阿姆河、多瑙河和莱茵河而告终。

蛮族入侵浪潮席卷了整个亚欧大陆，将形形色色的民族卷入进来。中国汉朝、印度笈多王朝和波斯萨珊王朝频频遭到通常被称为匈奴人的突厥化蒙古人的攻击。但是，由于地处蛮族入侵线路的西端，罗马帝国不仅成为周边蛮族的进攻目标，不时还受到沿着这条路线接踵而至的各蛮族的进攻。这些入侵者包括日耳曼各部落、波斯人、波罗的海斯拉夫人、维京人以及突厥化蒙古人。

正如入侵的蛮族成分复杂，蛮族入侵对各地造成了不同的后果。在中国，222年，

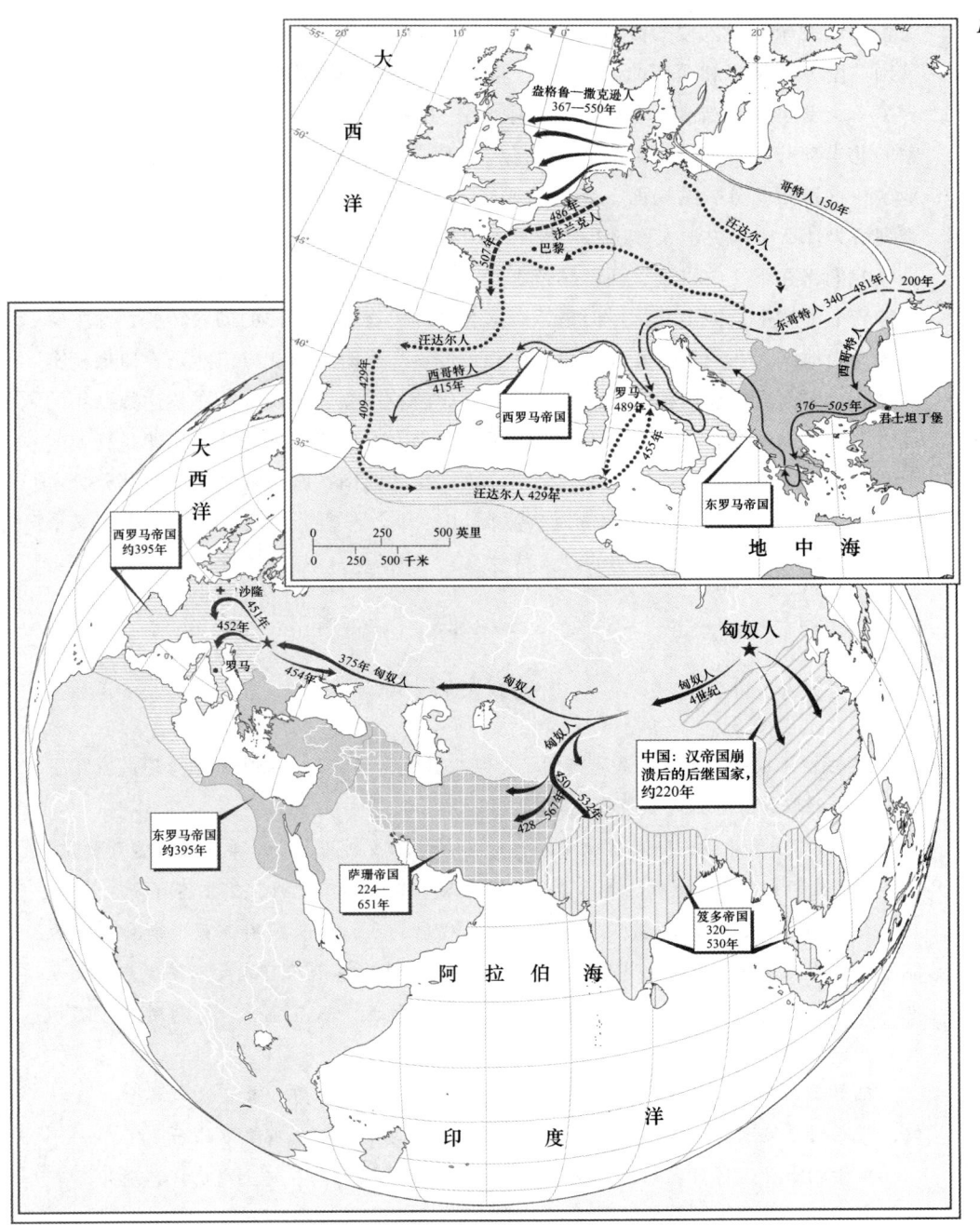

地图9 4—5世纪亚欧大陆的蛮族入侵

汉帝国最终屈服于入侵的突厥化蒙古人。[1]中国出现了三个独立王国：长江以北的魏国、南方的吴国和西部的蜀国。经过数十年厮杀，魏国打败了对手，265年，建立了一个新王朝：晋朝。晋朝统一了中国，316年，一批新的入侵者占领了这个国家的北半部分。晋王室逃到南方的南京〔建康〕，统治长江流域和汉人居住的南方地区。这种南北分裂的局面一直延续到589年，隋朝重新统一中国。因此，也就不难理解为什么中国史学家称这几个世纪为"乱世"。

我们将在下文中讲到，西罗马帝国落入与中国类似的境地，最终在政治、文化和种族上都发生了根本变化。但是，中国北方却没有发生这样的彻底转变，这主要是因为当地汉人在数量上要远远超过蛮族入侵者。当时中国北方依然是人口最稠密的地区，因而无须经历根本性改变，即可同化游牧民族。事实上，在长达数百年的乱世，为了逃避蛮族，大批汉人由北方迁徙到南方，这样，不但北方依然是汉人的天下，就连南方也进一步汉化了。结果，汉文化的向南扩张抵消了北方的部分野蛮化，汉地从此具备了从北到南的巨大纵深。589年，隋朝重新统一全国，中国又重回正轨，和汉代一样具有鲜明的汉人特色。

匈奴蛮族

3世纪至6世纪，蛮族侵袭者摧毁了亚欧大陆的古典文明。中国史学家班固介绍了日后彻底击败汉帝国的匈奴游牧民族。*

〔匈奴〕居于北边，随草畜牧而转移。其畜之所多则马、牛、羊，其奇畜则橐佗、驴、骡、駃騠、䮂騠、騨騱。逐水草迁徙，无城郭常居耕田之业，然亦各有分地。

无文书，以言语为约束。儿能骑羊，引弓射鸟鼠，少长则射狐菟，肉食。士力能弯弓，尽为甲骑。其俗，宽则随畜田猎禽兽为生业，急则人习战攻以侵伐，其天性也。其长兵则弓矢，短兵则刀铤。利则进，不利则退，不羞遁走。苟利所在，不知礼义。

自君王以下咸食畜肉，衣其皮革，被旃裘。壮者食肥美，老者饮食其余。贵壮健，贱老弱。父死，妻其后母；兄弟死，皆取其妻妻之。其俗有名不讳而无字……

单于朝出营，拜日之始生，夕拜月。其坐，长左而北向。日上戊己。其送死，有棺椁、金银、衣裳，而无封树丧服；近幸臣妾从死者，多至数十百人。

---

[1] 原文如此。公元222年，孙权称帝，建立吴国，中国历史进入三国时代。——译者注

举事常随月，盛壮以攻战，月亏则退兵。其攻战，斩首虏赐一卮酒，而所得卤获因以予之，得人以为奴婢。故其战，人人自为趋利，善为诱兵以包敌。故其逐利，如鸟之集；其困败，瓦解云散矣。战而扶舆死者，尽得死者家财。

［匈奴居住在中国北部边陲，随着畜牧活动而迁移。牧养的牲畜大多是马、牛、羊，奇异的牲畜有骆驼、驴、骡、𫘛𫘨（jué tí）、𫘦𫘧（táo tú）、驒騱（tuó xí）。他们逐水草而迁徙，没有城郭和经常居住的地方，也没有农业，但是也有各自分占的牧地。

匈奴没有文字和书籍，只凭言语约束人们的行动。儿童即能骑羊，拉弓射击鸟和鼠，稍微长大就能射狐狸和兔子，充当食物。成年男子力气大，能弯弓射箭，全都披挂铠甲，骑着战马。匈奴的风俗，平常无战事时则随意游牧，以射猎飞禽走兽为业；遇有紧急战事则人人练习攻战本领，以便侵袭掠夺，这是匈奴人的天性。他们的长兵器是弓箭，短兵器有刀矛。打仗时，形势有利就进攻，不利就后退，不以逃跑为羞耻之事。只要有利可得，便会不顾礼义。

匈奴人自君王以下都以牲畜之肉为主食，皆穿皮革衣服，披着带毛的皮袄。壮健的年轻人吃肥美的食物，老年人则吃剩余之物。他们看重壮健之人，轻视老弱者。父亲死了，儿子便娶后母为妻；兄弟死了，活着的便娶他们的妻子为妻。匈奴人有名字，却不避讳，没有表字……

单于每天早晨走出营帐礼拜初升的太阳，晚上则礼拜月亮。他们在起坐上的规矩是：长者在左，面朝北方。对于日期，他们崇尚戊日和己日。他们丧葬的习俗是：随葬有棺椁、金银、衣裘，但没有坟堆、墓树和服丧制度。如果单于死了，他身边亲近和宠信的大臣妻妾殉葬的多达数十人、上百人。

匈奴人兴兵打仗时要先观察星月，月满时就进攻，月亏时就退兵。匈奴人在攻伐征战时，斩得敌人头颅的就赏赐一壶酒，所掳获的战利品就归其所有，抓到的人也给他们充作奴婢。所以他们作战时，人人都为了得利而奋勇向前，善于埋伏军队以突然迎击敌人。所以他们见到敌兵就去追逐利益，如同鸟儿飞集一处。如果遇到危难溃败，队伍就会瓦解，如同云雾消散。打仗时谁能将战死同伴的尸体运回来，死者的家财便悉数归其所有。］

* From Dun J. Li, *The Essence of Chinese Civilization* (D. Van Nostrand, 1967), pp. 211–213. By permission of the author.

———❦———

再来看看印度的情况，这里的蛮族入侵要晚得多，当中国深陷"乱世"之际，笈多王朝正处于鼎盛时期。然而，5世纪，东支匈奴人，即所谓的"白匈奴"，渡过阿姆河，向南到达印度，西支匈奴人则穿越俄罗斯大草原，进入欧洲。在匈奴人的凶猛冲击下，6世纪上半叶，笈多王朝四分五裂。关于接下来几个世纪印度的情况，我们所知甚少，只知道周期性入侵仍在持续。此外，迁徙到印度的移民规模很大，足以构成新的文化和社会群体。拉杰普特人就是一个突出例子，这是个坚强勇敢的民族，印度西北部的拉杰普塔纳地区就是用他们的名称命名的。他们属于军事贵族，很快就被吸收进印度教的刹帝利种姓。他们对自己的印度教徒身份引以为荣，曾一度统治了印度北部和中部地区。事实上，直到19世纪，甚至可以说时至今日，他们依然是一个出色的民族。

拉杰普特人的经历意义重大，有助于解释为什么在长达几个世纪的混乱和入侵之后，印度并未发生根本性的变化。表面上看，新来者被占主导地位的种姓制度所同化。实则相反，这更像是外来者适应了印度的文明。因此，像中国一样，印度摆脱了古典时代文明的困境，虽然有所触动，却没有发生脱胎换骨的变化。

三、日耳曼人和匈人席卷西方

不过，欧洲的事态发展恰恰相反，这里发生的是蜕变而不是微调。入侵的蛮族尤以日耳曼人最为人多势众，他们占领了中欧和东欧，即从波罗的海到多瑙河、从莱茵河到俄罗斯平原的广大地区。日耳曼人分成许多部落，其中重要的有法兰克人、汪达尔人、伦巴第人、东哥特人和西哥特人。这些部落具有相同的宗教信仰和制度，各自的土语也极为相近，因而彼此之间很容易沟通。对于罗马人来说值得庆幸的是，这些部落并不团结，既能一致对外、共同对敌，也内讧不断、相互厮杀，从而让罗马帝国得以苟延残喘。

这些日耳曼民族的制度和风俗值得特别留意，因为罗马帝国崩溃之后，它们构成了新兴西方文明的基本元素。根据当时罗马历史学家塔西佗的记述，日耳曼人是放牛的民族，以牲畜的多寡来衡量财富。事实上，盗牛是引起日耳曼人内部争斗的主要原因。日耳曼人的社会结构分为三个主要部分。最上层是贵族，他们通常是世袭的，而且是大地主。大多数日耳曼人是自由民，通常拥有小块土地。那些没有土地的人被迫给贵族当佃农。最底层的是既非自由民又非奴隶的阶层，他们被绑定在土地上，但地主不能将他们单独出售，只能随土地买卖而转手。这种奴役形式类似于罗马帝国的隶农制，是中世纪西欧盛行的农奴制的雏形。

日耳曼部落的主要权力机关是自由民的部落大会。部落大会负责推选国王，有的部落则没有国王；每次打仗前，部落大会都要推举出军事首领。塔西佗告诉我们，日耳曼人通常根据继承权来推举国王，推选军事首领则是根据作战勇敢和武力。他们的主要武器是长剑,这是一种剑身很宽的双刃剑,更适合劈砍而不是戳刺。青年人须举行庄严的仪式,才有资格佩剑。中世纪时,扈从晋升为骑士的仪式就是源自日耳曼人的这种仪式。每位优秀的武士首领都有一批年轻扈从追随左右,这些扈从组成亲兵队,随同首领作战,并效忠和服从首领。首领则负责提供武器和给养,分配战利品。这种制度促成了日后的封建制度,封建制的基础就是骑士对封建领主的效忠。

在塔西佗的笔下,日耳曼人被描绘成饕餮之徒、酗酒者和赌棍。不过,他也称赞日耳曼人道德高尚,认为他们的道德水准堪称罗马人的榜样。他还特别指出了日耳曼人有慷慨好客的习俗。每到冬季,日耳曼人成群结队地挨家挨户串门,直到吃光主人家里的所有食物。这使人联想到中世纪的习俗,作为一种封建税,国王或贵族有权让封臣长时间款待自己及随从。

在日耳曼部落中,妇女的地位要远远高于罗马帝国的妇女。塔西佗报告说,日耳曼妇女有权继承和支配财产,不论是平时还是战时,妇女都享有和丈夫平起平坐的地位。"传说中,妇女们多次扭转了已经溃败或将要溃败的战局。"塔西佗还提到日耳曼妇女积极参与部落事务。"他们甚至相信妇女具有某种神力,能够预知未来,他们从来不会不听她们的忠告,也不会轻视她们的建议。"⁵可见,日耳曼部落妇女的境况要好过同时代的罗马妇女和日后的中世纪妇女,前者被束缚在家中,后者则受到基督教教义的约束,必须做到虔诚和顺从。

早在公元前1世纪,日耳曼人就开始进犯罗马帝国边境。当时,罗马军团兵强马壮,可以应付裕如地镇守边境。随着帝国衰微,军队战斗力削弱,罗马帝国的边境线频频告急,罗马人只得采用外交手腕,挑起日耳曼人部落内讧。此外,在走投无路的情况下,罗马人还允许大批日耳曼武士驻扎在帝国境内,以此来酬谢这些部落协助自己与其他日耳曼部落作战。这种政策能否维持下去,完全取决于罗马人是否能够约束日耳曼人盟友。4世纪,罗马人已经控制不住日耳曼人盟友,防洪闸被打开,从此一发不可收拾。

率先发动入侵的是欧洲人此前从未见过的匈人。这些可怕的新入侵者不仅长相凶恶,作战时还刻意制造恐怖效果,让罗马人和日耳曼人闻风丧胆。当时的罗马历史学家阿米阿努斯·马塞利努斯说,匈人"几乎粘在马背上","如此丑陋和畸形,让人不禁以为他们是两条腿的动物……"

> 他们一旦被激怒就立刻开战,排成楔形队形投入战斗,还发出野蛮的吼叫。他们身手敏捷,跑得飞快,有意分散成不规则的队形,横冲直撞,造成可怕的屠杀……他们居无定所,没有家,没有法律,也没有稳定的生活;

图66 中亚的赤陶骑马像。这尊雕像系巴黎的私人藏品，雕像人物有可能是匈人首领阿提拉。

> 他们就像难民一样，坐着马车四处流浪……他们没人能说出自己的出身，因为母亲怀上孩子是在一个地方，生下孩子是在很远的另一个地方，养大孩子则是在更远的地方。[6]

匈人显然是被其他游牧民族逐出了原来的中亚牧场，他们一路向西，于372年渡过了伏尔加河。在俄罗斯大草原，他们迅速击败了最东边的日耳曼部落东哥特人，接着又逼得邻近的西哥特人渡过多瑙河，进入罗马帝国境内避难。西哥特人在阿拉里克的率领下进军意大利，410年，西哥特人洗劫了罗马城，这一事件在当时让整个帝国为之震惊，但同样的一幕很快再次重演。

最终，西哥特人在高卢南部和西班牙北部安顿下来，在罗马帝国境内建立起第一个日耳曼人王国。匈人尾随西哥特人而至，以匈牙利平原为基地，袭掠帝国东部和西部行省。452年，令人畏惧的匈人首领阿提拉率军兵临不设防的罗马城。按照一个让人难以置信的传说，教皇利奥一世劝说这位匈人首领放过了罗马城。无论如何，阿提拉没有洗劫这座帝国都城，而是掉头北上。一年后的一个早上，人们发现他死于动脉破裂，身边还躺着一天前刚娶的日耳曼公主。阿提拉一死，他的帝国旋

图67 717—718年，拜占庭人击退了阿拉伯人对君士坦丁堡的进攻，他们拥有一件秘密武器：希腊火。它是用石油、硫黄和沥青混合而成的燃烧剂，即便落在水面上也能燃烧。这幅取自14世纪手抄本的插图描绘了拜占庭海军正在用铜管向敌舰喷洒希腊火。

即崩溃，匈人就此从欧洲历史上消失得无影无踪。

然而，匈人的肆虐让罗马对西部行省的统治土崩瓦解，日耳曼人部落几乎如入无人之境，越过边境进入帝国境内。汪达尔人渡过莱茵河，穿越高卢和西班牙，再渡过直布罗陀海峡抵达北非，在当地建立起一个王国，然后从这个新基地出发，转而从海上发起进攻，455年，一支汪达尔人远征队洗劫了罗马城。与此同时，勃艮第人占领了罗讷河谷；法兰克人则在高卢北部扩张，并在那里站稳了脚跟；407年，最后一批罗马士兵撤离之后，盎格鲁人、撒克逊人和朱特人随即入侵不列颠。当地的凯尔特居民逃往苏格兰和威尔士山区，盎格鲁-撒克逊人从此成为不列颠的主要民族。日耳曼人相继建立起各据一方的王国，西罗马帝国土崩瓦解。476年，日耳曼人首领奥多亚克废黜了罗马帝国末代皇帝罗慕路斯·奥古斯都，这一事件标志着西罗马帝国的灭亡。

至此，欧洲出现了我们所熟悉的事态发展。像中国的汉王朝和印度的笈多王朝一样，西罗马帝国最终屈服于蛮族的铁蹄之下。不仅如此，6世纪西方的帝国解体似乎也有着与中国如出一辙的余波。589年，隋朝最终统一了中国，几乎在同一时间，法兰克国王和东罗马帝国皇帝也走上了重新统一欧洲的道路。

法兰克人来自莱茵河下游河谷，5世纪，他们迁徙到高卢北部。在动荡年代的历史舞台上，他们只是一个不起眼的角色，直到墨洛温王朝时期，他们才成为西方最强大的民族。墨洛温王朝最著名的国王是克洛维（481—511年在位），他统一了

图68 6世纪的象牙雕版，拜占庭皇帝查士丁尼被描绘成基督教信仰的捍卫者。公元500—1100年，拜占庭帝国始终是基督教文明的中心。

法兰克人部落，先后打败罗马人、拜占庭人和西哥特人，建立起一个庞大的王国，王国的版图从比利牛斯山脉开始，囊括了整个高卢，一直延伸到德意志。克洛维的成功有一个最重要的因素，即皈依了天主教[1]，此举赢得了教皇的支持，也争取到当地高卢-罗马人的拥戴。墨洛温王朝似乎完全有望重建西罗马帝国，随着法兰克人进入莱茵河东岸，王朝的版图进一步扩大。

君士坦丁堡的统治者同样不乏重振帝国的野心。西罗马帝国分崩离析之后，东罗马帝国却完好无损，原因在于拥有强大的海军和雄厚的财政实力，而且首都有得天独厚的地理位置。君士坦丁堡控制了亚欧大陆分界线的黑海海峡，虽然蛮族入侵彻底制服了罗马，君士坦丁堡却安然无恙，事实上，它继续存在了1000年，直到1453年被土耳其人攻陷。在此期间，东罗马帝国发展出一种独特的文明，这是一种融合了希腊、罗马、基督教和东方元素的融合性文明。为了强调这种独特性，东罗马帝国通常又被称作拜占庭帝国，这是因为君士坦丁堡的旧址是希腊殖

---

[1] 原文如此。应为基督教。——译者注

民地拜占庭。

由于日耳曼人的王国占据了罗马帝国的西部行省，拜占庭皇帝的统治仅限于原罗马帝国的东半部分，即巴尔干半岛、小亚细亚、叙利亚和埃及。帝国失去了半壁江山，这让查士丁尼大帝（527—565年在位）难以释怀，他虽然是土生土长的伊利里亚人，骨子里却是个西方人，像拉丁人那样说话和思考，他决心收复西方领土，恢复昔日的罗马帝国。他调兵遣将，派遣贝利萨留率领一支装备精良的小部队出击，不到一年时间就征服了北非的汪达尔人王国。接着，他又从西哥特人手中夺回了西班牙东南部；经过18年的鏖战，又战胜了意大利的东哥特人。这样，不到20年时间，几乎整个地中海再度成为罗马的内湖。查士丁尼表示，希望"上帝将罗马人因怠惰而丢失的帝国其余部分赐予我们"。

四、蛮族持续入侵西方

可惜事与愿违。西方并没有像中国那样实现统一。相反，新的入侵浪潮摧毁了法兰克人和拜占庭人刚刚建立起来的脆弱帝国，西方再度陷入混乱和分裂。这次入侵的起因仍然是蒙古的动乱，迫使避难的游牧部落沿着入侵欧洲的路线向西迁徙。这些蛮族在西方被称作阿瓦尔人，他们像之前的匈人一样，以匈牙利平原为基地发动了全面攻击。他们将日耳曼人的一支伦巴第人赶到了意大利（568年），伦巴第人又将拜占庭人逐出了意大利半岛的大部分地区，查士丁尼恢复罗马帝国的雄心壮志化为泡影。在阿瓦尔人的驱赶下，斯拉夫人部落南下进入巴尔干半岛，占据了从亚得里亚海到黑海的广阔地区。

8世纪，加洛林王朝推翻墨洛温王朝之后取得了一系列重大胜利，重新点燃了西方恢复大一统帝国的希望。克洛维的继承者懦弱无能，被称为"昏庸者"。然而，意志坚定的宫相们使国家免于崩溃。这些人当中的佼佼者是绰号"铁锤"的查理·马特，714年至741年间，他一直是法兰克王国的幕后操纵者。查理·马特最大的成就是在图尔战役（732年）中打败了穆斯林，后者此时已经占领了北非和西班牙，并且深入到法兰克王国南部。

马特的儿子、"矮子丕平"不甘心继续担任"昏庸者"国王的宫相，751年，他废黜了墨洛温王朝末代国王，建立了加洛林王朝。加洛林王朝之名来自丕平的儿子查理曼。查理曼是加洛林王朝最著名的国王，在其长期统治（768—814年在位）期间，查理曼东征西讨，拓展王朝疆土。查理曼相继打败了德意志西北部的撒克逊人，驱散了匈牙利的阿瓦尔人，吞并了意大利的伦巴第人王国，迫使穆斯林退回到比利牛斯山脉以南地区。8世纪末，查理曼一跃成为西方无可争辩的主宰，帝国的

图69 查理曼是法兰克国王（768—814年）和西方的皇帝（800—814年）。

版图从北海延伸到比利牛斯山脉，从大西洋延伸到东欧的斯拉夫地区。公元800年圣诞节，教皇利奥三世为查理曼加冕皇帝，正式承认了查理曼的最高地位。查理曼的秘书和传记作者记述说，现场民众大声高呼："查理·奥古斯都，上帝所加冕的伟大和赐予和平的罗马人皇帝，万岁！胜利！"

这番场景表明大一统帝国的梦想并未彻底消失。不过，它注定只能是个梦想，查理曼死后不久，蛮族从南方、东方和北方掀起了新一轮入侵浪潮，又一次席卷整个欧洲。在南方，穆斯林海盗和冒险家征服了克里特岛和西西里岛，袭击地中海沿岸，给海上贸易造成了毁灭性打击。在东方，895年，另一支来自中亚的游牧部落马扎尔人进入匈牙利平原，像之前的匈人和阿瓦尔人一样大肆袭掠周边地区。

袭掠范围最广的是北欧人，即维京人。维京人相当于海上的游牧民族，只不过他们不是骑马而是乘船，他们的快船吃水浅，具有无人能及的速度和灵活性。维京人从挪威出发，向西航行到冰岛、格陵兰岛和北美洲。维京人还和从丹麦来的伙伴一起，袭击了不列颠群岛和欧洲西海岸，甚至强渡直布罗陀海峡，劫掠地中海两岸。由于瑞典面向东方，这里的维京人渡过波罗的海，到达俄罗斯的河流，然后沿着这些河流进入里海和黑海。

图70 北欧海盗船"奥塞贝格"号，它出土于1904年，是世界上保存最完好的维京海盗船，现陈列在挪威奥斯陆的北欧海盗船博物馆。

这样，这些大胆的袭掠者蹂躏了整个欧洲。起初，8世纪末到9世纪，维京人只知一味劫掠，摧毁了不计其数的修道院和城镇。维京人的船吃水浅，能够溯河而上，深入到遥远的内地，因此很少有地区能躲过维京人的袭掠。当时的教堂里时常可听到这样的祈祷："主啊，把我们从这些北方人的魔掌中救出来吧！"10—11世纪，维京人开始在海外地区定居下来，占领并统治了法国北部的大部分地区和不列颠群岛。然而，无论维京人定居何处，最终都被基督教国家所同化。例如，911年，为了预防维京人进一步劫掠，法国国王正式承认了维京人的首领，授予其公爵头衔，即日后的诺曼底公爵，诺曼底之名就是来自在那里定居的北欧人。诺曼底公爵罗洛的一位后代就是征服者威廉，1066年，威廉成功入侵了英格兰。

在穆斯林、马扎尔人和维京人的三面夹击下，加洛林帝国最终灭亡。西欧再次陷入一片混乱之中。10世纪成为欧洲历史上最黑暗的时期。自罗马帝国崩溃以来，欧洲从未有过如此悲惨的现状，面临如此黯淡的未来（见地图10）。

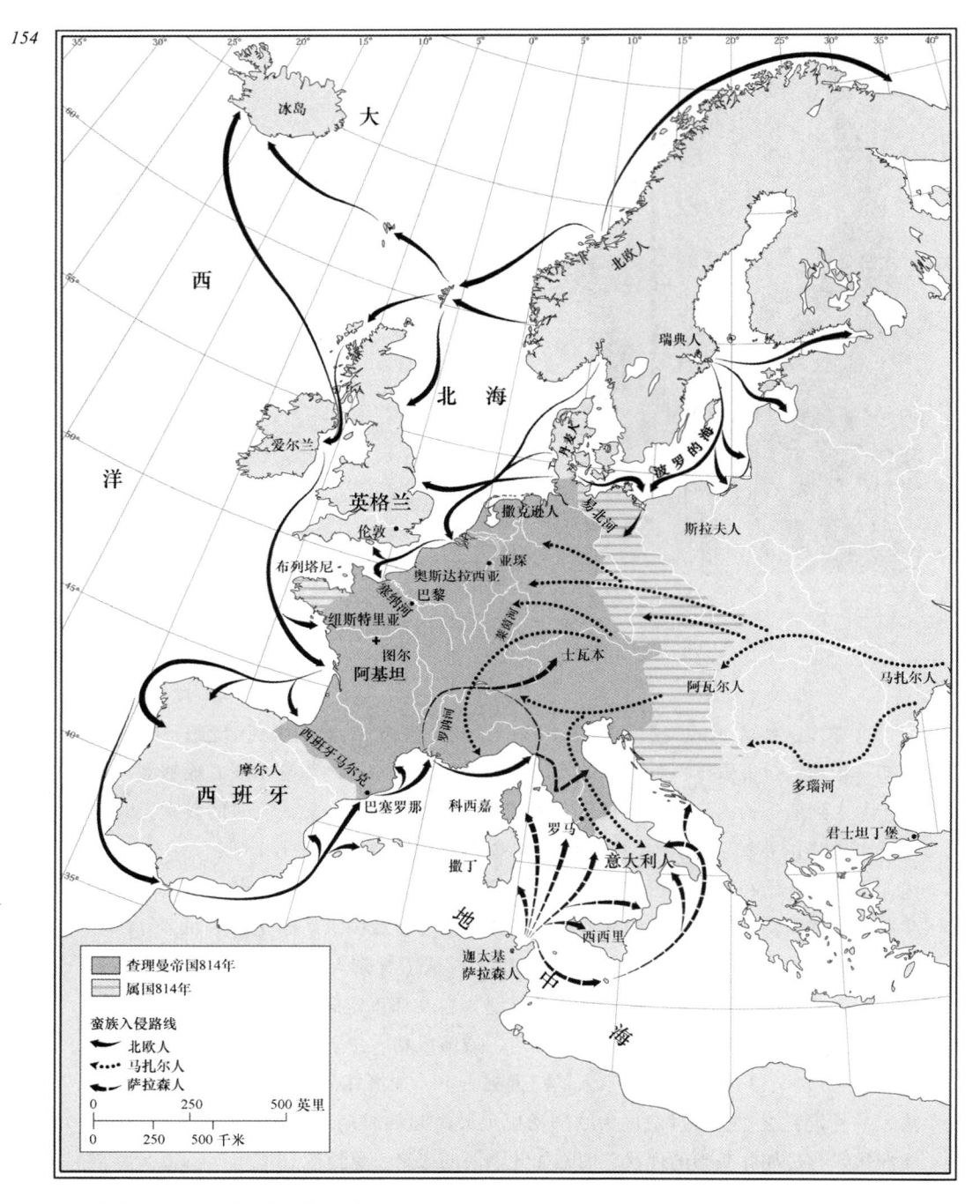

地图10　9—10世纪蛮族持续入侵西方

五、西方成为例外

至此,我们已经概述了标志着古典时代过渡到中世纪的蛮族入侵,从中不难看出,蛮族入侵对亚欧大陆不同地区的影响迥然有别。由于地域遥远,入侵者鞭长莫及,中国南方和印度南方未受蛮族侵扰。在数百年的时间里,拜占庭帝国凭借雄厚的外交、财政和海军实力,成功地击退了一批又一批入侵者:日耳曼人、匈人、阿瓦尔人、斯拉夫人、波斯人和阿拉伯人。萨珊王朝统治下的波斯也成功抵御了蛮族入侵。226年,萨珊王朝推翻帕提亚王朝,通过激发波斯人的自豪感,重新将琐罗亚斯德教定为国教,组建重装骑兵部队,统一了整个国家。因此,波斯人能够击退一波又一波沿着阿姆河而来的游牧民族。不过,波斯与拜占庭的战争造成了两败俱伤的局面,这两个帝国都将沦为即将到来的穆斯林阿拉伯人的猎物。

我们在前文中谈到,中国北方和印度北方都遭到蛮族的蹂躏,但两地都保全了古典时代发展出来的独特文明。假如公元前1世纪的汉朝人能够穿越到8世纪初的唐朝,想必会有似曾相识的感觉。他们会发现,唐朝与汉朝基本没有什么两样,在语言、儒家学说、祖先崇拜和帝国体制等许多方面如出一辙。

这就反衬出西方历史经验的独特性。如果公元前1世纪的罗马人来到公元1000年、1500年或1800年的欧洲,眼前的景象会让他们大吃一惊,昔日帝国的许多地区已经被日耳曼民族所占据,而且有了新的奇特生活方式。他们将会发现,日耳曼语系和罗曼语系的语言取代了拉丁语,上装和裤装取代了罗马长袍,新兴的基督教取代了罗马神祇,新兴的民族国家取代了罗马的帝国结构,古老的谋生之道也让位于新的农业技术、贸易和行业,贸易扩展到地球上闻所未闻的地区,各行各业的新奇机器不仅可以节省劳力,还无须借助传统的人力和畜力。

当然,对这一现象的解释是,只有西方的古典文明才彻底湮没,代之以一种全新的文明。在亚欧大陆的其他地方,区域性文明要么未遭入侵(印度南方和中国南方),要么击退了入侵者(拜占庭和波斯),要么虽然遭受入侵,但最终幸存下来(中国北方和印度北方)。唯有在西方,古典文明土崩瓦解,一去不返,虽然在几个世纪的时间里,有人一再试图使之起死回生。

正是由于这种独一无二的现象,西方才得以在现代登上世界霸主的地位,因此我们应当特别关注这种现象背后的原因。我们在本章第一节中指出,技术停滞不前是古典文明根本的结构性缺陷。但是,这个缺陷是所有古典文明的通病,为什么唯独西欧的文明就此彻底崩溃了呢?

不妨将西欧的制度和经历与亚欧大陆其他地区进行一番比较,这有助于我们得出一些结论。首先,古典时代西欧的生产力比不上中国等其他地区。在东亚大部分地区，季风在农作物生长的夏季带来充足的雨水，而在欧洲，降雨大多集中在草木不生的冬季。除此之外，低纬度地区热量充足，光照强烈，使得东亚可以从事精耕细作农业，许多地方的粮食作物都是一年两熟。不仅如此，东亚的主要作物是水稻，这种作物的亩产量要远远高于西方人种植的小麦、黑麦和其他谷物。据估计，每单位面积生产的稻米所含的热量是小麦的5倍。最终的结果不言而喻，中国的生产力水平远远超过西方，从农业诞生至今，中国的人口密度也大大高于西方。生产力和人口上的优势反过来又使中国能更好地维持帝国的官僚和军事体制，更有效地抵御外来入侵，在必要的时候还能够同化蛮族入侵者。

其次，西方没有中国那样的文字系统和考试制度，前者提供了持久的文化同质性，后者提供了高效稳定的行政管理。最后，罗马帝国边境的敌人更难对付。由于欧洲地处大草原蛮族入侵路线的终端，势必成为几乎所有游牧民族入侵首当其冲的受害者。此外，罗马帝国周边的日耳曼人要比中国西北边境的游牧民族人数更多，而帝国邻近的波斯人和阿拉伯人也要比中国的游牧近邻更先进，带来的军事威胁更大、更持久。正是因为上述种种原因，使得蛮族入侵西方持续的时间要比亚欧大陆其他地区长几个世纪。因此，西方最后落得一个绝无仅有的结局：罗马帝国及其古

图71 罗马帝国晚期描绘耶稣受难场景的象牙雕版。这一时期的艺术属于古典艺术向中世纪艺术过渡的阶段。

典文明彻底消亡了。

　　这样一种结局意义重大，可以恰如其分地视之为世界历史的重大转折点。这是决定性的转折，因为彻底的毁灭为姗姗来迟的创新扫清了障碍。有历史学家对罗马帝国的覆灭做出了这样的结论：

> 总之，（游牧民族的）入侵对这个盛极之后陷入停滞、似乎注定要消亡的文化造成了致命打击。这让人联想到我们这个时代残酷的轰炸，破败不堪的老建筑毁于轰炸，从而使得用更现代的方式重建城镇成为可能。[7]

这段引文中所说的"文化"，与亚欧大陆其他地区同样"停滞的"文化并无二致。然而，其他地区的文化从蛮族入侵中幸存下来并且重新恢复了活力。然而，这只是旧生命的延续，反之，由于罗马帝国彻底灭亡，西方反而能开始新的生活，拥有一个崭新的开端。

　　回顾历史，这种新开端的意义不言而喻。在古代，中东是创造力的中心，在几千年的时间里，一系列重大发明从中东向外传播。到了古典时代，大部分发明是源自欧洲、印度和中国，中东却远远落在了后面。究其原因，恰恰是因为在公元前2千纪的入侵中，中东的古代文明幸存下来，而边缘地区的古代文明却遭到毁灭，从而为新的开端，即新的古典文明的诞生扫清了障碍。

　　古典文明向中世纪文明的过渡也是如此。这一次，除西方外，所有地区的古典文明都幸存了下来。正因如此，唯有西方能够无拘无束地开辟新路，在中世纪发展出新技术、新制度和新观念，简言之，创造一个新文明。正如先前时代的农业文明必将彻底战胜部落文化，进入现代之后，这种新文明将证明自己胜过亚欧大陆乃至全世界"停滞的"文明。

[推荐读物]

关于帝国兴衰问题，参阅S. W. Eisentadt, ed., *The Decline of Empires*（Prentice Hall, 1967）; C. M. Cipolla, ed., *The Economic Decline of Empires*（Methuen, 1979）。关于罗马帝国衰亡的不同观点，参阅P. Brown, *The World of Late Antiquity*（Harcourt, 1971）; S. Magzarino, *The End of the Ancient World*（Faber and Faber, 1966）; F. W. Walbank, *The Awful Revolution*（University of Liverpool, 1969）。

关于罗马帝国的入侵者，参阅R. MacMullen, *Enemies of the Roman Order*（Oxford University, 1967）; E. A. Thompson, *A History of Attila and the Huns*（Clarendon, 1948）; O. J. Maenchen-Helfen, *The World of the Huns*（University of California, 1973）; T. S. Burns, *A History of the Ostrogoths*（Indiana University, 1984）; G. Jones, *A History of the Vikings*（Oxford University, 1968）。关于蛮族入侵之后的状况，参阅J. D. Randers-Pherson, *Barbarians and Romans: The Birth and Struggle of Europe, A. D. 400–700*（University of Oklahoma, 1983）; W. C. Bark, *Origins of the Medieval World*（Stanford University, 1958）强调了西方中世纪初期的创造性; R. S. Hoyt, ed., *Life and Thought in Early Middle Ages*（University of Minnesota, 1967）认为这一时期是过渡和转型时期。M. Grant, *Dawn of the Middle Ages*（McGraw-Hill, 1981）一书中也重申了这种观点。

[注释]

1. J. M. Keynes, *Essays in Persuasion*（Harcourt, 1932）, pp. 360–361.
2. A. H. M. Jones, "The Decline and Fall of the Rome Empire," *History*, XL（October 1955）, p. 220.
3. F. Klemm, *A History of Western Technology*（Allen & Unwin, 1959）, p. 23.
4. W. W. Rostow, *The Process of Economic Growth*, 2nd ed.（Norton, 1962）, pp. 311–312.
5. S. H. Gross and M. W. Bingham, *Women in Medieval-Renaissance Europe*（Glenhurst, 1983）, p. 11.
6. M. Hadas, *A History of Rome*（Doubleday, 1956）, pp. 204–205.
7. R. Lopez, *The Birth of Europe*（M. Evans, 1967）, p. 58.

历史的启示

文明：灾殃还是福祉？

每一个文明都不乏追远思古的诗人和思想家。在他们看来，史前人类是"高贵的野蛮人"，没有因文明的玷污而堕落。在久远的过去，"混沌初开"，那是人类的幸福时代，人间犹如地上的天堂。印度史诗赞美田园诗一般的昔日生活，人们自由而安全，不知种姓制度为何物。无独有偶，公元前8世纪，希腊诗人赫西俄德追溯了人类每况愈下的堕落轨迹，从久远的黄金时代，到白银时代和黑铁时代，一直到暗淡无光的当今时代。

从历史上看，最初的人间天堂观念也不乏现实基础。就经济和社会关系而言，文明诞生以前，部落成员可以自由而平等地获取生活所需的自然资源。经济平等和社会同质性乃是新石器时代村社的标志。然而，当部落民转变为农民，便失去了自由使用土地的权利，也不再拥有自己的全部劳动成果，而是必须承担特定的义务，虽然这些义务的具体内容因地而异，但结局毫无二致。国家、教会、地主和放贷人层层盘剥之后，农民的劳动成果只剩下一半甚至更少，因此他们始终挣扎在温饱线上。历史学家估计，在地球上的所有文明中，精英统治阶层仅占总人口的1%～2%。然而，不论哪一个文明，统治阶层都攫取了一半到三分之二的国民收入。这个事实解释了为什么几千年的中国历史上，几乎每年都会爆发农民起义，为什么从1801年到农奴最终获得解放的1861年，沙皇俄国发生了1467次暴动。

随着文明的到来，不仅经济关系出现重大变迁，政治关系也发生了根本变革。在新石器时代，村民受到的内部或外部管控少之又少。但是，进入文明社会以后，国王、皇帝和官僚机构取代了部落酋长和村社长者，从官廷大臣、行省和地方官、法官，直到书吏和账房先生，官僚机构的控制无所不至。文明的另一个基本特征是出现了教会统治集团，而且这个统治集团与帝国行政体制沆瀣一气。从前的萨满被教士所取代，"业余祭司"被"全职祭司"所取代。官方神学和僧侣统治集团应运而生。两者都致力于维护现行的社会秩序，赋予政治制度和政治首领以神授权力和神圣属性。例如，埃及法老不仅是国家的统治者，而且是"永生神"。神权和世俗权力相互勾结，为维护社会现状打下了最坚实的基础。很少有人甘冒今生受到惩罚、来世也永远不得翻身的风险。

文明的诞生从根本上改变了文化，而这种改变的影响至为深远。新石器时代村社文化的特征是自治和同质性。所有成员共享共同的知识、习俗和态度，无须借助外部资源来维持生活。但是，文明的到来使得社会出现了更复杂的新形态。除了村社农民的传统文化之外，还出现了形形色色的新文化：掌握了神秘的书写技艺的书吏，通晓上天奥秘的祭司，擅长绘画和雕刻的艺术家，天南海北做生意的商人，莫不在创造着文化。这样，过去单一的文化形态一去不返。相反，文化逐步分化为所谓的高级文化与低级文化。城市的学校、寺院和宫殿属于高级文化，乡村则盛行低级文化。高级文化通过哲学家、神学家和文人以书面形式传播，低级文化则在目不识丁的农民当中口耳相传。

不同文明的高级文化和低级文化虽然在细节上有所不同，但都有着如出一辙的要素，即都是以"圣书"为基础，如印度的《吠陀》、佛经、中国的"五经"以及基督教的《新旧约全书》。这些典籍构成了知识的基础，从而主宰了教育。任何人要想出人头地，就必须熟记大部分圣书。圣书还被用来强化忠诚和服从意识。凡是拒斥官方教义或是挑战社会秩序，都将被扣上犯罪的帽子，今生和来世都受到惩罚。所有的高级文化都有夺人心魄的"地狱"观念，那些敢于反抗世俗或宗教首领的人都将被打入"地狱"这一永恒的集中营。

所有的文明也都有着大同小异的低级文化。每个地方的农民都掌握了丰富的种植庄稼和养殖牲畜的实践知识。他们崇尚勤劳的美德，瞧不起城里人，认为城里人是手无缚鸡之力的病夫。农民向往的是拥有一块土地、几头牲畜以及种田和做工的简单工具。这些梦寐以求的东西意味着独立和稳定，因此，从古至今的农民始终不渝地坚决抵制外来干涉，不论这种干涉是来自地主，还是来自当今由政府经营的合作农场。然而，除了这种"极致个人主义"之外，农民还有村社的公共生活和人际关系。好邻居不仅互助建房，参加乔迁庆宴、丰年祭和其他社区活动，还总是乐于在别人需要时给予同情和帮助。

高级文化与低级文化通常是格格不入的。一方面，农民有优越感，认为乡村生活和农业劳动代表道德"高尚"，而城市生活和职业则反之。另一方面，农民在经济和政治上又隶属于城市。地主、税吏、教会官员和士兵全都来自城市，这些人的傲慢和专横清楚地表明了谁是统治者、谁是被统治者。精英阶层把享有的荣华富贵归因于自身的才智和道德素质，事实上，他们完全是靠压榨农民才过上的好日子。历经数千年的沧桑岁月，农民们难免从内心深处认可了精英阶层的看法，变得卑躬屈膝、逆来顺受。

很显然，文明造成了人类平等的倒退。不过，文明也带来了很大的好处，取得了显著的成就。站在历史的角度看，虽然存在种种不公和压榨，文明意味着人类向前迈进了一大步。从这个意义上说，文明与工业革命最终殊途同归。工业革命起初造成了深重的社会分裂和人间苦难，从长远来看，它却决定性地提升了人类的生产力和福祉。文明亦是如此。相比普通农民或城市工人，新石器时代的部落成员很可能过得更充实、更满足。但是，舒适而悠闲的部落文化恰恰是生产力相对落后的症结所在。虽然税吏、祭司和地主敲骨吸髓般剥削和压榨，却有效刺激了生产。生产力的提升有一个有力的证据，即大河流域农业地区的人口有了巨大增长。随着人口增长，生活水平也相应提高。君主以及世俗和教会的高级官员过着锦衣玉食、琼楼金阙的生活，其奢华铺张远非部落首领所能想象。商人、书吏、低级官员和教士等新兴的中产阶级很可能也像今天的中产阶级一样，过上了惬意雅致的生活。从物质层面而非社会心理层面来看，有时就连平民百姓的境况也有所改善。

借助新兴的书写艺术，文明使得知识的积累和传承成为可能，数学、天文学和医学等科学能够生根发芽、发展壮大。富裕上层阶级的出现，为建筑师、雕塑家、画家、音乐家和诗人发挥创造力提供了机会。我们今天看到的帕特农神庙、泰姬陵和巴黎圣母院等杰作便是这种创造力的成果。

这些来之不易的成果给少数人带来的好处要远远超过多数人，毕竟，为高级文化付出代价的是多数人。但是，放眼整个人类历史，重要的是人类取得了进步。正是千百年间日积月累的进步，最终让我们得以凭借科学技术驾驭大自然，释放出惊人的生产力，从而让今天的多数人也能像少数人一样受益。

诚然，当今世界仍有千百万人目不识丁，或是饱受疾病和饥饿的折磨。但今时已不同往日：14世纪中叶，欧洲有三分之一到二分之一的人被黑死病夺去生命；1846年，马铃薯枯萎病导致的饥荒造成100万爱尔兰人死亡；1876年，谷物歉收导致500万印度人饿死。当时缺乏必要的知识，无法拯救瘟疫和饥荒的受害者。

如今，人类已经掌握了必要的知识，具备了一劳永逸地铲除贻害千年的灾祸的潜力。可悲的是这种潜力尚未完全发挥出来，但不可否认人类具备这种潜能。昔日人类不同文明所取得的进步就是明证。至此，我们可以这样回答文明究竟是灾殃还是福祉的问题：过去，文明既是福祉又是灾殃。至于将来如何，则取决于人类将过去文明积累的知识用于破坏还是建设。

[推荐读物]

关于文明的利弊得失，考古学家和人类学家已经有了一些发人深省的著作：Chang Kwang-Chih, *Early Chinese Civilization：Anthropological Perspectives* (Harvard University, 1972)；V. Gordon Childe, *Man Makes Himself* (Mentor, 1951)；R. Redfield, *Peasant Society and Culture：An Anthropological View to Civilization* (University of Chicago, 1956)；L. A. White, *The Evolution of Culture：The Development of Civilization to the Fall of Rome* (McGraw-Hill, 1959)；W. Goldschmidt, *Man's Way* (Holt, 1959)。另外，著名哲学家雅斯贝尔斯的观点也值得关注，参阅 K. Jaspers, *The Origin and Goal of History* (Yale University, 1953)；*Man in the Modern Age* (Doubleday Anchor, 1957)。其他观点参阅：W. W. Wagar, *Building the City of Man* (Grossman, 1971)；H. Baudet, *Paradise on Earth：Some Thoughts on European Images of Non-European Man* (Yale University, 1965)。

第三编

亚欧大陆的中世纪文明

（公元500—1500年）

A GLOBAL HISTORY

163   像古典时代一样，中世纪也是由一系列的入侵开启大幕。古典时代的入侵者是多里安人、雅利安人以及周人，中世纪的入侵者则是日耳曼人、匈人和突厥人。然而，两者的相似处到此为止，因为与古典时代不同，中世纪出现了持续的蛮族入侵，而且蛮族入侵几乎波及亚欧大陆的所有地区。7世纪开始，穆斯林战士不仅占据了他们的起源地中东，最终还占领了北非、西班牙、巴尔干半岛、印度、东南亚以及中亚大部分地区。突厥人和蒙古人征服了更广大的地区，在公元1000年至1500年的500年间，他们占领了从波罗的海到太平洋的大半个亚欧大陆。

    这些大规模征服虽然来势汹汹、波澜壮阔，却并未像多里安人、雅利安人和周人的入侵那样，将亚欧大陆的大多数文明连根拔起。到中世纪，大多数文明已是根深蒂固，历久弥坚，因此各地的传统文明得以幸存下来。例如，在中国，本土汉人的明朝取代了蒙古人的元朝，整个国家完全回到原有的轨道上来。在幅员广大的伊斯兰世界，本土的希腊－罗马人、波斯人、闪米特人和埃及人的传统非但未被彻底摧毁，反而融合成伊斯兰文明。东罗马帝国也以拜占庭帝国之名延续了整整1000年，乃至直到现代，其居民仍自称为"罗马人"。

    如前一章所述，西方成为这种普遍模式的一个例外。唯独在西方，主流的古典文

164 明被彻底摧毁。因此，唯有西方为新文明的诞生扫清了障碍。这个新文明沿着新的道路自由发展，从而与亚欧大陆其他地区的传统文明分道扬镳。

    正是由于这种独一无二的特征，西方迸发出经济活力，发展了技术技能，孕育出向海外扩张、控制全球海上航线的社会动力。这一重大发展宣告了中世纪时代的结束。应当指出的是，中世纪不是像古代和古典时期那样以亚欧大陆游牧民族的陆上入侵而告终，而是以西方人的海上冒险而告终。西方探险家、商人、传教士和移民的海外活动，标志着中世纪过渡到现代，世界历史从亚欧大陆阶段发展到全球阶段。

> 从罗马和汉代开始，西方和东亚之间的相互作用就变得异常复杂。这涉及双向交通，涉及许多项目、许多路线，而且在不同时期密度不同……尽管交流困难重重，但至少在旧大陆，人类长期生活在比我们愿意承认的更为统一的话语领域。
>
> ——小林恩·怀特

第九章　实现亚欧大陆整体化的中世纪文明

正如亚欧大陆整体化的兴起将古典时期与古代时期区分开来，这一整体化进程的完成使得中世纪有别于古典时代。整体化的启动是技术进步使然，尤其是铁器的大规模生产给人类生活的方方面面带来了多重影响（见第四章）。整体化的实现同样是源于技术的持续进步，尤其是造船业和航海业的发展。但在这几个世纪里，更重要的是政治因素，即人类历史上首次出现了大帝国。古代的帝国局限于大河流域，古典时代的帝国仅仅统治一个地区，而新兴的大帝国地跨若干个地区，覆盖了亚欧大陆的大部分地区。

我们已经看到，亚历山大大帝对恒河流域和中国一无所知。亚欧大陆两端的晚期罗马帝国与汉帝国之间也几乎没有任何直接联系。亚历山大帝国基本上局限于中东，而罗马帝国和汉帝国实际上分立于亚欧大陆的东西两端。与此形成鲜明对比的是，到中世纪时代，8世纪中叶，阿拉伯帝国的版图从比利牛斯山脉延伸到印度洋，从摩洛哥延伸到中国边境。在接下来的几个世纪里，伊斯兰教国家进一步扩张到中亚、东南亚和非洲腹地。13世纪的蒙古帝国更是空前庞大，一举囊括了朝鲜、中国、整个中亚、俄罗斯以及中东大部分地区，成为有史以来最大的一个帝国。

大帝国的疆域空前辽阔，打破了各地区之间由来已久的相互隔绝状态。在这个时代，亚欧大陆各地区建立起直接的联系和交流。本章将考察新的贸易纽带、技术纽带、宗教纽带和知识纽带。

一、贸易纽带

古典时代，庞大的罗马帝国和汉帝国在亚欧大陆商路的东西两端双峰并峙，这种格局促进了两个帝国之间所有地方的贸易发展。反之，这两个帝国的崩溃也导致了贸易的衰落和凋敝。中世纪时代，随着阿拉伯帝国和蒙古帝国相继崛起，贸易再度兴盛，并且达到了前所未有的高度。

穆斯林的征服将整个中东地区统一成一个整体，而中东是所有横穿亚欧大陆的贸易路线的枢纽，通往黑海和叙利亚港口的陆路贸易与穿越红海和波斯湾的海上贸易交汇于此。经阿拉伯海前往印度西南部马拉巴尔沿海地区的贸易尤为繁荣。穆斯林商人，其中大多数为阿拉伯人和波斯人，在印度和锡兰港口建立了很大的定居点。他们沿着由西向东的海上贸易路线，将马匹、白银、熟铁制品、亚麻布、棉花和毛织品运往东方，以换取丝绸、宝石、柚木和香料。

穆斯林商人从印度和锡兰继续航行到马来海岸的喀拉巴（吉打）。随后一些商人从喀拉巴南下，到达苏门答腊和爪哇，另一些人北上穿过马六甲海峡，抵达中国南方的广府（广州）。穆斯林商人通常的行程安排是：每年九、十月份从波斯湾出发，顺着东北季风航行到印度和马来亚，再及时抵达中国海，顺着南方季风到达广州，然后在广州度过夏季，返程时顺着东北季风穿过马六甲海峡和孟加拉湾，次年初夏回到波斯湾，整个往返行程耗时一年半。

671年，第一批穆斯林抵达广州，很多人像在印度洋各港口那样，在广州定居下来。地方当局允许这些阿拉伯商人自治，他们选举自己的首领，负责维持所居住城区的秩序。有些穆斯林家族的后裔像日后的马可·波罗一样进入中国行政部门任职。758年，人多势众的穆斯林竟然围攻广州，结果中国人关闭了对外通商的港口。792年，广州重新开埠，依然是穆斯林商人的贸易中心，直到878年，中国的起义军屠杀了穆斯林商人。此后，穆斯林商人和中国商人便前往马来亚的喀拉巴汇合，在那里交易各自的商品。

北宋时期（960—1127年），中国港口再次对外国人开放。宋代，中国人在造船业和航海业上取得了巨大的进步。12世纪末，中国人在东亚和东南亚海域取代了穆斯林。蒙古人征服中国，建立元朝（1271—1368年），中国人建造了当时最大最好的船舶，东南亚和印度各港口都有中国商人定居。1291年，马可·波罗护送一位蒙古公主绕经东南亚前往波斯，目睹并记述了中国航海业的盛况。50年后，阿拉伯旅行家伊本·白图泰乘坐一艘中国帆船取道印度前往中国，也记录了沿途的见闻。值得注意的是中国的进出口贸易，它反映了这一时期中国在世界经济中的领先地位。除了上等棉纺织品外，进口商品主要是原材料，如中亚的兽皮、马，南亚的优质木材、玉石、香料和象牙。相反，除了一些矿石外，出口商品多为制成品，如书籍、绘画作品，尤其是瓷器和丝绸。

明代（1368—1644年），中国人的航海活动达到鼎盛，15世纪初，中国人在太

图72　17世纪的皮革壁挂，描绘了熙熙攘攘的宋代海港。

平洋和印度洋建立起非凡而短暂的海上霸权。例如，1405—1433年间，一位名叫郑和的朝廷宦官率领船队进行了七次远航。这七次远航的规模和成就都是史无前例的。第一次远航的船队有62艘船，人员达2.8万人，先后到过爪哇[1]、锡兰和卡利卡特。船队返航途中遭遇了苏门答腊海盗船队拦劫，结果中国人全歼了海盗。后来的几次远航抵达了更远的地方，最远曾到过非洲东海岸、波斯湾和红海海口。船队造访了印度洋上30多座港口，中国人每到一处都劝说当地统治者承认明朝皇帝的宗主权。而此时葡萄牙人才刚刚开始沿非洲海岸摸索前行，直到1445年，葡萄牙人才到达佛得角（见地图11）！

1433年，皇帝突然下令终止了这些非凡的远航。关于发起和终止远航的原因，至今众说纷纭。有人认为郑和远航可能是为了弥补蒙古帝国崩溃所造成的陆上贸易的损失，也有人说远航是为了展示国力、宣威海外，或是寻找躲避追杀、出家当了和尚的前朝皇帝。至于终止远航的原因，要么是由于耗资过大，要么是宫廷宦官与儒家官僚之间司空见惯的相互倾轧所致。无论如何，由于中国人的退出，东亚和南

---

[1] 爪哇，古名阇婆，英文中又译Java Major，今印度尼西亚爪哇岛。——译者注

地图11　15世纪初中国人和葡萄牙人的航海活动

第九章 实现亚欧大陆整体化的中世纪文明

亚洲

蒙古

北京
南京
明 福州
广州府

孟加拉

日本

太平洋

老挝
暹罗 毗阇耶
安达曼群岛 昆仑岛

菲律宾群岛

巴曼王国

卡利卡特
(锡兰)

马六甲

马尔代夫群岛
苏门答腊岛

婆罗洲

印度洋

1418—1460年
(和),1405—1433年

2000英里
3000千米

亚海域出现了权力真空。倭寇不断袭扰中国沿海地区，而穆斯林阿拉伯人重新夺回了印度洋上的主导地位。阿拉伯人虽然善于经商，但既不团结也缺乏资源，未能像中国人那样建立起制海权。因此，1498年，葡萄牙人沿非洲海岸进入印度洋时没有遇到任何有效的抵抗，很快建立起海上霸权。

另一方面，随着蒙古帝国的崛起，陆上贸易发生了翻天覆地的变化。历史上第一次、也是唯一一次，一个国家地跨整个亚欧大陆，统治了从波罗的海到太平洋，从西伯利亚到波斯湾的广大地区。14世纪中叶，意大利的一份经商手册总结了"蒙古统治下的和平"对于贸易的重大意义，手册介绍了从顿河河口的塔纳出发，横穿中亚的贸易路线：

> 据来往于这条路上的商人们说，不论白天还是黑夜，从塔纳到契丹[中国]的行程是绝对安全的……你可能认为从塔纳到萨莱[位于伏尔加河]的这段路没有其他路段安全。然而，即便是这段路最糟糕的时候，如果能有60个人结伴同行，你会觉得跟待在家里一样安全。[1]

图73　马可·波罗觐见忽必烈。

1264年，忽必烈将首都从蒙古的哈拉和林迁到北京，[1]从此中国向沿着横穿亚欧大陆的商路而来的欧洲商人敞开了大门。最早来到忽必烈新宫廷的欧洲人并非外交使节，而是两个威尼斯商人尼科洛·波罗和马菲奥·波罗。不过，比起进入中国，首次抵达香料产地印度和东印度群岛具有更大的经济意义。当时，香料主要通过两条路线输往欧洲，一是经由红海和埃及的路线，二是先到波斯湾，再经陆上商路运抵黑海或东地中海港口。第一条路线由阿拉伯人和威尼斯人控制，阿拉伯人用船将香料运到埃及，威尼斯人在亚历山大港上货，然后运往欧洲各地销售。第二条路线由波斯和美索不达米亚的（伊儿汗国）蒙古统治者和热那亚人控制，热那亚人在终点港口接收香料，再行销欧洲。

不过，热那亚人不满足于仅在黑海中航行。他们乘坐小巧的轻舟从亚速海溯顿河而上，接着可能是坐牛车穿过狭窄地带到达伏尔加河畔，然后前往里海和波斯。热那亚人抵达波斯湾后便可以直接前往印度和东印度群岛，他们发现香料在原产地非常便宜，而过去几个世纪以来，一批批中间商在东南亚的香料生产者和欧洲消费者之间赚取了令人难以置信的利润。

然而，"蒙古统治下的和平"时期，陆上贸易的复兴好景不长。一个原因是，1368年，蒙古人被赶出中国，蒙古帝国土崩瓦解，中亚再度陷入四分五裂的状态，导致横穿亚欧大陆的贸易中断。更重要的是伊儿汗国的合赞汗（1295—1304年在位）皈依了伊斯兰教，从而切断了欧洲人前往香料群岛的中转路线。从那时起，几乎所有香料都改走红海到尼罗河的海路，阿拉伯人和威尼斯中间商因此大发其财。但是，有些欧洲人不愿再花大价钱购买香料，尤其是他们已经知道了香料的产地和价格。因此，他们开始寻找绕过穆斯林控制区的新航路，最终，达·伽马开辟了绕非洲航行的新航路。

二、技术纽带

穆斯林和蒙古人的大帝国不仅促进了亚欧大陆内部的贸易往来，还推动了技术的传播。斜挂大三角帆的传播就是一个突出例子。阿拉伯人很早就使用这种大型的三角形纵帆，而地中海的埃及人、腓尼基人、希腊人和罗马人都是使用横帆。横帆船舶更适合恶劣气候，而阿拉伯帆船操纵更加灵活，既可以朝贴近风向的方向航行，还能在河流和狭窄水域戗风行驶。由于具备这些优势，在黎凡特地区，纵帆很

---

[1] 原文如此，后文亦然。1271年，元世祖忽必烈正式迁都北京。——译者注

快便淘汰了横帆。到11世纪，纵帆已成为整个地中海的标准帆具。如今，这种三角帆被称为"拉丁帆"或"三角帆"，其实它是穆斯林入侵后由阿拉伯人传入地中海地区的。此后，纵帆又从地中海传播到大西洋，15世纪的葡萄牙和西班牙船舶设计师将横帆与纵帆组合起来，前桅装横帆，主桅和后桅装三角帆。这种混合帆的三桅船适应任何气象条件，为哥伦布和达·伽马的远洋航行创造了条件。

1620年，英国哲学家弗朗西斯·培根写道：

> 我们还应该注意到这些发明的力量、长处和后果。这几点再明显不过地表现在古人所不知、晚近才发现、而且起源依然暧昧不彰的三种发明上，那就是印刷术、火药和磁石。这三种发明已经在世界范围内把事物的全部面貌和情况都改变了。第一种发明是在学术方面，第二种是在战事方面，第三种是在航海方面；并由此又引起难以数计的变化，乃至任何帝国、任何教派、任何星辰对人类事务的力量和影响都仿佛无过于这些机械方面的发现了。[2]

培根准确指明了这三项发明的历史意义，而这三大发明全都起源于中国。现存最早的雕版印刷品是868年印制的汉文佛经，雕版印刷是把文字刻在一块块木板上，然后进行印刷。最早的活字也是中国人发明的，1041—1049年，一位普通工匠制作了用泥土焙烧而成的活字。在接下来的几个世纪里，中国人相继用木头和各种金属活字代替了泥活字。这些发明从中国传到中东，再经中东传入欧洲，欧洲最早的雕版印刷品可以追溯到1423年，欧洲的第一本活字印刷品是1456年的《古登堡圣经》。

早在唐代（618—907年），中国人就用火药来制造烟花。1120年，中国人发明了一种被称作"突火枪"的武器，它用粗竹筒作枪身，内部装填火药。几乎可以肯定它是金属枪管的前身，金属枪管出现于1280年前后，但目前无法确定最早发明金属枪管的究竟是中国人、阿拉伯人还是欧洲人。

最早明确提及磁力的是成书于公元前240年前后的一本中国书籍，但此后许多个世纪里，司南（指南针）仅限于巫术用途。不过，1125年，指南针开始应用于航海，显然是到过中国的阿拉伯商人学会了使用这种仪器并将其传入欧洲。

除了这三大发明外，中国人还向亚欧大陆的邻邦输送了很多东西。105年，中国人发明了造纸术，为印刷术的发明创造了条件。751年，被带到撒马尔罕的中国战俘将造纸术传给了阿拉伯人，阿拉伯人又将其传入叙利亚、埃及和摩洛哥，1150年，造纸术传入西班牙，接着传播到法国和欧洲其他国家。造纸术所到之处，立刻

图74　中国的木活字［图为敦煌出土的回鹘文木活字印刷字模，是世界上现存最早的活字实物］。

取代了羊皮纸。从一个事实即可看出造纸术的价值：用羊皮纸制作一本《圣经》至少需要300张羊皮。

中国人发明的尾舵、马镫和胸带挽具也传遍整个亚欧大陆并产生了深远的影响。1180年前后，尾舵与指南针同时传入欧洲；马镫为中世纪欧洲重装采邑骑士的出现创造了条件；胸带挽具是套在马肩上，不会像过去的颈带挽具那样造成窒息，从而使马匹可以全力牵引。最后，中国人还栽培了许多植物和水果，它们大多由阿拉伯人传遍亚欧大陆，其中包括菊花、山茶花、杜鹃花、香水月季、翠菊、柠檬、柑橘等。荷兰人和德国人至今还把柑橘称为"中国苹果"。

三、宗教纽带

中世纪时期，亚欧大陆不仅出现了史无前例的横贯整个大陆的商品流通和技术交流，宗教信仰也以前所未有的规模传播开来。基督教和佛教的传播始于古典时代末期，中世纪时期继续流传（见第四章第三节）。然而，中世纪时代最突出的宗教变迁当属伊斯兰教的诞生。632年穆罕默德死后，这种新宗教从阿拉伯半岛骤然崛起，对亚欧大陆和非洲的广大地区产生了深远影响，我们将在下一章来介绍伊斯兰教的教义。

伊斯兰教的传播（详情见后）分为两个阶段。第一阶段从632年到750年，伊斯兰教的洪流席卷了整个中东地区，然后向西到达比利牛斯山脉，向东到达中亚地区，最终使地中海几乎变成了穆斯林的内湖。第二阶段从1000年到1500年，在这几

图75　15世纪的阿拉伯语手稿，现藏于巴黎国立图书馆，画中是穆罕默德和他的女儿法蒂玛。

个世纪里，伊斯兰教进一步传播到印度、东南亚和非洲，印度洋也变成了穆斯林的势力范围。

伊斯兰教版图的急剧扩张自然让基督教世界的统治者感到恐慌，他们此时已被孤立在亚欧大陆的西端。正因如此，13世纪蒙古人的崛起让这些统治者产生了一种矛盾心理。虽然蒙古骑兵的杀戮让人毛骨悚然，但蒙古人也并非一无可取之处，因为蒙古人制服了波斯和美索不达米亚的穆斯林。因此，基督教世界的统治者们希望能让蒙古异教徒皈依基督教，就像之前的马扎尔人和维京人那样。

教皇先后派遣两个使团前往蒙古北部哈拉和林的大汗宫廷，试图劝说大汗接受基督教，参加教皇组织的讨伐穆斯林的十字军。但是，由于传统的巫师或萨满在蒙古宫廷中很有势力，使团未能争取到任何人皈依基督教。不过，他们收集了关于蒙古习俗和作战方式的第一手情报。他们还了解到，从哈拉和林向东走20天，就能到达神秘的国度契丹，也就是中国。中国以富庶而闻名，也不信奉伊斯兰教，因此有可能成为对抗穆斯林的盟友。

由于中国是庞大的蒙古帝国的一部分，1264年，忽必烈从哈拉和林迁都到汗八里，即今天的北京。最早来到蒙古帝国首都的欧洲人是前面提到的两位威尼斯商人尼科洛·波罗和马菲奥·波罗。忽必烈很欢迎他们的到来，询问了欧洲的有关情况，还让他们转交一封写给教皇的信。忽必烈在信中请求教皇派100名学者传教士前来自己的宫廷，向他的臣民传教，与其他宗教的代表辩论。

忽必烈的这一要求很难说是出于对基督教的热忱，更合理的解释是他想为帝国官僚机构网罗专门人才，因为他刚刚征服了中国，不想冒险起用太多汉人担任高级官员。事实上，忽必烈麾下有大批外国人效力，为了维持统治，忽必烈刻意让各个族群相互制约。

四、新的视野

蒙古帝国的崛起极大地增进了欧洲人对世界的了解。正是由于蒙古帝国的存在，欧洲人的视野从地中海扩大到整个亚欧大陆，日后哥伦布和达·伽马的航海进一步将亚欧大陆视野扩展为全球视野。商人、传教士和战俘带来的消息表明，远东有一个大帝国，其人口、富庶和文明程度足以与欧洲比肩，甚至还超过了欧洲。这种了解也并非是单向的过程，东方也开始了解西方。马可·波罗打开了西方人的眼界，让西方人知道了中国，同样也让中国和中东开始了解西方。

据我们所知，在这一时期，莫斯科、大不里士和诺夫哥罗德都有中国商人的侨居地。美索不达米亚的灌溉工程也雇佣了中国技师。据记载，汉人官员随同成吉思汗在亚欧大陆各地作战和巡视。1278年，生于北京的景教修士拉班·巴·扫马到达巴格达的伊儿汗国宫廷，随后被蒙古人派往欧洲与基督徒联络，共同对付伊斯兰教徒。拉班·扫马于1287年出发，先后到过君士坦丁堡、那不勒斯、罗马、巴黎和伦敦，还见到了法王腓力四世和英王爱德华一世。游历最广的中世纪旅行家是穆斯林伊本·白图泰（1304—1377年）。白图泰从家乡摩洛哥前往麦加朝觐，然后取道撒马尔罕前往印度，他曾在印度担任法官，又作为使者被派往中国。他回到摩洛哥后继续旅行，足迹北至西班牙，南达非洲腹地的廷巴克图。到最终返回摩洛哥定居时，白图泰的累计行程超过12万千米。

著名的马可·波罗是西方世界最负盛名的旅行家。他父亲和叔叔第二次到中国时带他一同前往，1275年，他们到达了忽必烈的宫廷。马可·波罗给大汗留下了很好的印象，之后为大汗效力了17年，担任过许多职务，到过中国的许多地方。每到一地，他都特别留意当地的风土人情，他曾记下使用煤炭的情形："有一种黑石，采自山中，如同脉络，燃烧与薪无异，其火候且较薪为优。"1292年，马可·波罗护送一位许配给穆斯林君主的蒙古公主前往波斯，他们沿东南亚海岸穿越了印度洋。之后，马可·波罗继续西行，于1295年回到阔别25年的家乡威尼斯。不久，他在与热那亚人的战斗中被俘，在狱中口述了旅行见闻。

173 马可·波罗的新世界

商人往来于地中海到中国和东南亚，将中世纪的亚欧大陆联结成一个整体。著名的马可·波罗游记的片段清楚表明了中世纪开阔的世界视野。*

至于这座城市［汗八里，即北京］的规模，它方圆24英里，每一边长6英里……共有12座城门，每座城门上都有一个漂亮的大城楼……城中的各条街道很直，在街的一端可以看到另一端，能够从一座城门顺着街道远望另一座城门。城里有壮丽的宫殿，很多精美的大客栈，还有很多美丽的房舍……

先让我们介绍往返于印度诸岛之间的商人们所乘的［中国］船舶。这些船舶是由冷杉树为原料建造的，只有一层甲板，甲板以下的空间被分为50～60个船舱，每个船舱能容纳一位商人。每艘船有一个舵，但有四根桅杆，有些还有额外的两根桅杆，这些桅杆能够活动，需要时可以竖起，不用时也可以放下……每艘大船至少需要200名船员［有些船需要300名］。这些船吨位很大，每艘船能装运五六千担胡椒。

日本是东洋的一个海岛，位于距大陆1500英里的海上。这个岛的面积很大，居民面目清秀、体格健壮、举止文明、崇拜偶像。他们不受任何外国势力的控制，只受自己君王的统治。他们的黄金产量极其丰富。

离开占婆国［印度尼西亚］，向南和东南之间行驶1500英里，便可到达一个面积很大的岛，叫作爪哇。据一些杰出的航海家说，这是世界上最大的岛，方圆有3000英里。它只受一个国王的统治，居民对于其他任何国家都不纳贡。他们是偶像崇拜者。这个国家的物产极其丰富，像胡椒、肉豆蔻、松香、生姜、澄茄、丁香和其他所有值钱的香料……

离开锡兰岛，向西航行60英里，到达玛八儿王国，这不是一个岛，而是所谓大印度大陆的一部分，是世界上最富足的国家……居民都崇拜偶像，很多人都对牛［神牛］崇拜有加，因为牛是一种极好的生物。他们无论如何也不吃牛肉，也绝不会杀牛。

* H. Yule ed. and trans. *The Book of Ser Marco Polo*（Scribner's, 1903）, vol. 1, pp. 423-426：vol. 2, pp. 249-250, 253-254.

马可·波罗描述了大汗壮丽的宫殿，里面有花园和人工湖，还有用银挽具和宝石装饰的大象。他还提到，中国的道路修得高于周围地面，便于排水；大运河上商船往来穿梭；港口停泊的船舶比欧洲船舶要大得多；他提及了一些地方，它们出产香料、丝绸、生姜、糖、樟脑、棉花、盐、藏红花、檀香木和瓷器。马可·波罗还描述了护送中国公主前往波斯途中所见所闻的奇异国度：新加坡、爪哇、苏门答腊、锡兰、印度、索科特拉岛、马达加斯加、阿拉伯半岛、桑给巴尔和阿比西尼亚。

马可·波罗所讲述的一切是那么的神奇和夸张，乃至得到了"马可百万"的名号，因为他在谈及中国时总是爱用"百万""几十个百万""几百个百万"来形容。马可·波罗为16世纪中叶之前的欧洲人提供了关于中国的最全面可靠的资料，他的游记有一个意味深长的书名：《世界见闻录》。这部著作让西方人所了解的世界骤然间扩大了一倍（见地图12）。就像两个世纪后的哥伦布一样，马可·波罗为同时代人打开了崭新的视野。在穆斯林封锁了陆路之后，正是马可·波罗所描绘的契丹［中国］和香料群岛的迷人景象，激励着杰出的探险家寻找一条直接通往东方的海上航线。

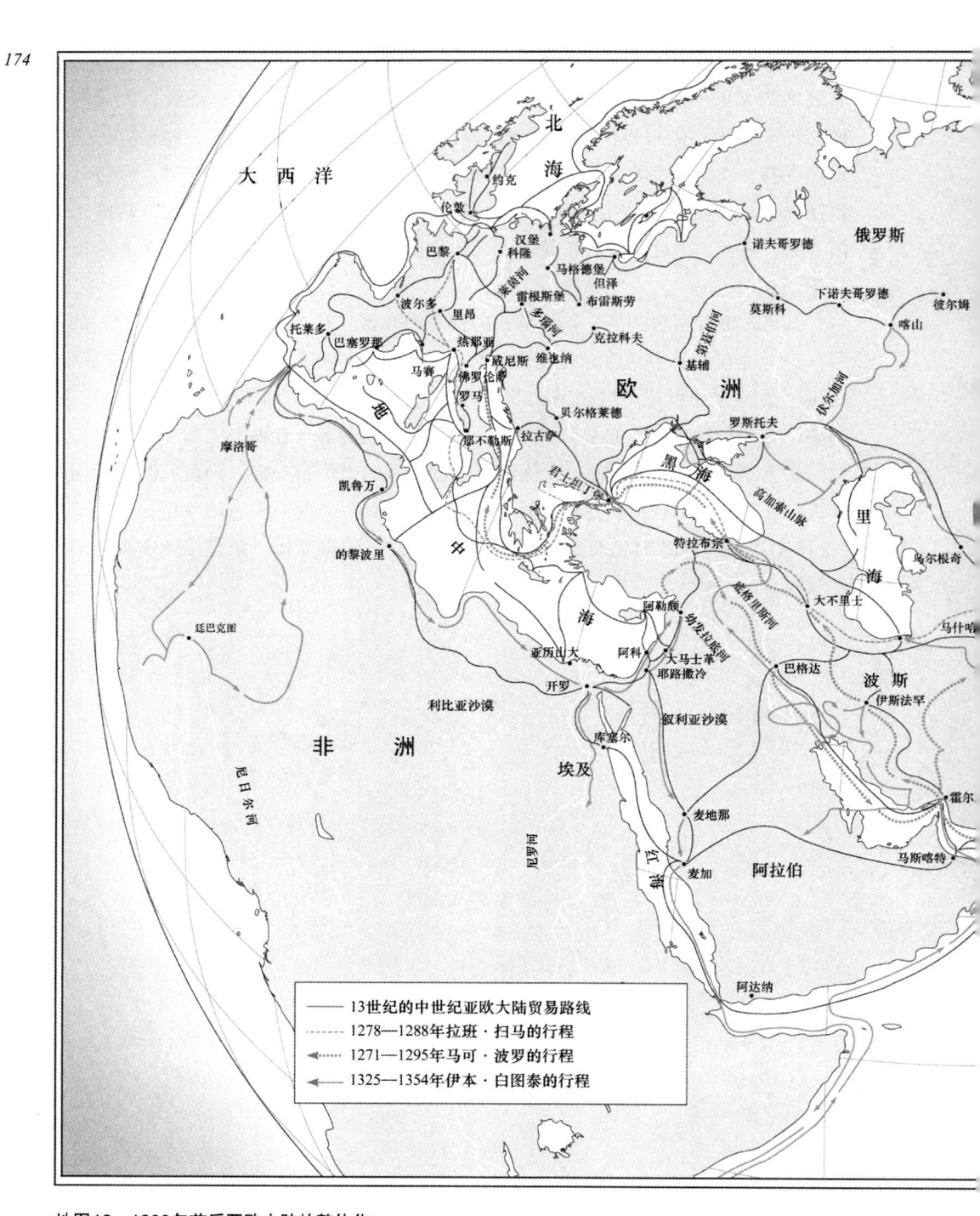

地图12　1300年前后亚欧大陆的整体化

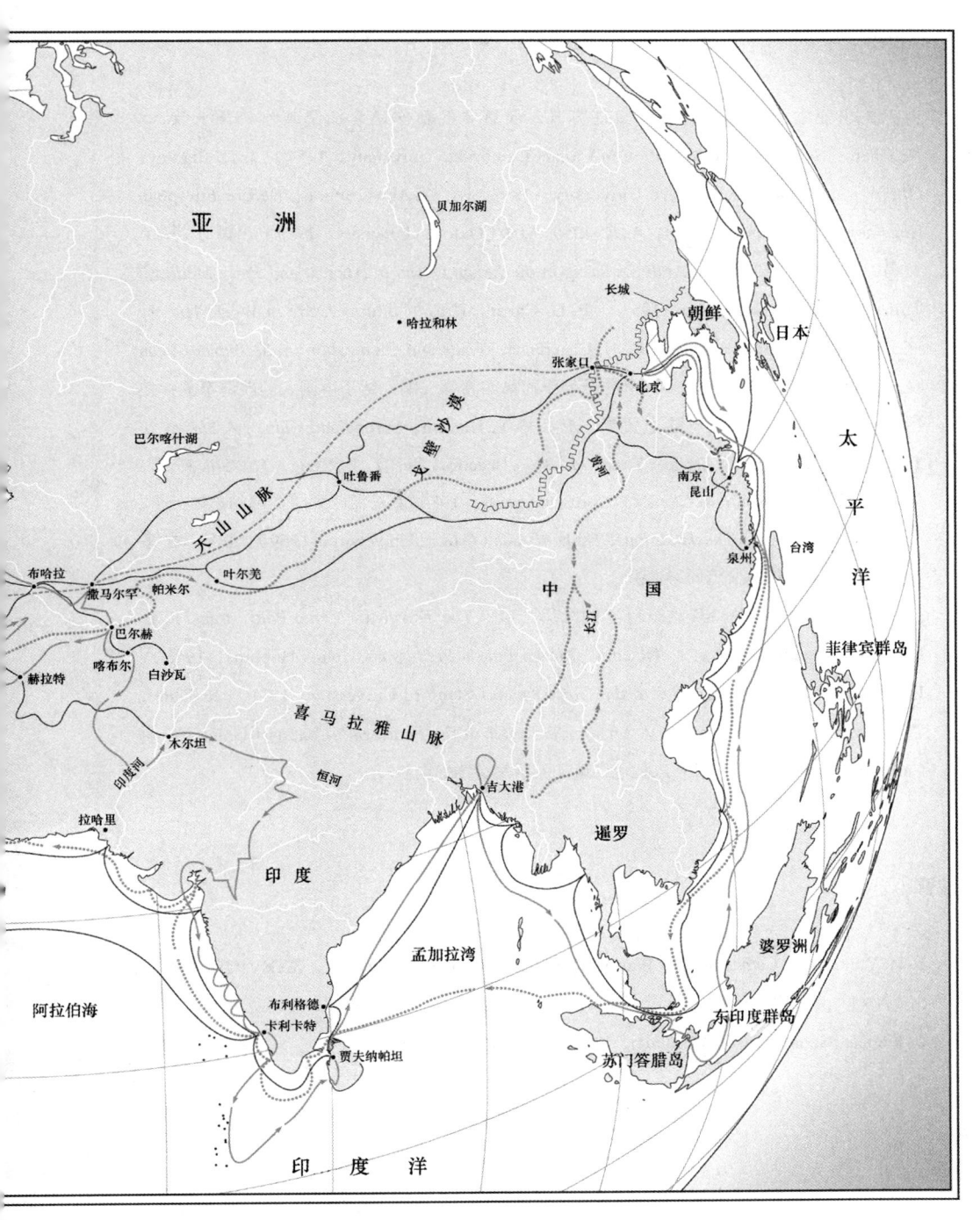

第九章 实现亚欧大陆整体化的中世纪文明　　227

175

[推荐读物]

关于亚欧大陆内部的各种交往方式,最重要的著作是李约瑟著作的第一卷,J. Needham, *Science and Civilization in China*(Cambridge University, 1954); J. H. Bentley, *Old World Encounters*(Oxford University, 1993); J. L. Abu-Lughod, *Before European Hegemony: The World System, A. D. 1250-1350*(Oxford University, 1989)。关于海上贸易,参阅 G. F. Hourani, *Arab Seafaring in the Indian Ocean in Ancient and Early Medieval Times*(Princeton University, 1951); P. D. Curtin, *Cross-Cultural Trade in World History*(Cambridge University, 1984); K. N. Chaudhuri, *Trade and Civilization in the Indian Ocean*(Cambridge University, 1985)。李约瑟著作的第四卷第三编介绍了中国人的航海事业,包括明代的航海活动。关于陆上贸易,参阅 G. F. Hudson, *Europe and China: A Survey of Their Relations from the Earliest Times to 1800*(Beacon, 1961); P. Yung, *The Silk Road: Islam's Overland Route to China*(Oxford University, 1986)。对亚欧大陆贸易的总体分析,参阅 C. G. F. Simkin, *The Traditional Trade of Asia*(Oxford University, 1969)。李约瑟的多卷本著作是关于技术交流的必读书。

关于马可·波罗和其他旅行家的经历,参阅 *The Travels of Marco Polo*, trans. R. E. Latham(Penguin, 1958); L. Olschki, *Marco Polo's Precursors*(Johns Hopkins, 1943); I. de Rachewiltz, *Papal Envoys to the Great Khans*(Stanford University, 1971); R. Dunn, *The Adventures of Ibn Battuta: A Muslim Traveller of the Fourteenth Century*(University of California, 1986),该书引人入胜地介绍了伊斯兰世界的全貌。

[注释]

1. H. Yule, ed., *Cathay and the Way Thither*, Hakluyt Society, Series 2, XXXVIII(London, 1914), pp. 152, 154.
2. Francis Bacon, *Novum Organum*, Book I, aphorism, p. 129.

> 论海旁旷野的默示：有仇敌从旷野，从可怕之地而来，好像南方的旋风，猛然扫过。
>
> ——《圣经·以赛亚书》21：1

> 我这样启示你一本阿拉伯文的《古兰经》，以便你警告首邑麦加及其四周的居民，以便你预告毫无疑义的集合日。一部分人将在乐园中，一部分人将在烈火中。
>
> ——《古兰经》42:7

第十章　伊斯兰文明的兴起

公元600年到1000年的几个世纪里，伊斯兰教的兴起成为亚欧大陆历史和世界历史的一个重大转折点。像1000年前亚历山大大帝的征服一样，穆斯林战士的惊人征服统一了整个中东。7—8世纪，伊斯兰的征服将比利牛斯山脉到印度、摩洛哥到中亚的广大地区统一到星月旗之下。

相比赫赫的战功，伊斯兰文明的文化成就显得更为非同凡响。虽然阿拉伯人所征服的地区是人类最古老的文明中心，但11世纪时，阿拉伯文化已经对这些地区的语言和文化产生了重大影响。阿拉伯语成为从波斯到大西洋的广大地区的通用语。新兴的伊斯兰文明直接融合了先前的犹太文明、波斯-美索不达米亚文明和希腊-罗马文明。这一融合的影响一直持续至今，如同英国人与澳大利亚人的关系一样，伊拉克人与摩洛哥人至今在语言和文化上有着千丝万缕的联系。

一、穆罕默德

穆罕默德是中世纪时代最具影响力的历史人物。穆罕默德生于569年，他是个遗腹子，6岁时母亲也去世了，祖父和叔父将他抚养成人。人们对于穆罕默德的少年时期知之甚少，据说，12岁时他曾和叔父随商队去过叙利亚，这次旅行可能让他了解到一些犹太教和基督教知识。他在25岁时同一位富孀结婚，生了四个女儿和两个儿子，但两个儿子都夭折了。

40岁时，穆罕默德开始接受天启，他认为自己是上帝选定的先知以及亚伯拉罕、摩西和耶稣的继承人。有人要他讲述是如何获得启示的，他回答说，只有天国里才有《古兰经》的全部经文，经文通常是由天使加百列传授给他，每次只传授一

图76　8世纪或9世纪，用库法体书写的《古兰经》（23.8×35.5厘米）。伊斯兰教禁止绘制肖像，因此书法很早就成为主要的伊斯兰艺术形式。阿拉伯字母的发明主要是为了尽可能准确地书写《古兰经》的文本，书法艺术也随之发展起来。在三个世纪时间里，这种横向拉长的库法体是最早和最重要的《古兰经》书写工具。

部分经文，并且要他逐字逐句地复述出来。穆罕默德相信自己受到了神的感召，要去宣谕安拉的唯一性和至高权力，告诫人们最后审判日终将来临，届时守信者升入天堂，邪恶者打入地狱。

穆罕默德去世后，他的教义很快被记录下来，成为新兴的伊斯兰教的圣典。"伊斯兰"一词系由阿拉伯语音译而来，意为"顺服"，即顺服唯一之神安拉的旨意。穆罕默德没有建立教士组织，也没有规定拯救灵魂的特定圣礼。但他明确要求信徒履行某些仪式，即通常所称的伊斯兰教"五功"：

（1）念功，念诵"清真言"："除安拉外，别无真主，穆罕默德是安拉的使者。"

（2）礼功，每日礼拜五次，分别在晨、晌、晡、昏、宵五个时间举行：穆斯林须脱掉鞋子，戴上头巾，在一张地毯上面朝麦加方向祈祷。

（3）课功，穆斯林应慷慨施舍，作为献给安拉的贡品和虔诚的行为。

（4）斋功，穆斯林须在斋月白昼戒饮食一个月。

（5）朝功，有能力的穆斯林一生中至少前往麦加朝觐一次。

这些仪式为信徒们提供了一种强有力的社会纽带，信徒们一起祈祷和斋戒，共同为遭遇不幸的教友提供帮助，不论富人还是穷人，也不论是黄种人、白种人、棕种人还是黑人，一起前往麦加朝觐。此外，《古兰经》还规范了虔诚信徒生活的各个方面，包括行为举止、个人卫生、结婚和离婚、商业和政治、犯罪及惩罚、和平与战争。因此，伊斯兰教既是一种宗教信仰，也提供了一套社会规范和政治制度，既规定了信徒必须遵奉的宗教戒律，也为个人和公众生活提供明确指导。与基督教世界不同，伊斯兰世界并没有世俗生活与宗教生活之分、俗界与教会之分。伊斯兰教认为，凡属于恺撒的就是属于神的，而凡属于神的也就是属于恺撒的。直到最近，"伊斯兰教法"依然是整个伊斯兰世界的国法以及伊斯兰国家的基本法。

穆罕默德逐步说服人们皈依这些教义，首先是他的直系亲属和朋友，这些人日后被称作"先知的同伴"，享有崇高的威望。穆罕默德争取到一小批皈依者后，麦加富商开始感到不安，他们担心穆罕默德的教义会破坏过去的宗教信仰，因此不让朝觐者前往放置"黑石"的麦加神庙做礼拜。面对日益增强的反对势力，穆罕默德应邀前往麦地那，这是一座商路上的绿洲城市，位于麦加以北约480千米。麦地那的居民主要是阿拉伯人和犹太人部落民，各部落彼此不和，因而邀请穆罕默德前来充当仲裁者。622年，穆罕默德迁徙到麦地那，这个事件被称为"希吉拉"，伊斯兰历以这一年作为纪元元年。

穆罕默德的教义主要是来源于犹太教教义、传说和主题，他本想让麦地那犹太人承认他是犹太先知的继承人，但麦地那犹太人对他的主张嗤之以鼻，于是他转而站到了犹太人的对立面，最终驱逐了犹太人，将他们的财产分给自己的追随者。经过穆罕默德的努力，麦地那的阿拉伯人逐步接受了他的宗教，以他的教义为基础建立起一个神权国家。

穆罕默德以麦地那为基地，组织了对麦加商队的袭击。抢劫商队本是阿拉伯游牧民族习以为常的一种经济活动，而穆斯林打着"先知"的旗帜进行袭掠，不仅有望获得战利品，还能得到灵魂的拯救。630年，兵强马壮的穆斯林攻占了麦加，穆罕默德采取了折中的解决方案，宣布安置在麦加天房中的黑石为伊斯兰教的主要圣物，这样既维护了伊斯兰教的基本信条，又使之植根于阿拉伯人的传统习俗。632年，穆罕默德去世前，绝大多数阿拉伯人部落已经奉他为最高统治者，并且向他纳贡。

穆罕默德意识到许多地方性的偶像崇拜习俗让自己的家乡陷入分裂。他创立了一种宗教，留下了一部启示录，建立起一个组织严密、全副武装、足以统治整个阿拉伯半岛的社会和国家。一个世纪之内，穆罕默德的追随者不断从胜利走向胜利，建立起一个横亘亚欧大陆的庞大帝国，将他的教义传播到四面八方，如今伊斯兰教在世界各地拥有5亿信徒。[1]

二、阿拉伯人的征服

伊斯兰社会完全是天才的穆罕默德一手缔造，正因如此，穆罕默德去世后，这个社会似乎又要回到部落各自为政的分裂状态。部落酋长们认为自己只是归顺穆罕默德，他的死意味着解除了相关义务，因而不再纳贡，重新开始各行其是。这就是伊斯兰教历史上著名的"里达"，阿拉伯语"里达"一词的意思是背叛。穆斯林首领发动了一系列周密计划的战争，制服了"背教"的部落，迫使其回归伊斯兰社会。但是，被征服部落愤愤不平、怀恨在心，显然一有机会就要再度叛离。穆斯林首领们很清楚，要想彻底消除不满情绪，最好的办法是发动对外袭掠，让每个贝都因人都有机会获取朝思暮想的战利品，因此，随后发动的袭掠起初并不是为了宗教信仰而战的宗教战争。穆罕默德本人并不认为伊斯兰教是一种普世宗教，也不认为上帝选派他来向阿拉伯人以外的其他民族传教。因此，阿拉伯人发动袭掠，为的是让闹事的贝都因人效忠麦地那，矛头一致对外。

策动这些袭掠的是哈里发，哈里发在阿拉伯语中的意思是"继承者"，即先知在俗世的继承人。当然，穆罕默德的继承人无法成为先知，但必须要有一位世俗的社会首领。于是，穆罕默德的岳父阿布·伯克尔当选为哈里发，这意味着他只是信仰的捍卫者，而不是宗教领袖。在阿布·伯克尔领导下，迫使背教部落回归了伊斯兰教，阿拉伯人开始发动早期的对外袭掠。

634年，欧默尔继阿布·伯克尔之后当选为哈里发，他率领阿拉伯人发动了全面的征服战争。究其原因，拜占庭帝国和波斯帝国虽然貌似强大，但很快就暴露出外强中干的本质。这两个帝国之间连年爆发战争，造成了两败俱伤的结果，而苛捐杂税和宗教迫害使得臣民怨声载道。另一方面，能获得巨大财富的传闻吸引阿拉伯半岛各地的大批贝都因人部落向北迁徙，穆斯林武装已经从小股袭掠队扩充为大规模的军队，任何将其遣返回贫瘠故乡的企图都会再度引发很可能是致命的"里达"。

---

[1] 原文如此。比较准确的是后文中提到穆斯林占世界人口的18%，人数约为10亿。——译者注

结果，穆斯林首领率军攻入叙利亚，冲在最前面的是贝都因人部队。随后的大规模征服并不意味着伊斯兰教的扩张，而是阿拉伯部落的扩张，在之前的几个世纪里，这些阿拉伯部落曾经多次向北推进到"新月沃地"。这一轮扩张之所以达到史无前例的规模，既是因为拜占庭帝国和波斯帝国早已疲敝不堪，也是由于新兴的伊斯兰教信仰激发了阿拉伯人的团结和活力。

阿拉伯人入侵时充分发挥了沙漠作战的经验，他们不像拜占庭人和波斯人那样骑马作战，而是骑骆驼作战，因而可以随时发起进攻，必要时还可以撤回到沙漠中的安全地带。正如日后的维京人控制了海洋，劫掠了整个欧洲沿海地区，此时的阿拉伯人利用"沙漠之舟"向富庶的帝国发起进攻。绝非偶然的是，阿拉伯人每征服一个地区，都会以沙漠边缘的城镇作为主要基地。如果城镇地理位置优越，他们会将现有城市作为基地，如大马士革；在必要时他们也会建立新城市。这些驻防城市满足了新兴的阿拉伯帝国的需要，正如日后英国占领直布罗陀、马耳他和新加坡是出于维护海上霸权的目的。

636年，在约旦河支流耶尔穆克河峡谷，阿拉伯人赢得了对拜占庭人的决定性胜利。阿拉伯人在遮天蔽日的沙尘暴中发动进攻，几乎全歼了由希腊、亚美尼亚和叙利亚基督教徒组成的联军。拜占庭皇帝希拉克略逃回君士坦丁堡，将整个叙利亚拱手交给了胜利者。哈里发欧默尔随后掉转兵锋，向富庶的邻近省份伊拉克发起进攻，当地的一些闪米特人皈依了基督教，早已与波斯和琐罗亚斯德教统治者离心离德。由于波斯帝国的内部分裂，637年夏，阿拉伯人在卡迪西亚赢得了辉煌胜利，波斯皇帝仓皇从离卡迪西亚不远的首都泰西封逃往东方。

耶尔穆克和卡迪西亚的巨大胜利给穆斯林带来了闻所未闻的财富，来自阿拉伯半岛西南部沙漠的贝都因部落实力进一步壮大。阿拉伯军队有如潮水一般涌向边境，势不可挡地向西挺进埃及，向东冲入波斯。欧默尔之后的历任哈里发在求胜欲望、宗教热情以及游牧民族贪婪之心的驱使下，高举伊斯兰教旗帜，将战火燃烧到更远的地方。在北非，在当地柏柏尔人皈依者的协助下，阿拉伯军队一路杀到摩洛哥，然后渡过直布罗陀海峡攻入西班牙。711年，阿拉伯人打败西班牙末代西哥特人国王罗德里克，翻越比利牛斯山进入法国。然而，732年，查理·马特在图尔打败了阿拉伯人。

与此同时，其他穆斯林军队向东扩张，进入印度西北部的信德地区。随后，阿拉伯人掉头北上，一直挺进到中亚的怛罗斯。至此，伊斯兰从沙漠中的一种简朴宗教迅速发展成一个地跨亚欧大陆的大帝国。750年，伊斯兰帝国统治了从比利牛斯山到信德、从摩洛哥到中亚的广大地区（见地图13）。

182

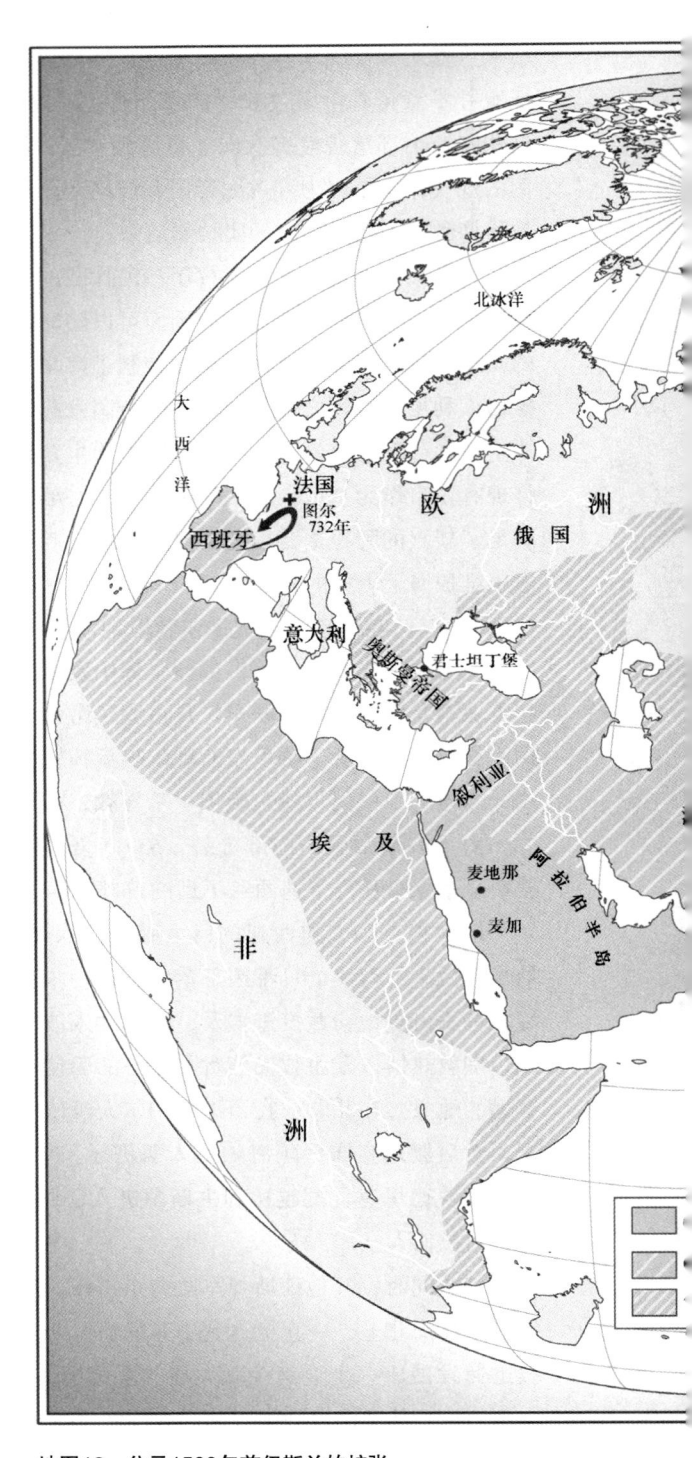

地图13　公元1500年前伊斯兰的扩张

第十章 伊斯兰文明的兴起　　235

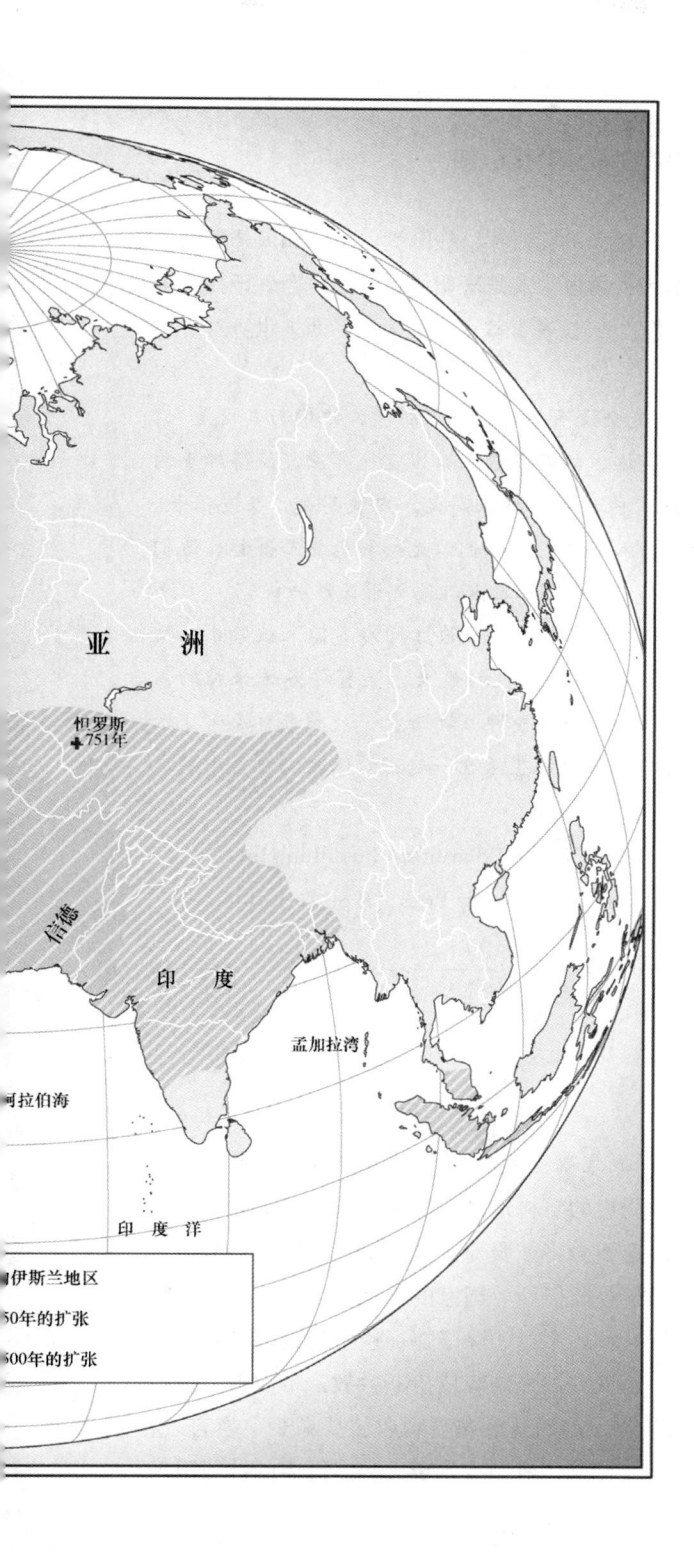

亚　洲

怛罗斯
751年

信德

印　度

孟加拉湾

阿拉伯海

印　度　洋

伊斯兰地区
750年的扩张
1500年的扩张

基督徒和穆斯林的相互诋毁

中世纪时代，基督徒和穆斯林是不共戴天的死对头，在欧洲、中东和海外的战场上相互厮杀。他们还互相贬低，下面节录的两段话清楚表明了这一点。西班牙托莱多的一位穆斯林法官将北欧人视为末等民族。*一位基督教主教则表达了西方世界对于穆斯林道德堕落的普遍看法。**

赛义德·安达卢斯法官："这类民族完全没有孕育出任何科学，他们与其说是人，不如说是野兽。遥远的北方由于离太阳最远，故而气候寒冷，空气浑浊，使得那里的人性情变得冷淡，体液变得原始。因此，他们都长得很高大，皮肤苍白，头发很长。由于同样的原因，他们不具备敏锐的智力和洞察力，他们以无知和愚蠢而著称。他们大多愚不可及、精神闭塞，就像斯拉夫人、保加利亚人和其他邻近民族一样。"

苏丹尼耶的主教威廉·亚当："伊斯兰教派中，所有的性行为不但未被禁止，反而得到许可甚至赞扬。所以他们当中除了有不计其数的妓女，还有许多娘娘腔的男人，这些人剃光胡须、涂脂抹粉、穿女装、在胳膊和脚上戴镯子……穆斯林忘却了人类的尊严，无耻地被那些娘娘腔吸引，公然和他们生活在一起，就像我们社会中的夫妻一样。"

* *Islam and the West* by P. K. Hitti © 1962 by Litton Educational Publishing Inc.
** N. Daniel, *Islam and the West*（Edinburgh University Press, 1960）, p. 144.

三、阿拉伯帝国

第一阶段扩张结束后，阿拉伯人停下来享受胜利果实。阿拉伯人大多在扼守战略要冲的军事重镇安顿下来，控制着周边的乡村地区，实际上相当于征服地区的占领军。从一开始，哈里发欧默尔就决定不会将征服地区分封给追随者，而是为他们提供政府津贴。这些津贴的资金来自于收归伊斯兰国家的土地和征收的赋税，其中向非穆斯林居民征收的赋税要高于穆斯林。不过，除了在征税上受到区别对待之外，非穆斯林居民几乎没有受到歧视，也没有被强制皈依伊斯兰教，事实上，统治者根本不愿让非穆斯林居民皈依伊斯兰教，因为这意味着税收将要减少。换言之，信奉伊斯兰教成为阿拉伯武士贵族阶层的特权，他们凌驾于人数多得多的被征服民族之上。

这种局面很快就被打破,因为非阿拉伯人的穆斯林与日俱增。这些新近皈依的穆斯林被称作"马瓦里",他们大批涌入城市为阿拉伯贵族效力,充当仆人、工匠、店主和商人。这些穆斯林要求享有与阿拉伯人平等的权利,却始终未能得到满足。"马瓦里"也加入伊斯兰军队作战,但通常只能当步兵,薪饷和战利品都比不上阿拉伯骑兵。

随着帝国不断扩张,财富从各征服地区源源不断地流入城市,"马瓦里"的人数和财富不断增长,但仍然被排除在统治集团之外,他们日益不满,决心争取与自身经济实力相符的社会地位,从而成为城市中的不安定因素。人们有充分理由认为,征服完成后,阿拉伯人的倭马亚王朝——661年,倭马亚王朝从麦地那迁都大马士革——已经成为一个一无是处的寄生集团。因此,反抗阿拉伯贵族的运动既是一场民族反抗运动,也是一场社会反抗运动。

为了争夺王位,爆发了长达10年的内战,直到750年阿拔斯王朝建立,才结束了内战。阿拔斯王朝的建立不仅仅是单纯意义上的改朝换代。此时,"马瓦里",尤其是波斯人,业已取代了旧贵族。阿拉伯人不再是享有特权的有薪军人阶层,他们已经被最初主要由波斯人组成的皇家常备军所取代。从前的驻军城市变成"马瓦

图77 阿拔斯王朝时期的建筑遗迹。

里"控制下的大商业中心。一些阿拉伯人沦为平民百姓,成为市民和农民,另一部分人则重新过上了游牧生活。

帝国的结构也发生了根本变化,762年,首都从大马士革东迁到巴格达,这实际上意味着阿拔斯王朝开始放弃地中海地区,转而倚重波斯的传统和支持。哈里发不再是阿拉伯人的酋长,而是神授的独裁者,他们自称"安拉在大地上的影子"。哈里发的权威不再仰仗阿拉伯部落的支持,而是依靠有薪的官僚阶层和常备军。哈里发国家演变成东方君主制,类似于之前的泰西封、波斯波利斯和巴比伦等许多东方君主政体。在这种君主制所维护的秩序和安全下,随后几个世纪里逐渐形成了一种兼具犹太、希腊-罗马、波斯-美索不达米亚传统的融合性文明。伊斯兰不再只是武士贵族统治阶层的宗教,而是发展成一种独特的新文明。

四、伊斯兰文明

阿拔斯王朝哈里发曼苏尔定都巴格达,因为他预见到了巴格达的美好前景:

> 这个东濒底格里斯河、西临幼发拉底河的岛屿将成为世界的市场。所有沿底格里斯河溯流而上的船只……都将在这里停泊;底格里斯河顺流而下以及从幼发拉底河运来的货物也要运到这里卸货。这里将成为山区、伊斯法罕和呼罗珊地区居民的交通要道。赞美安拉,为我保留了这块地方,让我之前来过这里的人忽视了它。真主啊,我要在这里建城。我将终生居住在这里,我的子孙也将居住在这里。它将成为世界上最繁荣的城市。[1]

曼苏尔的期望很快就成为了现实。不到一个世纪,巴格达人口就接近100万人。巴格达的中心是一座直径约3.2千米的城堡,里边有哈里发的王宫、官员宅邸和禁卫军营房。城堡之外迅速发展起一个商业大都市,富饶的美索不达米亚平原提供了丰富的物产,主要作物有小麦、大麦、稻米、椰枣和橄榄。各行省则供应了大量矿产资源:兴都库什山脉的白银,努比亚和苏丹的黄金,伊斯法罕的铜以及波斯、中亚和西西里的铁。帝国境内许多地区出产宝石,波斯湾水域还盛产珍珠。工业也很繁荣,从工匠人数和产值来说,纺织业是最重要的产业。从中国战俘那里学到的造纸术迅速传遍整个伊斯兰世界,900年,造纸术传入西班牙。

幅员辽阔的阿拔斯帝国犹如一个欣欣向荣的经济体,极大地促进了境内各地区之间的贸易。如前一章所述,穆斯林商人经由中亚和海路与印度、锡兰、东南亚、中国通商。对非洲的贸易也很繁荣,从非洲获得了黄金、象牙、乌木和奴隶。斯堪

图78 耶路撒冷的圆顶清真寺。它是早期伊斯兰建筑的典范,始建于7世纪阿拉伯人的第一轮扩张浪潮之际。它建在一块岩石之上,阿拉伯人认为这块岩石是穆罕默德登天之处,而犹太人认为它是亚伯拉罕准备祭献以撒之处。

的纳维亚半岛发现了大量7—11世纪的阿拉伯钱币,证明阿拉伯人与北方国家也有贸易往来。如此大规模的贸易催生出高度发达的银行业,银行在各大城市都设有分支机构,巴格达开具的票据可以在摩洛哥兑现。

帝国拥有如此雄厚的经济基础,让阿拔斯王朝历代哈里发在金碧辉煌的宫殿里过着穷奢极欲的生活。最著名的哈里发当属哈伦·赖世德(786—809年在位),在《一千零一夜》里,他被描绘成爱好文艺的君主,身边簇拥着诗人、乐师、歌者、舞者、学者和才子。流行的室内游戏有西洋棋、掷骰子和双陆棋,户外运动有打猎、放鹰捕猎、驯鹰、马球、射箭、击剑、掷标枪和赛马。哈伦与查理曼是同时代人,但各自的首都巴格达与亚琛有着天壤之别,二者之间的差距之大有如当今的巴格达与巴黎,只是时过境迁,如今的巴格达远远落后于巴黎。

阿拔斯王朝不仅富庶奢华,还以宗教上相对宽容著称于世,而当时的西方显然缺乏这样一种品质。这部分要归因于伊斯兰教法。这一宗教法律承认基督教徒和犹太教徒像穆斯林一样,都属于"圣经民族"。他们都有一部圣典,即成文的启示录,他们的信仰被承认为真理,只是并不完善,因为穆罕默德已经取代了摩西和耶稣。因此,伊斯兰教宽容基督教徒和犹太教徒,允许他们信奉自己的宗教,只是施加某些限制和处罚。

阿拔斯王朝还以科学成就而闻名,虽然阿拉伯人在科学上的主要贡献是保存和传播,而不是创新。最重要的科学家之一比鲁尼(973—1048年)曾说过:"我们只需研究古人已经涉足的领域,完善可以完善的东西。"[2]另一方面,幅员广大的帝国与亚欧大陆每一个地区都有密切的联系,境内几个重要的文明中心留下了丰富的遗产,从而有助于伊斯兰文明取得名副其实的科学成就。例如,巴格达以拥有一座"智慧宫"而自豪,它设有译员学校、图书馆、天文台和研究院。学者们翻译和研究的对象既有希腊科学家和哲学家的著作,也有波斯和印度学者的科学著作。

在天文学领域,阿拉伯天文学家普遍接受了希腊前辈的基本原理,在理论上没有重大突破。但是,他们将古人的天文观测不间断地延续了下来,使得日后文艺复兴时期的天文学家得以掌握大约900年的观测记录,从而奠定了重大发现的基础。

像天文学一样,阿拉伯人在地理学上也没有多少理论建树,但广袤的帝国疆座

图79 阿维森纳和学者们。14世纪阿维森纳《医典》的插图,现藏于博洛尼亚大学图书馆。

和贸易地域使阿拉伯人得以积累关于亚欧大陆系统可靠的资料。例如，比鲁尼关于印度的名著介绍了这个国家的自然条件以及印度人的社会制度、宗教信仰和科学成就，在18世纪之前无人能出其右。阿拉伯人还绘制了航海图和地图，他们自然把麦加作为世界的中心，正如当时的基督教制图师以耶路撒冷为中心。

除了原创性的成就之外，阿拉伯人还在翻译和传播古代著作方面做出了重大贡献。倭马亚王朝不信任非阿拉伯人，对他们的文明也没有什么兴趣。反之，阿拔斯王朝曾得到基督教徒、犹太人和波斯琐罗亚斯德教徒的大力支持，因而更加宽容和心胸开阔。巴格达的"智慧宫"拥有一大批翻译家，著名翻译家侯奈因·伊本·伊斯哈格（809—873年）就是一个基督教徒，他曾到希腊语国家收集手稿，与助手一起翻译了大量希腊语著作，如希波克拉底、盖伦、欧几里得、托勒密、柏拉图和亚里士多德的作品。另一个重要的翻译中心是阿拉伯人统治下西班牙的托莱多，十二三世纪，这里的翻译家有犹太人、西班牙人和来自欧洲各地的外国学者。翻译活动具有最重要的意义，因为西欧人对希腊学问缺乏直接的了解，甚至长期对其存在一无所知。可以说，阿拉伯人将希腊著作保存了下来，为西欧人重新开始自己的研究奠定了基础。

最后要强调的是，阿拉伯语和伊斯兰教这两条核心纽带将哈里发国家形形色色的民族联结在一起。阿拉伯语的传播比阿拉伯人的征服更为非同凡响。11世纪，阿拉伯语已经取代了古希腊语、拉丁语、科普特语和阿拉姆语，成为从摩洛哥到波斯的广大地区的主要语言，这一状况一直延续至今。虽然这个地区的居民既有占人口多数的闪米特人，也有苏丹尼格罗人，既有占人口多数的穆斯林，也有黎巴嫩基督教徒和埃及科普特教徒，但通用的阿拉伯语成为共同的认同感的源泉。除了永久阿拉伯化的广大地区之外，阿拉伯语对其他穆斯林民族的语言也产生了深远影响，这些语言经常使用阿拉伯语词汇，就像英语中频繁出现希腊语和拉丁语词汇一样，其中有些语言，如乌尔都语、马来语、斯瓦希里语以及第一次世界大战前的土耳其语，都是用阿拉伯语字母拼写的。

伊斯兰教也是一种强大的纽带，而且这一纽带要比基督教有力得多，因为它既是一种宗教信仰，也是一种社会体系、政治制度以及普遍的生活方式。正如阿拉伯语为阿拉伯世界奠定了基础，伊斯兰教成为伊斯兰文明的基石。我们已经看到，阿拉伯人征服后的几个世纪里，伊斯兰文明不仅逐渐融合了基督教、犹太教、琐罗亚斯德教和阿拉伯人宗教的元素，还吸收了希腊-罗马、波斯-美索不达米亚的行政、文化和科学元素。最终形成的文明并非不同文化的简单拼凑或聚合，而是融合成一种全新的独创性文明。这种文明来源不一、成分多样，却带有阿拉伯伊斯兰教的独特印记。

图80 迪奥斯科里季斯手稿：咳嗽药的配方和一位正在配药的医生。阿拉伯人在医学领域贡献卓著，意大利船只将大批药品运往欧洲。

直到今天，作为世界第二大宗教的伊斯兰教仍然是一支举足轻重的力量，拥有将近10亿信徒，占世界总人口的18%。相比之下，基督教有将近17亿信徒，占世界人口的33%。穆斯林（字面意思是安拉意志的顺从者）分布在非洲大西洋海岸、北非、中东、南亚和印度尼西亚的广大地区。许多族群加入到穆斯林的行列之中，因此，伊斯兰教的创始人阿拉伯人如今在伊斯兰世界是少数群体。

五、哈里发国家的衰落

哈伦·赖世德统治时期，阿拔斯王朝达到鼎盛，随后就像罗马帝国一样开始走下坡路。究其原因，首先是帝国疆域辽阔，在交通运输依靠马和帆船的时代，这带来了实实在在的困难。边远省份距离首都有4828千米之遥，因此，756年、788年和800年，西班牙、摩洛哥和突尼斯率先摆脱帝国统治，也就在情理之中了。

其次，像罗马帝国一样，阿拉伯帝国开支过大，超出了当时经济和技术的承受限度。巴格达宫廷穷奢极欲，官僚机构日益膨胀，带来了沉重的负担，技术进步的步伐却远远落在后面。财政危机由此爆发，哈里发不得不任命各省总督为辖区的包税人。总督用收上来的税收支付地方军队和官员的薪俸，并向国库交纳约定的金额。这种安排使身为包税人的总督很快就和军事将领相互勾结，成为各省的实际统治者。9世纪中叶，哈里发已经丧失了军事和行政控制权，突厥雇佣兵往往随意废立哈里发。

像昔日的帝国一样，阿拉伯帝国的疲弱给了蛮族以可乘之机。昔日的罗马帝国遭到来自莱茵河和多瑙河对岸的入侵，如今的哈里发国家则面临来自北部、南部和东部的进攻。从北方入侵的十字军占领了西班牙、西西里和叙利亚，而当地穆斯林的内讧也助了十字军一臂之力。在西西里，1040年，当地王朝覆灭后爆发了内战，诺曼人乘机从意大利南部入侵。1091年，整个西西里岛被征服，诺曼人国王统治了基督教和穆斯林居民。

在西班牙，1031年，倭马亚王朝被推翻，整个国家分裂成许多小国，由代表不同族群的宗派统治。这些族群包括阿拉伯人、柏柏尔人、本土非穆斯林伊比利亚人以及"斯拉夫人"，即欧洲人奴隶。穆斯林在西班牙的统治崩溃后，北方的基督教国家继续向南扩张。1085年，基督教徒夺取了重要城市托莱多。13世纪末，只有半岛南端的格拉纳达还掌握在穆斯林的手中。

基督教世界一劳永逸地夺取了西西里和西班牙，但叙利亚却是另一番情况。当地也有几个伊斯兰国家自相残杀，1096年开始，十字军沿叙利亚海岸迅速推进到巴勒斯坦，并相继建立起四个国家：埃德萨伯国（1098年）、安条克伯国（1098年）、耶路撒冷王国（1099年）、的黎波里伯国（1109年）。这些国家都是按照西方封建方式组建起来，但并未站稳脚跟。它们从未同化穆斯林阿拉伯臣民，只是依靠零星前来的欧洲援兵。它们都位于沿海地区，因此很容易受到阿拉伯腹地组织的抵抗运动的冲击。这些国家能生存下来，完全是因为周边的伊斯兰世界处于分裂状态。萨拉赫丁，即西方人所称的萨拉丁，结束了伊斯兰世界的分裂，统一了伊斯兰叙利亚和埃及，包围了十字军国家。1187年，萨拉赫丁展开反攻，到1193年萨拉赫丁去世时，穆斯林已经收复了耶路撒冷，除了一条狭长的沿海地区外，西方人被逐出了叙利亚。在接下来的一个世纪，这一沿海地区也被穆斯林占领，穆斯林的重新征服宣告完成。

除了十字军从北面的猛攻外，摩洛哥南部、塞内加尔和尼日尔地区的柏柏尔人，上埃及地区两个阿拉伯贝都因部落希拉尔和苏莱姆，也向哈里发国家发动了进攻。这些部落横扫利比亚和突尼斯，他们的劫掠造成了毁灭性的破坏。摧毁北非文明的正是这一次入侵，而不是早先的7世纪阿拉伯人入侵。

最后，第三支入侵者是来自东方的突厥人和蒙古人，这一波入侵持续了好几个世纪，几乎席卷了整个亚欧大陆，构成了世界历史上的一个重要篇章。突厥化蒙古人入侵的规模和影响丝毫不逊于伊斯兰阿拉伯人的征服。事实上，两者有着密切的关联，许多突厥化蒙古人皈依了伊斯兰教，并将伊斯兰教传播到遥远的新地区。我们将在下一章中讲述突厥化蒙古人入侵的过程及意义。

[推荐读物]

关于穆罕默德及其教义,参阅 T. Andrae, *Mohammed* (Scribner's, 1936); E. Dermenghem, *The Life of Mahomet* (Dial, 1930); H. A. R. Gibb, *Mohammedanism: An Historical Survey* (Oxford University, 1953); 以及便携本《古兰经》译本, M. M. Pickthall, *Koran* (New American Library, 1953)。

有关阿拉伯人及其通史的权威著作,参阅 A. Hourani, *A History of the Arab Peoples* (Harvard University, 1991); P. Hitti, *History of the Arabs from the Earliest Times to the Present*, 5th ed. (St. Martin's, 1951); B. Lewis, *The Arabs in History* (Home University Library, 1966)。关于阿拉伯人的征服和伊斯兰教的早期历史,参见 M. A. Shaban, *Islamic History A. D. 600-750* (Cambridge University, 1972); F. M. Donner, *The Early Islamic Conquests* (Princeton University, 1981)。最初的征服之后,伊斯兰教通过静悄悄的传教方式继续扩张,参阅 T. W. Arnold, *The Preaching of Islam: A History of the Propagation of the Muslim Faith* (Constable, 1913)。

关于伊斯兰文明的相关问题,参阅 T. Arnold and A. Guillaume, eds., *The Legacy of Islam* (Clarendon, 1931); W. Montgomery Watt and P. Cachia, *A History of Islamic Spain* (Doubleday, 1967); A. G. Chejne, *The Arabic Language: Its Role in History* (University of Minnesota, 1969); R. A. Nicholson, *A Literary History of the Arabs* (Cambridge University, 1969); A. Lewis, ed., *The Islamic World and the West, 622-1492 A. D.* (Wiley, 1970)。

[注释]

1. B. Lewis, *The Arabs in History* (Hutchinson's University Library, 1950), p. 82.
2. A. Mieli, *La Science Arabe* (Brill, 1939), p. 376.

> 在世界末日到来并灭亡之前，人类不太可能再看到这样的灾难……这些人[鞑靼人]不放过任何一个人：杀害妇女、男人和儿童，剖开孕妇，杀死未出生的婴儿。
>
> ——伊本·阿西尔
> （穆斯林历史学家，1160—1233年）

第十一章　突厥化蒙古人的入侵

突厥化蒙古人从中亚的种族大蜂巢中蜂拥而出，无疑是公元1000年至1500年的500年里最壮观的现象。突厥化蒙古人的历史成就在于打破了传统上游牧民族与文明之间的关系。数千年来，游牧民族一直生活在文明的边缘，虎视眈眈地觊觎着富庶的文明。突厥化蒙古人的征服彻底打破了这种传统的平衡，游牧民族不再是草原上的牧民，而是一跃成为亚欧大陆大部分地区的统一者和主宰者。

在耀眼夺目的几个世纪里，除了遥远尽头的日本、东南亚、南印度和西欧之外，突厥化蒙古人占领了整个亚欧大陆。这些举世震惊的扩张可以分为三个阶段。第一个阶段（1000—1200年）是突厥的崛起，突厥人先是充当阿拔斯王朝的雇佣军，随后主宰了这个王朝，他们将活力和侵略性注入到病入膏肓的伊斯兰世界，相继打败了拜占庭人和印度人，扩张到小亚细亚和印度北部。第二个阶段是13世纪蒙古人的崛起，蒙古人占领了中亚、东亚和俄罗斯，还占据了穆斯林的核心地带中东，从而终结了穆斯林突厥人的扩张。最后一个阶段（1300—1500年）是蒙古帝国的解体，为突厥的复兴以及穆斯林突厥人再度入侵基督教欧洲和印度铺平了道路。

本章将逐一考察这三个阶段，探讨其在世界历史上的意义。

一、突厥的入侵

突厥是一个语言群体，而不是种族群体。突厥各部的共同纽带是各自的语言都属于突厥语族。另外，虽然突厥各部种族混杂，突厥人的外貌通常更像高加索人种而不是蒙古人种。6世纪中叶，突厥各部占据了从蒙古到阿姆河之间的辽阔草原。8世纪，阿拉伯人征服了波斯，并在怛罗斯打败了中国人（751年），突厥部落开始受到伊斯兰教的影响。

突厥部落与阿姆河对岸强盛的阿拔斯王朝的关系，颇为类似于日耳曼部落与莱茵河对岸的罗马帝国的关系。首先是文化上的影响，原始的突厥异教徒抵挡不住伊斯兰教及其先进文明的诱惑。与此同时，像之前的日耳曼人加入罗马帝国军队一样，突厥部落战士开始为哈里发国家服役。突厥人是机动性很强的弓骑兵，很快表现出过人的军事素质，在哈里发军队中逐步取代了阿拉伯人和波斯人。

随着历代哈里发越来越懦弱无能，突厥雇佣兵也像日耳曼雇佣兵一样反仆为主，在巴格达多次废立哈里发。970年前后，突厥人一支的塞尔柱人进入穆斯林地区，他们如入无人之境，很快就在当地建立起政权。1055年，这一政权得到了正式承认，哈里发宣布塞尔柱人酋长突格里勒·贝格为"苏丹"，意思是"掌权者"。哈里发名义上依然是帝国首脑，但实权从此转到了突厥人苏丹的手中。在侵略成性的突厥人率领下，伊斯兰国家的疆域进一步向两个地区扩张。

一个地区是小亚细亚，几个世纪以来，这里一直是基督教拜占庭人抵御穆斯林阿拉伯人的中心。1071年，塞尔柱人在小亚细亚东部的曼兹科特战役中大获全胜，俘虏了拜占庭皇帝罗曼努斯四世。这场战役成为中东历史的转折点。小亚细亚农民一直深受腐败的拜占庭官吏的压榨，他们感到如释重负，欢迎突厥人的到来。11—13世纪，小亚细亚大部分地区不再是希腊人和基督教的地盘，而是变成突厥和穆斯林的地盘，这种局面一直延续至今。另外，失去小亚细亚使拜占庭帝国元气大伤，这个行省一直是帝国不可或缺的财源和兵源之地。从这时起，君士坦丁堡就像一具干瘪的躯体支撑着一颗硕大无朋的脑袋，唯有苟延残喘而已。1453年君士坦丁堡陷落的祸根早在1071年就埋下了。

塞尔柱人向西推进到小亚细亚之际，其他突厥部落向南杀入富饶辽阔的宝地印度。最著名的突厥首领是马哈茂德（997—1030年），他以阿富汗的伽色尼为基地，几乎每年都向印度发起进攻，最终吞并了旁遮普，从此旁遮普成为穆斯林的地盘。马哈茂德十分热衷于捣毁印度教徒的神庙和偶像，因此得到了"偶像破坏者"的绰号，这一举动是源于伊斯兰教禁止具象化描绘神的信条。在狂热的伊斯兰教一神论的驱使下，马哈茂德及其追随者到印度既是为了劫掠，也要改变印度异教徒的信仰，要么就消灭异教徒。此外，这还意味着两个不同社会之间的对立，一个社会信奉四海之内皆兄弟，另一个社会则奉行以不平等为前提的种姓制度。正是从这个时候开始，印度出现了两种截然不同的文化之间的冲突。第二次世界大战后，这种冲突以印度半岛分裂为信仰印度教的印度和信仰伊斯兰教的巴基斯坦而告终。

马哈茂德之后，其他突厥入侵者从阿富汗接踵而来。突厥人向南挺进到古吉拉特，向东进入恒河流域。1192年，突厥人攻占了德里，并以之作为印度突厥苏丹国的首都。连年战争导致大量佛教寺院被毁，大批僧侣遭屠杀，佛教在其发源地从此一蹶不振。

突厥人以寡敌众，却能相对轻松地征服印度，这部分是由于印度人还在使用过时的战术。早在1500年前，事实就已经证明，靠这些战术无法抵挡亚历山大。印度步兵通常是毫无纪律可言的乌合之众，而印度人大吹大擂的战象在穆斯林骑兵面前毫无用武之地。印度的种姓制度不仅具有破坏作用，还暴露出更为致命的弱点。参战者仅限于武士种姓的刹帝利，其他居民从未经受过训练，大多数人甚至根本不关心战争的胜败，阶级分化导致了地主与农民之间的对立，进一步加剧了种姓制度造成的社会分裂。因此，平民百姓要么保持中立，要么欢迎入侵者，纷纷皈依入侵者的宗教。这一幕日后一再重演，到了现代，英国人像之前的突厥人苏丹一样从德里统治着整个印度。

二、成吉思汗的征服

就在突厥人成为伊斯兰世界的主宰之际，在遥远的蒙古，一位鲜为人知的首领

图81 成吉思汗。

开始了征服生涯，最终建立起人类历史上最庞大的帝国。成吉思汗原名铁木真，生于1167年前后，其父是一个小部落的首领。铁木真12岁时，父亲中毒身亡，这位未来的大汗有一个悲惨的童年。铁木真体魄过人，又有高超的权术手腕。铁木真集忠诚、狡诈和翻脸无情于一身，从而能够起于青萍之末，而广于天地之间。铁木真打败了自己的领主，逐一消灭了所有竞争对手，最终统一了蒙古各部。1206年，蒙古部落酋长会议推举铁木真为蒙古最高首领，尊称为"成吉思汗"，意思是"世界的统治者"。

从此，成吉思汗可以追逐游牧民族所渴望的征服和战利品了。据说，他曾说过："人生最大的快乐唯有打胜仗，征服你的敌人，追杀他们，夺取他们的财产，让他们所爱的人哭泣，骑他们的马，抢走他们的妻女。"由此可见，成吉思汗与之前的一长串草原征服者实属一丘之貉。那么，为什么唯独成吉思汗能成为大半个亚欧大陆的主宰呢？这是个特别让人不解的问题，因为成吉思汗没有其他游牧征服者——几乎全都是突厥人——所拥有的人力资源。蒙古各部落的男女老幼加在一起也不过才100万人左右，最多只能提供12.5万名士兵。成吉思汗何以凭借如此有限的兵力，近乎成为真正意义上的"世界的统治者"呢？

首先，成吉思汗拥有所有游牧民族都具备的一项先天优势，即日常生活中就不断演练了作战行动。蒙古战士身穿皮毛衣服，带着备用马随时换乘，能够几乎不吃不睡地连续骑行几昼夜，等于是将"闪电战"引入到13世纪的世界。据说，蒙古人在匈牙利平原作战时，曾在三天之内奔驰了435千米。蒙古人用皮囊盛水，需要渡河时将空皮囊充气即可泅渡。蒙古人通常靠乡村补充给养，也喝马血和马奶。蒙古人从小就学习捕猎，人人都有娴熟的马背功夫，即便是长距离疾驰，马队依然能够协调行动。蒙古人最常用的战术是佯败而走，一连数日诱使敌人追逐，至埋伏地点后伏兵大出，最终全歼敌军。其他战术还有：将马尾绑上树枝，然后来回奔跑，激起漫天尘沙，或是备用马绑上假人，造成大部队行军的假象。

蒙古人的主要武器是大型复合弓，这种弓比英国人的长弓更具杀伤力，穿甲箭的杀伤范围可达182米。这是蒙古骑兵的一件可怕武器，每个骑兵携箭30支，能一边疾驰一边射箭。其他装备包括钢制头盔、皮质轻甲和马刀，有的士兵还配备带钩长矛和狼牙棒。蒙古马只能在开阔草场放牧，在漫长寒冬里没有遮风挡雨的地方，也没有干草和谷物作为补充饲料。因此，虽然蒙古马的体型很小，却异常健壮，适应能力很强。成吉思汗还用新技术和新装备来壮大自己的军事实力，这些技术和装备大多是从汉人那里学来的。这样，除了独步天下的弓骑兵，成吉思汗还拥有了攻击设防城市的攻城武器。

蒙古人还是刺探情报和心理战的行家。蒙古人在发动攻势前总是尽量收集敌方的道路、河流、工事和政治经济等方面的情报。为了打击敌人的锐气，蒙古人派出密探到处散布谣言，说蒙古人兵强马壮，抵抗无异于自寻死路。蒙古人还在作战时采用恐怖战术，打击敌人士气。蒙古人进攻时逼迫战俘打头阵，凡是稍有抵抗的城池，蒙古人都会屠城，将城内居民屠戮殆尽。

除了拥有军事天才和强大的战争机器之外，还有一个原因也助了成吉思汗一臂之力。天时也站在了蒙古人的一边：一个强大而统一的中国，比如汉唐时期的中国，可以轻而易举地打败成吉思汗；鼎盛时期的穆斯林阿拉伯人也能做到这一点。但是，13世纪初，亚欧大陆的格局早已今非昔比。中国分裂成三个部分：北方的金朝、南方的宋朝以及藏语系党项人在西北建立的西夏。中国的西面是以布哈拉和撒马尔罕等绿洲城市为中心的哈喇契丹。哈喇契丹以西是阿姆河畔的穆斯林王国花剌子模，再往西就是巴格达的阿拔斯王朝，两者都早已过了全盛时期。

1205—1209年，成吉思汗征服了西夏，迫使其向蒙古称臣纳贡。1211年，成吉思汗向中国北方发起进攻，先是占领了长城以北地区，1213年又突破了长城防线，进入黄河平原。1215年，蒙古人攻陷并劫掠了北京，还得到了汉人的投效，这些汉人既懂得攻城之法，又知道如何管理和利用一个农耕社会。成吉思汗按照既定的总体战略，转而把兵锋对准了周边的游牧民族。1216年，蒙古人攻占中国东北，1218年，高丽向蒙古称臣，次年，蒙古人占领了哈喇契丹。通过这些征服，成吉思汗推进到花剌子模边境。1219—1221年，蒙古人占领了这个国家，布哈拉、撒马尔罕和大夏等富庶的古老城市被洗劫一空，居民惨遭屠杀。只有熟练工匠幸免于难，被送往蒙古。

在此期间，西夏人起来反抗蒙古人的统治，成吉思汗返回蒙古，指挥对西夏的战役并获得胜利。这是成吉思汗的最后一次重大行动，不久后，1227年，成吉思汗去世。按照他的意愿，他被葬在生前选择的家乡的一棵大树下。为了确保墓址不被人发现，护送灵柩的侍卫悉数被杀。

三、蒙古帝国

成吉思汗死后，蒙古汗位空缺了两年，之后，他的儿子窝阔台被推选为继承人。窝阔台在位期间（1229—1241年在位），蒙古人继续征战在亚欧大陆两端相距8046千米的中国和欧洲。在中国，1234年，蒙古人在北方清除了金朝的残余，随即向南宋发起进攻。南宋顽强抵抗了45年，最终彻底覆亡。与此同时，成吉思汗的孙子拔都率领15万蒙古人和突厥人向西进攻欧洲。1237年秋，拔都在伏尔加河中游渡河，进攻俄罗斯中部公国。蒙古人势如破竹，占领了一座又一座城镇，其中包括当时还不起眼的城市莫斯科。1238年3月，蒙古人已经打到离波罗的海不远的诺夫哥罗德，由于担心春季解冻可能让骑兵陷入泥泞，拔都突然撤兵南下。

两年后，1240年夏，蒙古人从高加索基地出发，再次进攻俄罗斯南部，并于12月攻占了俄罗斯古都基辅。蒙古人极为残暴，一位僧侣记载说，幸存者寥寥无几，"生不如死"。次年，蒙古人挺进波兰和匈牙利，在西里西亚的利格尼茨打败了3万人的德意志军队，之后越过封冻的多瑙河，攻陷萨格勒布，到达亚得里亚海岸。至此，蒙古铁骑踏遍了从亚得里亚海到日本海的亚欧大陆广大地区。1242年春，拔都收到窝阔台汗在蒙古去世的消息，于是经由巴尔干半岛撤到伏尔加河下游地区，并在当地建立了一个汗国，因其帐殿为金色，故称金帐汗国。

窝阔台的继承者决定完成对中国南部的征服并推翻巴格达的阿拔斯王朝。蒙古人在中国陷入困境，战争持续了数十年，最终，1277年，蒙古人攻陷了南方的大城广州。新大汗忽必烈将首都从哈拉和林迁到中国北部的北京。忽必烈又发动了新的

图82 成吉思汗的宫廷，13世纪波斯人所著蒙古史中的插图。成吉思汗坐在宝座上，他的三个儿子站在左边，其中之一的窝阔台于1229年继承了汗位。

战争，从陆路进攻印度支那和缅甸，从海上进攻爪哇和日本。

与此同时，其他蒙古军队横扫整个中东，1258年，蒙古人攻占了阿拔斯王朝首都巴格达。据说，除了极少数能工巧匠被送往忽必烈的宫廷外，该城的80万居民被屠杀殆尽。一时间，似乎无人能阻挡蒙古人继续向埃及和北非推进，完成对整个伊斯兰世界的征服。然而，1260年，埃及马穆鲁克军队在巴勒斯坦出人意料地打败了蒙古人。这次挫败成为蒙古帝国在中东地区由盛转衰的起点，同样，进攻日本和爪哇的失利标志着蒙古人在远东地区盛极而衰。由于无力进一步扩张，蒙古帝国迅速衰落，灭亡的速度就像崛起的速度一样快。

四、蒙古帝国的衰落

蒙古人统治衰败的一个根本原因在于他们比被征服民族人口少得多、文化也落后得多。普希金曾说过，蒙古人是"没有亚里士多德和代数学的阿拉伯人"。因此，蒙古人一旦停止马背上的征服，定居下来享用征服成果，就很容易被同化。在这一点上蒙古人与阿拉伯人有着本质的不同，阿拉伯人的语言和宗教被臣民心甘情愿地接受，成为将帝国联结在一起的强大纽带。蒙古人远比阿拉伯人落后，完全没有这种有利条件，所以情况颠倒了过来，蒙古人采纳了更先进的臣民的语言、宗教和文化，从而失去了自身认同。蒙古帝国建立后不久便迅速崩溃，根本原因就在于此。

忽必烈将首都从哈拉和林迁到北京，很好地反映了蒙古人的同化过程。他势必成为汉化的中国皇帝，在中式宫殿里进行统治，奉行完备的儒家礼仪，建造新的孔庙。作为蒙古大汗，忽必烈只是各蒙古汗国名义上的宗主，事实上他的权力仅限于中国。忽必烈曾与弟弟阿里不哥争夺汗位，经过4年的战争才取得胜利。之后，控制突厥斯坦的堂弟海都也发动反叛，引发了长达40年的内战，双方最终也没有分出胜负。因此，蒙古帝国的覆灭，既有文化上被同化的原因，也有王朝内部纷争的因素。

忽必烈成为中国皇帝的同时，旭烈兀也当上了波斯的统治者，定都大不里士，建立了所谓的伊儿汗国（"伊儿汗"即"藩王"，意思是波斯的蒙古统治者是蒙古大汗的藩属）。1295年，旭烈兀的继承者奉伊斯兰教为国教，这反映并推动了蒙古人融入到波斯和伊斯兰教的环境中。同样，在当地东正教文化和官方的伊斯兰教影响下，高加索地区的金帐汗国也走上了另外一条道路。不久，只有蒙古本土才有纯正的蒙古人，他们受到佛教的影响，渐渐湮没无闻。

马可·波罗有着值得称道的敏锐洞察力，他在为忽必烈大汗效力时已经预见到蒙古的衰落。马可·波罗在记述自己的游历时指出了蒙古人被所征服民族同化：

我刚才所说的都是真正的鞑靼人［蒙古人］的风俗和习惯。但我还要补充一点,现在他们已经退化不少了。住在契丹［中国］的鞑靼人已经抛弃了自己的习惯,适应了那些偶像崇拜者的风俗,而住在黎凡特各省的人已经被萨拉森人同化了。[1]

五、突厥的复兴

　　由于自己的人口很少,蒙古人不得不招募越来越多的突厥人入伍。蒙古帝国崩溃后,这些穆斯林突厥人很快脱颖而出,这种情形与蒙古人到来前的哈里发国家如出一辙。为了争夺亚欧大陆中部大草原的控制权,一连串军事冒险家如走马灯般轮番登场。这些人当中最著名的是帖木儿,1369年,帖木儿夺取了撒马尔罕,随后四面出击,先是攻占了波斯和美索不达米亚的伊儿汗国,接着在俄罗斯打败了金帐汗国,在小亚细亚打败了奥斯曼突厥人,甚至还入侵印度,洗劫了德里。帖木儿意欲将首都撒马尔罕建成世界上最好的城市,因此每场战役之后都将大量战利品以及工匠、艺术家、占星家和学者送回撒马尔罕。鼎盛时期帖木儿帝国的疆界从地中海一直延伸到中国边境,1405年去世前,帖木儿正准备入侵中国。帖木儿一死,帝国崩溃的速度比蒙古帝国还要快。

　　帖木儿之后,局势发生了一个显著的变化,即穆斯林突厥人向印度和拜占庭扩张势力。13世纪时,迫于蒙古人入侵的压力,德里的突厥人苏丹主要致力于巩固印度北部的地盘。到14世纪,随着蒙古人的威胁消除,突厥人向南扩张到吉斯德纳河,占据了印度半岛三分之二的地区。帖木儿入侵后,印度北部和中部分裂成几个突厥人统治的小国,再也无力复兴德里苏丹国。与此同时,由于伊斯兰教势力扩张到印度大部分地区,引发了印度教徒的反抗,印度教徒建立了强大的印度教国家维查耶纳伽尔,版图囊括了吉斯德纳河以南的整个南印度。印度半岛的分裂一直延续到16世纪莫卧儿人建立起新的穆斯林突厥王朝,从外部强行统一了印度半岛。

　　在中东,奥斯曼突厥人不断蚕食拜占庭领土,稳步扩张伊斯兰教国家的地盘。这些来自中亚的奥斯曼突厥人进入日渐衰落的塞尔柱帝国,在小亚细亚的西北角定居下来,那里离分隔亚欧两大洲、具有战略意义的海峡不到80千米。1299年,在名不见经传的首领奥斯曼领导下,这些突厥人宣布独立,摆脱宗主国塞尔柱人的统治,他们自称为"土耳其人"或者"奥斯曼人"。从此,这个不起眼的突厥小部落一步步开疆拓土,最终发展成一个以奥斯曼的名字命名的大帝国:奥斯曼帝国。

　　土耳其人首先把目标对准了拜占庭仅存的小亚细亚属地,迈出了征服的第一

图83　帖木儿王朝时期的天宫图。

步。由于基督教农民对拜占庭当局早就心怀不满，又有大批穆斯林战士从中东各地蜂拥而来，加入对基督教异教徒的战争，1340年，这一征服宣告完成。随后，土耳其人渡过达达尼尔海峡，于1354年在加里波利建立了一座要塞，在欧洲有了第一个立足点。土耳其人进军欧洲恰逢一个千载难逢的良机。巴尔干半岛处于四分五裂之中，东西方基督教会之间有恩怨，拜占庭、塞尔维亚和保加利亚等国家也相互敌对，而且这些国家的实力早已今非昔比。此外，像小亚细亚的农民一样，巴尔干半岛的基督教农民与统治者离心离德。西方基督教世界内部出现了严重分歧，即便主观上愿意，实际上也无力援助巴尔干国家，更何况罗马教会与东正教会的相互憎恶由来已久，根本不愿施以援手。这种形势为奥斯曼土耳其人提供了天赐良机，于是奥斯曼人乘虚而入。

1362年和1384年，土耳其人相继夺取了阿得里安堡和索菲亚，对君士坦丁堡形成了合围之势。然而，1402年，帖木儿打败并俘虏了土耳其苏丹，将土耳其人对君士坦丁堡的攻势推迟了几十年。但帖木儿的统治昙花一现，1405年帖木儿死后，奥斯曼土耳其人重新发动攻势。最终，1453年，奥斯曼土耳其人攻陷了君士坦丁堡。至此，除了威尼斯人控制的少数沿海要塞之外，土耳其人成为多瑙河以南整个巴尔干半岛的主宰（详见第十二章第四节）。

六、突厥化蒙古人入侵的意义

1000年至1500年间突厥化蒙古人的入侵使亚欧大陆出现了一个新的格局，即伊斯兰教成为亚欧大陆决定性的主导力量。15世纪末，当西方开始海外扩张之际，伊斯兰国家正在大陆上全线扩张。奥斯曼人渡过多瑙河进入中欧；除了东部边缘地区外，伊斯兰国家夺取了整个中亚；莫卧儿人即将开始最终将统治几乎整个印度半岛的征服。在亚欧大陆之外，伊斯兰教从两个中心逐步扩散到非洲大陆的腹地。一个中心是北非海岸，伊斯兰教由此穿越撒哈拉沙漠传入西非，建立起一系列兴盛的黑人穆斯林王国。另一个中心是东非海岸的阿拉伯人殖民地，伊斯兰教由此传入包括基督教努比亚王国在内的内陆地区，这个王国也被阿拉伯人征服，皈依了伊斯兰教。

阿拉伯和印度商人则将伊斯兰教传播到东南亚。像非洲和其他地区一样，伊斯兰教在东南亚轻而易举地争取到皈依者，因为这种新宗教简单易行、入乡随俗。任何人只需反复念诵作证词："我作证，除安拉外，别无真主，穆罕默德是安拉的使者"，即可成为穆斯林。通常情况下，当地的习俗和传统不但被伊斯兰教所接纳，而且借助伊斯兰教仪式得以神圣化。伊斯兰教的传播并非凭借武力，而是靠穆斯林商人们潜移默化的努力，这些商人学习当地语言，采纳当地习俗，与当地妇女通婚，最终让自己的新亲属和商业伙伴皈依伊斯兰教。15世纪末，伊斯兰教向东传播到菲律宾棉兰老岛。如果将东南亚视为一个整体，那么正如人们所料，主要的穆斯林中心是贸易往来最频繁的马来半岛和印度尼西亚群岛。

在这5个世纪里，伊斯兰教传遍了整个亚欧大陆，皈依这一宗教信仰的地区几乎是从前的三倍，这对世界历史进程产生了重大的影响。在7—8世纪的伊斯兰教扩张初期，地中海已经变成了伊斯兰世界的内海；到伊斯兰教晚期扩张阶段，整个印度洋都成为伊斯兰世界的内海。这意味着从亚洲运往欧洲的所有货物几乎都要经由穆斯林控制的陆上或海上贸易路线，1295年，波斯伊儿汗国改宗伊斯兰教，这种局面更加明显。因此，1240年后的几十年里，蒙古帝国为横穿亚欧大陆的安全旅行和贸易创造了条件，但这个短暂时期只是之前和之后两个阶段之间的间歇期，而在前后两个阶段，阿拉伯人-突厥人控制了中亚和中东，在中国与西方之间筑起了一道屏障。到1500年，随着穆斯林的持续扩张，伊斯兰教走出了中东，成为一股世界性力量，这种格局至今仍在深刻影响着世界事务的进程。如今，印度半岛分裂为两个部分，穆斯林政党在东南亚具有举足轻重的影响，伊斯兰教在非洲迅速发展成一股强大势力，穆斯林占到世界人口的18%，根源皆在于此。

突厥化蒙古人入侵的另一个重大意义在于促进了亚欧大陆内部相互取长补短的

图84 阿尔罕布拉宫,格拉纳达的摩尔王朝王宫,建于1248—1354年间。伊斯兰建筑杰作遍及亚欧大陆各地,表明了1000年至1500年间伊斯兰教的广泛传播。

文化交流。在技术领域,我们已经谈到,"蒙古统治下的和平"使得一大批中国发明得以广泛传播,其中包括火药、丝绸、机械、印刷术和铸铁鼓风炉(见第九章第二节)。波斯伊儿汗国为我们提供了这种相得益彰的文化交流的绝佳例证。由于所处的地理位置,波斯同时受到东方和西方的影响。据我们所知,在蒙古军队中服役的汉人炮兵曾到过波斯。[1]我们还知道,有位名叫傅孟吉的天文学家曾到波斯传播中国的天文学原理;有中国医生为伊儿汗宫廷效力;中国艺术家曾对波斯的细密画产生了难以磨灭的影响。另一方面,欧洲对波斯的影响主要体现在贸易和外交领域。首都大不里士有兴盛的意大利商人聚居区,伊儿汗国从中招募使节和翻译,委派他们承担各项使命前往欧洲。当然还有马可·波罗,他护送许配给伊儿汗的蒙古公主从中国前往波斯,然后从波斯回到威尼斯。

可以说,突厥化蒙古人的入侵在客观上起到了一种作用,即将亚欧大陆前所未有地紧密融合为一个整体。中国观察家王礼[2](1314—1389年)注意到这种史无前

---

[1] 原文如此。《元史》记载,至元八年(1271年),元世祖遣使征炮匠于伊儿汗国宗王阿不哥。——译者注
[2] 王礼,江西吉安人,元末明初文人,著有《麟原文集》24卷。——译者注

例的融合，对此有过精辟的论述：

> ……四海为家，声教渐被，无此疆彼界……适千里者，如在户庭，之万里者，如出邻家。于是西域之仕于中朝，学于南夏，乐江湖而忘乡国者众矣。岁久家成，日暮途远，尚何屑屑首丘之义乎。呜呼，一视同仁，未有盛于今日也。
>
> [天下统一，声威教化日益传播，不再划分疆界，彼此阻隔……到千里之外，如同在庭院中散步，到万里之外，犹如去邻家串门。西域的人都来中原当官，学习华夏的文化。很多人在中原的山水间流连忘返，都忘记了自己的故乡。时间一长，反倒把中原当成了家园。等到人近暮年，加之路途遥远，又哪里在乎非要死后归葬故乡。呜呼！过去从来没有像如今这样，不分厚薄地同等对待不同地方的人。]²

最后，只有方兴未艾的欧洲新文明充分利用了这种互通有无的文化交流所提供的机会，这个事实具有深远的意义，决定了直至今日的世界历史进程。亚欧大陆其他文明全都囿于传统，故步自封。起初，伊斯兰世界似乎能得心应手地学会适应和改变。虽然有着阿拉伯半岛发源地的原初背景，伊斯兰教已经证明自己非常擅长借鉴现有的伟大文明，创造出令人印象深刻的新事物。但是，伊斯兰教教义与希腊理性主义哲学和科学之间横亘着一道巨大的鸿沟。哈里发马蒙（813—833年在位）早年曾大力支持古代经典著作的翻译，还接受了一种理性主义学说，即认为《古兰经》是人的创造，因而并不是永恒的。但后来的历代哈里发却反其道而行之，转而支持保守的神学家，将所有的科学和哲学思考一概斥之为异端邪说和无神论。

这是经院哲学的胜利，从这个意义上说，寻求上帝比认识自然更为重要。在蛮族入侵后的中世纪早期，这种经院哲学在西方也很盛行。罗马教皇主宰了这个时期的知识生活，神学被视为各门科学之冠。随着十字军、柏柏尔人、贝都因人、塞尔柱人、蒙古人等一系列蛮族的入侵，伊斯兰世界的状况如出一辙。面对现实世界的灾难，伊斯兰世界的人们如同西方人一样，转而到宗教中寻求帮助和慰藉。但是，在西方，经院哲学最终受到挑战并被人们所摒弃，而在伊斯兰世界，直到19世纪末，经院哲学始终处于主导地位。

在《哲学家的矛盾》一书中，著名的伊斯兰教神学家加扎利（1058—1111年）对世俗文化大张挞伐。他认为真理的本源是神的启示，人的智慧应该用于认识到这样一点，即必须破除对人的信念，代之以对神的信仰。杰出的历史学家和社会学之父伊本·赫勒敦（1332—1406年）的著作也反映了正统派的态度。赫勒敦率先将历史学看成是一门关于文明起源和发展的科学，而不是流水账般地记录事件和经历的传统编年史。然而，这位学识渊博、富于创造力的思想家却拒斥哲学和科学，认为它们既无用又危险：

> 要知道，哲学家们所秉持的观点在所有方面都是错误的……对于我们的宗教事务或是我们的生计而言，物理学问题无关紧要。因此，我们不必理会这些问题……只有对宗教律法了如指掌，研究过《古兰经》和法学的相关解释，才能去研究它［逻辑学］。凡是不了解穆斯林宗教科学的人都不应该涉足它。如果不具备这些知识，就难免受到它的荼毒。[3]

不难想见，伊斯兰世界的知识发展和创新陷入了停滞，在欧洲大学新思潮层出不穷之际，伊斯兰学校却满足于死记硬背权威教科书。800年至1200年间，伊斯兰世界遥遥领先于西方，到16世纪，双方的差距已经拉平，随后，日新月异的西方开始领先，而伊斯兰文明却故步自封，甚至出现了倒退。

西方与亚欧大陆其他文明之间也同样拉开了差距，原因很简单，只有西方实现了现代性的根本转型。印度和拜占庭都被穆斯林征服，并受到停滞不前的伊斯兰国家的影响。在中国，汉人起来反抗蒙古人的统治，1368年最终赶走了蒙古人，从此中国人产生了一种强烈的民族优越感，对所有异域事物、进而对夷人抱有一种近乎本能的敌意和蔑视。1480年，俄罗斯也成功挣脱了蒙古人统治的枷锁，却留下了永远抚不平的伤痕。在长达两个半世纪的时间里，这个国家对西方吹来的清新之风关上了大门，而蒙古人的观念和习俗为莫斯科公国和东正教会的绝对主义铺平了道路。

西方成为这种普遍模式的唯一例外。只有西方实现了根本转型，在新技术的基础上建立起一种现代文明，这一新文明很快就证明了自身的优越性，不仅传遍整个亚欧大陆，而且扩张到全世界。我们在前面的章节（第八章第五节）中谈到，西方的这种独特性源于蛮族入侵带来的毁灭，古典文明被彻底摧毁，新观念和新制度在古典文明的废墟上生根发芽、枝繁叶茂。接下来，我们先讲述伊斯兰世界两侧传统的拜占庭文明和儒家文明，再来考察与其形成鲜明对照的突破性的西方文明。

[推荐读物]

关于突厥人对不同地区的入侵，参阅 T. T. Rice, *The Seljuks*（Thames & Hudson, 1961）; C. Cahen, *Pre-Ottoman Turkey*（Sidgwick & Jackson, 1968）; S. Vryonis, Jr., *The Decline of Medieval Hellenism in Asia Minor and the Process of Islamization from the Eleventh through the Fifteenth Century*（University of California, 1971）; H. Inalcik, *The Ottoman Empire: The Classical Age 1300-1600*（Weidenfeld & Nicolson, 1972）; J. A. Boyle, ed., *The Cambridge History of Iran*, Vol. 5, *The Seljuk and Mongol Periods*（Cambridge University, 1931）。关于突厥人在印度的历史，参阅 M. Nazim, *Life and Times of Sultan Mahmud of Ghazna*（Cambridge University, 1931）; H. Lamb, *Tamberlane the Earth Shaker*（McBride, 1928）。一部出色的文集是 J. J. Saunders, ed., *The Muslim World on the Eve of Europe's Expansion*（Prentice Hall, 1966）。

关于蒙古人扩张的动力，参阅 O. Lattimore, *Studies in Frontier History*（Mouton, 1962），以及他的文章 "Chingis Khan and the Mongol Conquests," *Scientific American*, August 1963, pp. 55-68。R. Grousset, *Conqueror of the World: The Life of Chingis-Khan*（Viking, 1972），收录了几篇成吉思汗传记，包括一篇通俗性文章；学术性的成吉思汗传记有 B. Y. Vladimirtsov, *The Life of Chingis-Khan*（Houghton Mifflin, 1930）; H. D. Martin, *The Rise of Chingis Khan and His Conquest of North China*（Johns Hopkins, 1950），该书以分析蒙古军事组织见长。全面考察蒙古帝国的著作，参阅 J. J. Saunders, *The History of the Mongol Conquests*（Harper & Row, 1972）; J. A. Boyle, *The Successors of Genghis Khan*（Columbia University, 1971）; 对蒙古帝国的权威评价，参阅 B. Spuler, *The Mongol Period*（Princeton University, 1995）。

[注释]

1. R. Latham, trans., *Travels of Marco Polo*（Penguin, 1958）, p. 71.
2. J. H. Bentley, *Old World Encounters*（Oxford University, 1993）, p. 145.
3. Ibn Khaldun, *Muqaddimah*, trans. F. Rosenthal（Pantheon, 1958）, pp. 250-258.

> 拜占庭的一千年导致了灭亡；中世纪的一千年努力［在西方］造就了文艺复兴、现代社会，最终造就了自由世界。
>
> ——威廉·卡罗尔·巴克

第十二章 传统的拜占庭文明

拜占庭是亚欧大陆上一再遭受蛮族入侵，却从古典时代不间断地延续到现代的传统文明之一。然而，连绵不绝的千年历史长河最终带来了"淘汰"和灭亡，从政治上来说尤其如此。拜占庭文明难逃厄运的原因在于沦为了外来入侵首当其冲的受害者。举例来说，中国地处偏远的亚欧大陆东端，只有西北部面临蛮族入侵的威胁，在19世纪中叶之前，就连很具侵略性的西方人都始终无法闯入。反之，拜占庭处于四面受敌的境地，入侵者既有堪与威胁中国的蛮族相提并论的一连串来自多瑙河对岸的蛮族，也有成长中的西方所策动的威尼斯商人和诺曼骑士。不仅如此，拜占庭还遭到复兴的东方的进攻，先是波斯萨珊王朝的入侵，然后是穆斯林阿拉伯人和突厥人的入侵。因此，帝制中国一直延续到1911年，而拜占庭先是于1204年崩溃，1261年部分复国，苟延残喘了一段时间后，最终于1453年遭到致命打击，彻底覆亡（见地图14）。

一、拜占庭的兴起

不论是帝国统治的连续性，还是统治幅员的辽阔，拜占庭首都君士坦丁堡的骄人纪录让所有西方国家的首都望尘莫及。330年，君士坦丁大帝在此地建造新罗马时，这里已经是一座有着悠久历史的城市。拜占庭的起源可以追溯到公元前7世纪，希腊城邦墨伽拉的移民在此地建立起一座殖民城市拜占蒂翁，常用的拉丁语名称是Byzantium（拜占庭）。虽然拜占庭有着绝佳的地理位置，但在1000年的时间里始终只是一座二流的商业城市。野蛮的色雷斯人始终威胁着拜占庭的生存，切断了拜占庭与内陆地区的联系，使拜占庭无法发挥出地理位置的优势。直到图拉真及其继承

地图14　拜占庭帝国的衰落

图例：
- 565年前后的查士丁尼帝国
- 1025年（巴西尔二世死时）的拜占庭帝国
- 1350年的拜占庭版图
- 1402年的拜占庭版图

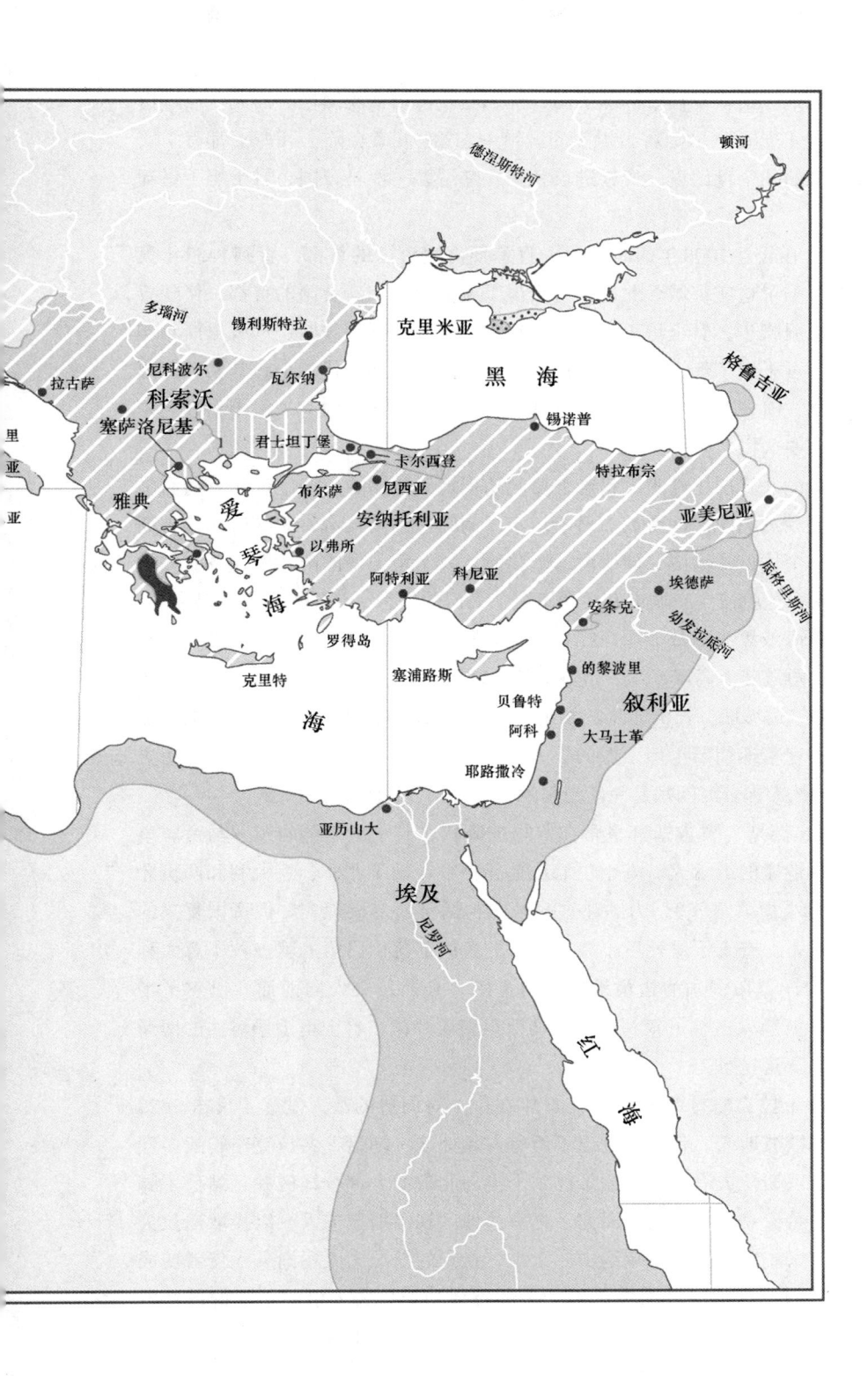

第十二章 传统的拜占庭文明

多瑙河　锡利斯特拉　　　德涅斯特河　　　　顿河

拉古萨　尼科波尔　瓦尔纳　克里米亚
科索沃　　　　　　　　　　黑 海　　　格鲁吉亚
塞萨洛尼基　　　　　　　　　锡诺普
　　　君士坦丁堡　卡尔西登　　　　特拉布宗
雅典　　布尔萨　尼西亚　　　　　　　亚美尼亚
爱　　　　安纳托利亚　　　　　　　底格里斯河
琴　以弗所
海　　　阿特利亚　科尼亚　埃德萨
　　罗得岛　　　　安条克　幼发拉底河
克里特　塞浦路斯　的黎波里
　　　　　　　贝鲁特　　叙利亚
海　　　　　　阿科　大马士革
　　　　　　耶路撒冷

亚历山大
埃及
尼罗河

红 海

者的征服将内陆地区纳入罗马帝国的版图,拜占庭才得以摆脱困境。因此,当拜占庭更名为君士坦丁堡(意思是君士坦丁的城市),这座城市在陆上和海上都有了安全保障。接下来的几个世纪里,蛮族进攻狂潮吞噬了第一罗马帝国,君士坦丁堡却始终安然无恙。

君士坦丁堡在长达1000年的时间里一直是拜占庭帝国的首都,直到1453年奥斯曼土耳其人攻陷了这座都城。此后,君士坦丁堡成为一个新帝国的首都,伴随着奥斯曼战士的征服脚步,君士坦丁堡的统治扩大到从摩洛哥到波斯、从威尼斯到印度洋的新疆界。君士坦丁堡一直统治着这一广大地区,直到现代,土耳其共和国取代了奥斯曼帝国,凯末尔·阿塔图克将首都从博斯普鲁斯海峡的君士坦丁堡迁到安纳托利亚高原的安卡拉。

君士坦丁堡的非凡历史在很大程度上要归功于得天独厚的地理位置:它居高临下地控制着分隔欧洲与亚洲的海峡。君士坦丁堡南临马尔马拉海,北濒博斯普鲁斯海峡,形成了一个优良的港湾,即所谓的金角湾。君士坦丁堡的南北两面各有一条狭窄的通航海峡,这就使这座城市有了两扇海上大门的保护,只要关闭这两扇大门,便可将来自爱琴海或黑海的敌方船只挡在门外。除了这些天然的防御系统之外,拜占庭皇帝修筑了两道陆上高墙,第一道城墙长6.4千米,在这道城墙以西大约48千米处,又修筑了第二道城墙,长64千米,宽6米。这两道防御城墙与巴尔干山脉的天然屏障相衔接,镇守着通往君士坦丁堡的陆上门户。因此,在拜占庭帝国的千年历史上,这座城市虽然大部分时间都是一座受困的"围城",却始终屹立不倒。

476年,罗慕路斯·奥古斯都皇帝在罗马被废黜,君士坦丁堡的东罗马帝国皇帝仍将自己视为恺撒的继承人。查士丁尼从蛮族手中夺回了北非、意大利和西班牙部分地区(见第八章第四节),力图让这一帝国神话重新变成现实。但帝国复兴的梦想很快化为泡影。查士丁尼死后不久,新来的蛮族部落伦巴第人就占领了意大利大部分地区。同样,在多瑙河边境地区,阿瓦尔人和斯拉夫人向南涌入巴尔干半岛;而在东部,波斯人占领了叙利亚、巴勒斯坦和埃及,在君士坦丁堡对面的博斯普鲁斯海峡沿岸安营扎寨。

励精图治的希拉克略皇帝(610—641年在位)对周边的敌人发起了反击。627年,希拉克略打败波斯人,将他们赶出了所有占领地区。随后,希拉克略转战多瑙河边境,结果发现斯拉夫人已经占领了巴尔干半岛北部的大部分地区并且站稳了脚跟。无奈之下,希拉克略只得顺势而为,将一些地区划给斯拉夫人,以换取斯拉夫人承认拜占庭的宗主权并同意每年纳贡。于是,新来的斯拉夫人逐渐从入侵者变成定居者。几百年过去,这些散居在巴尔干半岛各地的斯拉夫人沿着不同的道路发展,逐渐形成了四个主要群体:亚得里亚海最北端的斯洛文尼亚人,德拉瓦河与亚得里亚海之间地区的克罗地亚人，亚得里亚海与多瑙河之间的巴尔干半岛中部地区的塞尔维亚人，以及黑海沿岸其他地区的斯拉夫人，后者不久就采用了保加利亚征服者的名称，自称为保加利亚人［也称保加尔人］。

7世纪晚期，拜占庭帝国再度面临危险，这一次是穆斯林的海上入侵和保加利亚人的陆上攻势的两面夹击。阿拉伯人建立了一支海军，征服了塞浦路斯和罗兹岛，公元669年后，阿拉伯人数次从海上围攻君士坦丁堡。与此同时，保加利亚人占领了多瑙河与巴尔干山脉之间的地区，从北面威胁拜占庭。

雄才大略的帝国领袖再度拯救了拜占庭，这一次是伊苏里亚王朝的利奥三世（717—741年在位）。利奥是一个叙利亚血统的军事将领，趁阿拉伯人围攻君士坦丁堡之机夺取了拜占庭的政权。利奥粉碎了阿拉伯人的围攻，将他们赶出了小亚细亚。到利奥统治末期，帝国边境稳固下来，但与查士丁尼时期相比，帝国版图大幅缩水。意大利落入伦巴第人之手，巴尔干北部被斯拉夫人和保加利亚人占据，叙利亚、巴勒斯坦、埃及和北非被阿拉伯人夺走。

图85 查士丁尼及其随从。拉文纳的圣维塔莱修道院的镶嵌画。

然而，这个收缩的帝国更趋于同质化。拜占庭退回到托罗斯山脉后不但没有削弱，反而得到了巩固，因为托罗斯山脉成为一道屏障，将希腊人的小亚细亚与正在成为伊斯兰世界中心的地区阻隔开来。伊斯兰世界内部的动荡进一步强化了两者之间的阻隔，阿拔斯王朝的建立（750年）结束了伊斯兰世界的内部冲突，帝国首都也从大马士革迁至巴格达，这意味着从此伊斯兰国家的定位是东方而不是地中海。因此，拜占庭与穆斯林帝国能够和平相处，直到11世纪，好战的突厥人登上历史舞台。

比起昙花一现的查士丁尼帝国，8世纪复兴的拜占庭帝国要小得多，但正如我们所指出的那样，这个帝国更具同质性，摆脱了东西方行省形形色色的种族、文化和宗教成分，剩下的核心区虽然并非清一色的希腊人，但基本上属于希腊成分。这样，6世纪的东罗马帝国转变为8世纪的拜占庭帝国，这个帝国在文化上与东方的伊斯兰帝国全然不同，也迥然有别于西方的新兴欧洲帝国。

二、拜占庭的黄金时代

9世纪初到11世纪初，拜占庭帝国臻于鼎盛。帝国的行政管理完全是以"军区"为基础，每个军区都由一位兼管军事和民政的将军进行统治。早在希拉克略时期，帝国的行政体制已经实行了军事化，所以这位皇帝才能在大敌当前之际迅速做出反应。在每个帝国军区，土地分配给农民耕种，以作为服兵役的报酬。在强势的皇帝统治下，这种军区制提供了良好的行政管理、可靠的军需储备和充足的财政资源，大部分捐税负担则落到了农民的头上。

自由农民的农村公社构成了拜占庭经济的坚实基础，除了农民村社之外，大地主的庄园也发挥了作用。在最早可以上溯到希腊-罗马古典时代的中心城市，各行各业的能工巧匠达到了很高的工艺水平。阿拉伯作家曾经称赞拜占庭手工艺品、尤其是奢侈品的质量，认为只有中国的工艺品方能与之媲美。同样重要的是，亚欧大陆各地的大批货物经由君士坦丁堡中转：黑海地区的奴隶和盐，印度的调味品、香料和宝石，埃及的纸莎草和粮食，中国的丝绸和瓷器，西方的银、熟铁制品、亚麻布、棉花和毛织品。

随着政治、经济和军事实力增强，拜占庭皇帝着手发起收复失地运动，这场运动虽然没有查士丁尼的再征服运动那么雄心勃勃，却更有实效。帝国收复了克里特岛和塞浦路斯，阻止了阿拉伯人在爱琴海的海上袭掠。帝国疆域也拓展到叙利亚北部、亚美尼亚和格鲁吉亚。在巴尔干半岛北部，保加利亚人始终是帝国的心腹大患，1014年，巴西尔二世在保加利亚赢得了一场决定性胜利，从此被称为

图86 800年，教皇为查理曼加冕，图片取自14世纪的法国泥金装饰手抄本。这个事件促使君士坦丁堡于812年授予查理曼"巴塞勒斯"称号，承认了西方的政治独立。

"保加利亚屠夫"。

这个时期的拜占庭文化也表现出稳定性和同质性。拜占庭人依然自称为"罗马人"，但不论是作为标准语还是俗语，希腊语都是帝国的通用语言。随着克里特岛的穆斯林和巴尔干北部地区的斯拉夫人皈依东正教，宗教同质性也进一步增强。865年，保加利亚大公鲍里斯皈依了东正教，以换取君士坦丁堡对其征服地区的承认。在随后的年代里，拜占庭传教士给保加利亚人带去了字母表，将《圣经》翻译成当地语言，制定了斯拉夫式的礼拜仪式。大约在同一时期，塞尔维亚人部落和基辅公国的俄罗斯人相继皈依了东正教。

拜占庭皇帝与东正教牧首关系密切、互相支持，也有利于帝国的稳定。皇帝统御国教会是拜占庭帝国公认的传统原则。拜占庭皇帝自称为"统御之主"，而且自命为"同使徒"，意思是等同于使徒。10世纪，推选君士坦丁堡牧首的礼仪书中明确规定了东正教会的从属关系。按照皇帝的命令，大主教们在圣索菲亚大教堂开会，向皇帝提交三位牧首候选人名单，皇帝可以在三人中任选一人担任牧首，也可以全部否决，另行指定牧首人选。大主教们不得不认同皇帝提出的人选能胜任这个职位。在牧首就职仪式上，"遵奉上帝和皇帝的旨意"，宣布新的教会首脑当选为牧首。

总之，在这几个世纪里，拜占庭与西方和伊斯兰世界逐步形成了一种合理的共存关系，帝国稳定、强大而富庶，同时也颇为自鸣得意和相当的保守内向。这些特征让人联想到我们将在下一章中讲述的中国明朝。

三、拜占庭的衰落

1025年，"保加利亚屠夫"巴西尔去世，拜占庭帝国的优势地位似乎安如磐石、无可匹敌。多瑙河成为一道稳固的北部边境线。阿拉伯伊斯兰世界陷入分裂，不再构成威胁。与博斯普鲁斯的第二罗马帝国相比，西方显得原始和弱小。然而，巴西尔死后不到半个世纪，拜占庭帝国就陷入了严重困境，不到200年，1204年，首都就落入了拜占庭人所鄙视的西方蛮族之手。

形势陡然逆转的一个原因在于帝国的军事体制遭到破坏，管辖军区的将军越来越离心离德。巴西尔二世精明强悍，能够牢牢控制住军队，软弱无能的继任者们却管不住军队，尤其是各地的将军们与大地主相互勾结。

严重的经济失衡也使帝国陷入困境。私人和修道院的潘诺尼亚（采邑）导致帝国收入下降，尤其是巴西尔的继承者减免了大地主的大部分赋税。另一方面，穷奢极欲的宫廷和外国雇佣兵的开支节节攀升，帝国财政不堪重负。同样严重的是，帕济纳克人和塞尔柱突厥人的袭扰为祸日炽，一些地区土地荒芜，沦为不毛之地。拜占庭金币苏德勒斯的币值稳定了700年之久，此时也不断贬值。

像其他许多帝国一样，拜占庭的内部衰弱招致了外来入侵。来自西方的诺曼人冒险家起初是拜占庭的雇佣兵，此时反戈一击向衰弱的帝国发起进攻，占领了自查士丁尼征服以来一直是拜占庭属地的意大利南部。东方也曾出现过相同的一幕，塞尔柱突厥人从中亚故乡进入伊斯兰帝国，为巴格达哈里发充当雇佣兵。这些雇佣兵最终反仆为主，1055年，他们占领了巴格达，建立了塞尔柱帝国。这些突厥人给奄奄一息的伊斯兰世界注入了活力，重新统一了从印度到地中海的广大地区，推进到数百年来把拜占庭与伊斯兰世界分隔开来的托罗斯山脉边境。

在这种背景下，1071年，拜占庭遭受了两场灾难，这两场灾难标志着帝国开始了长达数个世纪的衰落过程。第一场灾难发生在意大利南部的巴里，诺曼人攻陷了残存的最后一个拜占庭据点。第二场灾难更为致命，在小亚细亚的曼兹科特，塞尔柱人在一场决定性战役中打败了拜占庭皇帝，小亚细亚从此由希腊人的基地变成突厥人的大本营。这场战役后，两个势不两立的拜占庭皇帝为了争夺皇位大打出手，双方都雇佣突厥军队来攻打对方。于是，突厥部落能够随意进入小亚细亚，小亚细亚从希腊拜占庭人的基地逐步变成了突厥民族的心脏地带。

拉丁人攻陷君士坦丁堡

1204年，第四次十字军东征期间，拉丁人攻陷了君士坦丁堡，这是拜占庭衰亡过程中的一件大事。拜占庭历史学家尼西塔斯·科尼阿特斯描述了当时的场景，反映出希腊人对拉丁人的憎恨。*

……我该如何开始讲述这些恶棍所干的勾当呢！唉，应当崇拜的偶像竟被践踏在脚下！唉，神圣殉道者的遗物被扔到不洁净的地方！然后，我们看到了一件令人不寒而栗的事情，圣餐面包和葡萄酒洒得满地都是，要么被到处乱扔。他们抢走了珍贵的圣骨匣，把里面的装饰品塞进怀里，把残破的器物当作平底锅和水杯……

对大教堂［圣索菲亚教堂］的亵渎也让人闻之色变。圣坛是用各种名贵材料制成，受到全世界的赞赏，却像其他所有光辉夺目的珍贵圣物一样被拆成碎片，分发给士兵们。

裁判所和读经台的围屏都是用稀有材料、纯银和铸金制成的花瓶和器皿，它们做工精湛，有着无与伦比的艺术性和优雅，为了将它们和大门以及其他许多装饰品一起当作战利品掳走，骡子和拉车马被牵到圣殿的至圣所。一些骡马无法在华丽光滑的地面站稳，它们摔倒时被戳伤了，神圣的地面满是鲜血和污秽……

要想靠祈祷来让这些狂暴的野蛮人变得仁慈，那简直是天底下最困难、最费力的事情。稍有一句逆耳之言，他们立刻暴跳如雷，任何事都会让他们勃然大怒。若是有人劝说两句，都会被他们嘲笑为疯子和长舌妇。他们常常对反对或阻拦他们要求的人拔刀相向。

所有人都陷入悲痛之中。在巷子里，在街道上，在寺庙里，随处可闻怨言、哭泣、悲叹、哀嚎、男人的呻吟、女人的尖叫，到处都是伤害、强奸、囚禁和骨肉分离。贵胄们灰溜溜地四处游荡，年高德劭的人默默流泪，富人变得穷困潦倒。因此，不论是街道、角落、寺院还是书斋，再没有一处安全的地方，再没有一个地方能为哀求者提供庇护。到处是形形色色的犯罪。噢！永生的上帝啊，人类遭受了多么大的苦难，多么大的痛苦！

* D. C. Munro, trans., *Translations and Reprints from the Original Sources of European History*, rev. ed., series 1, vol. 1, number III（University of Pennsylvania Press，1912），pp. 15, 16.

图87 1204年春,在佛兰德斯的鲍德温指挥下,十字军攻陷了君士坦丁堡,烧杀抢掠持续了整整三天。19世纪,欧仁·德拉克洛瓦的这幅画作描绘了当时的场景。

亚历克塞·康尼努斯皇帝(1081—1118年在位)凭借精明的手腕和坚韧不拔,挽救了似乎行将解体的拜占庭帝国。为了争取威尼斯人的援助,对付威胁君士坦丁堡的诺曼人,康尼努斯给予了威尼斯人重大的商业特权。为了对付穆斯林塞尔柱人,他向西方基督教世界求援。结果等来的不是原本希望的人数有限的雇佣兵,而是一批又一批乌合之众的十字军。有些十字军首领甚至是康尼努斯完全有理由不信任的诺曼人。东方与西方两个基督教世界的接触,反而引发了双方的猜忌和公然敌意。希腊人和拉丁人彼此厌恶对方的语言、宗教、政治和生活方式。

第四次十字军东征就是在这样的背景下发动的,这次十字军有一个恰如其分的绰号:"商人十字军"。威尼斯商人的经济算计,西方冒险家对战利品和土地的贪欲,拜占庭皇位觊觎者的花言巧语,拉丁人对于他们眼中狡诈、柔弱、贪婪和异端的希腊人压抑已久的不满,所有这一切最终导致十字军在贪婪和报复心驱使下,抛弃了解放耶路撒冷的原定目标。结果,十字军掉头进攻君士坦丁堡。1204年春,法国、威尼斯、佛兰德斯和德意志联军攻陷君士坦丁堡,残暴的烧杀抢掠整整持续了三天。"即便是萨拉森人，"一位拜占庭编年史家评论说，"也要比他们仁慈。"吊诡的是，第四次十字军东征最终却为穆斯林统治整个中东铺平了道路。1261年，拜占庭帝国复国，却始终未能从拉丁人攻占君士坦丁堡的重创中恢复过来，一直处于孤立无援、疲弱不振的状态，最终，1453年，奥斯曼人攻陷了君士坦丁堡。

四、拜占庭的灭亡

获胜的拉丁人在拜占庭帝国的废墟上建立起自己的封建国家：在君士坦丁堡建立了一个拉丁帝国，在塞萨洛尼基建立了一个拉丁王国，在希腊建立了几个拉丁国家。有商业头脑的威尼斯人占据了君士坦丁堡的四分之一，攫取了通往黎凡特的商路上许多重要岛屿和港口。然而，从一开始这些新国家就注定要灭亡。当地的希腊东正教居民从始至终对拉丁人充满敌意。不仅如此，拉丁征服者只在巴尔干半岛的边缘地区占据了几个不大的孤立据点，它们四面受敌，不仅要面对巴尔干半岛腹地的塞尔维亚王国和保加利亚王国，还要面对三个希腊人的后继国家，即伊庇鲁斯的阿尔塔、黑海南岸的特拉布宗和小亚细亚西部的尼西亚。这些希腊人国家中，第一个太过贫穷，没有多大的号召力，第二个又太过闭塞。只有尼西亚具备优越的战略位置、丰富的资源和强有力的领导，能够组织希腊人反抗拉丁人的统治。

尼西亚统治者凭借娴熟的外交手腕和军事实力，逐步蚕食拉丁帝国的地盘，拉丁帝国最后只剩下君士坦丁堡这座孤城。最终，1261年，拉丁皇帝和威尼斯殖民者放弃抵抗，逃离了君士坦丁堡。尼西亚皇帝米哈依尔·巴列奥略庄严地进入首都，在民众的欢呼声中进驻皇宫。

拜占庭历史的最后一个阶段始于1261年米哈依尔·巴列奥略收复君士坦丁堡，止于1453年他的后人朱斯提尼亚尼·巴列奥略与土耳其人作战时战死在首都城门之下。复国后的两个世纪里，帝国的领地只有君士坦丁堡和塞萨洛尼基这两座城市和周边反复拉锯的小块地区，以及两个单独的附属地：伯罗奔尼撒半岛的米斯特拉和小亚细亚北部的特拉布宗。

像之前的拉丁帝国一样，这个可怜巴巴的帝国残躯已经到了穷途末路的地步。在亚洲，它要面对可怕的土耳其人；在欧洲，它被希腊地区的几个拉丁小国以及北面的塞尔维亚和保加利亚所包围。除了外部威胁，还有内部危机。此时帝国经济早已凋敝不堪。意大利人对商业的控制始终未被打破，14世纪中叶，君士坦丁堡的热那亚人聚居区的关税收入是帝国政府关税收入的7倍。无奈之下，皇帝们只得实行货币贬值，还被迫把皇家珍宝典当给威尼斯银行家。有权有势的富人通常能逃避高额税收。穷人起来造反，反抗贵族和富人的压迫，社会冲突使得两座城市都陷入分裂。

1342—1349年，被称为"吉洛特派"的革命领袖接管了塞萨洛尼基城。他们减免穷人赋税，废除穷人债务，没收并分配修道院土地，还引入了参与式民主，允许民众举行集会，官员由民众选举产生。"吉洛特派"的政治纲领似乎受到意大利共和制城市国家的影响。但是，垂死的拜占庭帝国不可能支持这些很自然地发端于蒸蒸日上的西方的政治和社会变革。在塞尔维亚人和土耳其人的援助下，皇帝镇压了吉洛特派，颠覆了共和国。然而，这个事件反映出帝国内部深刻而广泛的纷争，同时代人的记述清楚表明了这一点：

> 起义就像可怕而残酷的瘟疫，席卷了帝国，侵袭了许多从前很安静、很温和的人……于是，所有城市都起来反抗贵族……整个帝国陷入到最残酷和绝望的斗争之中……哪怕只有最轻微的挑衅，人们就会拿起武器造反，而且犯下了最残暴的行径，因为他们憎恨富人……[1]

宗教冲突也削弱了帝国。为了争取西方的援助，抵御步步进逼的土耳其人，拜占庭皇帝先后三次（1274年的里昂大公会议、1369年的罗马大公会议和1439年的佛罗伦萨大公会议）表示愿意将东正教会置于罗马教皇之下。事实证明，这些协议根本无济于事，因为西方给予的援助微不足道，而民众坚决反对向可憎的拉丁人做出任何让步，从而进一步加剧了拜占庭的分裂。第四次十字军东征的暴行和意大利商人的盘剥，让拜占庭民怨沸腾，民众公然抗命，纷纷表示"宁可要伊斯兰教，也不要教皇"。

过去拜占庭经常可以听到宁愿要土耳其人、也不要十字军的呼声，但15世纪中叶的形势异常严峻，因为土耳其人已经大兵压境，随时有可能成为不速之客。如第十一章第五节所述，奥斯曼土耳其人取代了塞尔柱人，夺取了拜占庭在小亚细亚仅存的飞地，渡过达达尼尔海峡进入欧洲，打败了保加利亚人和塞尔维亚人，1453年，土耳其人兵临城下，准备进攻四面楚歌的拜占庭首都。

此时君士坦丁堡人口仅剩下5万~7万人。可用于城防的兵力不足9000人，其中还包括一支西方小部队。仅靠这些兵力根本无法守住城墙，堵住被敌人大炮轰开的缺口。反之，干练的奥斯曼苏丹穆罕默德二世麾下至少有8万人。4月2日，土耳其人包围了君士坦丁堡，皇帝朱斯提尼亚尼英勇地率领守军多次击退土耳其人，但这座都城最终还是在5月29日沦陷。城市陷落后，奥斯曼士兵获准在城内劫掠三天。当时的拜占庭历史学家杜卡斯描绘了千年拜占庭帝国的末日：

城市沦陷三天后，他［穆罕默德二世］同意放船只离开，每艘船都可以驶向自己的省份和城市，满载货物的船只看起来似乎要沉入水中。这些船装的什么货物？奢华的衣物和纺织品，金、银、铜和黄铜制品及器皿，数不清的书籍，还有战俘，包括教士、俗人、修女和僧侣。每艘船都装得满满登登，军营帐篷里也关满了俘虏，堆满了上面所说的物品和财物。[2]

五、拜占庭的遗产

从历史上看，拜占庭显然在各个方面都做出了重要的贡献。首先，拜占庭起到了保护伞的作用，使得保护伞后面的西方可以无牵无挂地发展自己的文明。1453年君士坦丁堡陷落后，这一有利条件对于西方的全部意义便突显出来：不到半个世纪，土耳其人就进逼欧洲的心脏地带，包围了维也纳。其次，同样重要的是，拜占庭推动了贸易和经济的全面发展。几个世纪以来，拜占庭一直是整个地中海盆地的经济发动机，拜占庭货币成为国际通用的标准交易媒介。拜占庭商人和商品极大地促进了西欧摆脱自给自足的封建经济，推动了意大利城市国家开始走上控制地中海贸易的道路。在文化领域，拜占庭挽救了古代文化和艺术珍品，将这些瑰宝与自身的遗产一起留传给子孙后代。拜占庭丰富的文化遗产包括：查士丁尼编纂的罗马法，直到最近才得到正确认识和评价的宗教艺术，兢兢业业的学者们汇编、注释和保存下来的古典时代和希腊化时代的文学和学术经典。

最后，如同罗马对于日耳曼人的意义一样，拜占庭是东斯拉夫人的重要导师及其宗教和文明的源泉。河流沿岸的各个早期俄罗斯公国都与拜占庭有频繁的贸易往来。俄罗斯乡村的各种原材料，如毛皮、兽皮、谷物、木材和奴隶，经由基辅运往拜占庭，换取拜占庭商人运来的各种奢侈品，如细棉布、玻璃制品、香料、珠宝和葡萄酒。

伴随着希腊商品而来的是希腊的文化制度。对于东斯拉夫人来说，最大的变化是988年前后弗拉基米尔大公皈依东正教，这次宗教改宗形成了以拜占庭模式为基础的教会统治集团。俄罗斯东正教会的首脑是基辅大主教，由君士坦丁堡牧首任命并且隶属于其管辖范围。东正教还带来了新的宗教文献和法律文献，包括《圣经》译本、拜占庭收集的教父著作、圣徒行传和法律书籍。拜占庭艺术也传入俄罗斯，如石建教堂、镶嵌画、壁画、绘画，尤其是圣像，俄罗斯人非常擅长这些艺术形式，形成了独具特色的俄罗斯-拜占庭风格。东正教会还带来了拜占庭的教会法律，建立了宗教法庭。如同在西欧一样，这些法庭拥有十分广泛的司法权，有权审理涉及道德、信仰、继承权和婚姻等方面的所有案件。

图88　莫斯科红场的俄罗斯东正教圣巴西尔大教堂。

在政治领域，新教会起到了强化大公权力的作用。在西欧，罗马教皇将法兰克国王从部落酋长转变为神授国王，在俄罗斯，东正教将公国的大公从个人追随者的首领转变成"上帝的仆人"和神权统治者。不仅如此，按照拜占庭的传统，俄罗斯教会还接受了世俗权力的控制。如同君士坦丁堡一样，莫斯科不会有罗马教皇格里高利七世和英诺森三世这样要凌驾于皇帝和国王之上的人物。

拜占庭覆灭后，这一传统在俄罗斯延续了下来。俄罗斯东正教会效忠和听命于沙皇，直到沙皇帝国也和拜占庭一样彻底灭亡。

总之，拜占庭文明有着令人瞩目的突出历史作用和成就。不过，拜占庭文明没有古典时代雅典那样的清新和光彩，尽管雅典在规模和存续时间上完全不能与之相提并论。究其原因，恰如其分的说法是拜占庭扮演了一种因循守旧的角色。这并不是说拜占庭是停滞的文明。拜占庭从始至终都在不断调整，以顺应时代和环境的变迁。但是，拜占庭的作用注定在于保全而不是创新，自诞生之日起，它就已经是罗马帝国境内一个历史悠久的国度，笼罩在昔日权势和荣耀的阴影之下，并且始终致力于维持或重振这种权势和荣耀。拜占庭孕育出许多杰出的领袖人物，如行政官员、将军、学者和神学家，但囿于环境的局限，真正富有创造力的人寥寥无几。

西罗马帝国灭亡后，东罗马帝国又延续了整整1000年，开始的时候这是一个很大的优势。从5世纪到11世纪，比起博斯普鲁斯的第二罗马帝国，西方既原始又弱小。但正因为西方必须重新开始，所以在这几个世纪里为一个崭新的文明奠定了基础，而拜占庭却始终摆脱不了无法抗拒的辉煌遗产。正因如此，从11世纪开始，西方能够锐意进取，出现了经济繁荣，民族君主国兴起，知识视野扩大，以及充满活力的扩张主义，这种扩张主义先是体现为地方性的十字军东征，随后又表现为海外拓殖，最终在几个世纪之内建立起全球霸权。让人唏嘘不已的是，在接下来的几个世纪里，拜占庭始终未能摆脱过去的桎梏，沦为了被淘汰的落伍者，虽然进行了英勇却注定失败的抗争，最终在劫难逃地走向1453年的耻辱结局。

[推荐读物]

全面研究拜占庭历史的最佳著作当属G. Ostrogorsky, *History of the Byzantine State*（Rutgers University, 1957）；最好的拜占庭简史是S. Vryonis, Jr., *Byzantium and Europe*（Harcourt, 1967）。后一本书的作者还著有关于拜占庭历史上决定性转折点的权威著作*The Decline of Medieval Hellenism in Asia Minor and the Process of Islamization from the Eleventh through the Fifteenth Century*（University of California, 1971）。关于拜占庭人、南部斯拉夫人以及与基辅和伊斯兰教的关系，最好的资料来源之一是*Cambridge Medieval History*, Vol. 4（Cambridge University, 1966）。另一本关于拜占庭政治和文化的权威著作是A. A. Vasiliev, *History of the Byzantium Empire*, 2 vols（University of Wisconsin, 1958）。简要考察国家、基督教和拜占庭思想的著作是D. A. Miller, *The Byzantine Tradition*（Harper & Row, 1966）。关于拜占庭文化的其他阶段，参阅D. T. Rice, *Byzantine Art*（Penguin, 1961）；A. Grabar, *Byzantine Painting*（World, 1953）。最后，原始材料的来源是D. J. Geanakoplos, *Byzantium：Church, Society and Civilization, Seen Through Contemporary Eyes*（University of Chicago, 1985）。

[注释]

1. G. L. Seidler, *The Emergence of the Eastern World*（Pergamon Press, 1968）, pp. 116-117.
2. S. Vryonis, Jr., *Byzantium and Europe*（Harcourt Brace Jovanovich, 1967）, pp. 190-192.

> 生身有五乐：一乐生中国，二乐为男子，三乐为士人，四乐见太平，五乐闻道义；居洛有五喜：一喜多善人，二喜多好事，三喜多美物，四喜多佳景，五喜多大体。
>
> ——邵雍（理学家，1011—1077年）

第十三章　传统的儒家文明

隋朝和唐朝赓续了汉朝，使得中华文明继续沿着传统的轨迹发展。因此，中华文明的发展历程与罗马崩溃后西方的独特变迁形成了鲜明对照（见第八章第三至五节）。对于中国人来说，接下来的1000年是一个辉煌的黄金时代。早在汉代，中国已经成功地赶上亚欧大陆的其他文明，而在中世纪时代，中国一直处于领先地位，始终是世界上最富庶、人口最多、在许多文化领域最先进的国家。

从6世纪隋朝重新恢复了大一统帝国，到16世纪西方人开始由海上入侵，在这段长达1000年的时期里，中国的政治、社会和文化空前稳定。吊诡的是，这种稳定得失参半，亦喜亦忧。从积极方面来说，与世界上其他任何社会相比，中国社会在这1000年里为更多的人提供了更多的物质利益和更大的心理保障。从消极方面来说，中国如此成功和自信，以至虽然不是完全停滞不前，但始终安常守故，相对不变。但正是在这一时期，如我们将在下一章中讲到的那样，西方社会正在发生转型。西方的技术成就、经济活力以及社会和政治的多元化将孕育出一种动力，这种动力最终将使西方主宰整个世界。结果，在西方势不可挡的扩张主义冲击下，优雅和谐却又因循守旧的中国社会遭到了破坏。尽管结果如此，我们不应忽视这样一个事实：在整整1000年的时间里，中华文明以其顽强的生命力和对人类文化遗产的贡献，始终走在世界的前列。

一、隋唐

在中国历史上，隋朝（581—618年）和大约8个世纪前的秦朝扮演着同样的角色。两个王朝都结束了长期混乱，重新统一了中国，也都为这个国家的发展做出了重大贡献。但是，两个王朝的统治者都残酷压榨百姓，也都招致了众多既得利益集团的反抗，因此两者都是短命的王朝，在创立者死后不久便很快崩溃了。

秦朝统治者的重大贡献是建立起大一统帝国，修建驿道，开凿运河，修筑长城，统一度量衡和文字，扩大并巩固疆界。隋朝皇帝同样大兴土木，劳民伤财。隋朝修缮了年久失修的长城，还开凿了庞大运河系统的主要河段，即著名的"大运河"。当时长江流域已经成为国家的经济中心，而北方依然是政治中心，大运河解决了将南北方连接起来的迫切问题。但是，开凿大运河花费浩繁，死亡枕藉，所以主持这项工程的隋朝皇帝非常不得民心，严重动摇了王朝的根基。

一系列开疆拓土的战争同样劳师动众，这些战争使帝国疆界扩大到台湾、印度支那的安南和占婆以及西北部的甘肃。但是，征讨朝鲜半岛最北部王国（当时朝鲜半岛分裂为三个王国）的战争带来了灾难性的后果。隋朝接连四次入侵，都被顽强的朝鲜守军击退。于是，不满的士兵发动兵变，不堪重负的农民在全国各地揭竿而起。皇帝逃往南方，于618年被刺杀。许多王位觊觎者随即展开了激烈的争夺，最终的获胜者建立了唐朝。许多中国和西方历史学家认为，唐朝是中国历史上最强盛的时代。

唐朝最显著的成就是扩大了帝国版图。通过一系列大规模征战，唐朝的疆域甚至超过了汉朝。在中亚，唐朝建立起对整个塔里木盆地的宗主权，并翻越帕米尔高原，控制了阿姆河流域的国家，甚至还控制了当今阿富汗境内的印度河上游地区。当时世界上唯一能与唐朝媲美的帝国是中东的穆斯林阿拉伯帝国。

唐朝的对外征服得益于在国内重新建立起强有力的中央政府。汉代，地方豪族势力日益膨胀，削弱了王朝的中央权力。地方豪强大肆兼并土地，形成了自给自足、免于赋税的大地产，建造起城堡式的庄园，这就动摇了中央权威的基础。佛教寺院的出现也进一步加剧了分裂，佛寺拥有越来越多的土地，给帝国政府带来了新的挑战。为了摆脱这种政治分裂的困境，隋朝和唐朝实行"均田制"，即中央政府授予每个成年农民大约115亩土地。这并不意味着剥夺地方豪族的地产，因为农民的授田是来自其他途径获得的土地，如开垦因战争而荒废的土地。此外，只有自由民才能获得授田，而且实际执行时也并非所有的自由民都能分得土地。无论如何，均田制在一定程度上打击了地方豪强势力，有助于强化中央政府的统治。这种体制在一段时期内遏止了半封建大地产的发展势头，还增加了国家税收，因为纳税的只有小农，拥有强大政治势力的大地主不纳税。此外，农民还要接受军事训练，组成正规的民兵组织，从而提升了帝国政府的军事实力。

为了巩固中央政权，唐朝还建立起称职的官僚机构来管理帝国。隋朝恢复了

第十三章 传统的儒家文明

汉代以竞争性公开考试为基础的文官制度。[1]唐朝遵循儒家的基本原则，即最好通过招募人才来处理国家大事，延续并发展了这一制度，而不是像西方常见的那样，通过改变法律和制度来处理国家事务。按照完全成熟的中国文官选拔制度，要举办不同层次的考试，每次考试前均要举行精心安排的仪式。首先是地方和县城的考试，每两到三年举行一次，大约2%的考生能通过地方考试，有资格参加几个星期后举行的县城考试。通过县试的人（约占考生的一半）有资格受聘担任低级职位，并可参加在省城每三年举行一次的乡试。通过乡试者方有资格参加在京城举行的会试。只有6%的考生能通过这一关，从而有资格担任高级官职，这些人中通常只有三分之一的人能通过由皇帝亲自主持的殿试。他们获准进入中国最高的学术团体：翰林院。史官和其他掌管文学等事务的高级官员都是从翰林院中选拔。

起初，考试完全是综合性的，虽然侧重儒家经典，但也包括法律、数学和政务等其他科目，后来，考试越来越注重文体和儒家正统观念。成型的文官制度虽然从理论上说向所有有才华的男性开放，实际上有利于有足够财力进行多年学习和准备的阶层。这意味着统治中国的并非世袭贵族阶层，而是博学的"士大夫"阶层。科举制度在中国建立起

图89 隋代初期的莲花座立佛。这尊佛像用砂岩雕成，且有着色痕迹（中国山西省天龙山，规格为68.5×17.8×15.24厘米）。

---

[1] 原文如此。科举制是隋代正式创立的。——译者注

图90　6世纪的中国粗陶塑像，现藏英国伦敦维多利亚和阿尔伯特博物馆。

高效稳定的行政管理部门，令欧洲人为之钦佩和赞赏。另一方面，科举制扼杀了创造力，滋生循规蹈矩的官僚习气。只要中国仍在东亚处于相对闭塞状态，科举制就能保持社会的稳定性和连续性。但是，当充满活力的西方人入侵，科举制阻碍了中国做出有效的调整和回应。1905年，科举制被彻底废除。

　　唐帝国的首都长安是一座宏伟的城市，人口很可能超过100万人。整座城市呈棋盘式布局，宽阔的大道纵横交错，路上随处可见波斯人、印度人、犹太人、亚美尼亚人和形形色色的中亚民族。这些外国人身份不一，有商人、传教士和雇佣兵，除了为时短暂的蒙元时期之外，唐朝统治下的中国比历史上任何时候都对外国人开放。

　　宗教事务上最显著的特征是信仰自由。随着帝国疆界扩大，重新开放了陆上和海上商路，随即涌入了许多域外宗教观念和大批传教士。佛教的发展就是一个尤为突出的例子。佛教最早是在汉代由印度传入中国，在汉朝灭亡后的混乱时期，佛教严重冲击了官方的儒家学说。儒家学说在动荡年代日益受到质疑，因为儒家强调的

图91　唐代（618—907年）坐佛像。

孝道和家庭忠诚似乎削弱了本已屡弱不堪的国家。因此，佛教迅速发展，在唐朝初年达到顶峰，有人把这一时期称作中国佛教史上的"鼎盛时期"。

佛教在中国获得了巨大的财富和影响力，也在这个过程中彻底中国化了。佛教还从根本上促进了理学的形成。由于中国有浓厚的宗教宽容和信仰自由氛围，逐渐形成了不同的佛教宗派，禅宗是其中一个主要派别，后传入日本，成为日本禅宗。这一宗派强调冥想和个人禅修，是唐代以后唯一保持活跃的精神生活的教派。佛教中国化的另一个表现是，国家试图控制乃至资助佛教僧侣和寺院，按照典型的中国观念，宗教应当为国家利益服务，充当国家的精神支柱。

从长远来看，政府控制佛教的企图落空了，政府最终采取了公开的迫害政策。佛教徒注重个人的灵魂拯救，而不是承担家庭义务，从而与中国人的传统观念背道而驰。僧侣和尼姑完全脱离社会生活，这既背离了传统，还被认为是不正常和反社会的。最重要的是佛教寺院在几个世纪里积聚起巨大的财富和地产，让政府觊觎不已。由于随之而来的持续迫害，中国佛教虽然没有像印度本土佛教那样彻底消亡，却从此一蹶不振。如同西方发生的类似情况一样，这种迫害仅限于佛教机构和僧侣，并不涉及普通信徒。就中华文明的整体发展历程而言，佛教受到迫害的插曲几乎没有带来多大影响。佛教对中国的哲学、形而上学、艺术和文学做出了重大贡献，但并未像基督教改造欧洲社会那样重塑整个中国社会。

图92 唐太宗（598—649年）陵墓浮雕：飒露紫。

唐朝后半叶的历代统治者面临一个衰败王朝屡见不鲜的困境。帝国收不抵支、入不敷出。同样，人口增长超过了土地供给，农户不再能分得个人份地。均田制土崩瓦解，富户再度侵害农民，兼并土地。由于税收制度是建立在人丁税的基础之上，节节攀升的帝国开支最终都以赋税的形式落到农民身上，而农民拥有的耕地却逐渐减少。

唐朝皇帝又设法维持了150年的统治，但国家每况愈下。京城中的统治者懦弱无能，生活奢靡，加之连年干旱和大面积饥荒，许多省份爆发了叛乱。朝廷倚重地方军事首领和边境地区的少数民族"番将"，但很快就失去了对这些人的控制。藩镇无视朝廷的命令，为了争夺这个注定灭亡的王朝的继承权相互厮杀。最终，907年，一位叛军首领废黜了唐朝末代皇帝，洗劫了长安城。整个帝国支离破碎，随后是长达半个世纪的"五代"时期。一位有才干的军事将领最终实现了重新统一，建立起一个新王朝：宋朝。像唐朝一样，宋朝（960—1279年）也延续了大约三个世纪。

二、宋：黄金时代

宋朝在对外关系上要比汉朝和唐朝被动得多。立国之初，宋朝并未发动大规模战争以收复亚欧大陆心脏地带的帝国疆土，宋朝第二位皇帝只是试图从游牧民族手中夺回北京到长城之间的领土，结果遭到灾难性失败，他的继承者不但放弃了对这一地区的要求，甚至每年向游牧民族支付"岁币"，事实上就是变相的纳贡。因此，宋朝从未收复东北地区以及通往西方的陆上商路的西北地区。

这个致命弱点使得宋朝很容易遭受游牧民族的入侵。在一个半世纪的时间里,"岁币"政策收到了预期效果,但是,一位宋朝皇帝盲目地进行北伐,导致了灾难性结果。北伐非但没有旗开得胜,反而一败涂地,游牧民族随即对中国北部发动了大规模入侵。宋朝的防御土崩瓦解,领土只剩下中国中部的长江流域以及南方地区。因此,宋朝的后一个阶段称为"南宋"(1127—1279年),前一个阶段称为"北宋"(960—1127年)。

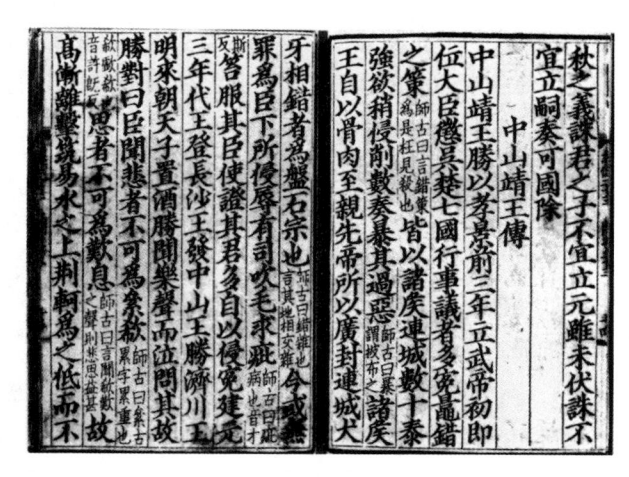

图93　《汉书》宋刻本,印制于1208—1224年间,它是宋版书的绝佳代表之一。

后世史学家严厉指责宋朝未能收复边陲省份,反而丢失了整个北方地区。虽然这种批评辞严义正,但在唐、宋两代的几个世纪里,中华文明在许多方面臻于鼎盛,尤其是文化领域。在这几个世纪里,编纂了规模宏大的佛经和儒家典籍类书,学者团队还编撰了涵盖此前各个朝代的史书;涌现出许多杰出的诗人和艺术家;卷轴书法和绘画艺术达到了极高水准;精美的瓷器薄如蝉翼,几乎像玻璃一样透明;印刷术的发明成为无价之宝,被用来大规模复制和传播佛经;科学技术上也取得了非凡的进步,其意义直到今日才被人们所充分认识(见第九章第二节)。

值得指出的是,宋代不仅取得了很高的文化成就,还出现了对于整个亚欧大陆来说意义非凡的商业革命。这场革命起因于中国经济生产力的显著增长。由于技术持续改善,提高了传统工业的产量;农业也有了发展,随着水稻早熟品种的引种,过去只能一年一熟的地方可以达到一年两熟。此外,宋朝兴修治水工程,灌溉稻田面积有了大幅增长。据估计,11—12世纪,水稻产量翻了一番。

生产力的提高推动了人口增长,而人口增长又反过来进一步促进了生产,从而形成了良性循环。随着经济活动节奏加快,贸易量也不断上升。中国首次出现了主要是商业中心而不是行政中心的大城市。

不仅国内贸易爆发式增长,对外贸易有了更大的发展。汉代以来,中国已有了相当规模的对外贸易,到了唐朝,尤其是宋朝,对外贸易更是远远超过以往任何时期。当然，对外贸易的蓬勃发展得益于中国经济的生产力水平达到了前所未有的高度。航海技术的改进也很关键，包括使用指南针、可调式活动龙骨，以及布帆取代了竹帆。最后，穆斯林商人和水手的积极性也促进了海外贸易发展，他们是这一时期活跃在亚洲海域的出色创业者。

最终，海港和海路取代了古老的陆上商路，第一次成为中国与外部世界联系的主要渠道。一个事实表明了当时中国经济的领先地位：中国的出口产品大多是制成品，如丝绸、瓷器、书画，而进口产品主要是原材料，如香料、矿石和马。最后要指出的是，宋朝时期，中国人首次大规模从事海外贸易，而不是依靠外国中间商。总之，宋朝的中国正在朝着海上强国的方向发展。然而，这种前景未能成为现实，不论对于中国历史还是世界历史而言，这一点都是至关重要的。同样重要的是，宋代的商业革命并未在中国社会产生爆炸效应，而西方的商业革命却对西方社会带来了爆炸性的影响（见本章第四节）。

三、元：蒙古人的统治

南宋的统治虽然仅维持了一个半世纪[1]，却有着不同寻常的和平与繁荣。中国北方则处于女真族的金朝统治之下。1215年前后，金朝向南宋求援，抵御将他们赶出北京的可怕的蒙古人。南宋没有意识到蒙古人的可怕，反而派出擅长攻城的步兵前去配合蒙古人。[2]1234年，金朝灭亡，南宋皇帝意欲为自己的帝国保住中国北部。蒙古人随即发起反击，迅速入侵中国南方。由于蒙古人把注意力放在其他地方，所以双方的战争拖了几十年，1279年，宋朝末代皇帝死于一场海战，南宋灭亡。一个名为元朝的蒙古人王朝开始统治中国，一直持续到1368年。

这是中国第一次、也是唯一一次被纯粹的游牧民族统治，这个游牧民族还没有因为与早先帝国的接触而部分汉化。这些野蛮的征服者最初的反应是将城市夷为平地，将新臣民纳入传统的蒙古部落社会。但是，他们很快就意识到，这种做法根本行不通，更可行的是一种大有裨益的替代方案，正如一位汉人辅臣[3]所说：

> 陛下将南伐，军需宜有所资，诚均定中原地税、商税、盐、酒、铁冶、

---

[1] 此处原文为半个世纪，有误。——译者注
[2] 原文如此。1215年，蒙古军攻占金中都（今北京）。1217年，金南征伐宋，此后宋金双方战事不断。1232年，南宋出兵与蒙古军围攻开封。1233年，金向南宋乞和，宋人不许，同年出兵联蒙灭金。——译者注
[3] 这是耶律楚材向元太宗窝阔台提出的建议。耶律楚材是汉化的契丹人。——译者注

山泽之利，岁可得银五十万两、帛八万匹、粟四十余万石，足以供给，何谓无补哉？

［陛下南伐宋朝，需大量军费，如果让老百姓安于农商各业，政府征收田赋、商税以及盐、酒、铁等税，每年可得银五十万两、帛八万匹、粮食四十余万石，足供国家一切费用，怎能说汉人于国家无用呢？］[1]

蒙古人采纳了这一建议，建立了与之前的汉人王朝大同小异的行政机构。与此同时，蒙古人能够维持自身的认同，因为游牧民族的背景使他们在语言、习俗和法律上有别于汉人臣民。蒙古人还有意雇用许多外国人为自己效劳，以制衡占多数的汉人。这些外籍官员中最著名的是马可·波罗，虽然大多数外籍官员都是中亚的穆斯林。

忽必烈将蒙古首都从哈拉和林迁至北京，基本上变成了一个中国皇帝，恪守传统的儒家礼制。忽必烈还试图用免除赋税的方式来笼络儒家文人，但汉族知识分子大多与蒙古统治者离心离德，他们憎恶人数众多的外籍官员，认为这些外国人已经把行政部门变成为一个国际性的官僚机构。他们还痛恨蒙古人宽容和庇护伊斯兰教、景教等外国宗教（见第十二章第四节）。

由于蒙古人异族统治的性质和较短的统治时间，元朝没有在这个国家的历史上留下深刻的印记。定都北京可能是元朝最持久的一个贡献。北京位于华北平原，地处西至中亚、东到中国东北的交通要冲，至今仍是重要的军事、经济和行政中心。蒙古人的统治还促进了陆上贸易的迅速增长，因为中国此时是一个地跨大半个亚欧大陆的大帝国的一部分。纸币的广泛使用也促进了商业发展。纸币最早出现在宋代，蒙古人进一步扩大了纸币的使用范围。马可·波罗多次以惊奇的口吻提及纸币的流通，正如与他同行的一位意大利商人所说：

> 不管商人们带多少银子到契丹［中国］，契丹的君主都会从他们那里拿走，存入他的国库，并用纸币作为交换……用这种钱你可轻易买到丝绸和你想要的其他货物，在这个国家，所有人都须接收这种钱，你不用再为你买的东西付高价，因为你的钱是纸做的。[2]

1294年，雄才大略的忽必烈去世，终年80岁，继位的是他的孙子、同样有才干的铁穆耳。但铁穆耳年纪轻轻就死了，接下来的历代可汗懦弱无能，终日沉溺于宫廷享乐。为了争夺皇位，元朝爆发了自相残杀的内战，而黄河频繁泛滥，华北地区发生了大面积饥荒。很多省份都爆发了叛乱，只是因为反叛领袖们相互争权夺

图94 元世祖出猎图。这幅画描绘了身着白色裘衣的忽必烈与蒙古武士狩猎的场景,注意画面上方山丘上的骆驼商队。

利,蒙古人的统治才得以苟延残喘。最终,一位才干过人的平民领袖结束了混乱,像汉朝的开国皇帝一样,他在乱世中凭借个人能力,逐鹿天下,最终成为"天子"。1368年,明朝建立,一直统治到1644年。

四、明:民族优越感与闭关自守

从推翻蒙古人统治到建立共和国的500多年里,相继统治中国的是明(1368—1644年)、清(1644—1911年)两个王朝。这几个世纪是人类历史上治理有序、社会稳定的著名时代之一。这种不同寻常的持久稳定主要归因于一种新的儒家形而上学,即所谓的"理学",占据了绝对统治地位。儒家思想的复兴大多发生在唐朝灭亡后的混乱时期,单纯死记硬背儒家经典显然已不符合时代的需要。因此,一些学者开始全面反思人的问题和宇宙问题。

这项事业的领袖人物是朱熹（1130—1200年）。朱熹早年钻研佛教和道教，但两者均未让他信服，于是他转而研究儒家经典。朱熹凭借非凡的综合能力，将佛教和道教元素与儒家学说融为一体，阐释了一种更圆满、也更符合时代需要的学说。朱熹的学说基本上属于经验主义理性论的范畴，他教导人们，宇宙受自然法则支配，应该理解和尊重自然法则。朱熹还认为人性本善，人可以变得更加完善，人就像一面落满灰尘的镜子，只要抹去灰尘，便可以恢复昔日的光亮。因此，邪恶是疏忽和教育缺失的结果，因而是可以矫正的。

朱熹在儒学世界的影响堪比托马斯·阿奎那在西方基督教世界的影响。正如阿奎那将亚里士多德和圣保罗的哲学纳入官方的经院哲学，朱熹将当时的中国思想融入理学之中。像阿奎那一样，朱熹以其全面而有说服力的思想阻碍了哲学的进一步发展。明朝尤其如此，为了反抗蒙古人的异族统治，形成了一种明显的民族优越感和重视过去传统的氛围。因此，朱熹逐渐被视为是绝对的最高权威。一位明代学者曾说："自考亭[1]以还，斯道已大明，无烦著作，直须躬行耳。"["自朱熹以后，天理已十分明白，无须再有什么著述，只要身体力行就是了。"][3]

朱熹评注的儒家经典成为文官考试的基础，从此时起直到19世纪末，理学始终是帝国官方的正统观念。就其影响而言，理学为日益僵化的社会提供了思想基础，从根本上促进了中华文明独特而持久的延续，但代价是窒息性的墨守成规，扼杀了所有原创性或来自外部的新思想。

中国社会稳定的基础不仅是理学，还有势力根深蒂固的所谓士绅统治阶级。在一个以农为本的官僚制帝国中，士绅不仅拥有土地，还担任官职。士绅作为地主和放债人控制了乡村和城镇的经济生活，由于土地和资本的稀缺，地主能收取高额地租和利息。频繁的自然灾害导致抵押借钱的农民破产，他们实际上沦为了当地士绅的佃农。明朝末年，一个士绅名下拥有几千家佃户的情况屡见不鲜。

士绅还有官衔，事实上，汉语里"士绅"一词的本意就是指官宦或做过官的人。拥有土地几乎是跻身士绅阶层的必备条件，拥有土地才能为多年的学习提供必需的经济来源，才有可能在科举考试中脱颖而出，在官僚机构中谋得一官半职。因此，地方士绅与帝国官僚之间往来密切、相互扶持。异地任职的政府官员往往听不懂当地方言，只能完全依靠当地士绅介绍情况并给予指引。

明、清两代，中国就是由官僚和士绅共同统治的，倘若能对这两者作出实质性区分的话。帝国体制和地方士绅都希望维持互惠互利的现状，并为此进行合作。早

---

[1] 考亭是朱熹的别称。这句话出自明代学者薛瑄之口。——译者注

先的王朝偶尔会尝试将土地进行再分配，或是推行类似的改革举措，而明、清两朝的统治者小心翼翼地避免挑战士绅对乡村的控制权。

另一方面，具有启示性和重要意义的是，明朝政府主动控制和压制商人阶层。这是西方社会与中国社会之间最重大的根本差别。正如下一章将要讲到的，西方的中产阶级从一开始就享有相当大的自主权，并且这种自主权随着时间的推移而不断增强。中国也有商人阶层，但直到宋代，他们才从名副其实的商业革命中受益。不仅如此，中世纪时代的重大技术发明大多出自中国。然而，商业革命和技术进步并没有在中国引起彻底改变了西方社会的革命性反响。如第八章第五节所述，其根本原因在于中国历史的延续性：隋朝基本上延续了汉朝，唐、宋又是隋朝的延续，如此连续不断，直到1911年帝国历史走到终点。因此，在理学思想的指导下，传统的官僚-士绅统治集团能够吸收并削弱新技术和经济增长的影响。而在西方，罗马帝国灭亡后没有出现任何后继的帝国，反而诞生了一种崭新的多元化文明，火药、指

图95　武将石像生。北京城外明皇陵墓道两旁的护卫石像。

南针、印刷术和远洋船舶不但没有受到压制，而是充分发挥了潜力，首先给欧洲，继而给包括中国在内的整个世界带来了爆炸性的后果。

中国稳定的根源

外国观察家无不对中华文明的古老和稳定印象深刻。19世纪中叶，在英国驻华使馆任职的T.T.密迪乐根据自己的切身观察，给出了如下的解释。*

中华民族作为一个统一的民族，之所以能够历久弥新、不断壮大，真正原因在于……三个信条和一种制度……这三个信条是：

1. 治理国家必须依靠道德力量而不是武力。
2. 健全的政府离不开国家中最聪明、最能干的人的服务。
3. 人民有权推翻那些为非作歹或是骄奢淫逸而导致了压迫和暴政的君主。

一种制度是：

公务人员的竞争性考试制度……

公职考试制度（长期以来一直是严格竞争的）是中华民族绵延不绝的原因所在：它维护了其他的事业，并使这些事业能够有效运作。因为它的存在，全国所有有能力的父母都被引导向他们的儿子传授丰富的文学知识，其中包括上述三个信条和其他许多有助于提升精神修养的知识。通过它，这个国家所有有本领的人都被争取到政府一边，而政府则致力于维护它的纯洁性。由于它的公正性，这个国家最贫穷的人也不得不说，他的悲惨命运完全是"天意"使然，他的同胞们没有制造任何不公正的障碍来阻止他提升自己……

正常的中国政府本质上是以道德力量为基础：它不是专制主义。军队和警察的力量足以镇压单纯的帮派造反，但在数量和性质上都完全不足以镇压心生厌恶和愤怒的人民。但是，尽管不是专制主义，它在形式上和机制上都是纯粹的专制政治。在地方，县太爷是专制的；在各省，总督是专制的；在帝国，皇帝是专制的。中国人没有立法权，没有决定征税的权利，既无权投票推翻统治者，也无权限制或者停止拨给政府的开支。因此，他们有造反的权利。在中国，造反是一种经常使用的古老而合法的正当手段，用来阻止专横和邪恶的立法和行政。

* T. T. Meadows, *The Chinese and Their Rebellions*（Smith, Elder, 1856）, pp. 23, 24, 401–403.

中国不可能产生这种爆炸效应，因为帝国体制有太多的束缚和限制。例如，中国商人和实业家通常自发组成地方性行会，推举行会首领。但行会首领需要有政府颁发的营业执照，还要对行会成员的经营承担责任。船东也在港口行会首领的领导下组织起来，这些港口行会首领同样要对政府负责。更重要的是政府垄断了宫廷和行政部门所需的许多商品的生产和分配，包括武器、纺织品、陶瓷、皮革制品、服装和酒。政府还完全控制了盐、铁等基本商品的生产和分配。这些管制措施剥夺了中国商人创办自由企业的机会，束缚了经济发展，也助长了官僚的腐败，朝廷官员凭借手中特权，利用国家专卖商品为个人牟利。

中国统治集团的束缚性内向型政策还表现为强烈反对海外事业。欧洲人到来前，中国人已经逐渐向东南亚移民。例如，菲律宾的华人远远超过了西班牙人。1603年，即马尼拉成为西班牙殖民地32年后，当地华人大约有2万人，而西班牙人大概只有1000人。华人实际上控制了这个殖民地的经济生活，而且正在逐步控制菲律宾群岛的其他岛屿。但就在那一年，也就是1603年，马尼拉华人遭受了他们和他们在东南亚的同胞至今仍不时遭受的大屠杀，附近大陆上福建省的一位官员不仅宽恕了这场屠杀，还斥责所有海外华人都是数典忘祖之人，不值得皇帝关心。同样，1712年，皇帝颁布诏书，禁止中国人前往东南亚经商和定居。5年后，另一项诏书允许海外华人回国而不用担心受到处罚；1729年，新诏书规定了最后期限，凡逾期未归者将禁止回国。中国的这种政策同西方有着天壤之别。西方国家很快就积极开辟海外殖民地，兴办海外贸易公司，随时准备用武力维护这些事业，对抗一切反对势力。

15世纪初明朝航海活动的离奇历史，最生动地表明了中国官方对待海外活动的消极态度。这些航海活动的航程范围之广令人惊叹，所展现出来的技术优势有力地证明了中国在世界航海事业上的领先地位。然而，朝廷下令终止了进一步的海外远航，并且立即执行（见第九章第一节）。

目前尚不清楚颁布禁海令的确切动机，但重要的是，它表明中国商人完全不具备西方商人所拥有的政治权力和社会地位。在世界历史的这个重大转折关头，正是由于制度结构和外向型活力上的根本差异，中国人将精力转向了国内，全球的海洋向有进取心的西方人敞开了大门。结果，短短几个世纪之内，天朝上国行将就木，而西方蛮夷却脱颖而出。

五、中华文明传入日本

中华文明和中华帝国一直延续到现代，从而以一种西方国家从未主宰过西方的方式主宰了东亚。因此，东亚没有发展出罗马帝国崩溃后西方所特有的多样性政治和文化。仅有的例外是遥远的北部大草原和西部沙漠地带，当地的气候条件无法开展农业，游牧民族有着与中国不同的独特游牧生活方式。相反，在邻近的越南、朝鲜和日本，由于不存在气候上的阻碍，农业得以发展起来，从而有利于中华文明的传入。在这三个地区中，日本能够在政治和文化上保持最独立于中国巨人的地位，在东亚历史和世界历史上扮演了更重要的角色。本章接下来将讲述西方入侵前日本的发展。

日本历史在很大程度上是其地理位置所决定的。在这一点上，日本与亚欧大陆另一端的英伦诸岛极为相似。不过，相比英伦诸岛，日本列岛的闭塞程度更高，它们离大陆185千米，而英吉利海峡的宽度仅为34千米。因此，在第二次世界大战中被美国打败前，日本只遭受过一次严重的外来入侵威胁，即13世纪蒙古人的入侵。 *224* 可以说，日本距离大陆近得足以从辉煌的中华文明中获益，又远得足以按照自己的

图96 日本古墓中出土的甲胄武士泥塑。

意愿选择接受还是拒斥中华文明的元素。事实上，日本人对于舶来品异常敏感和警惕。尽管日本人被公认为是一个善于借鉴的民族，但由于与外界隔绝，日本文化中独立发展的成分要高于其他人口和发展水平相当的民族。

日本人基本上属于从东北亚迁徙而来的蒙古人种，但岛上最初的居民是毛发浓密的阿伊努人，阿伊努人属于高加索人种，他们对日本的种族构成做出了贡献。南方来的马来人和波利尼西亚人可能也做出了贡献。早期的日本由许多部落组成，每个部落由世袭的祭司酋长统治。大约1世纪末，邪马台部落在政治和宗教上建立起对其他部落的松散统治，邪马台部落的首领成为大王，部落神祇成为民族神祇。

6世纪，中华文明开始大规模传入日本，日本的部落组织遭到破坏。佛教经朝鲜传入日本，成为文化变革的媒介，佛教在日本的作用与基督教在欧洲对日耳曼人和斯拉夫人的作用如出一辙。从大陆来的学者、教师、工匠和僧侣带来了新的宗教和新的生活方式。那些到过"天朝"的日本人成为中国文化的忠实信徒，他们回国后在传播中国文化方面发挥了更重要的作用。645年，各种变革力量最终引发了大化改新，它试图按照中国唐朝的模式，将日本改造成一个中央集权的国家。按照中国模式，日本也划分成若干省份和地区，由天皇和国务会议授权的总督和地方官统治。此外，所有土地以天皇名义收归国有，分给农户耕种。新的受田农户须向中央政府缴纳地租和力役税，前者以稻米形式交纳，后者有时要服兵役。

这些举措和其他一些变革的目的是强化天皇的权威，比起早期的部落结构，天皇的地位确实有所提升。但事实上，日本天皇远不是一个高度中央集权化国家的无可争议的首脑。强大的世袭贵族迫使这种中国式政府体制做出某些改变，最终导致了它的衰败。虽然从理论上说，官员的任命应该像中国一样根据考试成绩来决定，但实际上旧贵族成功地保住了地位和权力。同样，旧贵族还保留了大片土地，这些土地通常是免税的，成为游离于国家行政体制之外的庄园。在这一时期，藤原家族完善了"双头政治"，或者说二元政治体制。藤原家族掌握中央的实权，为天皇安排皇后，把持高级行政和军事职务，天皇则过着奢侈的隐居生活，既不处理政务，也不与平民接触，主要职责是延续天皇世系。这种二元政府体制是中国所没有的，一直沿袭到19世纪欧洲人打开日本的国门。

在文化领域，日本也没有完全照搬中国模式。日本人借用了汉字，但发展出自己的书写系统；引入了儒家学说，但改动了儒家学说的伦理原则和政治学说，以使之适应日本的社会结构；接受并改造了佛教，以满足自身的精神需求，同时又保留了本土的神道教；仿照唐朝都城长安修建了新首都，先是奈良、然后是京都，但庙宇、楼阁、神龛和花园无疑都具有日本特色。宫廷成为高度发达的思想和艺术活动中心。11世纪，紫式部的著名小说《源氏物语》以轻快的笔触描绘了宫廷生活。这部小说也反映了一个女性化的社会，几乎完全沉湎于审美和感官享受。这种蜕化在接下来的一个世纪里愈演愈烈，促成了新的封建时代到来，政治权力从宫廷转到孔武有力的乡村武士手中。

六、日本的封建制度

645年大化改新引入的中国式帝国组织体系在很长一段时间内行之有效。然而，到12世纪，这一体制已经难以为继，最终被日本式封建制度取代。究其原因，首先是各省总督沉溺于京都的享乐，往往让地方部属代行权力和职责。其次，地方豪强和佛教机构热衷于兼并土地，而且往往用武力强取豪夺。此外，只要免税特权维持不变，他们就愿意开垦新土地。这样，纳税土地不断减少，自耕农的赋税负担日益加重。自耕农要么逃往北部边陲，用武力赶走那里的阿伊努人，要么投靠庄园主，将土地挂在庄园主名下，这样不仅不用交税，还可以得到庇护，代价却是沦为了农奴。结果，到12世纪末，纳税土地仅占全部耕地的十分之一甚至更少，新兴的乡村

图97 京都的园林。京都是足利将军幕府的所在地，有许多美丽的园林。

贵族接管了地方权力。

另一方面，由于朝廷军队解体，贵族成为最强大的军事力量。大化改新规定，所有20岁到60岁的男子都要服兵役，服役者需自备武器和粮食，而且不减免常规的赋税。这种做法根本不切实际，因而在739年被废止。女性化的宫廷贵族通常把持了朝廷的军职。因此，与阿伊努人作战主要是靠乡村贵族，这些乡村贵族发展成骑兵，逐步提高了战斗力，乡村贵族的实力最终完全超过了朝廷军队。这些乡村贵族与家臣之间形成了一种封建关系，这些家臣称作"武士"，在日语中，"武士"一词又写作"侍"，意思是侍卫。这种臣属关系是基于一种理想化的行为准则，即所谓的"武士道"。武士享有特定的法律和礼仪权利，反过来则必须无条件效忠领主。

12世纪，相互争雄的封建领主集团控制了日本政局，他们争相扩充地盘，相互杀伐不已，最终形成了一些拥有很大地盘的领主，即"大名"。16世纪初，日本有数百个这样的大名，他们无不期望称霸全国。

七、日本的闭关锁国

在大名统治时代，经济迅速发展，对日本社会产生了重大影响。手工业和农业都取得了重大的技术进步。农业产量显著提高，一些地区的亩产量翻了一番，有的甚至翻了三倍。生产力的提高促进了贸易发展，以物易物的方式转变为货币经济。十五六世纪，重要的交叉路口、沿海港口和大寺庙所在地逐渐形成了城镇。这些城镇中出现了日本的行会，即所谓的"座"，像西方的行会一样，它们企图垄断一些货物的生产和运输，或是某种贸易和行业的经营权。这些行会为了获取垄断经营权，向地方当局缴纳捐税，为行会成员争取更大的自由和更高的社会地位。

日本经济生产力的提高，加速了境内外贸易的发展。早在12世纪，有冒险精神的日本人已经渡海前往朝鲜和中国，这些人既经商、也当海盗，活动范围逐渐扩大，14世纪末叶，这些海盗兼商人在整个东南亚都很活跃。富有的日本移民和士兵也前往海外地区，尤其是印度支那、暹罗和菲律宾。

随着社会经济的新发展，日本的封建制度开始动摇，早些时候西方也出现了类似情况。如果这一趋势继续发展下去，日本也许会像西欧那样，发展成拥有海外帝国的统一的现代民族国家。但是，日本没有朝这个方向发展，而是走上了闭关锁国的道路。

一个主要原因似乎是西方势力渗入到东南亚和东亚海域，打断了日本扩张主义的自然进程。如果西方人没有出现，日本人可能会在台湾和东南亚各地获得立足点。然而，西方军队拥有明显的海上优势，尤其是西方传教士的活动取得了出人意料的效果，让日本人惊恐不已。为此，日本人的反应是退回到几乎完全与世隔绝的状态，17世纪初，德川幕府开始实行锁国政策。

在这种政策下，所有西方传教士必须离开日本，日本教民必须放弃自己的宗教信仰。最终，所有外国人不得不离开日本，只有极少数中国人和荷兰人获准在长崎港［南部的人工岛］出岛从事贸易并且受到种种限制。此外，日本臣民禁止出海，违者处死。这样，日本开始了长达两个多世纪的闭关锁国时期。

因此，日本没有成为扩张主义的现代民族国家。相反，德川幕府的锁国政策维护了日本的封建制度，使之不受外部影响。为了谋求稳定，德川幕府从中国引入了儒家思想和制度。他们采纳了儒家的社会等级体制，将社会分成士农工商四个等级。他们还借用了儒家哲学，强调统治者与被统治者之间的关系。他们还在江户建立了一个颇具影响的儒学流派，中国哲学的伦理标准逐渐影响了日本人。虽然佛教仍是大众的主要宗教信仰，但儒家学说逐步成为日本最强大的思想力量。

像中国一样，日本的锁国付出了体制僵化和落伍的代价。但这两个国家之间有着根本的差别。日本没有中国那样天罗地网般的大一统帝国结构，德川幕府只是掩盖了社会分歧，因此，当西方人于19世纪入侵时，与中国不同，日本能做出积极的、创造性的回应。

[推荐读物]

第八章的推荐书目已经列出了关于中国历史的基本著作，此外还应加上美国历史协会全国历史教育交流中心出版的相关文献说明：J. K. Fairbanks, *New Views of China's Tradition and Modernization*（Washington, 1968）。这份文献说明介绍了近期出版的著述，主题涉及官僚制国家的兴起、商人的作用以及阶级结构和流动性。

关于220年至1644年间的中国历史，一些重要研究著作有：W. Bingham, *The Founding of the T'ang Dynasty*（Waverly, 1941）；E. A. Kracke, *Civil Service in Early Sung China, 960-1067*（Harvard University, 1953）；J. T. C. Liu, *Reform in Sung China*（Harvard University, 1959）；C. O. Hucker, *The Traditional Chinese State in Ming Times, 1368-1644*（University of Arizona, 1961）；E. Balazs, *Chinese Civilization and Bureaucracy: Variations on a Theme*（Yale University, 1964）。两部专题论文集呈现了相关领域学术研究的趋势：A. F. Wright, ed., *Studies in Chinese Thought*（University of Chicago, 1953）；J. K. Fairbank, ed., *Chinese Thought and Institutions*（University of Chicago, 1957）。另一本值得一读的文集是J. M. Menzel, ed., *The Chinese Civil Service: Career Open to Talent?*（Heath, 1963）。最后，M. Elvin, *The Pattern of the Chinese Past*（Stanford University, 1973）一书分析了中世纪中国人在技术上的天赋为什么没有导致工业革命的发生。J. Needham, *The Grand Titration: Science and Society in East and West*（George Allen & Unwin, 1969）也探讨了这个问题。如果啃不动李约瑟卷帙浩繁的巨著，可以参阅更浅显但可靠的著作：R. Temple, *The Genius of China: 3000 Years of Science, Discovery and Invention*（Simon & Schuster, 1987）。相关主题也可参阅：P. Snow, *The Star Raft: China's Encounter with Africa*（Weidenfeld & Nicolson, 1988）。最后，W. H. McNeill, *The Pursuit of Power*（University of Chicago, 1982）一书从全球角度分析了这几个世纪里中国的成就。

关于日本，全国历史教育交流中心出版了一本检索方便的总书目：J. W. Hall, *Japanese History: New Dimensions of Approach and Understanding*, 2nd ed.（Washington, 1961）。带有注释的标准书目是B. Silberstein, *Japan and Korea: A Critical Bibliography*（University of Arizona, 1962）。关于日本政治、道德和哲学思想的原始资料，参阅R. Tsunoda et al., *Sources of the Japanese Tradition*（Columbia University, 1958）。通行的日本通史读本，参阅英国学者G. B. Sansom的*Japan: A Short Cultural History*, rev. ed.（Appleton, 1944），及其权威性的三卷本*A History of Japan*（Stanford University, 1958-1964）。最好的入门书籍是E. O. Reischauer, *Japan Past and Present*, rev.ed.（Knopf, 1953）。

[注释]

1. J. Needham, *Science and Civilization in China* (Cambridge University, 1954), pp. 1, 140.
2. H. Yule, ed., *Cathay and the Way Thither*, Hakluyt Society, Series 2, XXXVII (London, 1914), p. 154.
3. L. C. Goodrich, *A Short History of the Chinese People* (Harper & Row, 1943), p. 200.

> 中世纪晚期的最高荣耀不是大教堂、史诗或经院哲学，而是有史以来第一次建构了一个复杂文明，这个文明不是基于汗流浃背的奴隶或苦力，而是主要依靠人力之外的动力。
>
> ——小林恩·怀特

第十四章 突破性的西方文明

"我们还应该注意到这些发明的力量、长处和后果。这几点再明显不过地表现在古人所不知、晚近才发现、而且起源依然暧昧不彰的三种发明上，那就是印刷术、火药和磁石。这三种发明已经在世界范围内把事物的全部面貌和情况都改变了。"[1]英国哲学家、科学家弗朗西斯·培根（1561—1626年）的上述论断可谓是言中肯綮，因为他别具慧眼地列举的三项发明都是源于中国。然而，虽然这三项发明在西方造成了爆炸效应，在中国却并没有激起多大的波澜。中华文明树大根深，帝国体制犹如天罗地网，以至于这些发明无法冲破传统制度和习俗的桎梏。结果，印刷术被用来传播旧观念而不是新思想，火药被用来巩固皇权而不是新兴的民族国家君主，指南针除了用于著名的郑和远航之外，并没有像西方人那样用于世界贸易、海外探险和建立帝国。

这种根本性差异起因于新兴的西方文明独一无二的特性：多元化，适应性强，摆脱了束缚亚欧大陆其他所有文明的传统桎梏。这一新文明不仅让西方实现了历史性变革，而且如培根所预见的那样，由于整个世界都受到突破性的西方新社会的影响，也使全世界发生了历史性的变化。

一、西方的多元化

"为了避免所预见到的灾祸，人类自己分成了三个部分。一些人向上帝祈祷；另一些人负责经商和耕作；最后，为了保护前两类人不受冤枉和伤害，就出现了骑士。"[2]这番话出自法国国王腓力六世的一位大臣之口，简明扼要地描述了中世纪西方社会划分为教士、劳动者和武士的基本情况。虽然亚欧大陆的所有文明都有这三个阶层，但唯独在西方，由于罗马帝国的崩溃以及此后始终未能恢复帝国体制，这三个社会阶层有着独特的地位和相互关系。接下来，我们结合这三个阶层所代表的三种制度：封建制度、庄园制度和教会，逐一考察它们在这种情况下是如何运作的。

封建制度是一种政府体制，在这种体制中，拥有地产的人也拥有政治权力，封建领主与封臣之间的契约协议取代了国家权威。封建制度诞生的背景是：日耳曼人国王推翻了罗马帝国当局，却又没有财力来维持官僚机构、法院和军队，因此唯一的办法是将土地作为封臣效忠的报酬。但是，获得封地的封臣往往将封地当作自己的私人领地。查理曼兵多将广，足以震慑封臣，迫使其宣誓效忠并履行誓言，他的继承者却不具备这样的实力，因此政治权力落到了封臣手中，而封臣的封地，即"采邑"，实际上已经变成封臣的私有财产。这些强大的领主再把自己的土地分成更小的采邑，分封给那些依附于自己而不是国王的追随者。领主与封臣之间的封建契约规定了彼此的义务，其中最重要的是领主要为封臣提供大片土地并提供保护，封臣则根据当地习惯每年为领主服一次兵役，时间通常在40天左右。

查理曼帝国解体后，欧洲形成了若干封建王国，每个王国很快出现了这种封

图98 庄园制度是封建制度的延伸，庄园依靠农奴劳动来实现自给自足。

建化过程。由于王权被视为大领主采邑的法律依据，所以领主们会谨慎地选择效忠一位合适的国王，即便他们并不打算尊重国王的最高统治权。但是，公元1000年后，西欧随着外来入侵的逐步终止而安定下来，国王开始着手维护自身的封建权利并建立强大的君主国。国王与贵族的斗争成为接下来几个世纪西方政治史的主线。

正如封建制度兴起于大规模政治组织的解体，大规模经济组织的崩溃催生出庄园制度。为了应对经济的崩溃，庄园应运而生，这种自给自足的村庄依靠农奴劳动，农奴不能随意离开庄园，以其劳动养活教俗封建集团。庄园的规模相差悬殊，居民少则20人，多则数百人。与奴隶不同的是，农奴既有义务，也有公认的权利。农奴有权受到保护，并分得一块份地以维持自己和家人的生活，此外还享有许多宗教假日和收获节日，以便在辛勤劳作之余有所调剂。反过来，农奴必须为庄园主耕种条田，承担庄园主的家务和其他农活，还要将部分收入交给庄园主。

庄园的所有需求几乎都要依靠自力更生，因为长途贸易、集中化手工业生产和帝国货币几乎荡然无存。虽然庄园是自给自足的经济，也可能正因如此，中世纪庄园的技术水平并不比罗马帝国时期落后。随着帝国经济崩溃，奢侈品生产、灌溉设施、渡槽和道路网全都陷入瘫痪。但这些村庄能够自给自足，从而无须帝国组织也能生存下来。庄园的生产效率稳步提高，在当地以村庄为单位发挥作用。庄园经营并改进了磨坊和铁匠铺，由于可以就地生产铁器，铁器的使用超过以往任何时候。可以说，中世纪西方的农业技术水平（如本章第三节所述）远远超过希腊-罗马时期，对生活的方方面面产生了深远影响。

罗马天主教会的发展也出现了类似的吊诡现象，也就是说，正是因为罗马帝国的灭亡，教皇变得更为强大。教皇不需要对抗帝国的统治，而君士坦丁堡、亚历山大和安条克的主教们却不得不与拜占庭皇帝作斗争。当拜占庭皇帝试图插手西方教会的事务时，教皇基拉西乌斯（492—496年在位）写了一封著名的信函，坚称"负责管理教会的是主教，而不是世俗权力"。此外，由于不断遭受穆斯林和其他敌人的进攻，历代拜占庭皇帝无暇他顾。这样，教皇得以大举强化天主教会在西方的地位，为此罗马天主教会采取了两个步骤。首先，罗马教皇与强大的法兰克人结盟，800年，教皇利奥三世为查理曼加冕。其次，教皇派出传教士前往北欧地区，让当地的异教徒皈依天主教，最终成功地建立了许多承认教皇权威的新教会：597年成立的英格兰教会，7世纪建立的伦巴第教会和弗里斯兰教会，8世纪建立的德国教会。

总之，西方形成了新兴的多元化社会，其组成要素包括：不受皇帝支配的独立教会；取代了皇权的封建国王和领主；取代了罗马帝国时期奴隶种植园的自治庄园；以及不久后兴起的商人阶层，这个立足于城市的阶层能够有力反抗贵族和高级教士，并最终对抗国王。在本章接下来的几节，我们将讲述亚欧大陆上这个独一无二的社会在公元1000年后的5个世纪里是如何演变和适应，又如何最终发展出海外扩张的实力和活力。

二、地理背景

地理条件是欧洲在中世纪时期领先于其他地区的关键因素，其中之一是西欧有利的地理位置。西欧地处亚欧大陆西端，从而得以免遭公元1000年后的多次大规模入侵。只要对比一下亚欧大陆其他地区的情况，就可以清楚看出西欧地理位置偏僻的意义所在：13世纪，蒙古人的征服给俄罗斯带来了灾难性后果；十五六世纪，奥斯曼土耳其人征服了巴尔干半岛；柏柏尔人则多次进犯北非。西欧没有遭受这样的重创，势必比屡屡遭受入侵的东部地区有很大的优势。

另一个同样重要的地理条件是欧洲拥有得天独厚的自然资源。北欧大部分地区是平原，这个大平原起于比利牛斯山脉西端，向东和向北延伸开来，且越往前越开阔，直到最后形成了从黑海到波罗的海连绵不断的平原。大西洋吹来的盛行西风可以畅通无阻地吹过整个欧洲平原，深入到俄罗斯腹地。因此，地中海盆地以北的欧洲气候温和，全年多雨，土地肥沃，为农业生产提供了理想的条件。另外，这里的河流河道很深，常年不结冰，提供了便利的交通运输手段。犬牙交错的海岸线使得内陆地区比较容易到达沿海口岸。

当然，这样的自然资源自古有之，但只有当人们具备一定的技术能力才能加以有效利用。无论何时何地，只有掌握相应的技术才谈得上利用自然资源。举例来说，在过去的一个世纪［19世纪］里，明尼苏达北部梅萨比岭的铁矿给美国人带来了巨额财富。但是，印第安人在此地渔猎了几千年，却始终未能利用这些矿石，甚至对其一无所知。如今中东和阿拉斯加北部的大油田以及世界各地的海上油田也是如此。同理，中世纪西欧凭借不断进步的技术，首次能够有效开发当地资源，提高了生产力，产生了深远的影响，这种影响的一个表现是欧洲的经济和政治中心从传统的地中海盆地向北转移。

三、技术进步

中世纪时期西欧的技术进步超过了古典时代的希腊和罗马。究其原因，一是西欧没有往往会抑制新技术的奴隶制。二是西欧很多地方尚处于边疆环境，从而催生出节省人力的装置。另外，中世纪西方的庄园制度也推动了技术进步，在这种制度下，社会等级的跨度不是从"神圣的"皇帝到不被当作人看待的奴隶，而是从农奴到庄园主，农奴有十分明确的权利和义务，庄园主与农奴保持联系并且对生产过程有一些切实的了解。因此，体力劳动获得了古老的奴隶制文明中不曾有过的地位和尊重。

最后，基督教的人道主义伦理观也促进了西方技术的发展，这种伦理观本身就是对不人道的旧皇权社会的反叛。修道院的修道士把体力劳动视为精神生活的一部分，用他们的话说："劳作就是祈祷。"这些修道士是历史上第一批由于劳动而双手沾满泥土的知识分子，也是最早把脑力劳动和体力劳动结合起来的人，从而推动了技术进步。他们在北欧和东欧的森林中建造修道院，拓展了人类定居地的边界，他们还引入了先进的农业方法。

中世纪西方取得了独特的技术成就，其中包括农业主业上的基础性发明。一项发明是"三圃制"。8世纪，三圃制逐渐推广开来，这种轮耕制提高了生产力，因为任何时候都只有三分之一的耕地休耕，而以往的二圃制则有一半土地闲置。另一项发明是轮式重犁，这种犁装有锋利的铁制犁铧，犁沟深度可达15~20厘米甚至更深。犁铧后方装有犁板，可以划开犁起的草皮。轮式重犁是一种与原始刮犁截然不同的工具，刮犁通常只适于地中海盆地的轻质瘠土，而新犁具可以翻耕中欧和北欧肥沃的重质土。

农业发展也得益于更有效地利用马力。在古代，马匹很少用于耕作，因为当时的轭具是套在牲畜的腹部和颈部，所以马匹无法拖曳重物，否则很容易被勒死。10世纪，人们发明了一种马肩挽具，马拖曳重物时不会窒息，因此马匹的牵引能力提高了四五倍。马耕要比牛耕的速度更快、效率更高，从此马匹成为农田耕作必备的动力源。马蹄铁的发明也很重要，钉了马蹄铁的马匹可以用于更多的用途，除了犁地之外，还可用于运输。

最后，简单谈一谈非常重要的水磨和风车。早在希腊-罗马时代，它们就已经为人所知，但很少投入实用，因为当时有充足的奴隶劳力，当地也缺乏终年不涸的溪流。欧洲北部地区没有这些阻碍因素，磨坊和磨坊主很快就遍及几乎每一座庄园。在地中海盆地，水车原是专门用于碾磨谷物的工具，在中世纪时代，它逐步发展成一种常用的原动机。水力逐步用于驱动锻锤和风箱，用于锯木场和车床、纺织上的漂洗机、造纸的磨浆机和粉碎矿石的捣碎机。1086年，英格兰的《土地赋税调查书》中登记了5000家磨坊，这意味着每50户人家就有一座磨坊，这足以对生活水平产生重大的影响。

四、经济发展

技术进步推动了经济发展。900年至1300年间，欧洲经济稳步增长。14世纪，欧洲出现了经济衰退，这是多重因素使然：首先是连年的粮食歉收和饥荒，尤其是1315—1316年；其次是黑死病，1349年黑死病首次爆发，造成三分之一到三分之二的城市居民死亡，此后又在好几代人时间里周期性爆发；最后是英国和法国之间的"百年战争"以及德国和意大利的战争。不过，公元1400年后不久，欧洲经济开始复苏，从那时起，欧洲经济总体上呈上升趋势。

欧洲经济的各领域都有了显著发展。在中欧和北欧地区，由于采用了新的采矿工艺，盐、银、铅、锌、铜、锡和铁矿石的产量都有所提高。同样，在英国、斯堪的纳维亚和波罗的海沿岸地区，丰富的木材和松脂资源的开发比以往任何时候都要广泛。北方地区的渔业也有了很大发展，尤其是冰岛和挪威的鳕鱼、波罗的海的鲱鱼捕捞。当然，最重要的是农业生产力有了提高，因为大多数人口都从事农业。农民首次开始开垦村庄周围的荒地。一个令人震惊的事实是：12世纪时，法国只有大约一半、德国只有三分之一、英国只有五分之一的土地得到耕种，其余都是森林、沼泽和荒地。小片耕种地区的周围有大片处女地尚未拓殖。欧洲农民源源不断地进入这些杳无人迹的未开垦地区，砍伐森林，焚烧灌木，排干沼泽，开垦土地，耕耘播种。

除了开垦附近的荒地，随着人口增长，农民们逐步迁徙到人烟稀少的广大边疆地区。如同向太平洋方向迁徙的美国西进运动一样，欧洲出现了朝着俄罗斯边境迁徙的东进运动。例如，1350年，西里西亚已经建立了1500个新定居点，有移民15万~20万人。德国移民渡过易北河进入到东欧斯拉夫人和波罗的海民族的地盘，其他移民则推进到穆斯林统治下的西班牙，盎格鲁-撒克逊移民进入到威尔士、苏格兰和爱尔兰的凯尔特人地区。

人口的增长，农业、采矿业、渔业和林业产量的提高，促进了商业和城市的发展。10世纪，欧洲各地已经有商人

图99 描绘黑死病肆虐的画作。

出现，但当时商人经营的主要是奢侈品。到14世纪，商业已经不再是日常生活中可有可无的事物，而是成为生活的中心，商品交易的货物包括英国的原毛、用英国羊毛制成的佛兰德斯毛料、德国的铁器和木材、斯拉夫地区的毛皮、西班牙的皮革和钢以及东方的奢侈品。虽然经商者仅占人口的很小一部分，但中世纪晚期商业的巨大发展对整个社会产生了重要影响。城市逐步兴起，开始成为地方贸易中心和行政中心。城市最早出现在意大利，在威尼斯、阿马尔菲和那不勒斯等中心，由于伦巴第入侵者切断了它们与内陆的联系，迫使这些地方的居民开始出海谋生。随后，内陆贸易路线沿线和波罗的海沿岸也相继兴起了一些城市。内陆商路沿线发展起来的大集市对商品流通也很重要，最著名的是香槟地区的集市，这里地理位置优越，离佛兰德斯、意大利和德国都相距不远。

中世纪的西欧城市在人口和贸易方面远远比不上中国、印度或中东的城市，但它们有一个独一无二的特征，即拥有日益扩大的自治权和政治权力。正是因为西欧城市是重起炉灶，又处于政治上分裂的欧洲而不是大一统的帝国，所以西欧的城市居民从一开始就表现出亚欧大陆其他任何地方都望尘莫及的自信和独立。

图100 这幅15世纪绘画描绘了11世纪或12世纪的一座市场。中世纪妇女在各行各业都很活跃，尤其是食品和服装行业。

随着实力和财力不断增长,市民通常能从国王那里获得皇家特许状,获准建立独立的市镇。这种市镇有权以法人身份行事,有权使用法人印章签署协议,还拥有自己的市政厅、法庭以及城墙外的附属领地。皇家特许状还准许商人和工匠组织行会,这种自愿社团旨在提供保护和互助,有权对生产标准、价格和工作时间做出规定。因此,城市逐渐被承认为一种新的社会形态,城市居民摆脱了封建法律的束缚。例如,当时有一种习俗,只要农奴逃到城市,在城市里生活超过一年零一天,便可以成为自由人。当时的一句谚语说:"城市的空气使人自由。"

一些地区还出现了由若干城市联合组成的城市同盟,这些城市同盟成为强大的经济实体,而且拥有很强的政治实力。霍亨斯陶芬王朝的皇帝试图逼迫米兰、布雷西亚、帕尔马、维罗纳等意大利北部富庶城市纳税并接受皇帝管辖,这些城市便结成伦巴第同盟。在教皇的支持下,伦巴第同盟打赢了反抗皇帝的战争。同样,1358年,波罗的海沿岸的不来梅、吕贝克、斯德丁、但泽等90个城市组建了汉萨同盟,汉萨同盟打击海盗,为同盟成员争取在外国的商业特权,并且几乎垄断了北欧贸易。

这些新发展给欧洲商人带来了亚欧大陆上绝无仅有的地位和权力。在欧洲之外的地方,商人完全没有机会升任要职。中国是文臣主政,日本是武士治国,马来地区和印度拉杰普特人国家是地方贵族把持政务,没有一个地方是由商人当权。换言之,只有欧洲商人在经济实力稳步增长的同时,逐步获得了政治权力:商人能够当上伦敦的市长、德国的帝国自由市议员、荷兰的大议长。商人的这种社会地位和政

图101 14世纪末的意大利银行。

治关系意味着国家日益重视并且持续支持商业利益以及日后的海外冒险事业。

五、新君主国的崛起

10世纪，西欧犬牙交错地分布着许多封建小国，它们逐渐获得了分崩离析的查理曼帝国的土地和权力。在接下来的几个世纪里，西欧形成了一些截然不同的传统和利益集团。封建君主与封臣之间冲突不断，而封臣通常拥有更大的采邑和权力。各个城市国家有时合并为强大的组织，如伦巴第同盟和汉萨同盟。为了对抗这些特殊利益集团，有人致力于建立一个统一的拉丁基督教世界，这个基督教世界以罗马教皇为首，或是由一位"罗马人"皇帝来继承查理曼及其前辈的衣钵。这些你争我夺的利益集团盘根错节地交织在一起，在政治生活的各个层面催生出形形色色、变幻莫测的联盟和结盟关系。

大体上说，查理曼死后，西欧的政治演进可以分为三个阶段。9—11世纪，教皇和皇帝基本上相互合作。教皇帮助皇帝对付德国世俗贵族，皇帝反过来支持教皇而不是反对教皇权威的拜占庭人。1073年，教皇格里高利七世即位，拉开了教皇统治时期的序幕。13世纪时，教皇英诺森三世几乎插手了所有欧洲国家的事务，废立国王和皇帝，他宣称："世界上没有任何事情能逃脱教宗的关注和控制。"在两个多世纪的时间里，教皇通常被认为是拉丁基督教世界的最高统治者。

1302年，教皇卜尼法斯八世颁布"至一至圣"教谕，标志着教皇统治时期戏剧性地戛然而止，这份教谕态度强硬地将教皇权威提升到至高无上的地位："我们声明、规定、解释并且宣告：人欲得救，须服从罗马教宗。"然而，时过境迁，人们已经不再认可过去几个世纪里被视为理所当然的事情。如今各国君主及其顾问们把王国的利益置于教皇的意志之上。卜尼法斯八世遭到法国国王使者的胁迫和虐待，不久便死去。1305年，法国大主教当选为教皇，是为克雷芒五世。克雷芒五世始终未去罗马赴任，而是将教廷迁到法国东南部的阿维尼翁。接下来的70年里，阿维尼翁的历任教皇成为法国国王的傀儡，从前教皇在拉丁基督教世界的统治地位丧失殆尽。

欧洲君主的力量不断壮大，这在很大程度上是依靠与新兴商人阶层的非正式联盟。市民向君主提供财政支持，还提供了国王的内侍、督察、账目管理人和皇家造币厂督办等管理人才。新君主反过来为市民提供保护，制止频繁的战争以及封建领主和主教的不合理要求。新君主们还结束了一盘散沙的地方割据状态，统一了以往混乱的关税、法律、度量衡和货币，从而维护了商人的利益。随着这些障碍的消除，皇家法律和命令的贯彻，新君主国应运而生。15世纪，新君主国的地盘大致涵盖了现代的英国、法国、葡萄牙以及斐迪南与伊莎贝拉联姻后的西班牙。

事实证明，这些新兴的大型政治实体对于调集人力物力从事海外冒险来说至关重要。毫不奇怪，虽然早期探险家大多是意大利航海家，为他们提供资金的却是新兴的民族国家君主，而不是他们故乡的蕞尔小邦。西班牙和葡萄牙宫廷资助哥伦布和达·伽马，英国和法国宫廷也不甘落后，大力支持卡伯特、韦拉扎诺和其他许多探险家。

六、文艺复兴运动

像经济和政治领域一样，中世纪西方在文化和知识领域也出现了具有创新性和重大意义的发展。从罗马灭亡到1000年前后，西方几乎没有表现出任何文化创造力，从这个意义上说，这一时期是西方历史上的"黑暗时代"。贫穷、不安全和闭塞的重重压力之下，不可能孕育出文学、艺术和学术的杰作。诚然，修道院的修道士们设法保存了部分古典文化，但他们很自然地集中保存与其宗教信仰相吻合的部分，而忽略了世俗的古典文化成果。因此形成了一种"基督教化"或者说"教士化"的文化，这种文化依附于教会并且与教会互为表里。

11世纪时，为了培养教区的教士，主教们创办了主教座堂学校。一个世纪后，在主教座堂学校的基础上演化出最早的大学。这些大学有一个与众不同的特征，即它们是具有合法身份的自治团体。它们不像主教座堂学校那样只开设人文学科，通常还开设教会法、民法、医学和神学。人文学科课程包括"三艺"（拉丁文、逻辑和修辞）和"四艺"（几何、算术、音乐和天文）。12世纪，博洛尼亚、巴黎和牛津创办了最早的大学。接下来的一个世纪里，帕多瓦、那不勒斯和萨拉曼卡也创办了大学；14世纪，大学传播到中欧，布拉格、克拉科夫和维也纳相继创办了大学。所有的大学都是培养教士的机构，这种培养方向是合情合理的，因为那个时代的教士垄断了有文化的职业和行政职务。

大约在1350年到1600年间，在文艺复兴运动的影响下，教育和知识氛围发生了改变。文艺复兴首先出现在意大利，因而反映了当时意大利社会的状况和价值观。这是一个繁华的都市社会，有繁荣的工业，从事西欧与富庶的拜占庭和伊斯兰帝国之间利润丰厚的中转贸易。在威尼斯、热那亚、佛罗伦萨、米兰和比萨等繁荣的城市，大商业家族控制了贸易和各行各业，还把持了城市的政治事务。这些商业家族成为文艺复兴时期艺术家和作家的赞助人，他们的需求、利益和趣味影响了文艺复兴时期的文化复兴，虽然赞助人当中也有米兰的斯福尔扎公爵家族，以及尼古拉五世、庇护二世、尤利乌斯二世和利奥十世等数位教皇。因此，文艺复兴具有鲜

图102 中意大利的博洛尼亚大学以复兴罗马法的中心而闻名。这幅雕刻取自一位博洛尼亚大学法学教授的墓碑，描绘了学生们听课的场景。

明的世俗主义和人本主义特征，关注今生而非来世，专注于古典时期的异教经典著作而非基督教神学。

文艺复兴时期的学术和教育反映出世俗主义和个人主义特征。弗朗齐斯科·彼得拉克（1304—1374年）被誉为文艺复兴文学之父，他强调古典文学的价值在于提供了自我完善的手段和社会行为的指南。同样，文艺复兴时期创办的新型寄宿制学校并不培养教士，而是培养商人子弟，这些学校注重古典文学和体育锻炼，宗旨是教育学生幸福快乐地生活，做有责任感的公民。

文艺复兴精神在艺术上表现得最为突出。由于教会不再是艺术的唯一赞助人，艺术家们被鼓励转向传统的《圣经》主题之外的题材。宗教题材依然很常见，但是，达·芬奇、米开朗琪罗、拉斐尔和提香等大师的作品越来越注重揭示人物心灵深处的奥秘，用醒目的色彩和表现手法来达到赏心悦目的效果。

文艺复兴的天才

天才的列奥纳多·达·芬奇是文艺复兴的代表人物和时代的化身，这既是因为他涉猎广泛且都取得了卓越的成就，也因为他乐于展现自己的天赋。30岁时，达·芬奇曾给米兰大公写过一封自荐信，给大公留下了深刻的印象，于是大公雇用了这个年轻人。*

一、我能建造轻便、坚固、搬运便利的桥梁，可用来追逐和击败敌军；也能建造坚固的桥梁，用于抵御敌军的炮火和进攻。这种桥梁装卸非常方便，我也能焚毁、破坏敌军的桥梁。

二、在围攻城池之际，我能从战壕中切断水源，还能制造浮桥、云梯和其他类似器械……

四、我还能制造一种既轻便又易于搬运的大炮，可用来发射小石块，就像下冰雹一般，其中喷出的烟雾会使敌军惊慌失措，因而遭受沉重损失，并造成巨大混乱。

五、我能在任何指定地点挖掘地道，无论是直还是弯，没有半点声响，必要时可以在战壕和河流下面进行挖掘。

六、我能制造装有大炮的铁甲车，可用来冲破敌军最密集的队伍，从而打开一条向敌军步兵进攻的安全通道。……

九、倘若在海上作战，我能建造多种极其适宜于进攻和防守的器械，也能制造可以抵御最重型火炮的兵船以及各种火药和武器。

十、在和平时期，我能营造公共建筑和民用房屋，还能疏导水源，自信技术决不次于他人，而且保君满意……

如果有人认为上述任何一项是我办不到的，或者是我不切实际的大话，我愿随时在阁下的花园里或您指定的其他任何地点实地实验。谨此无限谦恭之忱，向阁下问安。

* J. P. and I. A. Richter eds., *The Literary Works of Leonardo da Vinci*（Oxford University Press，1939），pp. 92，93.

文艺复兴并非意大利独有的现象，16世纪，文艺复兴的新思潮传播到北欧。有两个因素推动了文艺复兴的传播：一是受雇于北方国家君主的意大利外交官和将领，二是印刷机推动了书籍和思想的传播。印刷业在北欧产生了尤为重大的影响，因为当地的识字率要比南欧和东欧地区更高。大批印刷品的出现，激发了民众对相

关政治和宗教问题的热情,对宗教改革以及随之而来的宗教战争和王朝战争起到了重要作用。

最后,从世界历史的角度看,文艺复兴的意义何在?显而易见的一点是,不同于之前的中世纪世界观,文艺复兴把目光重新投向人,强调人所能取得的成就,从而有助于海外扩张。事实上,西欧掀起了一场思想浪潮,而亚欧大陆其他地区没有出现类似的思潮。这是一个具有重大意义的根本性差异。

在中国,儒家学说仍然主宰着整个社会。它强调老幼尊卑,厚古薄今,重视既定权威,轻视新生事物,因而成为全方位维持现状的理想工具。这种循规蹈矩、墨守成规的氛围阻碍了知识的持续进步,也有助于解释为什么中国最初取得了发明造纸术、印刷术、火药和指南针的辉煌成就,反而在技术上落后于西方。这些早期发明之后,中国并没有发展出一套科学原理。

亚欧大陆其他地区的情况也大同小异。例如,在奥斯曼帝国,伊斯兰学院重视神学、法学和修辞学,轻视天文学、数学和医学。这些学院的毕业生既不了解、也没有兴趣去弄清楚西方正在发生的一切。穆斯林土耳其人不相信基督教异教徒能带来任何有价值的东西。偶尔会有极少数高瞻远瞩的杰出人士站出来,提醒人

图103 大卫像(局部),米开朗琪罗(1475—1564年)。1501年,年仅26岁的米开朗琪罗接受委托,开始雕刻大卫像,它成为佛罗伦萨共和国的象征,并安放在旧官门前。这里展现的雕像细部突出表现了人物克制的情感和尊严,这座雕像也因此而为人所称道。

们警惕将奥斯曼帝国与邻近的基督教世界分隔开来的知识铁幕的危险，其中之一是17世纪上半叶土耳其著名的书志学家、百科全书编纂者、历史学家卡提卜切莱比[1]。卡提卜家境贫寒，没有受过正规的高等教育，这对于他来说反而是因祸得福，他因此摆脱了当时典型的奥斯曼式教育，不用把精力放在肤浅的、陈陈相因的伊斯兰圣学上。卡提卜完全是自学成才，这个事实很好地解释了为什么他对西学持开放态度。

1656年，奥斯曼舰队遭遇了一场惨败，卡提卜随即编纂了一本简明海军手册。他在这本手册的前言中强调了掌握地理学和制图学的必要性：

> 对于掌管国家事务的人来说，地理科学是一门必备知识的学科。他们可能不知道整个地球是什么样子，但他们至少应该了解奥斯曼国家及其毗邻国家的地图。这样他们可以凭借所获知识出兵作战，也可以更好地入侵敌人的国土，更好地保护和守卫边境。向那些对这门科学一无所知的人请教，无法得到令人满意的结果，即便这些人是当地的老兵。这些老兵大多数连自己家乡的地图都画不出来。
>
> 学习这门科学的必要性有一个令人信服的有力证据，那就是异教徒通过应用和尊重这门科学的分支学科，已经发现了新世界，并且占据了印度的市场。³

卡提卜注意到欧洲的知识进步与海外扩张之间的关系。在1657年去世前发表的最后一部著作中，卡提卜告诫自己的同胞抛弃教条主义，否则他们很快就要"像牛一样被人牵着鼻子走了"。事实证明了卡提卜的远见。土耳其人继续沉溺于宗教蒙昧主义难以自拔，因而像其他非西方民族一样付出了惨痛的代价。反之，基督教异教徒掌握了新的知识，最终不仅成为新大陆的主宰，而且成为古老的伊斯兰教帝国和儒教帝国的主宰。

七、西欧的扩张主义

4—10世纪，日耳曼人、匈人、马扎尔人、维京人和穆斯林相继入侵欧洲。10—14世纪，局势彻底逆转，欧洲人开始全线进攻（见地图15）。各路十字军在

---

[1] 切莱比，土耳其文Çelebi的音译，原意为"有学识的人"，古时系对有身份、有地位者的尊称。——译者注

西班牙、意大利南部、西西里和圣地击退了穆斯林，甚至一度占领了基督教的拜占庭帝国。与此同时，在欧洲东北部，德国边境地区的领主正在夺取易北河以东地区的土地。条顿骑士团发起了针对异教徒普鲁士人的十字军东征，标志着德国人继续扩张到奥得河东岸。条顿骑士建立了许多要塞，在要塞周围安置德国移民，这些移民为进一步的扩张提供了人力和补给。德国商人接踵而来，在海岸和河道沿线的战略要地建立城镇。这样，到15世纪末，过去由斯拉夫人和波罗的海民族占据的广大地区已经完全变成了德国人的地盘，上到领主、主教，下到市民和农民，都是德国人。

以往人们认为，这些十字军带来了中世纪晚期几乎所有的建设性发展，包括贸易、城市和文化的发展。如今人们已不再认可这种说法，而是普遍认为十字军东征是这些进步的结果而非原因。没有之前的技术进步、商业复兴、人口增长和普遍的活力，十字军东征也就无从谈起。这种活力持续释放，在14世纪的经济萧条结束后加速迸发。最终，十字军的扩张发展成海外领土的扩张。

基督教是西方海外扩张的一个关键因素，基督教徒认为基督教是普世宗教，他们不仅热衷于改变异教徒的信仰，而且具有十字军的战斗精神。早期探险家及其支持者的所作所为部分是出于宗教动机。13世纪马可·波罗的游记让欧洲人知道了印度和中国，并渴望前往这两个闻名遐迩的国度。欧洲人还知道这两个国家并不是伊斯兰国家，因而希望能够与之携手合作。另外，中世纪长期流传着有关祭司王约翰的传说，据说，祭司王约翰是一位强大的基督教君主，在东方某个不为人知的地方统治着一个神秘国度。几个世纪以来，基督教领袖一直梦想着与之建立联系，从东、西两面夹击伊斯兰世界。欧洲人并没有找到祭司王约翰，却在非洲和美洲偶然发现了陌生的新民族，这些民族都是野蛮人和异教徒，因此被看成是征服、皈依和救赎的理想对象。

上帝和黄金是欧洲人开展海外事业的众多动机中最强烈的两个动机。瓦斯科·达·伽马向惊讶的印度人解释说，他来到他们的国度是为了寻找基督教徒和香料。同样，西班牙征服者贝尔纳尔·迪亚斯在回忆录中写道，他和同伴前往新世界，是为了"侍奉上帝和陛下，给黑暗中的人带去光明，像所有人都渴望的那样变得富有"[4]。

西方的海外扩张也直接得益于持续的技术进步，尤其是造船、航海仪器和技术以及海军军备上的进步。1200年至1500年间，欧洲船舶的平均吨位增加了两三倍。600~800吨的圆壳帆船取代了150~200吨的窄型桨帆船。13世纪，欧洲船舶开始装配尾舵，它迅速取代了低效率的老式侧向操舵装置。同样重要的是，14世纪，葡萄牙人改进了阿拉伯人的斜挂三角帆，从而使船只更适于迎风航行。船体结构和帆

地图15　中世纪西方的扩张（11—15世纪）

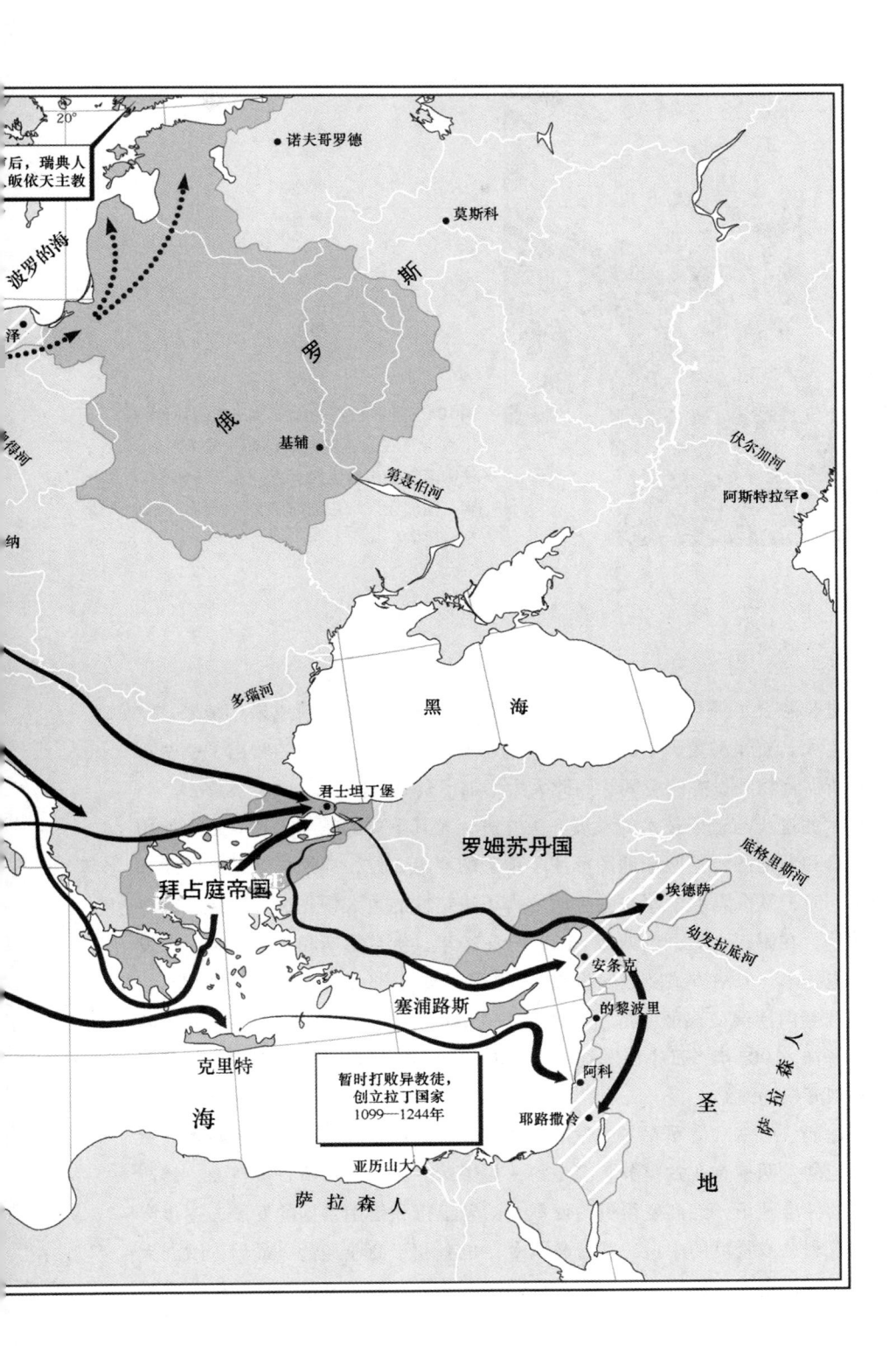

第十四章 突破性的西方文明 315

后，瑞典人皈依天主教

波罗的海

诺夫哥罗德

莫斯科

俄 罗 斯

基辅

第聂伯河

伏尔加河

阿斯特拉罕

多瑙河

黑 海

君士坦丁堡

罗姆苏丹国

底格里斯河

拜占庭帝国

埃德萨

幼发拉底河

塞浦路斯

安条克

的黎波里

阿科

耶路撒冷

克里特海

暂时打败异教徒，
创立拉丁国家
1099—1244年

亚历山大

萨拉森人

萨拉森圣地

图104 身穿独特的天主教法衣的耶稣会传教士正在为新法兰西的印第安人洗礼。法国耶稣会传教士比大部分欧洲传教士宽容，他们允许皈依的印第安人保留自己的某些习俗。

具上的这些进步融合了最初起源于北欧、地中海和中东的技术创新成果。结果，欧洲人造出了更大、更快和更灵敏的船舶。新型船舶也更为经济，因为腾出了一两百名桨手及其所需食物和设施的空间，因此大大增加了货仓空间。

航海技术的进步与造船技术的发展齐头并进，尤其重要的是越来越有效地使用指南针、星盘和新地图，这些新地图标注了精确的罗盘方位，详细描绘了海岸线和港口。与此同时，欧洲人在海军军备方面取得了决定性的重大领先优势。传统的海战是登上敌船，在甲板上展开肉搏战。16世纪头20年，佛兰德斯和德国冶金学家发明了新的铸炮技术，海战方式随之发生改变，新型大炮能够摧毁274米之内的船只，海军战术由登船肉搏演变成舷侧炮击。在接下来的4个世纪里，欧洲人争夺并控制了全世界的海洋。1905年，日本海军在对马海峡战胜俄国海军，这一划时代的胜利宣告了欧洲制海权的终结。

伴随着造船、航海和海军军备的发展，商业经营上也出现了重要的新技术。意大利复式簿记的发明使企业的财务状况变得一目了然。另外，货币日益普及，铸造出普遍认可的标准硬币，经商变得更为便利。随着银行和信用票据的发展，逐步废止了禁止收取利息或贷款的中世纪基督教禁令，也有利于商业经营。最后，欧洲人开始海外扩张后，出现了股份公司，有力地促进了商业发展。股份公司提供了有限责任的投资渠道，调动了大批欧洲资本投入海外事业。东方商人限于自身及合伙人的财力，从长远来看无法与西方的东印度公司和黎凡特公司、莫斯科公司以及至今尚存的哈德逊湾公司相竞争。

总之，所有这些因素的综合作用，为欧洲注入了一种强大而独特的活力。只要回顾一下15世纪伊斯兰世界的扩张所引发的不同反应，就不难看出欧洲的这种活力有多么不同寻常。如第十一章第五节所述，当时伊斯兰教徒从中东全线出击。土耳其人攻陷君士坦丁堡后占领了巴尔干半岛，然后渡过多瑙河，穿越匈牙利，兵临维也纳城下。在东方，有着多彩人生的巴布尔率领突厥人从阿富汗向南推进，着手建立将统治整个印度的莫卧儿帝国，直到19世纪，这个庞大的帝国才被英国人接管。在非洲，伊斯兰教徒从非洲东部和北部沿海基地逐步向内陆渗透。最后，穆斯林商人控制了亚欧大陆的海上航线，即从红海和波斯湾穿越印度洋，沿着东南亚到达中国海的航线。

随着穆斯林士兵、商人和传教士的节节推进，伊斯兰世界成为亚欧大陆的心脏地带。穆斯林占据了这个大陆的战略中心，伴随着伊斯兰世界的不断扩张，亚欧大陆东端的中国和西端的欧洲日益孤立。中国人和欧洲人对穆斯林的包围圈做出了截然不同的反应，深刻地影响了从那时起一直到现在的世界历史进程。

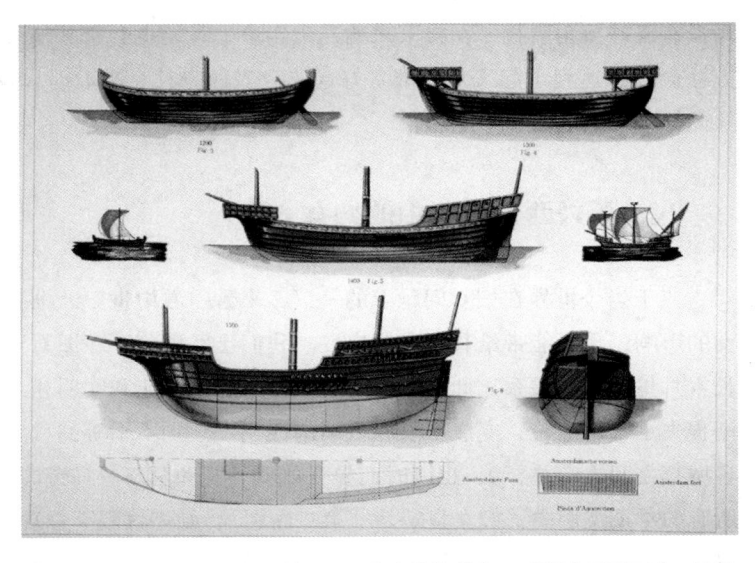

图105 帆船的演变。为了在大西洋上安全地航行，欧洲人需要更大、更易于操纵的船舶。这幅图表明了帆船从中世纪晚期到15世纪的演变。技术改进包括船体更大、桅杆数量增加以及新的风帆布局。

如前所述，郑和的远航清楚表明中国人具备主宰海洋的技术和资源，但他们却自愿退出了。蒙古人统治的插曲结束后，明朝中国开始断绝与外部世界的联系。中国的商人阶层不具备西方商人所拥有的政治权力和社会地位，无力违抗朝廷禁止海外事业的诏令。从此，中国人将惊人的才华和精力转向内部，主动放弃了在亚欧大陆、进而在世界事务中的领导地位。

欧洲人却走上了截然相反的道路。"蒙古统治下的和平"扩大了欧洲人的地理视野，刺激了欧洲人的商业野心，因此，蒙古帝国的突然崩溃让欧洲人倍感失落，又激起了他们的无限向往。另一方面，十字军在黎凡特的前哨基地得而复失，波斯伊儿汗国的伊斯兰化，土耳其人征服了巴尔干半岛，彻底堵死了欧洲人进入黑海、波斯湾和印度洋的可能性。可以说，欧洲人几乎被困在了亚欧大陆的西端。价值连城的香料贸易繁荣如昔，意大利商人依然在黎凡特各港口与阿拉伯商人进行贸易，用船将货物转运到西方。虽然这种贸易格局让意大利人和阿拉伯人心满意足，因为他们作为中间商赚取了丰厚利润，其他欧洲人就不那么高兴了。他们苦苦寻找前往东方的途径，以求从香料贸易中分一杯羹。

他们一定会如愿以偿，因为他们拥有专业技能、强大经济实力和丰富知识，还得到了不甘人后的君主国的支持。欧洲不但没有颁布禁海令的皇帝，反而是各民族君主国争先恐后地从事海外冒险。此外，欧洲对外国产品有真正需要和强烈需求，而商人有足够的实力满足这种需求。因此，即便哥伦布没有发现美洲，即便达·伽马没有绕好望角航行，在接下来的几十年里，肯定也会有其他人这么做。总之，西方社会已经达到了起飞点，准备好起飞。当西方社会崛起时，发现海路畅通无阻，从此势不可挡地席卷了全球。

八、新兴西方文明中的妇女

鉴于当今世界在妇女问题上的争议，来看一看中世纪欧洲新文明的兴起对于妇女的影响，无疑能带给我们一些启发。我们已经看到，在旧石器时代数百万年的漫长岁月里，两性关系比此后任何时期都要平等。农业和文明相继出现之后，妇女逐渐丧失了平等地位，变成从属和依附的性别。性别不平等的程度因地而异（如希腊各城邦之间也有差异），也因时而异（如罗马共和国与罗马帝国有差异）。但是，在所有的早期文明中，妇女肯定是"第二性别"，她们仅限于打理"家务"，而男人可以自由地从事"抛头露面"的工作，前者被认为是次要的，后者则被认为是重要和富有创造性的。

在中世纪的1000年里，西方逐渐兴起了一种突破性的新文明，男尊女卑的性别

图106 刺绣、纺纱和织布的佛罗伦萨妇女。为了制作优雅的服装，这些活计花费了妇女大量的时间。佛罗伦萨的男人和女人以服装优雅而闻名。

模式却沿袭了下来。不过，西方也出现了一些值得一提的改进，这些改进对于当今的妇女来说意义重大。

在新兴的西方文明中，妇女的地位主要取决于两种制度：天主教会和封建制度。理论上说，教会支持性别平等，就像它拥护种族平等和阶级平等一样。圣保罗曾说："你们受洗归入基督的都是披戴基督了，并不分犹太人、希腊人，自主的、为奴的，或男或女，因为你们在基督耶稣里都成为一了。"[5]然而，事实上，教会在性别问题上是非常矛盾的。一方面，教会将女人视为夏娃、亚当的妻子，因而是最大的诱惑者和通往拯救之路上的一大障碍。另一方面，教会也将女人看成是上帝赐福的玛丽亚、圣母、童贞女王和上帝与人类之间的斡旋者。因此，中世纪妇女发现自身形象在罪无可赦之人到完美偶像之间摇摆不定。在教会内部，妇女不能担任圣职，也没有布道的权利。

不过，中世纪教会确实专门为妇女设立了一个重要机构：女修道院。女修道院被认为是一种"阶级制度"[6]，因为虽然教会法规并未做出明确规定，但事实上，想当修女的女子必须提供一份"嫁妆"。虽然这份嫁妆要比世俗婚姻中的嫁妆少，但女修道院依然主要是面向贵族妇女，到中世纪晚期则是商人家庭的富有女性。在中世纪，几乎所有的女性都会结婚，而且早早就结婚。只有极少数女性没有结婚，要么是因为私生子身份、身体残疾、没有足够嫁妆，要么是甘愿一辈子做基督的新妇而不嫁人。

在上述特殊情况下，女修道院为妇女提供了婚姻之外的选择。此外，事实上，修道院生活在某些方面要优于世俗生活。相比世俗社会的兄弟姊妹，修女们通常能接受更好的教育。特别有抱负和才能的修女有可能晋升到女修道院院长的职位，她们管理很大的地产，还要对多达80名修女负责。有些修女从侍奉圣父的冥想生活中获得了莫大的满足感，极少数修女还成为著名的修道院圣徒而载入史册。大多数修女则在修道院生活中找到了自尊和社会尊重，以及只有女修道院才能提供的摆脱男权控制的自由。不过，也有一些修女愤懑地认为自己被社会所抛弃："我条件不够好，配不上男人，所以被托付给了上帝。"[7]

封建制度是第二种对中世纪妇女影响最大的制度。在这种制度下，领主将土地授予封臣，封臣则要为领主服兵役，这就形成了男人居于支配地位的社会生活。封建庄园连同其军事义务都是传男不传女，只有在没有男性继承人的情况下，妇女才有资格继承。终其一生，中世纪妇女都要受到男性的监护，先是父亲，然后是丈夫。丈夫死后，寡妇就成为封建领主的"被监护人"，在寡妇再嫁之前，领主有权将被监护人的地产收益据为己有。领主可以决定寡妇再嫁的对象，因此常见的情况是，领主将被监护人的婚姻"卖给"出价最高的人，如果寡妇不想嫁人或是想要自行选择配偶，领主会索取相应的报酬。贵族妇女还不得不忍受无所事事、漫无目的的生活。她们有管家和保姆来管理家务和照看孩子，因此，除非丈夫外出打仗或是进宫觐见，否则她们总是无事可做。从本质上说，这些贵族妇女并不幸福，她们沦为了政治和经济联姻以及为丈夫的家族传宗接代的工具。

乡村和城镇的劳动妇女基本上不会过这种依赖性和边缘性的生活方式，这就形成了一个悖论：中世纪妇女的地位"大体上与她们的财富和社会地位成反比"[8]。绝大多数农村妇女都要嫁人，与丈夫共同承担几乎所有的农活。少数没有嫁人的女孩通常是出身于最贫穷的家庭，她们为了养活自己，会离开村庄，到城里当女仆或是到邻近村子干农活。一条中世纪谚语反映了农村妇女日常生活的辛劳：

> 坏天气让丈夫们有片刻的喘息，
> 家庭主妇们却有做不完的活计。[9]

同样，在城镇，几乎各行各业都能看到妇女的身影。13世纪，艾蒂安·布瓦洛所编的《商务手册》中记录了巴黎所有行会的规章制度，为我们提供了相关证据。手册列举了100个行会，其中雇佣妇女劳动的行会有86个。妇女工作的重要性还可从中世纪英语词汇中略见一斑，当时通常在表示行业的词汇后加上后缀"ess"或"ster"，来表示妇女所从事的职业，例如：

Webster：女织工
Brewster：酿酒女工
Baxter：女糕饼师傅
Laundress：洗衣女工
Seamstress：女裁缝
Spinster：纺纱女工
Governess：家庭女教师

中世纪妇女虽然承担了不亚于男人的负担和责任，却享受不到同等的权利。在乡村，家庭主妇一年到头辛勤劳作，却被排除在村社的所有决策机构之外。她们不能担任乡村公证人、教区牧师或是庄园法庭文书。村社里的地主会议只准男人参加，只有未婚或守寡的女地主例外。拥有土地的已婚妇女须由丈夫作代表参加村民会议。同样，城镇妇女虽然享有经济权利，可以拥有财产、加入行会或者经商，却没有任何相应的政治权利，她们无权参与城镇政府机构选举或在城镇政府机构中任职。

中世纪欧洲广泛流行的各种习俗清楚表明了男尊女卑的两性关系。其中之一是打老婆的风气盛行。佛罗伦萨流传的一句谚语是："好女人和坏女人都要用棍棒管教。"13世纪法国一部法典明文规定："在许多情况下，倘若男人伤害妻子，可免受惩罚……倘若男人被妻子冤枉，那么责打妻子即为合法行为，只要没有致死或致残。"[10]男尊女卑还体现在传统上对待通奸的双重标准。国王、贵族和商人可以公开养情妇和私生子。但不忠的妻子却会名誉扫地，受到严厉惩罚，情夫会被阉割或处死。此外，上流社会男子霸占平民女子也被视为理所当然。12世纪的一本名为《爱的优雅艺术》的小册子怂恿看上了农家女子的骑士"直截了当地去拿你想要的东西，想抱就去抱她"。

通行的社会观念同样表明了广泛存在的男尊女卑观念，人们认为妇女只配做"鸡毛蒜皮的小事"，而男人专注于"干大事"。15世纪30年代，意大利文艺复兴的代表人物莱昂·巴蒂斯塔·阿尔贝蒂曾表示，男人应当把"涓滴小事"交给妻子打理，好腾出手去做"所有勇敢而光荣的事情"。[11]

所有这一切都要追溯到农业革命后出现的两性关系的重大转变，妇女丧失了平等地位，第一次出现了"男主外、女主内"之分，女性承担次要的"家务"，男性则从事重要的"抛头露面"的工作。这种性别分工一旦形成，便在世界各地的文明中扎下根来。要强调的一点是，这种性别分工既存在于相继出现的古代文明，也存在于西欧的新兴文明。中世纪末期，尽管西欧已经出现了技术进步、经济发展和政治变革，代代相传的习俗却依然是压在欧洲妇女身上的沉重负担。即使在技术、经济和政治转型的几个世纪里，固有的性别歧视始终挥之不去。可以说，在性别平等问题上，过去战胜了现在。这一点应当引起我们的重视，因为我们这个时代仍然存在这样的模式，1915年，卡贝尔县（西弗吉尼亚）教育委员会在学校公告栏张贴的"教师行为准则"就是一个明证。

一、不得在合同期内结婚。

二、不得与男人交往。

三、不得在晚8点至早6点出门，除非参加学校活动。

四、不得在市中心的冰激凌店闲逛。

五、不得出城旅行，除非得到教育委员会主席的批准。

六、不得与男人同乘马车或汽车，除非是父亲或兄弟。

七、不得吸烟。

八、不得穿鲜艳衣服。

九、不得染发。

十、至少穿两条衬裙。

十一、裙子不得短于脚踝以上5厘米。

十二、为保持教室整洁，每日至少打扫地板一次；每周用热肥皂水擦洗地板一次；每日至少擦黑板一次；早7点生火，以使教室在8点前变得暖和。[12]

[推荐读物]

关于蛮族入侵后中世纪早期的著作，见第十二章的推荐书目。一部从全球视角考察中世纪欧洲的饶有趣味的重要著作是：R. L. Reynolds, *Europe Emerges: Transition Toward an Industrial World-Wide Society 600-1750*（University of Wisconsin, 1961）。关于中世纪西方的一流通史著作有 R. S. Lopez, *The Birth of Europe*（Lippincott, 1966）。

关于封建制度的最佳入门读物有：J. R. Strayer, *Feudalism*（Van Nostrand, 1965）; M. Bloch, *Feudal Society*, 2 vols.（University of Chicago, 1961）。关于中世纪的社会和经济发展，参阅 J. LeGoff, *Your Money or Your Life: Economy and Religion in the Middle Ages*（MIT, 1988）; R. H. Bautier, *The Economic Development of Medieval Europe*（Harcourt, 1971）; R. S. Lopez, *The Commercial Revolution of the Middle Ages, 950-1350*（Prentice Hall, 1971）; B. H. Slicher van Bath, *The Agrarian History of Western Europe, 500-1850*（Arnold, 1963）; L. White Jr., *Medieval Technology and Social Changes*（Clarendon, 1962）。关于君主国的兴起，参阅 B. Guenée, *States and Rulers in Later Medieval Europe*（Blackwell, 1984）。对文艺复兴的整体介绍，参阅 W. K. Ferguson, *The Renaissance*（Torchbook, 1940）。另见 P. Kristeller, *Renaissance Thought*, 2 vols.（Torchbook, 1961-1965）; W. Pater, *The Renaissance*（Meridian, 1961）。最后，关于为何是西方而非亚欧大陆其他地区率先开展海外扩张，对这个关键问题的分析，参阅 J. R. Levenson, ed., *European Expansion and the Counter-Example of Asia, 1300-1600*（Prentice Hall, 1967）; D. L. Jensen, ed., *The Expansion of Europe*（Heath, 1967）; E. L. Jones, *The European Miracle: Environments, Economics and Geopolitics in the History of Europe and Asia*（Cambridge University, 1981）。关于为何欧洲遥遥领先于其他大陆，最新出版的著作是 A. W. Crosby, *The Measure of Reality: Quantification and Western Society, 1250-1600*（Cambridge University, 1996），该书强调了新技术以及从计量角度看待世界的新思路。

关于中世纪妇女的开创性研究是：E. Power, "The Position of Women" in C. G. Crump and E. F. Jacob, eds., *The Legacy of the Middle Ages*（Clarendon, 1926）, pp. 401-434，该文至今依然是有价值的考察。近来的重要著作有：S. Shahar, *The Fourth Estate: A History of Women in the Middle Ages*（Methuen, 1983）; F. and J. Gies, *Women in the Middle Ages*（Crowell, 1978）; S. M. Stuard, *Women in Medieval Society*（University of Pennsylvania, 1976）; S. H. Gross and M. W. Bingham, *Women in Medieval-Renaissance Europe*（Glenhurst, 1983）。

[注释]

1. Francis Bacon, *Novum Organum*, aphorism, p. 129.
2. R. S. Lopez, *The Birth of Europe* (Lippincott, 1967), p. 146.
3. Cited in manuscript by L. V. Thomas, *Ottoman Awareness of Europe, 1629—1800*.
4. J. H. Parry, *The Age of Reconnaissance* (Weidenfeld & Nicolson, 1963), p. 19.
5. Galatians 3 : 28.
6. Eileen Power, "The Position of Women," in C. G. Crump and E. F. Jacob, eds., *The Legacy of the Middle Ages* (Clarendon, 1926), p. 413.
7. Eileen Power, *Medieval English Nunneries, c. 1275—1535* (Cambridge University, 1922), p. 31.
8. F. and J. Gies, *Women in the Middle Ages* (Crowell, 1978), p. 232.
9. S. H. Gross and M. W. Bingham, *Women in Medieval-Renaissance Europe* (Glenhurst, 1983), p. 84.
10. S. H. Gross and M. W. Bingham, *Women in Medieval-Renaissance Europe* (Glenhurst, 1983), p. 46.
11. S. H. Gross and M. W. Bingham, *Women in Medieval-Renaissance Europe* (Glenhurst, 1983), p. 228.
12. Republished in "Dear Abby" column by Abigail Van Buren, *Los Angeles Times*, June 17, 1979.

历史的启示

发展中社会与"领先者陷阱"

西欧从贫穷和蒙昧中崛起是亚欧大陆中世纪的千年历史上最耀眼和最重大的一个事态发展。在公元500年前后到1500年这段时期的大部分时间里,西方是亚欧大陆上的一个欠发达地区。我们已经看到,事实表明,这种欠发达状态是一种有利条件,而中国的发达反而起到了阻碍作用。中国人拥有发达的文化,先进的工艺,大规模的商业,量才录用的高效官僚机构,提供社会凝聚力和知识理念的儒家学说,因此很自然地认为自己的文明优于其他任何文明,并将外国人看成是"夷人"。当西方人第一次在中国沿海登陆,中国人认为这些怪异的"隆鼻夷人"一无是处。

这种态度虽然情有可原,却使得中国在一个大变革的时代停滞不前。反之,正是由于相对落后,西欧人愿意并渴望学习和适应。他们采纳了中国人的发明,充分挖掘这些发明的潜能并用于海外扩张。这种扩张反过来又进一步引发了技术进步和制度变革。最终,当中世纪文明过渡到现代文明,欧洲人成为这一转型的先驱者和受益者。

这并非历史上首次出现落后的边缘地区引领一个历史时期过渡到另一个历史时期的转型。古代文明时期(公元前3500—前1000年),中东是发达的文明中心,在农业、冶金术、文字和城市生活等方面做出了根本性的创新。但是,从古代文明到古典文明的转型中,这个高度发达的文明中心落伍了。中国、印度和欧洲等相对落后的边缘地区成为古典时代创造性革新的先驱,不仅有效利用了冶铁术、铸币和字母表,还发展出儒教、印度教和基督教等新兴宗教。

这种模式表明,历史上从来都是盛极必衰、成者必败。人类学家将这一现象称之为"领先者陷阱",意思是说,在转型时期,能力最强、成就最大的社会进行变革和保持领先地位的阻碍最大。反之,落后的、成就较小的社会更有可能顺应变化和锐意进取。

对于今天的我们来说,这一定律的意义是不言而喻的,原因在于,作为中世纪西欧的赓续者,如今的西方已不是亚欧大陆的欠发达地区,而是世界上最发达的地区。不仅如此,当前正处于一个变革的时代,历史发展的节奏极大加快，远非中世纪可比。只要看看第二次世界大战后短短数十年间世界格局的变迁，这种加速发展当可略见一斑：日本和德国从战争的废墟上迅速恢复了经济，同样突如其来的是苏联的政治解体，一个曾经的超级大国就此从世界地图上彻底消失。在这样一个不断加速变革的时代，个人和民族能否成功，或许我们应该说，个人和民族能否生存，关键在于应变能力。林登·B.约翰逊总统对此作了最好的总结，他告诫美国人说："我们必须以变应变。"

[推荐读物]

关于"领先者陷阱"概念的完整定义，见 M. D. Sahlins and E. R. Service, eds., *Evolution and Cluture*（University of Michigan，1960）；E. R. Service, *Cultural Evolutionism: Theory in Practice*（Holt, Rinehart & Winston，1971）。

第四编

亚欧大陆之外的世界

（公元1500年前）

到目前为止，我们只讲述了亚欧大陆的历史。接下来，我们转向地球上亚欧大陆之外地区的历史。我们这样分别论述，是因为所涉及的各民族的历史在很大程度上是彼此孤立地发展的。公元1500年以前，亚欧大陆与亚欧大陆之外的地区几乎没有交往。就人类的活动范围而言，数百万年的人类历史本质上是区域性的，而不是全球性的。人类扩散到各大洲之后，彼此就断绝了音讯，在各自的大陆上孤立地生活。我们在这里看到了一个悖论：人类的技术进步既是早期人类扩散和彼此隔绝的原因，也是日后人类相互交往和重新成为一个整体的原因。

我们已经在前面的章节（第一章第三节）中谈到，旧石器时代的人类祖先学会了制作工具、缝制衣物和使用火之后便向外扩散，他们离开通常认为是人类最早的故乡非洲，进入到除南极洲之外的所有大洲。然而，当他们在新的家园安顿下来，便从此与留在故乡的亲人音讯断绝，因为他们的技术十分原始，无法跨越各大洲之间的海洋。随着冰川融化，海平面上升，连接西伯利亚与阿拉斯加的陆桥以及东南亚与大洋洲之间可作为跳板的岛屿都被海水淹没，茫茫大海成为不可逾越的天堑。因此，在上百万年的时间里，人类势必处于一种区域性的闭塞状态。这种状况一直延续下来，直到造船和航海技术的进步使得中国人能够绕东南亚航行并穿越印度洋，西欧人能够绕非洲南端和南美洲航行并横渡大西洋、太平洋和印度洋。这样，世界上所有的民族重新建立起直接联系，人类历史进入到一个新的全球史阶段。

由于欧洲人率先开展海外探险，历史教科书大多集中讲述哥伦布、达·伽马和麦哲伦的发现及影响。从全球史的角度来说，这种方法并不足取。全球视角既要考虑扩张的西方，也要考虑西方扩张所波及的地区。毕竟，这些地区的民族在人类中占了很大比例，不应忽视他们的发展。不仅如此，在决定西方扩张主义的结果方面，亚欧大陆之外世界的土地、民族和制度与西方人本身一样重要。有鉴于此，接下来的两章将讲述非洲、美洲和大洋洲的历史。

> 郁郁葱葱的尼日尔河谷，
> 蜿蜒流淌的沃尔特河平原，
> 白雪映出冷冷光辉的乞力马扎罗山肩，
> 姿态万千的广袤非洲在低语，
> 那是久远过去的非洲。
>
> ——迈克尔·戴依-阿南（加纳诗人）

第十五章 非洲

展开世界地图，一眼就可以看到非洲位于中心位置。在北面，非洲与欧洲隔地中海相望，地中海水域狭窄、易于穿越，历史上一直是一条交通要道。在东面，西奈半岛成为通向亚洲的桥梁，而红海甚至比地中海更狭窄、更容易穿越。最后，浩瀚的印度洋有季风之便，有利于东非与南亚的往来交通。

然而，在历史上，人们错误地认为非洲与亚欧大陆和世界其他地区相隔绝。非洲被认为是孤立于其他地区，而这种感知上的孤立也影响了这个大陆的历史进程。历史学家们既强调这个大陆的闭塞，也强调这一时期非洲从外部世界借鉴了许多东西。然而，交流是双向的，只有出现有意义的接触和互动时才谈得上交流。本章旨在考察非洲的内部发展以及这个大陆与外部世界的联系。

一、地理环境

整体来看，非洲大陆的南北两端是肥沃的狭长地带。这些狭长地带紧挨着大沙漠，南部是卡拉哈里沙漠，北部是撒哈拉沙漠。然后是辽阔的热带稀树草原，北方的草原称作苏丹草原，阿拉伯语中"苏丹"的意思是"黑人的土地"。之后是热带雨林，对于外来者而言，莽莽丛林要比茫茫沙漠更难穿越。

非洲大陆幅员辽阔、多姿多彩。对于非洲人来说，多样的地貌始终意味着挑战，但从未被视为障碍。非洲历史的发展清楚地表明，即便是在自然环境最恶劣的地区，原住民也孕育出重要的文明和文化。

非洲通常被人为地划分为两个部分：北非和撒哈拉沙漠以南非洲。但是，在非洲大陆的历史上，撒哈拉沙漠从来就不是一道分水岭或屏障。在这个大陆的早期历史阶段，这些感知上的障碍阻碍了外来者，使得非洲难以渗透和征服。然而，非洲并未完全与世界其他地区相隔绝。纵横交错的众多贸易路线将非洲的各个社会连接起来，红海、地中海和印度洋的贸易路线则将非洲与外部世界联系在一起。早期非洲就已经出现了成熟的社会、政治和经济组织，有效控制了贸易、贸易路线和市场，从而在很大程度上将潜在的入侵者拒之门外。

非洲史学者在考察这个大陆的政治组织时，通常特别强调中央集权的王国、国家和帝国。除了有组织的国家之外，有许多非洲人群体实行分散管理，但他们也形成了适当的政府结构，这些政府结构能够很好地发挥职能并为其服务。例如，在现代尼日利亚，数百万伊博人就从来没有建立起一个中央集权国家。

二、农业和铁器

过去人们往往认为，非洲的技术和农业是从亚欧大陆引入的。最近的考古研究正在改变我们对于非洲发展的看法。这些研究表明，早在公元前，非洲许多地区就已经掌握了冶铁术和相关知识。冶铁遗址的地点和断代分别为：今坦桑尼亚的多湖地区（公元前7世纪）；梅罗伊（公元前5世纪）；西非的诺克（公元前4世纪）；东

图107 早在欧洲人到来之前，非洲人已经使用铁制工具。这幅插图取自戴维·利文斯通的《中非最后旅行记》，描绘了非洲人正在锻打锄头。

非的北部湖区（公元前3世纪）。这种分布状况表明，铁器很可能不是从外部引入，而是在许多地区独立发展出来的。铁器的早期使用者很可能把它当作不外传的秘密。不过，2—5世纪，掌握了铁器的班图农民将炼铁技术传播到中非、东非和南非的大部分地区。

班图人从西非向中非、东非和南非的迁徙经常被说成是移民，但渐进迁徙的只是很少一部分班图人，而且他们通常与所进入地区的当地人通婚。公元前5世纪，班图人到达了现代的扎伊尔地区。2—5世纪，随着铁器的广泛使用，班图人以更快的速度迁徙到非洲大陆南部的其他地区。

正如铁器在亚欧大陆带来了深远影响一样，它也给非洲带来了广泛的影响。就像早先铁器的使用使得农业进入中欧、恒河流域和长江流域的森林地区，随着铁锄和铁斧的使用，农业得以扩展到非洲的森林地带。非洲农业产量增加，出现了可用于贸易的盈余。像亚欧大陆一样，这导致非洲出现了社会分化，统治者与被统治者

图108 现代非洲艺术家绘制的非洲传统耕作。左下方的两位妇女在用大石臼将谷物脱壳，远端的男人正在锄地和收割。

之分取代了单纯的血缘关系。因此，9世纪前后，非洲形成了清晰可辨的国家结构，它们行使军事和行政职能，并且拥有维持这些职能所需的经济来源。

非洲的技术进步影响了这个大陆的种族构成。采用农业和冶铁术并从中受益的是容易接近的黑种人，而不是难以接近的俾格米人和桑人。因此，黑种人的数量有了更大的增长，他们凭借铁制工具和武器向南进入桑人和俾格米人的地盘。班图人的扩散尤其显著，这是一个以黑种人为主的语言群体，其起源中心是喀麦隆高原。公元初年，班图人渗入到刚果盆地，与当地人口稀少的桑人狩猎者形成了一种共生关系。600年至900年间，班图人从刚果盆地向东南推进到肥沃开阔的大湖地区，随后又排挤了桑人，继续向南穿越热带大草原。正是由于这些迁徙，当欧洲人到来之际，黑种人已成为非洲大陆占主导地位的种族群体，而在此前的1000年里，黑种人与高加索人种、桑人和俾格米人相当平均地分布在非洲大陆。

非洲农业

7000年前，撒哈拉地区尚未干涸成沙漠，当地曾经滋养过一个畜牧社会，有成群的绵羊、山羊和牛，遗址中还发现了用来捕鱼和放牧的石镰和石刀。

目前尚不清楚当地人是何时开始种植作物的，但我们知道这个地区的农业系统供养了大量村落人口，还有分布广泛的市场和贸易中心。这些贸易中心促进了非洲文化的诞生，如诺克、贝宁、加纳、马里以及其他西非和东非王国。

在非洲，植物与人类的关系非常密切，我们从其他地区最早的人类那里也可以看到这样的人与植物关系。大约6500年前，埃及出现了最早的农业，但是，集中采集和加工粮食作物的工具最早可以追溯到1.8万年前。有证据表明，这些工具的源头是非洲，而不是近东。埃及的考古发掘表明，6500年前，这一地区最早的农夫也放牧绵羊、山羊和牛，凉季则种植大麦、二粒小麦、亚麻、小扁豆和鹰嘴豆等作物。

在西非的森林地区，也有证据表明当地很早就驯化了油棕、豇豆和圆薯蓣等作物，说明这些作物并不是外来物种。例如，热带草原地区栽培的水稻就被认为是非洲原产物种。此外，埃塞俄比亚地区种植的大多数作物都是非洲原产植物，没有任何从外部引种的证据。

三、伊斯兰教的影响

穆斯林阿拉伯人的冲击给非洲带来了影响，7世纪，阿拉伯人占领了整个北非，之后又以商人和殖民者的身份控制了非洲东海岸。伊斯兰教从这些沿海基地向外传

图109 廷巴克图的津加里贝尔清真寺。这座典型的西非风格清真寺用泥土和木头建成。清真寺独特的叫拜塔是伊斯兰教影响的象征,表明伊斯兰教沿着陆上贸易路线传播到廷巴克图等中非和西非地区。

播,对非洲人产生了深远影响。伊斯兰的影响最突出地体现在生活的外在方面,如姓氏、服饰、日用器具、建筑风格、节日等等。农业进步和技术进步中也明显反映出伊斯兰的影响,这种进步是源于与外部世界更广泛的联系。例如,阿拉伯人将印度的水稻和甘蔗引入东非。

伊斯兰还促进了贸易的发展,将非洲经济与穆斯林商人控制的庞大的亚欧大陆贸易网联系起来。穆斯林比罗马人更多地使用骆驼,开辟了跨撒哈拉贸易路线,从而促进了贸易增长。穆斯林商人以北非为基地,向南方运送布匹、珠宝、货贝,尤其是盐,盐在整个西非都是紧俏商品。反过来,非洲提供了象牙、奴隶、鸵鸟羽毛、制作香水的麝猫香,以及最重要的货物:尼日尔河上游、塞内加尔河和沃尔特河地区出产的黄金。这些黄金最终大多流入欧洲,事实上,数量巨大的非洲黄金输入欧洲,对于弥补中世纪欧洲与东方的贸易逆差起到了十分重要的作用。西非与北非的贸易对双方都大有裨益,1400年,整个西非的贸易路线纵横交错,贸易中心星罗棋布。

东非也形成了大同小异的贸易模式。沿海的穆斯林中间商派代理人进入内陆,从如今的津巴布韦收购象牙、奴隶和黄金，从加丹加收购铜。这些商品通过当时由穆斯林商人控制的印度洋贸易渠道向外出口。在随后几个世纪里，穆斯林商人还将非洲内陆地区的铁矿石运到印度南部，制成所谓的大马士革钢刀。反过来，非洲人用这些产品换回了中国和印度的布匹和奢侈品，尤其是中国瓷器，东非沿海地区至今仍能发现遗留下来的中国瓷器。这种贸易使得东非沿海兴起了一连串繁荣的港口和城市国家。因此，我们可以断定，正如地中海使北非与中东和欧洲长达几个世纪的交往成为可能，印度洋同样使东非与中东、印度、东南亚甚至远东有了交往。

接下来继续看看伊斯兰教在非洲的影响。伊斯兰教极大地促进了西非的文化生活。随着古兰经学校的建立，识字率开始提高。学者们可以在西非各所大学里研究高深学问，这些大学中的佼佼者是廷巴克图的桑科雷大学。这所大学是参照非斯、突尼斯和开罗的穆斯林大学建立起来的。按照当时的习惯，学者们可以在这些大学和伊斯兰世界的其他大学自由流动，跟随特定的导师学习。

伊斯兰教还巩固了西非王国的政治组织。传统上，西非王国统治者能要求效忠的只有自己的亲族或氏族，或是其他承认开国始祖的亲族。但是，当王国扩展成大帝国，血缘关系显然不足以作为帝国组织的基础。帝国幅员越大，就有越多的臣民将帝国皇帝视为异族。地方首领不会像忠实的封臣一样效忠帝国，反而往往率领自己的人民反抗帝国统治。伊斯兰教强化了帝国的行政机构，有助于解决这一制度上的难题。穆斯林学校和学院培养出一个受过教育的阶层，他们组织起高效的帝国官僚机构。这些人摆脱了血缘纽带的束缚，他们的切身利益依附于皇权，通常会忠心耿耿地为皇权效力。

四、贸易与西非帝国

伊斯兰的征服给跨撒哈拉贸易带来了新的动力，并将这种贸易与货币体系依赖于黄金的伊斯兰世界联系起来。最早从事跨撒哈拉贸易的是加纳帝国（400—1200年）（见地图16）。这个帝国的建立者是说索宁克语的非洲人，他们生活在撒哈拉沙漠以南的草原。虽然我们不知道这个王国建立的确切时间，但它在5世纪时就已经存在了。加纳帝国的声名远播撒哈拉地区之外，远至巴格达。在巴格达，阿拔斯王朝宫廷的阿拉伯作家阿尔·法扎里将加纳说成是"黄金之国"。

穆斯林在帝国的贸易和行政管理中发挥了关键作用，但国王控制了帝国的贸易，并在王国中行使审判权。虽然有伊斯兰教存在，国王依然坚持祖先的宗教信仰。

11世纪中叶，加纳帝国达到鼎盛，此后开始衰落。宗教冲突和毁灭性战争导致

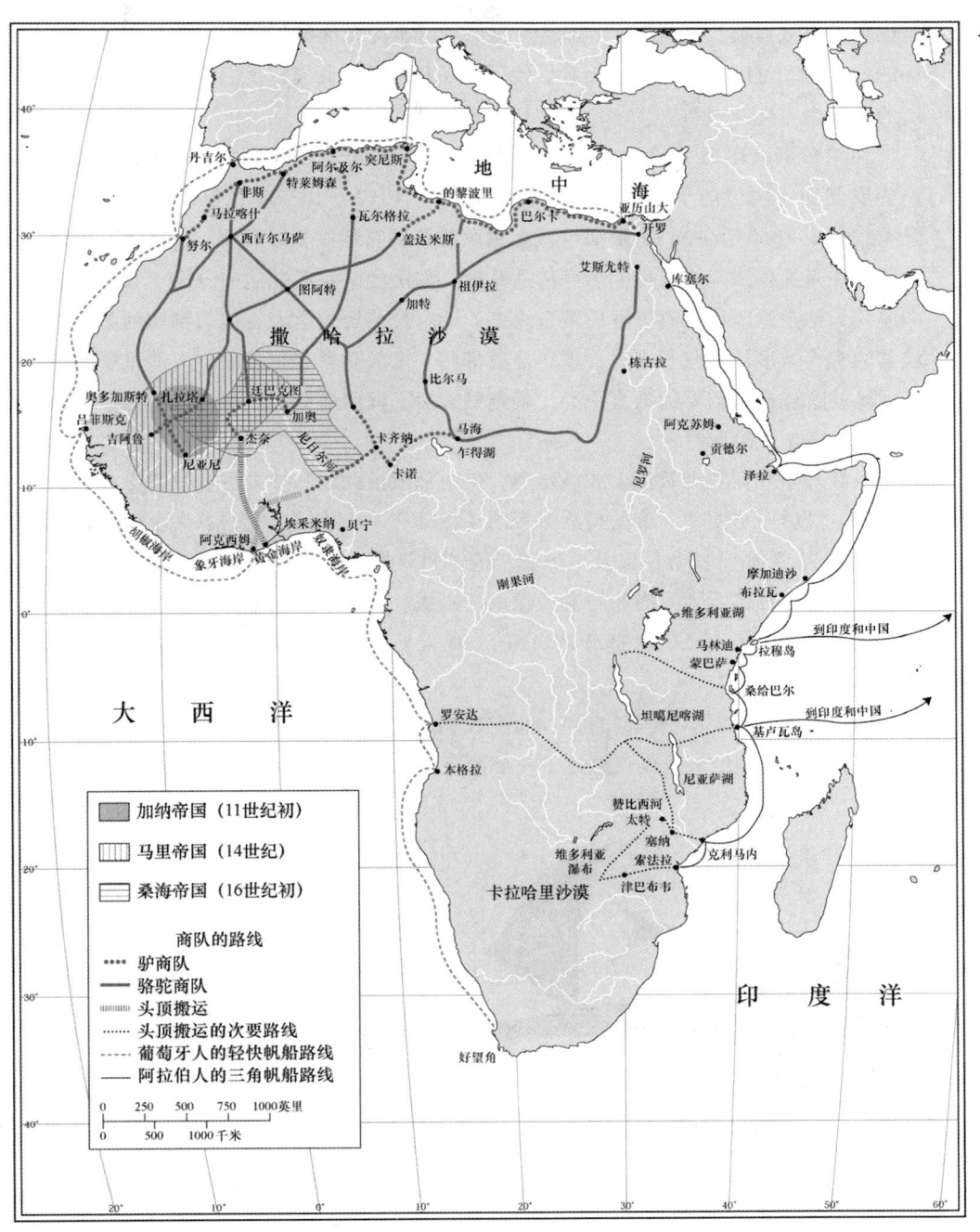

地图16 非洲的帝国和贸易路线

257 帝国贸易陷入瘫痪。12世纪末，加纳又丧失了对金矿地区的控制权。此外，这一地区的沙漠化和过度放牧等环境因素导致了农民和商人的流失，他们纷纷迁往更为宜居的地区。

加纳帝国衰落后，代之而起的是马里帝国（1200—1500年）。马里的扩张和声望要归功于两位能干的统治者：穆萨曼萨[1]（1312—1337年在位）和苏莱曼曼萨（1341—1360年在位）。伊斯兰教在穆萨曼萨的宫廷站稳了脚跟。1324年，穆萨曼萨前往麦加朝觐，将马里的名声传播开来。穆萨曼萨在朝觐途中分发了大量黄金和厚礼，他在途经埃及时散发的黄金之多，让阿拉伯历史学家将他的到访列为当年埃及的头等大事。朝觐归来时，穆萨曼萨带回了宗教学者和传教士，一些重要的商业地区就这样成为重要的教育中心。朝觐归来后，穆萨曼萨更严格地尊奉穆斯林信仰，从而净化了伊斯兰教。

虽然马里在商业和政治上成就斐然，但内部政治问题和外来进攻最终导致了帝国衰落。最后一个西非大帝国是桑海帝国（1350—1600年）。它的源头至少可以追溯到8世纪，跨撒哈拉贸易以及地处肥沃的苏丹草原，为桑海王国的勃兴创造了条件，境内的尼日尔河则为渔业的发展提供了机遇。桑海发展成帝国后，居民划分成三个职业阶层：索可人（大部分是渔民）、杜人（大部分是农民）和戈夫人或加比比人（大部分是猎人）。

桑海开始时是个小王国，直到14世纪晚期才摆脱了马里的统治，重获独立并开始扩张。桑海帝国的辉煌仅仅维持了一个世纪，即从15世纪下半叶到16世纪初。

桑海的扩张和帝国的巩固归功于两位君主：桑尼·阿里（1464—1492年在位）和阿斯基亚·穆罕默德（1493—1528年在位）。阿斯基亚充分利用了廷巴克图的战略位置，恢复了对于帝国至关重要的贸易。他认识到伊斯兰教的重要性，努力争取伊斯兰社会的支持。他与著名的穆斯林学者保持联系，大力扶持教育。在廷巴克图，设在桑科雷

图110　赤道非洲发现的铁币样式。

---

[1]　曼萨是曼丁哥语中对统治者的尊号，意思是"众王之王"。——译者注

清真寺的大学培养了许多著名学者,其中一位学者为我们描绘了廷巴克图的精神生活:

> 当时,从马里到马格里布的偏远一隅,若论制度之稳固、政治之自由、道德之纯洁、人身之安全、对外邦人之照顾和同情、对学生和学者之以礼相待……以廷巴克图为最。

258

到过这一地区的摩尔人历史学家利奥·阿非利加努斯也告诉我们:

> 这里有很多医生、法官、教士和其他学者,他们都是靠国王不惜代价地慷慨供养的。这里有许多巴巴利手稿和书籍,售价比其他任何商品都要高。

虽然桑海帝国拥有财富和学识,却因为内部动乱和摩洛哥人的进攻而衰落。16世纪末,桑海已不复昔日的辉煌。

上述三个帝国具有一些共同的基本特征,它们主要都是以贸易为基础,因此每个国家都向南北两个方向扩张势力,向北是为了控制食盐进口,向南是为了控制黄金贸易。每个国家的收入主要都是来源于对食盐、黄金和其他商品的征税。各帝国凭借这些关税收入,逐步发展出日趋复杂的行政管理体制。桑海帝国的组织结构就要比之前两个帝国复杂,它明确划分为若干省份,每个省份设有一名常任总督,而且还开始建立职业军队,甚至还设立了分管财政、法律、民政、农业和林业的政府部门,以及管理帝国撒哈拉边境地区阿拉伯人和柏柏尔人的部门。

马里帝国和桑海帝国之所以能够促进贸易发展,形成训练有素的官僚阶层,促进精神生活,主要归功于伊斯兰教。由于伊斯兰教的影响,西非从非洲的一个闭塞地区转变为伊斯兰世界的一部分。14世纪的阿拉伯旅行家伊本·白图泰向东最远到过中国,还到过马里。1353年6月,白图泰到达马里首都,帝国的行政管理和当地的风土人情给他留下了很好的印象:

> 黑人有一些令人钦佩的品质。他们很少是不公正的,要比任何其他人更痛恨不公正。他们的苏丹对犯下这种罪行的人毫不留情。他们的国家绝对安全。旅行者和居民都无须担心劫匪或暴徒。他们不会没收死在他们国家的白人的财产,哪怕是巨额的财产。相反,他们将财产交给某个值得信赖的白人代管,直到合法继承人接手为止。他们很认真地按时祷告,热心地参加集

图111 西非诺克文化的赤陶雕像（高36厘米）。诺克文化兴盛于公元前900年前后到公元200年前后。这尊雕像的陶铸样式表明它们也许有木模。

体祷告，还带孩子参加祷告。每逢礼拜五，如果不早点去清真寺，根本找不到祷告的地方，因为人太多了。[1]

伊斯兰教对西非帝国的形成和运作起到了关键作用，但需要指出的是，伊斯兰教主要是一种城市信仰。只有商人和城镇居民成为穆斯林，乡民大体上依然信奉传统的异教神祇和信仰。因此，历代皇帝及其帝国体制仰仗伊斯兰教，既是帝国强大的基础，也是其软弱的根源。我们已经谈到，伊斯兰教在许多方面发挥了很大的作用，但它并未像当时的观察家所认为的那样站稳了脚跟，这些观察家都是沿着贸易路线旅行，所到之地自然都是城市中心。事实表明，一旦发生危机，以城市为中心的帝国出乎意料的脆弱，很快就分崩离析了。

西非帝国还有一个弱点，即容易受到北方的柏柏尔人的攻击，这些柏柏尔人热衷于寻找非洲黄金的源头，而且执意要将自己的特定信仰强加于人。1076年，狂热的阿尔摩哈德王朝推翻了加纳帝国。同样，1591年，摩洛哥人的入侵摧毁了桑海帝国。桑海帝国的灭亡标志着西非帝国时代宣告结束。用一位17世纪廷巴克图历史学家的话来说："从那一刻起，一切都变得面目全非。危险取代了安全，贫穷取代了富庶，不幸、灾难和暴力取代了和平……"[2]

五、王国与国家

三个西非帝国是最著名的中世纪非洲政治产物。然而，这个大陆的其他地区还有各种不同的政治结构。例如，东南非洲的情况与西非颇为类似。正如西非以黄金出口著称，东南非洲也以黄金出口闻名于印度洋盆地。正如一种贸易模式滋养了西非帝国和北非国家，15世纪时，另一种贸易模式撑起了内陆的莫诺莫塔帕帝国和沿海的基卢瓦城市国家。

"莫诺莫塔帕"之名是葡萄牙人根据一个统治者的称号"姆温那莫塔帕"讹译而来，这个国家的版图包括津巴布韦和莫桑比克的大部分地区。像西非帝国一样，它控制了黄金产区和通往沿海地区的道路。莫诺莫塔帕历代君主建造了津巴布韦大神庙，这座大围场有近10米高的围墙，是举行皇家仪式的场所。在沿海地区，基卢瓦港的商人统治者控制了从莫诺莫塔帕到穆斯林商船之间的货物运输，这些穆斯林商船往返于印度洋各港口，有的甚至远航到中国海。对马里印象深刻的旅行家伊本·白图泰曾说："基卢瓦是世界上最美丽、设施最完善的城镇之一。整个城镇的所有建筑都很优美。"[3]

西非王国遭到了来自北方的柏柏尔入侵者的劫掠，而莫诺莫塔帕和基卢瓦则是被来自海外的葡萄牙入侵者摧毁。1497年瓦斯科·达·伽马绕好望角航行后不到10

图112 贝宁国王和随从，出土于尼日利亚，年代大约为公元1550—1680年。

年,葡萄牙人劫掠了东南非洲的许多沿海城市,并继续在印度洋活动,印度洋仿佛成为葡萄牙的内湖。达·伽马首次航行时并未发现基卢瓦,1500年,一支葡萄牙船队曾在此地避险。5年后,另一支葡萄牙船队无情地掠夺了好客的当地人。一名远征队成员记述说,惊愕不已的当地居民没有任何反抗,远征队占领了这座有着"许多好几层楼高的坚固房子"的城市。然后,"代理主教和几名方济各会神父带着两个十字架,唱着感恩颂,鱼贯登岸。他们走进宫殿,放下十字架,舰队司令做了祷告。然后,每个人都开始动手将这座城镇的商品和食物洗劫一空"[4]。

随后,葡萄牙人沿赞比西河而上,以同样方式削弱了莫诺莫塔帕帝国。葡萄牙人占领了河流沿线的战略要地,全面扩张势力,1628年,他们发起最后的进攻。葡萄牙人用火器轻而易举地打败了两支莫诺莫塔帕军队,不过,在前帝国的废墟上,仍有几个有实力的王国幸存下来。

结　论

与普遍的看法相反,在欧洲扩张之前的这段时期,非洲绝非处于闭塞的状态。7世纪以来,在伊斯兰教的推动下,非洲的外部联系和内部关系日益密切。由于有

图113　16或17世纪的铜十字架。出土于下刚果的基潘格省。

了更好的交通工具，地区间的贸易也增长了。北非早已使用骆驼，7世纪开始，骆驼得到了广泛应用。中亚的双峰驼与阿拉伯单峰驼杂交，繁育出两种骆驼：一种骆驼速度慢，但能负重远行，另一种速度快，可供信使骑乘。

贸易增长推动了航海业的发展，阿拉伯人建立起一支庞大的船队，从事东非与印度洋、红海和地中海沿岸国家的贸易。非洲大陆各地的商业城镇也有了显著发展：西吉尔马萨成为跨撒哈拉贸易的中转站，开罗成为东方穆斯林、西方穆斯林与热带草原地区贸易的中心，奥达戈斯特成为连接北非与热带草原地区的中心市场。在东非沿海地区，摩加迪沙、马林迪、蒙巴萨、基卢瓦和索法拉等商业城镇都有穆斯林商人定居。

非洲贸易商品种类繁多，包括铁、亚麻、棉花、树胶和靛蓝等原材料，高粱、稻米、乳木果油、小米、橄榄油、盐、鱼类等生活必需品，以及黄金和象牙等奢侈品。

公元1500年前的几个世纪里，非洲的经济、社会和政治都有了长足发展。公元1500年后，非洲的发展落后于世界其他地区。我们将在本书下卷中谈到，这种分流的原因在于公元1500年后非洲的内部发展和破坏性的外部联系。

英国的非洲学学者托马斯·霍奇金写道：

> 尽管伊斯兰教的思想氛围和基督教的思想氛围存在着差异，但一位14世纪廷巴克图的市民在14世纪的牛津会感到相当自在。16世纪，他依然能找出这两座大学城之间的许多共同点。到19世纪，两者之间的鸿沟已经变得很深了。[5]

霍奇金所说的肯定不是一个非洲所独有的进程。从前面几章中我们已经看得很清楚，大分流是一个世界范围的现象，原因很简单：西方是现代化的先驱，从而将其他所有社会都甩在了身后。但不可否认的是，西方与非洲的差距要远远大于西方与亚欧大陆其他地区的差距。与伦敦、巴黎和柏林相比，君士坦丁堡、德里和北京确实变弱了，但并没有像廷巴克图那样弱到几乎消亡的地步。

[推荐读物]

关于非洲的入门读物是 J. F. A. Ajayi and M. Crowder, eds., *Historical Atlas of Africa* (Longman, 1985)。非洲地理方面，参阅 W. A. Hance, *The Geography of Modern Africa*, 2nd ed.(Columbia University, 1975); G. W. Hartwig and K. D. Patterson, eds., *Disease in African History* (Duke University, 1978)。相关原始资料汇编，参阅 B. Davidson, *The African Past: Chronicles from Antiquity to Modern Times* (Little, Brown, 1964); P. J. M. McEwan, ed., *Africa from Early Times to 1800* (Oxford University, 1968)。关于西方入侵前的非洲史，目前最权威的著作有: P. D. Curtin, et al., *African History* (Little, Brown, 1978); J. D. Fage, *A History of Africa* (Knopf, 1978); 更翔实的著作有: R. Oliver and J. D. Fage, eds., *The Cambridge History of Africa*, 8 vols.(Cambridge University, 1975 ff.); *UNESCO General History of Africa* (University of California, 1981ff.); P. J. C. Dark, *An Introduction to Benin Art and Technology* (Clarendon, 1973)。

有关非洲艺术，参阅 M. Posnansky, ed., *Prelude to East African History* (Oxford University, 1966); J. F. A. Ajayi and M. Crowder, eds., *History of West Africa*, vol.1, 3rd ed.(Longman, 1985); B. Davidson, *The Prehistory of Africa* (Thames and Hudson, 1970); B. Davidson, *The Africa Genius* (Little, Brown, 1969); B. H. Dietz and M. B. Olantunji, *Musical Instruments of Africa* (John Day, 1965)。关于伊斯兰教在非洲历史上的作用，参见 *The Cambridge History of Africa* 的第二卷和第三卷，以及彻底研究了相关史料的 N. Levtzion, *Ancient Ghana and Mali* (Methuen, 1973)。

[注释]

1. C. M. Cipolla, *European Culture and Overseas Expansion* (Pelican, 1970), p. 105.
2. Ibn Battuta, *Travels in Asia and Africa, 1325—1354*, trans. H. A. R. Gibb (Routledge & Kegan Paul, 1929), pp. 329—330.
3. T. Hodgkin, "Kingdom of the Western Sudan," in *The Dawn of Africa History*, ed. R. Oliver (Oxford University, 1961), p. 43.
4. B. Davidson, *Africa in History* (Macmillan, 1968), p. 63.
5. B. Davidson, *Africa in History* (Macmillan, 1968), p.168.

> 然而，对于东印度和西印度的民族来说，这些事件（欧洲的扩张）本来能够产生的一切商业上的利益，都已被它们所造成的可怕灾难完全抵消。
>
> ——亚当·斯密

第十六章　美洲和澳洲

11世纪时，维京人偶然发现了北美洲，他们在100年左右的时间里一直试图维持当地的定居点，但没有成功。15世纪，哥伦布同样偶然地发现了新大陆，最终却有了截然不同的结局。哥伦布的发现之后，欧洲人不是失败和退出，而是对南北美洲大规模和压倒性的渗透。这种对比表明，从11世纪到15世纪的500年间，欧洲的实力和活力有了何等的增长。

同样引人注目的是，美洲的快速渗透和开发与非洲在几个世纪后才出现同样情况之间形成了鲜明对比。究其原因，一是地理因素，新大陆更容易进入，也更诱人。二是印第安文化的整体发展水平决定了印第安人不可能进行有效的抵抗。美洲印第安人尚且如此，仍处于食物采集阶段的澳洲原住民就更加不堪一击了。我们将在本章考察哥伦布在西印度群岛登陆、詹姆斯·库克船长在新南威尔士登陆并带来命运攸关的转折之际，美洲和澳洲的自然环境和文化背景。

一、大地与人

与非洲不同，美洲对来自欧洲的新来者格外开放，这里没有让外来船舶无法登陆海岸的沙洲。与非洲平直的海岸线相比，美洲锯齿状的海岸线上有更多的港口可供使用。此外，美洲有相对畅通无阻的发达水网，为进入内陆提供了便捷的通道，而非洲也没有亚马孙河、拉普拉塔河、密西西比河和圣劳伦斯河等水流平缓的大河。欧洲探险家很快就学会了使用当地的桦皮独木舟，他们发现，从大西洋海岸出发，只需相对较少的陆上搬运，就能够划着独木舟，沿圣劳伦斯河进入五大湖，再从那里向南沿密西西比河到达墨西哥湾，向北沿马更些河到达北冰洋，向西沿哥伦比亚河或弗雷泽河到达太平洋。

总体上说，美洲的气候也比非洲更为宜人。诚然，亚马孙河流域炎热潮湿，南北美洲两端的极地地区则十分寒冷。但是，英国和法国殖民者在格兰德河以北的殖民地繁衍生息。西班牙人在两个主要中心墨西哥和秘鲁也有宾至如归之感，当地的气候与西班牙相差无几，无疑远胜非洲黄金海岸和象牙海岸天气闷热、疾病丛生的环境。

欧洲人在美洲遇到的印第安人，其祖先是从西伯利亚渡过白令海迁徙到阿拉斯加的部落居民。直到最近，人们一直认为，印第安人大约是在1万年前来到美洲的。新的考古发现以及碳-14测年法的检测结果使人们对这一估计做了大幅修正。目前人们普遍认为，大约3万年前，人类就已经生活在新大陆。大约3000年前，印第安人最后一次大规模迁徙到美洲。随后是爱斯基摩人，他们在白令海峡两岸来回穿梭，直到现代政治环境迫使他们留在海峡的某一侧。无论如何，此时美洲最靠近亚洲的地区已经人口稠密，足以阻止进一步的移民。

对于这些早期的外来者来说，前往新大陆实际上并没有什么困难。最近一次冰河时代，大量海水封冻，海平面下降了140米，露出了连接西伯利亚和阿拉斯加的2092千米宽的陆桥。如此庞大的一座"桥"实际上形成了一个巨大的新次大陆，为动植物的迁徙提供了广阔的空间。此外，由于降雨稀少，这一地区没有被冰原覆盖，而是布满湖泊、沼泽、草地和苔原特有的各类灌木。这些植被为当时的大型哺乳动物提供了食物来源，如乳齿象、猛犸、麝香牛、北美野牛、驼鹿、麋鹿、大角野羊、山羊、骆驼、狐狸、熊、狼和马。当这些成群的猎物沿着陆桥来到新大陆，以这些动物为食的狩猎者便尾随而来。

随着气温回升，海平面升高，陆桥被海水淹没，即便如此，最终形成的海峡也十分狭窄，甚至可以在看得到对岸的情况下乘坐简陋小船轻松地穿越海峡。更晚、也更先进的移民可能是乘船从亚洲来到美洲，然后沿西北海岸继续航行，最后在今天的不列颠哥伦比亚登陆和定居。

大部分来到阿拉斯加的人都是通过育空高原中部冰盖的一个豁口进入到美洲心脏地带。他们向前推进的动力与他们迁徙到阿拉斯加的原因如出一辙，一是为了寻找新的狩猎场，二是受到来自后方部落的持续压力。这样，狩猎部落很快扩散到北美和南美大陆。

从人种特征上说，所有的印第安人都可以划入蒙古人种。印第安人的体貌特征是颧骨高，黑色直发，面部和身体毛发稀疏。不过，印第安人也并非全都长得一模一样。与北美洲西南地区的印第安人相比，西北海岸的印第安人面部和鼻子更扁平，眼睛更小（蒙古襞）。关于这种体貌差异的成因，人们有两种解释：首先，最早的美洲移民之所以外表上不像蒙古人种,是因为在我们今天所熟知的亚洲蒙古人种完全进化之前,他们便已经离开了东方。其次,移民到达美洲后立刻扩散开来,在不同气候条件下以近亲繁殖的小群体定居下来。因此,虽然同属蒙古人种,印第安人却进化出多样的体貌特征。

二、文化

由于早期移民来自亚欧大陆最不发达地区之一的西伯利亚东北部,他们到达新大陆时几乎没有带来什么文化。很显然,他们都是一个个的小狩猎群体,仅有简陋的石器,没有陶器,除了狗之外,大概也没有其他驯化动物。他们来到的是一个杳无人迹的大陆,因而可以不受任何限制地发展自己的制度。相反,当雅利安人迁徙到印度河流域,亚该亚人和多里安人到达希腊时,都受到了原住民的影响。

在接下来的几千年里,美洲印第安人发展出异常丰富多彩的文化,这些多样性文化不仅顺应了千差万别的自然环境,而且彼此相互适应。有些印第安人仍停留在狩猎群阶段,另一些印第安人则建立起王国和帝国。印第安人的宗教涵盖了包括一神教在内的所有已知宗教类型。印第安人的语言大约有2000种,有些语言之间有着天壤之别,犹如汉语和英语之间的差异。新大陆的语言种类几乎与整个旧大陆旗鼓

图114 奥尔梅克巨石头像。出土于圣洛伦索,现藏于墨西哥城的国立人类学博物馆。头像由玄武岩雕成,可能是一位奥尔梅克统治者的头像。奥尔梅克文化兴盛于公元前1500—前800年间。

相当，1500年时，旧大陆大约有3000种已知语言。新大陆的语言在词汇量等方面并不原始。莎士比亚大约使用了2.4万个词汇，钦定本《圣经》用了约7000个词汇，而墨西哥的纳瓦特语有2.7万个词汇，火地岛上的雅甘人被认为是世界上文化最贫乏的民族之一，他们的语言至少有3万个词汇。

人类学家根据印第安人不同类型的制度和习俗，将新大陆划分为大约22个文化区，如大平原区、东部森林地区、西北沿海区等等。一种更简单的分类方法是根据不同的食物获取方式将美洲文化划分为三大类：渔猎采集文化、中等农耕文化和先进农耕文化。这种划分方法更简单，从世界历史的角度来看也更有意义，有助于解释何以不同的印第安人群体对欧洲入侵者有不同的反应。

先进农耕文化区包括中美洲（墨西哥中部和南部、危地马拉和洪都拉斯）和安第斯高原（厄瓜多尔、秘鲁、玻利维亚和智利北部）。中等农耕文化区通常是先进农耕文化区的毗邻地区，食物采集文化区则是更偏远的地区，包括南美洲南部、北美洲西部和北部。值得注意的是，美洲最早开展农业地区的环境与亚欧大陆的农业发源地中东十分相似，两者都是高原地区，无须大量砍伐森林来为作物栽培清理土地，也都有作物生长所需的充足降雨以及可供驯化的潜在高产本土植物。

印第安人驯化了100多种植物，相当于整个亚欧大陆驯化植物的数量，这是一项真正非凡的成就。如今美国一半以上农产品来自印第安人驯化的作物。不仅如此，人们逐步认识到，印第安人所种植、而外来的欧洲人所忽视的一些植物具有很高的食用价值。籽粒苋就是一个例子，对于阿兹特克人来说，它的重要性不亚于玉米和豆类。阿兹特克人将这种苋属植物与人血混合，像做蛋糕一样做成神祇的样子，然后让信徒食用。西班牙人认为这种仪式太过野蛮，看上去像是在嘲弄基督教的圣餐仪式。因此，西班牙人禁止印第安人举行这种仪式，任何种植或食用苋属植物的人都要被处死。不过，这种植物一直存活至今。在今天的墨西哥，用爆过的籽粒苋籽和蜂蜜制成的甜点仍是颇受欢迎的美食。同时，科学家们也开始认识到这种谷物的食用价值，它可以磨成面粉，或者像玉米一样做成爆米花，还可以用来制作面包、薄脆、饼干、汤、粥、汤团和饮料。苋属植物用途广泛，根据美国国家科学院最近发表的一份报告，它是比其他谷物更优质的蛋白质、维生素和矿物质来源。如同我们在前文（第二章第三节）中提到的台田农业一样，苋属植物如今被视为"未来的粮食"，这表明即便在当今的"高科技"时代，我们依然能从史前祖先那里学到一些东西。

玉米几乎是美洲所有地区的主食，它最初只是一种野草，它的穗还没有人的大拇指指甲大。印第安人将玉米培育成一种长穗轴上有成行种子的植物，彻底驯化的玉米已经完全离不开人工栽培，因为驯化后的玉米无法传播自己的种子，也就是玉米粒，所以只要人类不再种植玉米，这种植物就将灭绝。印第安人利用大量有毒植物的技艺也让人啧啧称奇。木薯就是其中之一，美国人所熟知的木薯淀粉就是从这种植物中提取的。印第安人去除了木薯中的致命毒素，保留下淀粉。印第安人种植的其他重要作物有南瓜、马铃薯、番茄、花生、可可豆、烟草以及含有丰富蛋白质的豆类。印第安人留传下来的药用植物有：药鼠李、可卡因、山金车、吐根和奎宁。在发现新大陆之前，旧大陆从未种植过任何一种美洲栽培植物，这个事实确凿无疑地表明东半球和西半球有着独立的农业起源。

在印第安人的农业发源地，农业得到进一步的发展，逐步形成了先进的农耕文化。农业的诞生深刻地改变了印第安人的生活方式。总体而言，像亚欧大陆一样，美洲农耕文化导致定居人口大大增加，得以发展满足了温饱之后的文化活动。换言之，这些先进农耕文化有可能发展成在某些方面媲美西非的大帝国和复杂文明。不幸的是，美洲本土文明在很短的时间内被西班牙人所征服。结果，除了宝贵的驯化植物之外，印第安人几乎没有给后人留下什么东西。

三、文明

美洲有三大印第安文明：位于今尤卡坦半岛、危地马拉和伯利兹的玛雅文明，位于今墨西哥的阿兹特克文明，从厄瓜多尔中部到智利中部、绵延4828千米的印加文明（见地图17）。玛雅人创造了美洲最古老的文明，在艺术和科学上取得了举世瞩目的非凡成就。玛雅人独立发明了一种表意文字，用字母或图形作为表达思想的习用符号。他们还研究了天体运动，以便计算时间和预测未来，为献祭等大事选择良辰吉日。训练有素的玛雅祭司掌握了十分广泛的天文学知识，其水平被认为至少与当时的欧洲人不相上下。玛雅人复杂的神历是以并行的时间周期为基础，当周期的倍数在时间上重合，就会合并成一个更大的周期。有些玛雅历法的时间跨度长达数百万年，让人叹为观止，我们不要忘了，直到很晚近的时候，欧洲人还把创世时间定在公元前4004年。

玛雅人的城市（如果可以这么称呼的话）是仪式中心而不是堡垒、居住地或行政首府。这是因为玛雅人从事刀耕火种农业，两三年之内土壤肥力就枯竭了，因此村落不断地搬迁。为了平衡这种居止不定的生活方式，玛雅的耕作者在主要用于宗教祭祀的中心建造大型石制建筑，以此来展现他们的社会团结。这些建筑物有巨大的金字塔神庙以及可能是供祭司和见习祭司居住的宗教会堂。这些建筑完全用石制工具建成，用雕塑加以装饰，这些雕塑的艺术水准在美洲无人能及，成为举世公认的艺术杰作。

地图17　西班牙征服前的美洲印第安帝国

图115　玛雅雕像，人物可能是显贵或祭司。

4—10世纪，玛雅文明进入鼎盛时期，随后便衰落了，具体原因目前尚不清楚，可能是由于土壤肥力耗尽或是疫病流行，也可能是由于反对供养宗教中心和祭司统治集团的农民革命。无论如何，巨大的石制建筑被废弃，逐渐被浓密的森林所覆盖。直到最近几十年，考古发掘才让它们重见天日。

与艺术和智慧的玛雅人相比，阿兹特克人显得粗鲁而好战，这一反差让人联想到旧大陆的罗马人与希腊人。阿兹特克人实际上是墨西哥地区的后来者，在几个世纪里这一地区相继出现了一系列高度发达的社会，但它们很容易受到来自干旱北方的蛮族的攻击，这些蛮族被肥沃的土地吸引向南迁徙。最后一批入侵者就是阿兹特克人，他们在特斯科科湖的一些岛屿上定居下来，这些岛屿构成了阿纳瓦克[1]谷的大部分陆地。随着人口增加，这些岛屿变得过度拥挤，为了扩大耕地面积，阿兹特克人修建了湖田。湖田是一种人工修建的水上园地，阿兹特克人挖取湖底的淤泥铺在交织缠绕的杂草上，形成一个个浮动小岛，杂草生长后，便可将浮岛固定住。直

---

[1]　阿纳瓦克即墨西哥谷，阿兹特克语中，阿纳瓦克的意思是水中间的陆地。——译者注

到今天，一些地区仍在使用这种耕作方法。每次播种前，农民挖取新的湖泥铺到湖田上，经过多轮耕种，湖田厚度逐渐增加，农民们便挖去表层泥土，用于建造新的湖田，开始新一轮循环。

由于建造了湖田，阿兹特克人的人口和财富迅速增长。15世纪初，阿兹特克人与特斯科科湖沿岸城镇结成联盟，很快向外扩张势力。他们定期发动对外远征，强迫其他民族以实物和劳役方式纳贡。西班牙人到来时，阿兹特克人统治的地域范围西起太平洋，东至墨西哥湾，北抵格兰德河，南面接近尤卡坦半岛。首都特诺奇蒂特兰是一座宏伟的城市，城内人口有20万～30万，有几条堤道直通海岸。西班牙征服者科尔特斯将这座都城与威尼斯做了一番比较，认为它才是"世界上最美丽的城市"。

阿兹特克人的强大建立在时刻备战的基础上。所有的人都要携带武器，国家的武器库储备充足，随时可供使用。阿兹特克人凭借高效的军事机器，从臣民那里榨取了数量惊人的贡品。根据阿兹特克人的记载，他们一年征收了玉米635万千克、豆类和籽粒苋各363万千克、棉斗篷200万件，此外还有军服、盾牌、宝石等物品。

图116 阿兹特克文化的绿松石双头蛇。

阿兹特克首都的繁华和涌入首都的大批贡品自然让西班牙人断定，阿兹特克人首领蒙特苏马是一个大帝国的统治者。事实并非如此。阿兹特克的藩属国仍然很独立，在政治上完全自治。它们与特诺奇蒂特兰的唯一联系就是进贡，因为它们畏惧阿兹特克人的征讨。除了秘鲁的印加帝国之外，没有一个美洲印第安人的国家是按照比城邦更大的概念组织起来的。与印加人相反，阿兹特克人并不打算让臣民采取阿兹特克人的生活方式，也不想让臣民享有充分的公民权。

阿兹特克国家的富庶和繁盛让西班牙人眼花缭乱，阿兹特克人把活人当作祭品的大规模屠杀仪式则让西班牙人触目惊心。活人祭祀是在随处可见的礼仪性金字塔的顶端，西班牙人很快就意识到金字塔是活人献祭的祭坛。献祭仪式在中美洲很常见，但没有哪个地方像阿兹特克人这样进行疯狂的大屠杀。事实上，阿兹特克人的征讨不只是为了收取贡品送回首都，更是为了捕获用于献祭的俘虏。

阿兹特克人认为捕获俘虏甚至比收取贡品更重要，因为他们的祭司警告说，世界一直有爆发大灾难的危险，尤其是太阳有可能会熄灭，只有用活人献祭才能避免触怒天上的神灵。然而，这种做法让阿兹特克人陷入到一个名副其实的恶性循环：为了避免大灾难要用活人献祭，而只有发动战争才能获得活人祭品，只有用活人献祭才能打赢战争，这些祭品又只有通过战争才能得到。贝尔纳尔·迪亚斯见证了这一恶性循环的最终结果：

> 我永远不会忘记，这座城镇［索科特兰］神庙附近的某个地方，有许多死人骷髅堆成的堆，由于堆放得很整齐，可以推算出骷髅的数字大概在十万具以上，我再说一遍，少说也有十万。在广场的另一头，还有许多死人大腿骨和其他死人骨头堆成的堆，骨头数目无法数清；广场两侧还有几根木梁，上面挂满死人头骨……我们深入内地以后，还会看到此种景象。[1]

最后来谈谈秘鲁的印加人，需要指出的是，"印加"是其最高统治者的称号，因此，虽然习惯上称之为印加印第安人，但严格意义上说这个称呼是不正确的。事实上，印加人是说盖丘亚语的众多盖丘亚部族之一，这个部族会饲养美洲驼和种植马铃薯。12世纪，印加人在库斯科谷地站稳了脚跟，很快便统治了这个地区。在这个早期阶段，印加人的军事首领建立起一个王朝，印加部落成员则成为其他部族的贵族。在新大陆，这种世袭王朝与贵族阶层的结合是独一无二的，成为印加人建立帝国的有力手段。历代印加（即国家首脑）都有过人的才干，因而建立起尤为强大的帝国。印加唯一的合法妻子是其本人的亲姐妹，因此每一代印加都

图117 马丘比丘的印加城市遗址，这座城市坐落在安第斯山脉东麓两山之间的山鞍上。

是兄弟姊妹通婚生育的后代。这种近亲繁殖大约延续了8代人，想必印加的先祖有非常强健的遗传基因，因为西班牙人注意到，印加王子都很英俊和精力旺盛。

印加的皇城是秘鲁高原上的库斯科，印加的军队和使臣从都城出发，向西前往沿海地区，向北和向南沿着高山峡谷前进。西班牙人入侵之际，印加人已经将帝国疆界从厄瓜多尔扩展到智利中部，南北绵延4023千米。[1]印加人统治的领土要比阿兹特克人大得多，此外，他们还将其作为一个真正的帝国来统治。

这个帝国通过道路系统连接起来，桥梁则是用芦荟纤维编织的索桥和芦苇浮筒的浮桥，有数百千米道路至今仍依稀可辨。同样很重要的是，印加人有大规模的灌溉系统，表明印加帝国有繁荣的农业部门，有些灌溉设施至今仍在使用。通信是靠驿站和信使，信使将信息快速传递到帝国各地。

印加人有复杂的宫廷礼仪和以太阳崇拜为基础的国教，从而进一步强化了帝国统一。印加被视为太阳的后裔，在礼仪崇拜中扮演了至关重要的角色。帝国还采取了其他统治手段：土地、矿藏和牲畜归国家所有；为了税收和军事目的，编制详细的官方统计资料；废除地方首领的世袭制；重新安置被征服民族，以便将

---

[1] 原文如此。本节一开始说印加文明南北跨度为4828千米。——译者注

其同化；国家出面主持集体婚礼。所以，难怪印加帝国被认为是有史以来最成功的极权国家之一。

四、历史上的美洲印第安人

美洲印第安人取得了举世瞩目的成就，然而，尽管新大陆的三大文明拥有数以千万计的稠密人口，一小撮西班牙冒险家轻而易举地推翻并彻底毁灭了这些文明。西班牙人一边倒的胜利最终要归因于美洲的闭塞。美洲印第安文明不仅断绝了与其他大洲文明的有益交往，而且它们在很大程度上是相互隔绝的，有考古学家指出：

> 关于秘鲁和中美洲的相互关系，我们要指出的是，没有任何可信的实物和记录能够证明，从形成时期［公元前1000年前后］到西班牙人到来的漫长时间里，这些地区曾经有过相互影响或接触。[2]

换言之，没有任何可靠的证据证明，在2500年的时间里中美洲文明与秘鲁文明有过交往。反之，我们已经看到，在这几千年里，亚欧大陆各地区一直往来不绝，撒哈拉沙漠以南非洲各地区之间也始终有联系，只是范围小一些而已。这就造成了一个结果：美洲印第安人，哪怕是安第斯和中美洲印第安人，要远远落后于亚欧大陆民族，尤其是落后于技术早熟的欧洲人。到公元1500年，新大陆的文明水平仅仅相当于公元前2500年前后的埃及和美索不达米亚。

那么，当西班牙人到来并与印第安人发生冲突时，这种状况又意味着什么呢？首先，印第安人发现，自己在经济和技术上远远落后于入侵者。印第安人有高度发达的艺术、科学和宗教，但这掩盖不了他们在物质领域严重落后的事实。这种反差在中美洲最为显著，在安第斯地区也很明显。在农业领域，印第安人虽然在驯化植物方面取得了卓越成就，但实际生产效率要低得多。印第安人的种植技术停留在养活人口所需的最低限度，而新大陆的人口数量远没有旧大陆那么多。印第安人只有石制、木制或骨制工具，他们不会冶炼矿石，虽然使用金属，但几乎完全是用于装饰。印第安人只能造独木舟和航海木筏。至于陆上运输，印第安人不会使用轮子，虽然已经知道制作轮子，却只是用来当玩具。除了美洲驼和羊驼，印第安人完全靠人力运输，安第斯地区虽然使用美洲驼和羊驼，但它们不能运载重物。

然而，我们不应夸大这种技术落后的实际意义。印第安人的长矛和弓箭当然远远比不上西班牙人的马匹和火枪。但在最初的震惊之后，印第安人逐渐熟悉了火器和骑兵。此外,西班牙人很快就发现印第安人的武器锋利耐用,他们更喜欢印第安人的棉质盔甲而不是自己的盔甲。一位西班牙征服者记述说:

> (阿兹特克人有)两所放满各种武器的房屋,屋内许多武器都很考究,镶嵌着黄金和宝石。屋内有大大小小的圆盾,有石刃木斧,还有一种用双手抡的砍刀,上面镶着燧石刀片,比我们的剑还要锋利。还有比我们更长的矛,矛上装有6英尺长的长刀,还镶着很多刀片;这种刀片砍在小木盾或圆盾上不会弹起来,而且非常锋利,真能像剃刀那样用来剃发。房屋内还有精良的弓箭,有双尖与单尖长矛,有鹿角镞长箭,有许多投石器以及手工磨制的石弹。还有一种大盾牌,制造巧妙,不打仗时可以向上卷起,省得碍手碍脚;战斗时一旦需要,把盾牌放下来,周身都能挡住。[3]

这段记述表明,技术优势并非西班牙人获胜的唯一因素。另一个因素是印第安人缺乏团结。在墨西哥和秘鲁,西班牙人都能利用那些对库斯科和特诺奇蒂特兰的暴虐统治心怀不满的臣属部落。此外,过度管制和过分依赖也削弱了印第安人的

图118 月亮金字塔。它位于特奥蒂瓦坎的中央大道即死亡大道的南端。

力量。他们被洗脑了，习惯于绝对服从命令，一旦首领被俘，他们无法自行组织抵抗。当国王蒙特苏马和阿塔瓦尔帕落入西班牙人手中，阿兹特克帝国和印加帝国立刻陷入群龙无首、任人宰割的境地。

宗教上的桎梏加剧了印第安人被动挨打的局面。原住民认为，征服墨西哥的科尔特斯和征服秘鲁的皮萨罗都是为了实现古老预言而来的神祇。正是由于这个原因，库斯科的阿塔瓦尔帕和特诺奇蒂特兰的蒙特苏马都表现出自取灭亡的优柔寡断。阿塔瓦尔帕认为西班牙人是造物主维拉科查及其追随者，当皮萨罗到来后，这位统治者毫无反抗地坐以待毙，结果，皮萨罗和180名手下很快夺取了这个庞大帝国的控制权。同样，在蒙特苏马看来，科尔特斯就是前来夺回合法王位的羽蛇神，因此这位统治者也意志消沉地听任西班牙人在首都安营扎寨。

阿兹特克人的战争观也造成了灾难性的后果。他们把战争视为一种短期的仪式性活动，对战争的主要兴趣是捕获俘虏，用俘虏的心脏祭神。因此，他们的战斗往往是仪式性的较量，以最小的混乱和破坏来捕捉俘虏。当面对西班牙人时，这样一种军事传统显然成为一大缺陷。西班牙人是为了取胜而杀戮，阿兹特克人却一心只想着捉俘虏。

图119 16世纪阿兹特克人的绘画，描绘了西班牙征服墨西哥的战斗场景。

美洲印第安人不仅不具备击退欧洲人的技术和凝聚力，更致命的是缺乏抵御欧洲人带来的疾病的免疫力。自从数万年前渡过白令海峡之后，印第安人从未接触过任何其他大陆的人，因此很容易感染欧洲人和非洲奴隶带来的天花、麻疹、斑疹伤寒、黄热病和其他疾病。

近年来，人们已经大幅上调了对于1492年以前新大陆土著人口的估计值。如今人们认为，南北美洲的总人口在4300万～7200万人之间。正如所预期的一样，印第安人大多集中在中美洲的三大文明地区。无论是哪里的印第安人，在与欧洲人初次接触时的死亡率都高得惊人。这就是为什么新来的欧洲人经常会发现被废弃的田地和村庄，他们只需径直接管。据估计，1492年，墨西哥有2500万人口，1608年时锐减至100万人左右。其他地区同样出现了人口锐减。1508年，伊斯帕尼奥拉岛（即现今海地和多米尼加共和国）有6万美洲印第安人，1554年时下降到3万人，1570年时只剩下500人。1586年，秘鲁的一份报告形象地描绘了这场可怕的大浩劫：

> 流感不像钢刀那样寒光闪闪，但没有一个印第安人能逃得过去。破伤风和斑疹伤寒比一千只眼睛火红、口吐白沫的灰狗杀死的人还要多……天花比所有枪炮杀死的印第安人都多。瘟疫之风在这些地区肆虐，受到袭击者无人能幸免于难，瘟疫吞噬身体，吃掉眼睛，扼住喉咙。到处散发出腐烂的臭味。[4]

随后，来自欧洲的移民浪潮汹涌而至，印第安人毫无招架之力。最先到来的是商人，他们几乎没有遇到什么竞争或阻力便渗入整个美洲，因为美洲没有非洲那样的本土商人阶层。接踵而至的是移民，美洲气候宜人、土地肥沃，吸引了越来越多的移民，欧洲移民如洪水般淹没了不幸的印第安人。印第安人有时在绝望中拿起武器，却既不团结，也不具备基本的人力和物力资源，因而难逃失败的命运。格兰德河以北地区尤其如此，当地的印第安人本就人口稀少，最后幸存下来的印第安人寥寥无几，被赶进印第安人保留地。在人口比较稠密的阿兹特克人、印加人和玛雅人地区，大量印第安人在欧洲移民洪流中幸存下来。随着印第安人对欧洲人和非洲人带来的疾病产生免疫力，幸存者逐渐恢复了元气。如今，在玻利维亚和危地马拉等国，印第安人占据了人口的大多数。根据美国人口普查局公布的数据，1990年，美国的印第安人共有190万人，人数最多的是切罗基人（308132人），接下来依次是纳瓦霍人（219138人）、齐佩瓦人（103826人）和苏人（103255人）。

显然，美洲的力量对比格局与非洲完全不同。由于地理环境、人口较少、经济、政治和社会组织水平较低等因素，印第安人完全处于劣势，欧洲人得以占领整个美洲，而在非洲，欧洲人依然只有沿海地区的少数立足点。虽然美洲印第安人未能有效地抵御欧洲入侵者，但他们对人类发展做出了杰出贡献，这是谁也抹杀不了的事实。印第安人最大的贡献是驯化了如今已成为世界各地日常主食的许多植物，其中最重要的有玉米、马铃薯、豆类（蛋白质的主要来源）、南瓜、番茄和可可。总之，美洲驯化的植物几乎与整个旧大陆一样多，这是一项真正非凡的

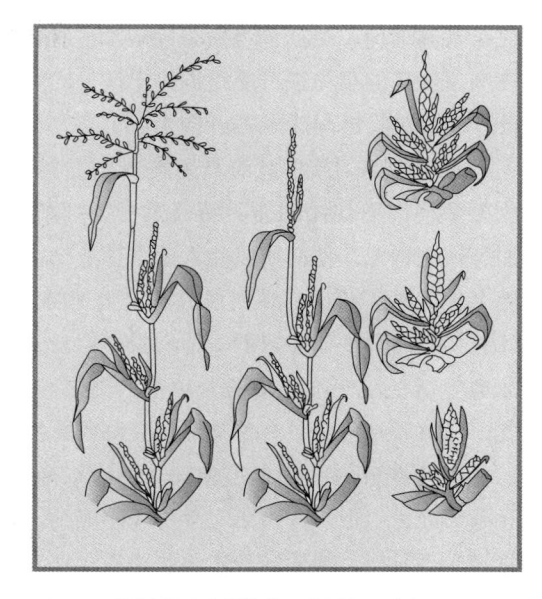

图120　美洲类蜀黍驯化为玉米过程示意图。

成就。如今美国超过一半的农产品都是来自最早由印第安人驯化的植物。鉴于美国是世界市场的主要粮食出口国，我们可以断定，如果没有美洲印第安先驱者，当今世界的总人口会少很多。

最后要指出的是，随着考古研究不断深入，我们对于美洲印第安文化的认识需要不断修正。例如，最近的考古发掘表明，除了玛雅文化、阿兹特克文化和印加文化之外，南美亚马孙丛林中可能还存在第四种文化。这是个有趣的发现，因为此前人们一直认为早期食物采集者不具备在热带雨林中生存的技术和技能。然而，考古学家们正在分析亚马孙河口附近洞穴中发现的数千件人工制品和烧焦的食物遗迹，大约1.1万年前，这些洞穴就已经有人类居住。这种独特的文化与其他美洲印第安文化不同，居民主要不是靠猎取大型动物为生，而是在河流和森林中觅食，主要靠捕食鱼、软体动物、乌龟和鸟类为生。

五、澳洲

澳洲是世界上最闭塞的大陆。这个大陆完全与世隔绝，所以当地古老的生命形态一直延续到现代，其中包括桉树类植物、单孔目动物和有袋类动物等哺乳动物。在澳洲，古老的人类种型也保存了下来，18世纪末，第一批英国移民到来时，澳洲原住民仍处于旧石器阶段。像美洲印第安人一样，目前尚无法确定最早的澳洲居

民出现在何时。最新的考古发现表明，他们大约是在5万年前到达澳洲。这意味着澳洲原住民的祖先很可能是世界上最早的水手，因为当时从东南亚前来这个岛屿大陆，要渡过将近64千米的开阔水域。

有三个不同族群渡海来到澳洲，在今天的原住民人口中仍可找到他们的踪迹。大多数澳洲原住民的体貌特征是身型纤细，四肢修长，棕色皮肤，头发和胡须卷曲，体毛稀疏。他们所以能大量幸存下来，是因为他们生活在现代白人移民视为不毛之地的沙漠地区。在气候凉爽、土地肥沃的澳洲大陆东南角，有一个人数很少、体貌特征迥异的原生族群，他们身材粗壮，浅棕色皮肤，体毛和胡须浓密。第三个族群生活在澳洲唯一覆盖着浓密的热带雨林的东北海岸，他们属于黑色人种的一支，身材矮小瘦弱，有着羊毛状头发和黑色皮肤。

这些族群的文化各不相同。澳洲东南角雨水充足，适合定居，因此这里的文化最为先进。但是，由于完全与外界隔绝，整个大陆的原住民仍处于旧石器时代的食物采集阶段。他们在技术和政治组织上尤为落后。他们赤身露体，身上只有一些装饰物。在干旱地区，他们的住房只是简单地用几块露天挡风篱搭在一起，在多雨地区则是低矮的圆顶小屋，用任何可用材料搭建而成。他们的主要武器是木制标枪、标枪投掷器和回旋镖。他们不懂制作陶器，所用器皿只有少数编织而成的袋子和篮子，偶尔也用树皮或木头制成盆子。他们是技艺高超、心灵手巧的食物采集者和狩猎者。他们的食物种类涵盖了各式各样的动植物，他们不仅掌握了这些动植物的种类、习性和特性的丰富知识，还尽可能地维持赖以生存的动植物的繁衍生息。但他们并非食物生产者，为了保障充足的食物供应，他们的办法是举行仪式而不是耕种。一种有代表性的仪式是，到希望有更多猎物和植物的地方，将泥土与血液混合。

与技术贫乏相对应，澳洲的政治组织几乎同样落后。像大多数食物采集者一样，澳洲原住民过着群居生活，若干家庭通常一起宿营，在一定区域内四处漫游。他们尚未形成真正的部落，只有按不同语言和文化特征的地域划分。因此，他们没有酋长、宫廷或是其他正式的政府机构。不过，原住民有十分复杂的社会组织和生活礼仪。狩猎者带回猎物或是妇女挖掘块根归来，都要严格按照规矩将收获平分给所有亲属。昆士兰北部的土著，若是有人打喷嚏，听到的人都要拍打自己的身体，拍打的部位则根据与打喷嚏者的亲疏远近而有所不同。

澳洲社会的非物质生活如此丰富，让研究原始习俗的学者们欣喜不已。但是，当18世纪末欧洲人到来时，这些事情上的早熟对原住民几乎毫无用处。美洲印第安人有着繁盛的文明和广泛分布的农业社群，尚且无力抵御白人，处于旧石器时代水平的澳洲原住民自然更是毫无胜算。欧洲人到来时，澳洲原住民人数很少，总共只有30万人左右。这意味着在自然条件良好的沿海或河谷地区，每平方英里只有一两个人，而在干旱的内陆，每三四十平方英里才有一个人。除了人数上的劣势外，原住民还缺乏进行有效抵抗所需的武器和组织。与美洲印第安人和非洲黑人不同，澳洲原住民几乎不愿获取和使用白人的"喷火棍"。因此，不幸的原住民惨遭英国移民的杀戮，这些移民有很多是无法无天的罪犯，从过度拥挤的英国监狱用船运到澳洲。疾病、酗酒、大肆屠杀和大量土地被占导致原住民人口锐减，如今只剩下4.5万人外加8万混血儿。1853年，一位维多利亚时代移民的一番话充分揭示了澳洲人的境遇："像莫希干人和其他许多著名部落一样，澳洲的土著民族似乎命中注定要在文明进步面前从自己的故土上消失。"[5]

[推荐读物]

关于美洲人口分布的最新资料，参阅 R. Shutler Jr., ed., *Early Man in the New World*（Sage，1973），书中还收录了一篇关于澳洲人口分布的文章。关于欧洲人对美洲印第安人的影响，一部生动的著作是：F. Jennings, *The Invasion of America : Indians, Colonialism, and the Cant of Conquest*（University of North Carolina，1975）。关于美洲印第安人数量的最新估计，见 M. Denevan, ed., *The Native Population of the Americas in 1492*（University of Wisconsin，1976）。

关于欧洲人扩张带来的致命的生物性后果，参阅 A. W. Crosby, *Ecological Imperialism: The Biological Expansion of Europe，900-1900*（Cambridge University，1986）。

从早期迁徙至今的美洲印第安人的历史，参阅 *America's Fascinating Indian Heritage*（Reader's Digest，1978），此书配有大量插图。P. Farb, *Man's Rise to Civilization as Shown by the Indians of North America …*（Dutton，1968），提出了很有启发性的解释，还分析了美洲印第安人的经验对于现代人的意义。其他值得一读的著作有：A. M. Josephy Jr., *The Indian Heritage of America*（Knopf，1968）；C. Beals, *Nomads and Empire Builders : Native Peoples and Cultures of South America*（Chilton，1961）；优秀的论文集有：H. E. Driver, ed., *The Americas on the Eve of Discovery*（Prentice Hall，1964）。V. W. Von Hagen 关于美洲三大文明的专著读来饶有趣味：*The Aztec : Man and Tribe*（New American Library，1958），*The Incas : People of the Sun*（World，1961）and *World of the Maya*（New American Library，1960）。有关爱斯基摩人，最好的总体研究著作是：K. Birket-Smith, *The Eskimos*（Crown，1971）。关于智利的早期印第安人以及他们是如何到达智利的，最近的考古发掘提供了一些有趣的细节，参阅 *Science*，September 18，1998，pp. 1775-1776，1830-1835。

关于澳洲原住民的权威著作有：A. P. Elkins, ed., *The Australia Aborigines*，3rd ed.（Angus，1954）；W. E. Harney, *Life Among the Aborigines*（Hale，1957）；R. M. and C. H. Berndt, *The World of the First Australians : An Introduction to the Traditional Life of the Australia Aborigines*（University of Chicago，1964）；A. A. Abbie, *The Original Australians*（Muller，1969）；G. Blainey, *Triumph of the Nomads : A History of Aboriginal Australia*（Overlook，1976）。

[注释]

1. J. J. Lockhart, trans., *The Memoirs of the Conquistador Bernal del Castillo*（London,

1844), I, pp. 238.
2. R. M. Adams, "Early Civilizations, Subsistence and Environment," in *City Invincible*, eds., R. M. Adams and C. H. Kraeling (University of Chicago, 1960), p. 270.
3. J. J. Lockhart, trans., *The Memoirs of the Conquistador Bernal del Castillo* (London, 1844), I, pp. 231-232.
4. E. Galeano, *Memory of Fire: Genesis* (Pantheon, 1985), p. 158.
5. A. G. Price, *White Settlers and Native Peoples* (Melbourne University, 1949), p. 121.

> 西方凭借一场技术革命起家，超越了所有其他现存的文明，并将它们强行合并成一个真正世界范围的单一社会。西方的突破性变革是用海洋取代草原，成为世界交往的主要媒介。这种对海洋的利用，首先是帆船，然后是蒸汽船，使西方能够将包括美洲在内的整个有人居住和适合居住的世界连为一体。
>
> ——A.J. 汤因比

第十七章　欧洲扩张前夕的世界

500年至1500年的千年中世纪，世界的力量对比发生了天翻地覆的变化。起初，西方是亚欧大陆上一个动荡的边缘地区，经历了帝国的解体和持续不断的入侵。直到12世纪，英格兰编年史家马姆斯伯里的威廉还表达了一种孤立感和不安全感：

> 世界的分割并不均匀。在它的三个部分中，我们的敌人将亚洲据为他们世袭的家园，我们的祖先正确地认识到，这一部分相当于世界其他两个部分的总和。然而，我们的宗教从前就是在这里伸展出枝杈；除两人外，所有的使徒也都是在这里迎接死亡。但现在，那些地区的基督徒（如果还有的话）只能靠耕作勉强维持生计，并且向他们的敌人纳贡，他们默默地指望我们让他们重获失去的自由。非洲，世界的第二个部分，两百多年来一直被我们的敌人用武力占领，这对基督教世界来说是个更大的危险，因为它曾经支持着最崇高的人，只要拉丁语还在沿用，这些人的作品就能使《圣经》不受岁月的侵蚀。第三部分是欧洲，世界上剩下的地区。我们基督徒只居住在这个地区的一部分，因为谁会给那些生活在遥远的岛屿上，像鲸鱼一样在冰冷的海洋上讨生活的野蛮人起基督徒的名字呢？世界上属于我们的这一小块土地受到好战的突厥人和萨拉森人的压迫：三百年来，他们一直占据着西班牙和巴利阿里群岛，并且希望吞噬其余的地区。[1]

但是，12世纪时，潮流已经开始转向。西方正在开发内部资源和活力，先是表现为针对穆斯林和异教徒旷日持久、如愿以偿的十字军东征，继而表现为向全球的海外扩张。反之，明代中国退回到闭关自守状态，奥斯曼土耳其人把葡萄牙人逐出印度洋的尝试无功而返，只得遗憾地认为："真主把陆地赐给了我们，把海洋赐给了基督徒。"同样引人深思的是，莫卧儿帝国的缔造者巴布尔在著名的《回忆录》中只字未提葡萄牙人，莫卧儿海军也从未试图夺回穆斯林在印度洋上的主导权。世界的海洋就这样向西方人敞开了大门，而西方人迅速抓住了这个机会。1625年，一位奥斯曼观察家揭示了这一转变对于世界事务的意义：

> 如今欧洲人学会了去认识整个世界，他们把船只派往各地，夺取重要的港口。从前，印度、信德和中国的货物通常运到苏伊士，再由穆斯林销往世界各地。如今这些货物却装上葡萄牙人、荷兰人和英国人的船只，运往弗朗吉斯坦［西方基督教国家］，再从那里运往世界各地。他们将自己不需要的东西运到伊斯坦布尔和其他伊斯兰国度，以5倍的价格出售，从中牟取暴利。由于这个原因，黄金和白银在伊斯兰国家变得越来越稀缺。奥斯曼帝国必须控制也门海岸和途经那里的贸易，否则欧洲人很快就将统治伊斯兰国家。[2]

图121 卡特里娜像。阿尔布雷希特·丢勒的这幅画证明16世纪的欧洲有非洲奴隶。卡特里娜是葡萄牙经济大臣若昂·布拉达昂的仆人。布达拉昂住在当时的欧洲金融中心安特卫普，1520—1521年，丢勒逗留低地国家期间与之结识。

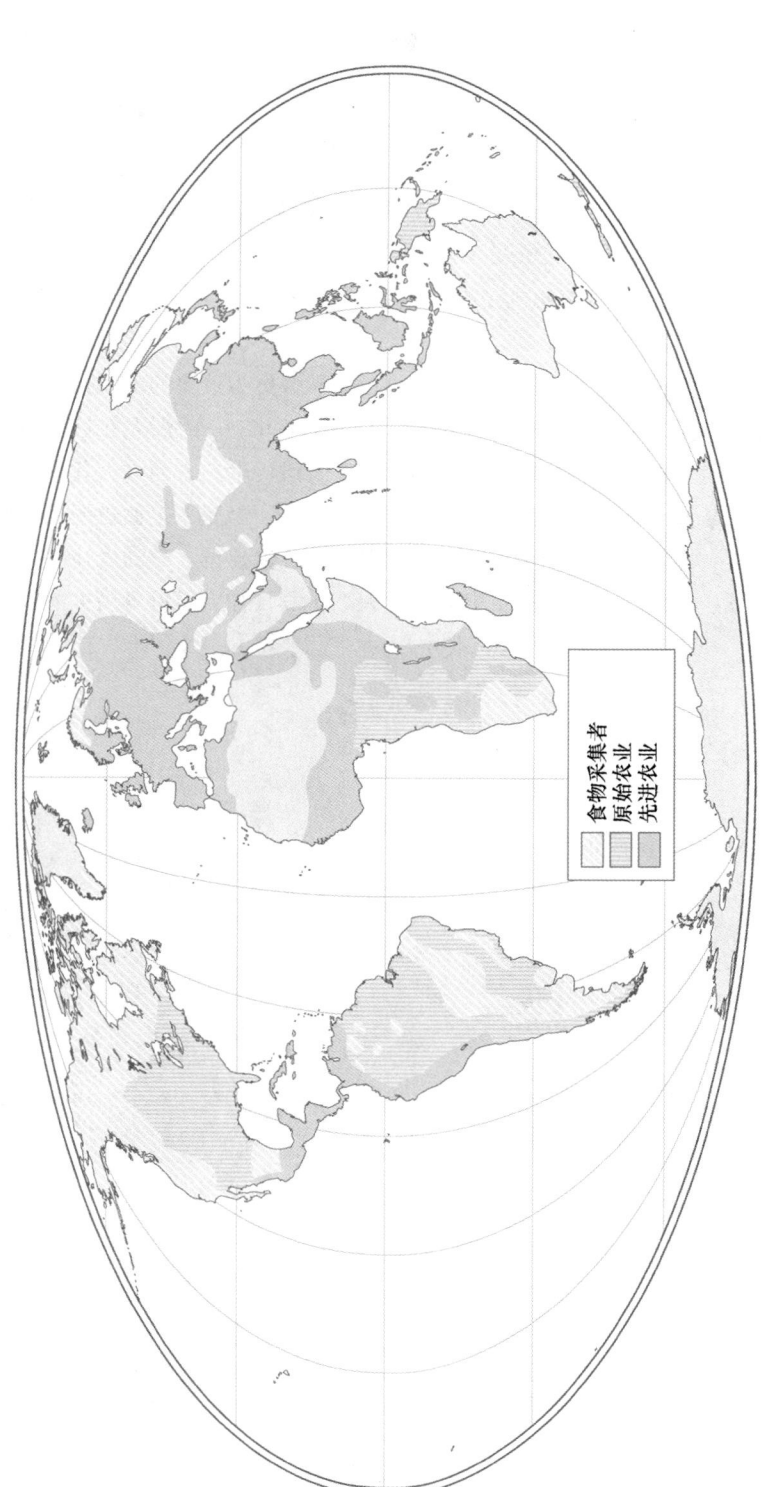

地图18 公元1500年前后世界的文化区

食物采集者
原始农业
先进农业

这番富有见地的分析与500年前马姆斯伯里的威廉的看法形成了鲜明对比，清楚表明了全球力量对比的根本转变。这一转变意义重大，标志着西方占据主宰地位的现代时期的开端。

游牧民族的陆上入侵宣告了古典时代和中世纪时代的来临，这些具有强大机动性的游牧民族趁帝国虚弱之机闯入各大文明中心。反之，西方人的海上入侵拉开了现代的序幕，他们以同样的机动性活跃在世界的海洋，可以在全球范围内自由航行。

西方人不仅掌握了无可匹敌的海上优势，还具备更为重要的整体技术优势，在接下来的几个世纪里，这一优势将变得更加突出。16世纪，欧洲人在远洋帆船和舰炮上的优势相当于铁制兵器对青铜兵器的优势，而到19世纪，西方人凭借轮船、大工业和机枪，掌握了更像是农民相对于狩猎者的优势。因此，正如班图人无情地排挤了布须曼人一样，欧洲人不可阻挡地登上了全球统治地位。欧洲人让各个大陆建立起直接联系，从而结束了世界历史的亚欧大陆阶段，开启了世界历史的全球阶段（见地图18）。

[注释]

1. W. Clark, "New Europe and the New Nations," *Daedalus*（Winter, 1964）, p.136.
2. B. Lewis, *The Emergence of Modern Turkey*（Oxford University, 1961）, p.28.

历史的启示

历史上的人种

当西欧人开始探险之旅时,他们发现世界各地的民族有着大相径庭的发展水平。例如,中国人的文明富庶发达、治理井然,乃至许多早期的欧洲来访者认为中国的文明优于自己的文明。另一些海外民族则是赤身露体、四处游牧的食物采集者,欧洲人看不起他们,几乎不把他们当人看待。于是,欧洲人将他们赶进沙漠或丛林,奴役他们,追捕他们,消灭他们。欧洲人为这样的行径辩护的理由是:欧洲人是优等民族,将优越的文明之光带给世界上的劣等(因而也是落后的)民族。

这种论调引发了一个至今争论不休的问题:不同的人类种族在基因上是平等的,还是有些天生优越,有些天生低劣?尽管不是全部,绝大多数科学家都认为不同种族在基因上基本是平等的。1952年9月,体质人类学家和遗传学家在一次国际会议上发表的声明就颇具代表性:

> 现有的科学知识不能为认为人类群体在智力和情感发展的先天能力方面存在差异的说法提供任何依据……基因差异在决定不同人群的社会和文化差异方面意义不大。[1]

如果基因不能解释欧洲探险家在海外看到的不同种族的巨大差异,那么什么能解释呢?这是当今世界的一个热点问题。由此还引发了争议性的种族主义问题,即认为一个种族在生理上比另一个种族优越。教皇约翰·保罗二世十分关注这个问题,要求罗马教廷的正义与和平委员会"促进和唤醒……不同族裔、不同人种相互尊重的良知"。1988年,该委员会发表报告称,古代并不存在种族主义,它是一种现代现象;希腊人和罗马人都相信自己的文化优于蛮族,但他们并不认为所谓的蛮族由于先天的生理原因而低人一等。在前现代时期,基于基因的种族主义并不是一个迫切需要解决的问题,原因很简单,各种族之间关山阻隔,彼此孤立,因而无须面对这个问题。但是,随着欧洲的海外扩张以及随之而来的对美洲印第安人和非洲人的征服和奴役,种族主义成为为这些行径辩护的一个方便借口。1537年,教皇保罗二世[1]谴责这样一种观点,即认为"西印度群岛和南方大陆的居民……应该被当作无理性的动物来对待,应该专门为我们的利益服务并充当我们的仆人……我们特此决定并宣布,不得剥夺上述印第安人以及基督教将来会认识的任何其他民族的自由和财产……即使他们不是基督徒;相反,理应让他们享有自由和财产……她[教会]向所有人传递并且努力践行的宗旨是'每个人都是我的兄弟姐妹'"。²

回到前面的问题,即为什么欧洲探险家所发现的海外民族会有如此巨大的发展差异?著名人类学家弗朗兹·博厄斯提出了一种似乎合乎历史经验的理论:

> 人类历史表明,文化的进步取决于一个社会群体向邻近群体借鉴经验的机会。一个群体的发现会传播给其他的群体,因此,接触面越广也就意味着借鉴的机会越多。文化水平最低的部落大体上就是那些长期处于闭塞状态的部落,因为它们无法从邻近部落的文化成就中获益。³

换言之,决定人类不同发展水平的关键在于环境的开放程度。一个民族与其他民族交往的机会越多,取得进步的可能性就越大。事实上,这也是环境使然,因为开放的环境不仅带来机遇,也意味着淘汰压力。这种开放性环境意味着,如果不抓住机会发展,就随时有可能被同化乃至被淘汰。相反,那些闭塞的民族既没有受到激励,也不会面临威胁,从而毫无淘汰压力可言,即便在几千年时间里保持相对不变,也不会危及生存。

如果把这个假说应用到全球范围,我们不难看出,文化阻碍最大的种群应该是地处偏远的澳洲原住民,其次是新大陆的美洲印第安人,然后是撒哈拉沙漠以南非洲的黑人,最后,阻碍最小、或者说文化最先进的,是彼此之间的联系日益紧密的亚欧大陆民族。很显然,公元1500年后,欧洲探险家所发现的正是这种不同的文化层次差异。澳洲原住民仍处在旧石器时代的食物采集阶

---

[1] 原文如此。根据上下文,应为保罗三世。——译者注

段。美洲印第安人有不同的层次,从加利福尼亚人的旧石器时代部落,到令人赞叹不已的墨西哥文明、中美洲文明和秘鲁文明。非洲黑人也表现出同样的文化多样性,虽然他们的总体发展水平比较高。最后是完全达到另一个层次的文明,即先进和发达的亚欧大陆文明:中东的伊斯兰文明、南亚的印度文明以及东亚的儒家文明。

至此,我们可以得出结论,公元1500年后西方人对全球的统治并不意味着西方人具备基因优势,而只是表明西欧人在这一历史时期占尽了天时地利。在其他历史时期,就完全是另一番景象了。例如,在古典文明时代,地中海民族是文明世界的中心,从而成为环境开放程度最高、也是最发达的民族。反之,北欧人处于边缘,因而是闭塞和不发达的民族。公元前1世纪,西塞罗在给雅典的朋友的信中写道:"你不要找从不列颠来的奴隶,因为他们太愚蠢,完全不能接受教育,不适合成为雅典家庭的一分子。"[4]

同样,中世纪文明时期,地中海依然是中心,北欧也依然是落后民族的偏远地区。因此,11世纪,西班牙托莱多的一位穆斯林写道:"比利牛斯山脉以北的种族性情冷淡,永不成熟;他们身材高大,皮肤白皙。但他们完全不具备敏锐的智慧和高超的洞察力。"

西塞罗和那位托莱多穆斯林虽然时代不同,却都有理由看不起北欧人的"愚蠢"以及缺乏"智慧"和"洞察力"。但是,古典时代和中世纪时代北欧人的"落后"跟基因毫不相干。同理,地理大发现时代非洲人、美洲印第安人或大洋洲原住民的"落后",或是当今世界欠发达民族的"落后",也与基因无关。

在任何一个时代,"落后"都意味着挨打,因为"落后"民族在人数和技术上都落后于其他民族。在〔1999年〕有着60亿人口和技术失控的当今世界尤其如此。据估计,1500年以来,世界上至少有三分之一的人类文化已经消亡,它们要么被毁灭,要么被同化。因此,美国人类学学会成立了一个"人权委员会",1972年还建立了一个名为"文化遗存"的组织。这个组织致力于保护现存的文化,为一些原住民鼓与呼,例如,因为亚马逊盆地淘金热而濒危的雅诺马马印第安人、因石油公司的开采而遭受灭顶之灾的尼日利亚奥戈尼人部落,以及受到危地马拉军队劫掠的玛雅印第安人。众所周知,尽管"土著"居民的处境岌岌可危,这些濒危社群仍然占到世界人口的5%。[5]

[推荐读物]

关于种族的性质、意义和结果，最佳读物是 P. Mason，*Race Relations*（Oxford University，1970）。联合国教科文组织组织了国际上一批科学家撰写的论文，见 *The Race Question in Modern Science*（Morrow，1956）。这些论文的作者一致认为，一个种族的成就取决于历史和社会背景，而不是基因。相反的观点，参阅 A. R. Jensen，*Genetics and Education*（Harper & Row，1972），*Bias in Mental Testing*（Free，1980）。L. J. Kamin，*The Science and Politics of IQ*（John Wiley，1974）反驳了 Jensen 的观点；S. J. Gould，*Ever Since Darwin*（Norton，1981）也做了最生动和权威的反驳。J. Dower，*War Without Mercy*（Pantheon，1986）分析了第二次世界大战期间，种族在太平洋地区的作用。

[注释]

1. UNESCO，*What Is Race?*（Paris，1952），pp. 85，86.
2. F. Boas，"Racial Purity,"*Asia*，XL（May，1940），p. 231.
3. R. Benedict，*Race : Science and Politics*，rev. ed.（Viking Press，1943），p. 7.
4. R. Benedict，*Race : Science and Politics*，rev. ed.（Viking Press，1943），p. 8.
5. *New York Times*，March 19，1996.

第五编

诸孤立地区的世界

(公元1500年前)

A GLOBAL HISTORY

第五编关注两个基本问题：为什么研究世界史应当从1500年开始？为什么是西方人在15世纪末、16世纪初的重大发现和探险中扮演了主角？我们将在第十八章回答第一个问题，本编其余各章来回答第二个问题。

人们通常想当然地认为，只有西方人才能做出改变人类进程、开启世界历史新纪元的历史性发现。这种看法完全站不住脚，尤其是考虑到中东的穆斯林和东亚的中国人都有辉煌的航海传统。那么，为什么是西方率先从事至今仍能感受到其影响的海外扩张呢？第十八、十九章将分析伊斯兰世界和儒家文化圈的传统社会，第二十、二十一章将考察与之形成鲜明对比的充满活力的西方社会。

> 如果有人想领略这些时代最辉煌的时刻,那么没有比土耳其更好的地方了。
>
> ——H. 布朗特,1634年

第十八章　西方扩张之际的伊斯兰世界

为什么中国或阿拉伯没有出现哥伦布式的人物?要回答这个问题,首先要弄清楚当时的儒家文化圈和伊斯兰世界的状况。在本章和下一章中,我们将分析为什么中国和中东高度发达和富庶,却没有出现西欧那样的扩张主义。我们将看到一个吊诡的现象,正是由于富庶和发达,中国人和穆斯林形成了自以为是、自鸣得意的心态,从而未能适应变化的世界。

一、穆斯林帝国的崛起

如果1500年前后,有人能站在月球上观察地球,伊斯兰世界会比基督教世界给他留下更深刻的印象。这位虚构的观察者会对伊斯兰世界的辽阔疆域及其不断扩张印象深刻。最早的穆斯林是阿拉伯半岛的阿拉伯人,他们在宗教领袖穆罕默德的领导下第一次团结起来。穆罕默德认为自己受了神的感召,警告子民"最后审判日"终将来临,届时守信者获得酬报,升入天堂,恶人则受到惩罚,被打入地狱。穆罕默德要求追随者履行一定的仪式,即通常所说的伊斯兰教的"五功"(详见前文230—231页)。这些仪式和《古兰经》规定的戒律不仅提供了一种宗教信仰,而且制定了一套社会规范和政治制度。伊斯兰教信徒感受到彼此间的兄弟情谊和共同的使命感,有助于将当时一盘散沙的阿拉伯人团结起来。

632年穆罕默德去世后,阿拉伯人冲出了阿拉伯半岛,迅速征服了中东的拜占庭帝国和萨珊帝国,接着向东扩张到中国边境,向西穿越北非进入西班牙。750年,穆斯林扩张的第一阶段告一段落,建立起一个从比利牛斯山脉到印度西部、从摩洛哥到中国边境的庞大穆斯林帝国(见地图19)。750年至1500年间,穆斯林又进行了

287

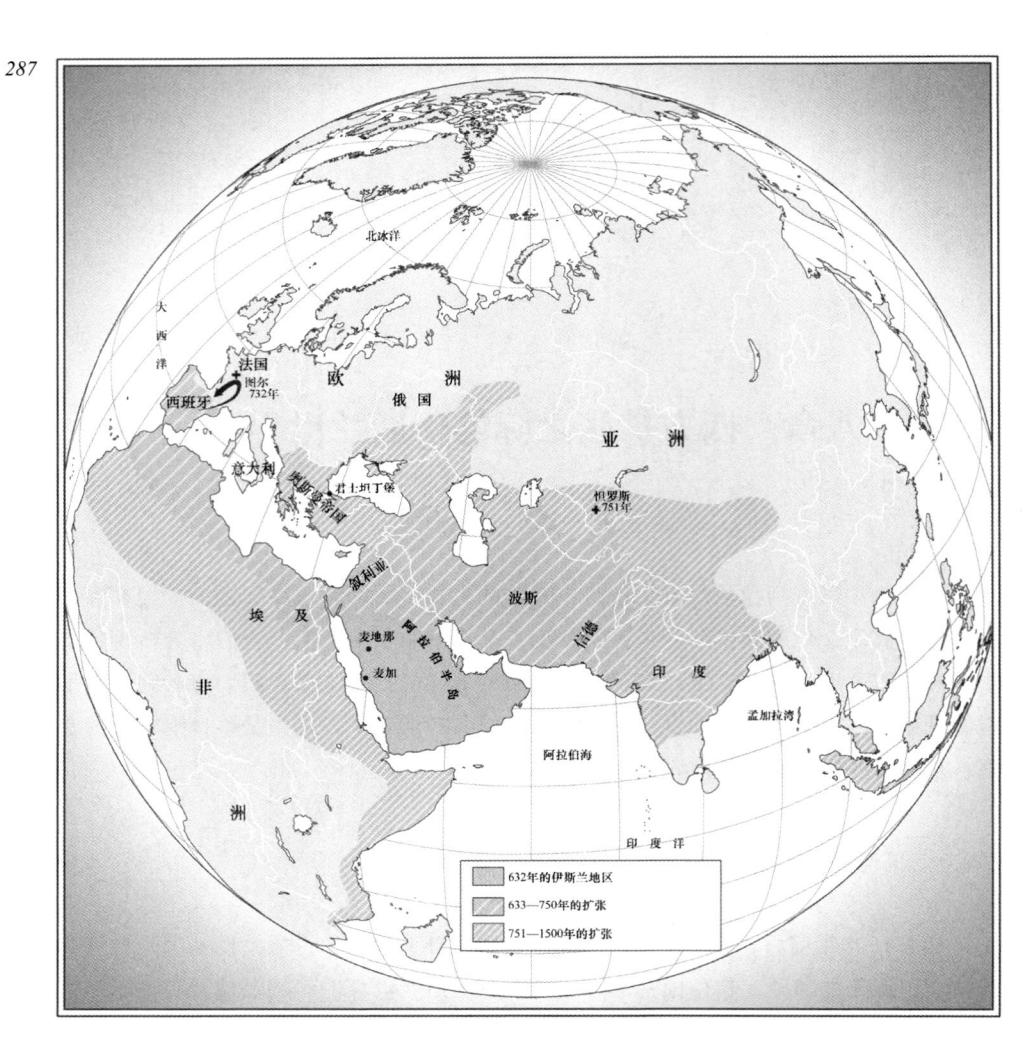

地图19　公元1500年前伊斯兰的扩张

第二阶段扩张，他们向西渗透到中欧，向北抵达中亚，向东进入印度和东南亚，向南深入到非洲内陆。最终，伊斯兰世界的疆域扩大了一倍，幅员面积远远超过亚欧大陆西端的基督教世界和东端的儒家文化圈。

1500年前后，伊斯兰世界不仅幅员最为广阔，而且此后继续大力扩张。与通常的看法相反，西欧并不是当时世界上唯一扩张疆域的地区。在基督教世界走向海外之际，伊斯兰世界依然在扩张，只不过是通过陆路扩张。16世纪初，葡萄牙人在印度和东印度群岛建立了立足点，西班牙人正在新大陆征服一个帝国。与此同时，皈依伊斯兰教的中亚民族奥斯曼土耳其人正在向中欧进军，他们占领了匈牙利，并于1529年包围了欧洲心脏地带的哈布斯堡王朝首都维也纳。在印度，赫赫有名的莫卧儿皇帝稳步向南扩张帝国，最终成为几乎整个印度半岛的主宰。在其他地方，穆斯林信仰继续向非洲、中亚和东南亚传播。

伊斯兰教的持续扩张部分要归因于强行改变非信徒的信仰，尽管穆斯林并不像基督教徒那样普遍使用强制手段。但是，穆斯林商人和传教士潜移默化的传教活动要远比强制手段有效，他们在文明程度较低的民族当中尤为成功。通常情况下，最先到来的是集传教与经商于一体的穆斯林商人。穆斯林商人在经商时总是与他们想要争取的对象持续保持密切的联系。此外，他们也不会有肤色障碍，即便与当地村民不属于同一个种族，他们也很可能会娶当地女子为妻。结婚后女方的家庭成员往往会皈依伊斯兰教。很快，孩子们需要接受宗教教育，于是建立起伊斯兰学校，这些学校往往既招收穆斯林子弟，也招收异教徒子弟。伊斯兰学校教儿童阅读《古兰经》，学习伊斯兰教教义和礼仪。从诞生之日起，伊斯兰教就要比其他任何宗教更成功地赢得皈依者，原因就在于此。即使在当今的非洲，由于伊斯兰教对本土文化的独特适应能力，加之当地民众普遍将基督教视为外来白人主子的宗教，伊斯兰教在与基督教的竞争中依然占据上风。

1500年前后，伊斯兰世界不仅版图不断扩大，还有三个举世闻名的穆斯林大帝国：地跨中东、北非和巴尔干半岛的奥斯曼帝国，波斯的萨珊帝国，印度的莫卧儿帝国。这三大帝国都在这个时候臻于强盛，统治着伊斯兰世界的中心地带。

这三大帝国的崛起部分要归功于火药的发明以及火枪和大炮的出现。新武器加强了伊斯兰世界的核心力量，同一时期它们在基督教欧洲也起到了相同的作用。然而，火器绝不是三个穆斯林帝国崛起的唯一因素。同样重要的是，伊斯兰世界涌现出富有才干的开国领袖，而且当时出现了使他们得以开疆拓土、建立帝国的有利形势。接下来，我们就来看看这些因素是如何相互作用，让这三个穆斯林帝国的发展壮大成为可能的。

奥斯曼帝国

奥斯曼帝国得名于奥斯曼人，他们是最初来自中亚的分布广泛的突厥人的一支（阿拉伯半岛的阿拉伯人属于闪米特人的一支）。几个世纪以来，一波又一波突厥部落涌入富饶的中东地区。早在8世纪，突厥人就已经渗入伊斯兰帝国，起初是充当雇佣兵。10世纪，迫于来自后方的蒙古人的压力，更多突厥部落迁入中东，其中包括被称为塞尔柱突厥的部落。1071年，这些新来者在决定性的曼兹科特战役中打败了拜占庭军队，突破了托罗斯山脉这一传统的小亚细亚边界，托罗斯山脉在过去的1400年里一直是庇护着罗马和拜占庭的屏障。这场胜利之后，小亚细亚大部分地区被纳入了塞尔柱帝国版图，只有西北角还属于拜占庭人。

随后，塞尔柱帝国也衰落了，分裂成许多独立的苏丹国。13世纪末，新的突厥移民群体到来，进一步加剧了塞尔柱人地区的混乱局势。其中一群突厥人定居在这一地区的西北边缘，那里离分隔亚欧两大洲的具有战略意义的海峡不到80千米。1299年，这群突厥人的首领奥斯曼宣布摆脱塞尔柱人的统治独立。奥斯曼人就是从这个不起眼的开端起步，一举建立起庞大的奥斯曼帝国，帝国的名称就来源于名不见经传的奥斯曼。

这一令人眼花缭乱的成功故事的第一步是征服拜占庭仅存的小亚细亚领地。1340年，整个小亚细亚臣服于星月旗之下。1354年，土耳其人渡过海峡，在加里波利修筑了要塞，在欧洲建立起第一个立足点。进攻欧洲的土耳其人恰逢一个不可多得的大好时机。14世纪，整个基督教世界陷入了衰退和分裂。可怕的瘟疫黑死病四处蔓延，造成许多基督教国家人口锐减。英国和法国深陷毁灭性的百年战争。（这场战争的起讫时间意义重大。它开始于1337年，当时土耳其人正在进行对小亚细亚的征服，而在它结束的1453年，土耳其人攻占了君士坦丁堡。）由于威尼斯与热那亚长期不和，意大利各国无力抵御土耳其人的进攻。巴尔干半岛无可救药地陷入分裂，既有天主教、东正教以及异端教派鲍格米勒派之间的宗教冲突，早已不复昔日强盛的拜占庭帝国、塞尔维亚帝国和保加利亚帝国也频繁爆发战争。雪上加霜的是，像小亚细亚一样，巴尔干半岛的基督教农民对自身境况极为不满，很少乃至根本不抵抗入侵的土耳其人。

正是由于上述原因，奥斯曼人从小亚细亚基地开始的扩张获得了巨大的成功。1384年，奥斯曼人占领了索菲亚，随后很快控制了保加利亚全境。5年后，奥斯曼人在历史性的科索沃战役中大败南部斯拉夫人军队，直接摧毁了塞尔维亚帝国。这些胜利意味着土耳其人对君士坦丁堡形成了合围之势。1453年，土耳其人攻占了这座被围困的首都，终结了有着千年历史的拜占庭帝国。

第十八章 西方扩张之际的伊斯兰世界

图122 苏莱曼清真寺。这座清真寺是伊斯坦布尔最宏伟的清真寺之一,它坐落在伊斯坦布尔金角湾的第三山丘上,以建造者、"立法者"苏莱曼的名字命名。清真寺由建筑师锡南设计和督造,1557年竣工。锡南原本是个奴隶士兵,一步步从基层晋升上来,死后就葬于这座清真寺。

随后,土耳其人调转兵锋,南下进攻富庶的伊斯兰国家叙利亚和埃及。土耳其人势如破竹,于1516年占领了叙利亚,次年又占领了埃及。在中欧,奥斯曼帝国完成了征服的最后阶段。著名的苏莱曼大帝率军渡过多瑙河,在1526年的莫哈奇战役中一举粉碎了匈牙利人国家。三年后,苏莱曼率军包围了维也纳,但最终被击退,这部分是因为连降暴雨,苏莱曼无法使用重炮。尽管进攻维也纳受挫,土耳其人仍不断取得一些局部战果:1570年,占领塞浦路斯,1669年,占领克里特岛,10年后,占领了波兰的乌克兰地区。

鼎盛时期的奥斯曼帝国是一个巨无霸帝国。帝国的统治中心是土耳其小亚细亚,帝国南部的人口以穆斯林阿拉伯人为主,西部大多是巴尔干基督教徒。这个大帝国地跨欧、亚、非三大洲,坐拥 5000 万人口,而当时英国只有区区 500 万人口。毫不奇怪,奥斯曼帝国的不断扩张让基督教徒惊恐不已,把它说成是"一场愈演愈烈的大火,吞噬遇到的一切,而且还在继续蔓延"[1]。

图123 苏莱曼大帝与匈牙利人作战。

萨珊帝国

波斯的萨珊帝国是这一时期的另一个穆斯林大帝国。像小亚细亚一样,波斯也被塞尔柱突厥人所征服。不同的是,小亚细亚突厥化了,而波斯在种族和文化上仍然保持了波斯人(伊朗人)特色。之所以会出现这种不同的结果,可能是因为波斯早在7世纪伊斯兰扩张的第一阶段就已经成为伊斯兰国家,而小亚细亚始终是基督教拜占庭帝国的一部分。因此,波斯没有像小亚细亚那样涌入大批穆斯林战士,波斯社会基本上保持原样,只有较少的土耳其行政官员和军人统治阶级。

公元1000年前后以来,波斯一直处于塞尔柱突厥人的统治之下,1258年,蒙古人入侵并征服了这个国家。新来的蒙古统治者称作伊儿汗,起先是佛教徒或基督教徒,1300年前后,他们皈依了伊斯兰教。蒙古人给波斯造成了很大的永久性破坏,摧毁了许多城市和灌溉工程。1500年,萨珊王朝推翻了伊儿汗王朝,波斯逐步恢复了元气。

新兴的萨珊王朝是几个世纪以来第一个波斯本土王朝，王朝的缔造者是伊斯玛仪一世。伊斯玛仪在位24年，凭借军事才能和宗教政策统一了这个国家。他将什叶派伊斯兰教定为国教，无情地镇压敌对的逊尼派。从此，波斯人信奉什叶派教义，从而有别于大多为逊尼派的土耳其人和周边地区的其他穆斯林。

萨珊王朝最杰出的统治者是1587—1629年在位的阿拔斯一世。他建立了炮兵部队，并使波斯军队现代化。在阿拔斯一世统治下，波斯成为国际公认的强国，欧洲国家的使节络绎不绝地前往波斯，谋求与波斯结盟共同对抗奥斯曼帝国。事实上，这两个伊斯兰国家在这一时期的欧洲外交中占据了突出地位。例如，法国国王弗朗索瓦一世曾与苏莱曼大帝联手对抗哈布斯堡帝国皇帝查理五世。另一方面，为了对付这两个共同的敌人，哈布斯堡帝国则与波斯人合作。基督教国家与伊斯兰国家的这种关系在当时被指责为"有失虔敬"和"亵渎神圣"，也说明奥斯曼帝国和萨珊帝国已经成为任何欧洲外交家都不能小觑的世界强国。

莫卧儿帝国

正如两位杰出的萨珊王朝统治者在波斯建立起一个"民族"王朝，两位杰出的莫卧儿统治者巴布尔和阿克巴在印度缔造了一个"民族"王朝，在一个以印度教为主的国家，穆斯林统治者能取得这样的成就是非常了不起的。

历史上穆斯林曾先后三次入侵印度，这三波入侵浪潮在时间上相隔甚远。712年，阿拉伯穆斯林入侵印度河口附近的信德地区，掀起了第一波入侵浪潮。这些阿拉伯人未深入内地，没有对印度产生多大的影响。

第二波浪潮是在1000年前后，突厥穆斯林以阿富汗为基地，开始不断袭掠印度。这些袭掠断断续续持续了4个世纪，造成了巨大的生命和财产损失。最终，突厥人在印度北部建立了许多穆斯林王国，而印度南部依然是印度教国家的地盘。但即便在印度北部，信奉印度教的印度人依然占人口的大多数，他们并未像小亚细亚的居民那样伊斯兰化和突厥化。原因依然在于人口数量，与数百万本土印度人相比，从北方南下的突厥人少得几乎可以忽略不计。突厥人把持了政府和军队的高级职位，印度教臣民则务农和经商，还成为官僚机构的主体。一些地区确实有大批居民皈依伊斯兰教，尤其是那些想借助新宗教来摆脱压迫的低级种姓。不过，1500年莫卧儿人掀起第三波穆斯林入侵浪潮之际，印度依然是一个印度教徒占绝大多数的国家。

这一次的入侵者依然是突厥人，首领是经历丰富多彩的巴布尔，他是能征惯战的突厥征服者帖木儿的直系后裔。1526年，巴布尔率领装备火绳枪和大炮的1.2万人的小部队打败了印度的10万大军。巴布尔乘胜占领德里，立为新都。4年后，巴布尔去世，继承人继续他的未竟事业，帝国迅速发展壮大。在巴布尔的孙子、著名的阿克巴统治时期（1556—1605年在位），莫卧儿帝国达到鼎盛。

阿克巴是莫卧儿王朝最杰出的皇帝。他不断开疆拓土，相继征服了西面的拉杰普塔纳和古吉拉特、东面的孟加拉以及南方德干高原上的几个小国。莫卧儿人的统治从喀布尔和克什米尔扩展到德干高原，随后的奥朗则布（1658—1707年在位）进一步扩大了帝国版图，几乎达到印度半岛的最南端。阿克巴不仅战功卓著，而且多才多艺、兴趣广泛，是一位了不起的人物。他虽然是个文盲，却思维敏锐、爱动脑筋，让熟悉他的耶稣会士由衷敬佩。他的涉猎范围之广令人赞叹，让人联想到彼得大帝。像那位俄国沙皇一样，阿克巴在机械上有很高造诣，对冶金颇有研究，还曾设计过威力强大的火枪。他学习绘画，热爱音乐，是个马球高手，还会演奏多种乐器，最喜爱的乐器是铜鼓。阿克巴甚至还创立了一种全新的宗教"丁-伊-伊拉希"，意思是"神圣宗教"。这是一种兼收并蓄的宗教，糅合了多种来源的元素，尤其是印度拜火教、耆那教和印度教。阿克巴希望用共同的信仰把印度教臣民和穆

图124 泰姬陵。泰姬陵建于1631—1653年，或许是世界上最美丽的陵墓，它是莫卧儿皇帝沙·贾汗为宠妃泰姬·玛哈尔所建，坐落在莫卧儿帝国首都阿格拉的亚穆纳河南岸，堪称莫卧儿建筑的瑰宝。

斯林臣民团结起来。不过，这种宗教对这个国家没有产生什么影响，因为它太过深奥，吸引不了普通民众，就连宫廷里也没有多少皈依者。

阿克巴废除了对印度教徒的歧视性惯例，确立了印度教徒与穆斯林的平等地位，从而做到了他的合成宗教做不到的事情。他还废除了印度教徒前往圣地朝觐时缴纳的香客税以及向印度教徒征收的人头税，后一种税是所有伊斯兰国家都向非伊斯兰教徒征收的。阿克巴还向印度教徒开放国家的高级职务，印度教徒从此不再把莫卧儿帝国当成敌人。一个新印度开始出现，正如阿克巴梦寐以求的那样，这是一个民族国家，而不是分裂为穆斯林主人与占人口多数的印度教臣民的国度。

二、穆斯林帝国的鼎盛

军事实力

这三个穆斯林帝国都是一流军事强国。一个有力的证据是，1525年12月，法国国王弗朗索瓦一世向奥斯曼苏丹苏莱曼大帝发出呼吁，请求土耳其人出兵进攻神圣罗马帝国皇帝、哈布斯堡王朝首脑查理五世。1526年，苏莱曼做出回应，率军渡过多瑙河，占领了匈牙利，从而减轻了弗朗索瓦的压力。除了这次行动外，土耳其人还曾多次发动对欧洲的远征，这些远征不仅援助了法国（土耳其人也乘机攫取了更多领土和战利品），还把哈布斯堡王朝的注意力从德国转到受威胁的多瑙河边境，从而拯救了异端路德宗。穆斯林的军事实力竟然对处于关键成型期的新教事业做出了重大贡献，这真是让人匪夷所思的事情。

穆斯林军队的炮兵通常要比欧洲军队落后，主要是依靠欧洲人提供最先进的火炮和最有经验的炮手。但双方的差距只是发展程度之分，绝非优劣之别。穆斯林帝国不会因为炮兵不足而毫无还手之力。穆斯林军队也有充足的炮兵装备，只是效率和人员配备上不如当时最优秀的欧洲军队。穆斯林十分精明，尤其是土耳其人，他们购买西方的大炮，雇佣西方炮手，只是由于缺乏技术和工业，无法跟上西方军备快速发展的步伐。

另一方面，伊斯兰世界庞大的兵力让欧洲观察者望洋兴叹。据估计，阿克巴时期整个印度的常备军人数超过100万人，换句话说，要比1914年的印度军队兵力多一倍以上。不仅如此，在穆斯林帝国鼎盛时期，这些庞大的军队训练有素、纪律严明。由于一目了然的地域原因，欧洲人最熟悉奥斯曼军队。大量的第一手经验使得欧洲人对奥斯曼军队印象深刻，肃然起敬。苏莱曼大帝统治时期，哈布斯堡王朝驻君士坦丁堡的使节欧吉尔·吉塞林·德·布斯贝克的报告就很有代表性。1555年，布斯贝克参观了一座奥斯曼兵营，他在给国内的报告中写道：

> 一想到［哈布斯堡王朝与奥斯曼帝国］这样不同的制度之间斗争的结果，我就不寒而栗……在他们那边，帝国拥有巨大的财富，完备的军事资源、经验和训练，士兵久经沙场，所向披靡，吃苦耐劳，团结一致，秩序井然，纪律严明，崇尚节俭，时刻警觉。而在我们这边，国库空虚，生活奢靡，资源枯竭，精神萎靡，士兵缺乏训练，不服从命令，将领贪得无厌，无视纪律，恣意妄为，酗酒放荡。最糟糕的是，敌人习惯于胜利，而我们习惯于失败。结果如何不是不言而喻吗？唯一的障碍是位于入侵者后方的波斯，迫使他们不得不采取防范措施。他们对波斯的恐惧给了我们喘息之机，但这只是暂时的。[2]

行政效率

每个伊斯兰国家的首脑都掌握了对臣民的绝对权力。可以说，帝国首脑的素质决定了国家行政管理的优劣。16世纪，伊斯兰国家的首脑都是才干卓著之人。当然，苏莱曼、阿拔斯和阿克巴足以媲美世界上任何地方的君主。阿克巴建立了组织严密的官僚机构，官员级别用骑兵军衔来标示。莫卧儿帝国行政部门待遇优厚、前程远大，吸引了印度和国外的优秀人才。据估计，莫卧儿帝国70%的官员是波斯人和阿富汗人等外国人，其余是印度穆斯林和印度教徒。官员死后，其财产由皇帝继承，职位则空缺出来。这种做法减轻了贪污腐化和世袭任职等弊病，而这些弊病当时正困扰着西方国家。

阿克巴的官僚机构向所有臣民开放，任职和晋升依据的是才干而不是宗教信仰。驻君士坦丁堡的使节布斯贝克对于奥斯曼帝国的行政管理制度也有同样的看法：

> 苏丹任命官员时不考虑任何基于财富或地位的理由……他只考虑事情本身的是非曲直，仔细考察拟提拔之人的人品、能力和性格。这种制度中，晋升看的是功绩而不是出身，只有有能力的人才能任职……因此，在土耳其人那里，荣誉、高级职位和法官地位是对出色能力和良好服务的奖励。如果不诚实、懒惰或粗心大意，就会一直处于社会的最底层，被人鄙视……我们却不这么想，在我们这里，人们没有机会去建功立业，出身成为衡量一切的标准，公职晋升的唯一关键是显赫的出身。[3]

经济发展

在经济领域，用如今的术语来说，现代早期的伊斯兰国家都属于发达国家。当时的西欧人肯定是这么认为的，为了前往传说中的印度和香料群岛，他们不惜面对任何艰难险阻。离欧洲最近的奥斯曼帝国是个令人赞叹的经济体，由于幅员广袤，能实现基本的自给自足。对于大多数欧洲人来说，遥远而充满异域风情的印度比奥斯曼帝国更令人向往，那里有精美的纺织品，所出产的上等棉布更是独步天下。从早期罗马帝国开始，欧洲的黄金白银就一直源源不断地流向印度。

穆斯林帝国繁荣富庶，同样重要的是穆斯林商人控制了南亚贸易，尤其是香料贸易，在一个除了腌制之外对保存食物方法知之甚少的世界，香料备受人们的青睐。几个世纪以来，香料以及中国丝绸和印度棉布等许多商品一直沿着两条贸易路线输往欧洲。北线的陆路是从远东出发，穿越中亚抵达黑海和小亚细亚港口。南线海路的起点是东印度群岛和印度，从印度洋上溯波斯湾或红海，最后抵达叙利亚和埃及港口。蒙古帝国崩溃后，中亚局势变得十分混乱。1340年后，北方陆路贸易几乎彻底瘫痪。因此，绝大部分贸易都是通过当时由穆斯林商人控制的南线海路。

这一贸易极大地促进了伊斯兰世界的繁荣。它为政府提供了关税收入，也为成千上万直接或间接参与贸易的商人、职员、水手、造船工、骆驼夫和搬运工提供了生计。印度商品卖给亚历山大港的意大利中间商时加价超过20倍，仅此可见其利润有多么惊人。

1498年，葡萄牙人闯入印度洋，很快便控制了大部分利润丰厚的南亚贸易。但葡萄牙人靠的是坚船利炮，而不是质优价廉的商品或高超的经商手段。事实上，我们将看到，葡萄牙人起初处境尴尬，因为他们拿不出什么东西来换取梦寐以求的东方商品。不久，大量金银从墨西哥和秘鲁的矿场中源源而来，葡萄牙人才得以摆脱困境。

三、穆斯林帝国的衰落

16世纪是伊斯兰世界的鼎盛时期。苏莱曼、阿克巴和阿拔斯治下的帝国足以与世界上任何其他强国分庭抗礼。然而，到17世纪，这些帝国开始走下坡路，接下来的一个世纪里，它们已远远落后于西欧，而且这种局面一直延续至今。

一种解释是将此归咎于统治王朝的衰败。1566年，苏莱曼大帝去世，谢里姆二世继位，此人懒惰、肥胖、放荡，嗜酒成性，臣民称之为"酒鬼"谢里姆。阿拔斯

图125 1571年10月7日,希腊近海爆发了勒班陀海战。在这场16世纪最大规模的海战中,西班牙人及其意大利同盟者在奥地利人唐·胡安指挥下全歼了土耳其舰队,消除了奥斯曼人对西地中海的威胁。

之后的波斯和阿克巴之后的印度,情况也大同小异。然而,王朝没落并非伊斯兰国家衰落的唯一因素。每个欧洲王室都有昏庸无能、恣意妄为的统治者,但他们的国家并没有和他们一起沉沦。

伊斯兰世界的内忧外患有着更深层的原因,即缺乏欧洲的那种活力。在这几个世纪里,伊斯兰世界没有发生(我们将在第二十二、二十三章看到的)那些彻底改变了欧洲社会的深远变革。例如,在经济领域,伊斯兰世界的农业、工业、金融方法或商业组织没有任何大的变化。十七八世纪,前往伊斯兰国家的旅行者看到的经济习俗和制度与500年前的十字军时代没有多大的不同。诚如布斯贝克所说,如果统治者强大而开明,专制帝国就能平稳有效地运转。但是,一旦中央权力削弱,朝臣、官僚和军官就会勾结起来,压榨农民、工匠和商人等社会生产阶层。统治阶级肆无忌惮地鱼肉百姓,势必会扼杀私人企业和个人动力。任何人只要稍有露富,往往会被整得倾家荡产。因此,商人们都把财产藏匿起来,而不是公开投资、扩大经营。

奥斯曼帝国的衰落

18世纪末，英国领事和商人威廉·伊顿曾在奥斯曼帝国生活多年，他为我们生动地介绍了奥斯曼帝国的状况和制度，揭示了帝国自鼎盛时期以来日渐衰落的症结。*

由于这些原因，通用知识即使有培养，也是微不足道的。每个人都应该了解自己的职责或职业，他人的任何干涉都被认为是愚蠢和不得体的。基督教欧洲十分常见和有用的通晓科学之人在这里却寂寂无闻；除了工匠外，如果有人关心铸造大炮、建造船只或者诸如此类的事情，都会被看成是疯子。这些狭隘观念自然会造成一种后果：所有艺术或科学的教授都极度无知，他们的所有猜测都掺杂着最荒谬的东西……

不论是穆夫提[1]还是农民，人们普遍认为，宇宙有七重天，地球被一根大链条一动不动地悬挂在宇宙之中。太阳是个巨大的火球，至少有奥斯曼帝国一样大，它的唯一目的就是为地球提供光和热。月食是因为一条巨龙想吞食月亮。恒星是用锁链挂在最高的天空，诸如此类，不一而足……

他们用不同的蔑称来称呼各基督教国家。土耳其人用诨名来称呼奥斯曼人之外的民族，并且用来指代其国家：

阿尔巴尼亚人	下水贩子
亚美尼亚人	吃屎的、吃泥巴的、扛麻包的
波斯尼亚人和保加利亚人	流浪汉
基督徒	偶像崇拜者
荷兰人	奶酪贩子
英国人	不信神的人
弗兰芒人	皮条客
法国人	忘恩负义之人
格鲁吉亚人	吃虱子的人
德国人	渎神的异教徒
希腊人	兔子
意大利人或法兰克人	花里胡哨之人
犹太人	癞皮狗

---

[1] 穆夫提是负责解释伊斯兰教教法的宗教学者。——译者注

摩尔多瓦人	寄生虫
波兰人	傲慢的异教徒
俄国人	疯狂的异教徒
西班牙人	懒汉
鞑靼人	吃腐肉的人
瓦拉几亚人	吉卜赛人

有这么一件真人真事：几年前，一位学识渊博的法律界人士有只眼睛坏了，他听说君士坦丁堡有个欧洲人做的假眼几可乱真，便立刻买来了一只。但是，当他把假眼安到眼窝，立刻勃然大怒，骂造假眼的人是个骗子，因为他用假眼看不见东西。匠人担心得不到报酬，就向他保证过一阵子这只假眼就能像真眼一样看东西。这位老爷平息了怒火，匠人得到了丰厚的报酬，随后很快处理掉剩下的假眼，离开了想用假眼看东西的土耳其人……

* W. Eton, *A Survey of the Turkish Empire*, 4th ed. (London, 1809), pp. 190-193.

穆斯林帝国衰落的另一个原因和症状是，穆斯林有一种盲目的优越感，把西方人看成是自己的手下败将。他们从来没有想过要从异教徒或无神论者那里学到一些东西。这种态度部分是源于宗教偏见，部分是源于伊斯兰教过去取得的重大成就。伊斯兰教从一个鲜为人知的小教派发展成世界上最大、发展最迅速的宗教。因此，凡是与基督教欧洲有关的事物，穆斯林官员和学者都抱以一种嗤之以鼻的态度。甚至到1756年，法国大使告知君士坦丁堡，法国与奥地利结盟——这是欧洲外交史上的一个转折点——却只得到了这样唐突的回复：奥斯曼帝国政府不关心"一头猪和另一头猪的联盟"。[4]若是在16世纪，土耳其人的这种态度或许还情有可原，在18世纪，则无异于自取灭亡。

这种唯我独尊的态度最具破坏性的一个后果是在伊斯兰世界与西方之间设置了一道知识铁幕，尤其是在日益重要的科学领域。穆斯林学者对西方的许多划时代成就几乎一无所知，如医学领域的帕拉切尔苏斯，解剖学领域的维萨里和哈维，天文学领域的哥白尼、开普勒和伽利略。穆斯林既不了解西方的科学进步，自身的科学也停滞不前，缺乏发明创造的动力。

穆斯林帝国的衰落还有一个原因，即这三大穆斯林帝国都是陆上帝国。土耳其人、波斯人和莫卧儿人都是没有航海传统的民族，他们的帝国都是向内面向中亚，而不是向外走向海洋。这些帝国的统治者对海外贸易不太感兴趣，因此，当葡萄牙人夺取了印度洋贸易路线控制权，他们的回应软弱无力，甚至毫无反应。

这种局面意义重大，因为穆斯林此前一直控制着亚洲与欧洲的大部分贸易往来，而欧洲人几乎没有遭到穆斯林的抵抗便成为世界贸易路线的主人，这产生了极为深远的影响。由于控制了世界贸易，欧洲人极大地富裕起来，进而推动了欧洲经济、社会和政治的发展。因此，伊斯兰世界陷入了一个恶性循环，世界贸易让西欧变得日益富庶、高效、充满活力和扩张主义，而有着辉煌过去的穆斯林帝国却置身于新兴的世界经济之外，始终停滞不前，与西方的差距越拉越大。

[推荐读物]

有一部出色的论文集与本章直接相关，J. J. Saunders, ed., *The Moslem World on the Eve of Europe's Expansion*（Prentice Hall, 1966）。T. W. Arnold, *The Preaching of Islam*, rev. ed.（Constable, 1913）详细介绍了自穆罕默德时代到19世纪末伊斯兰教的传播。

关于穆斯林帝国，参阅H. A. R. Gibb and H. Bowen, *Islamic Society and the West*, Part 1 and 2（Oxford University, 1950, 1957）；H. Inalcik, *The Ottman Empire : The Classical Age, 1300-1600*（Weideneld and Nicolson, 1972）；多卷本*Cambridge History of Iran*（Cambridge, 1968ff.）；N. Itkowitz, *Ottoman Empire and Islamic Tradition*（University of Chicago, 1980）；S. Wolpert, *A New History of India*（Oxford University, 1977）；Dunn, *The Adventures of Ibn Battuta : A Muslim Traveller in the Fourteenth Century*（University of California, 1986），该书对伊斯兰世界的概述颇具启发性。

最后，关于穆斯林帝国的衰落，参阅J. J. Saunders, "The Problem of Islamic Decadence", *Journal of World History*, 7（1963）, 701-720；T. Stoianovich, "Factors in the Decline of Ottoman Society in the Balkans", *Slavic Review*, 21（December 1962）, 623-632；B. Lewis, "Some Reflections on the Decline of the Ottoman Empire", in C. M. Cipolla, ed., *The Economic Decline of Empires*（Methuen, 1970）, pp. 215-234。

[注释]

1. Mehmed Pasha, *Ottoman Statecraft : The Book of Counsel for Vezirs and Govenors*, W. L. Wright, ed. and trans.（Princeton University, 1935）, p. 21.
2. C. T. Foster and F. H. B. Daniell, eds., *The Life and Letters of Ogier Ghiselin de Busbecq*（London, 1881）, pp. 221, 222.
3. C. T. Foster and F. H. B. Daniell, eds., *The Life and Letters of Ogier Ghiselin de Busbecq*（London, 1881）, pp. 154, 155.
4. W. Eton, *A Survey of the Turkish Empire*（London, 1809）, p. 10.

> 我们不要眼里只看到中国人的优点，还要看到他们的帝国组织实际上是世界上有史以来最好的。
>
> ——伏尔泰，1764年

第十九章　西方扩张之际的儒家文化圈

与中东和南亚的伊斯兰世界相对应的是东亚的儒家文化圈。伊斯兰世界占主导地位的是奥斯曼帝国、萨珊帝国和莫卧儿帝国，儒家文化圈则是以中国为中心，朝鲜和日本处于外围。这两个世界有一个基本的共同点，即它们都是内向型的农耕社会。它们的变革步伐缓慢，始终未能突破早先时代的框架。另一方面，儒家文化圈的统一性要大得多，从而与伊斯兰世界有着本质的不同。中国没有奥斯曼帝国的巴尔干基督教民族那样难以消化的少数民族群体，也没有莫卧儿帝国那样的印度教徒与穆斯林的宗教分裂。中国的这种凝聚性并非最近才出现的，而是可以追溯到几千年前中华文明诞生之初，并且一直持续至今。事实上，中华文明是世界上最古老的从未间断的文明。

一、中华文明的连续性

中华文明源远流长的一个原因在于地理因素，因为中国与世界各大文明的隔绝达到了前所未有的程度。中国没有地中海和印度洋那样的地理要素，地中海将美索不达米亚、埃及、希腊和罗马连接在一起，印度洋使印度能够与中东、非洲和东南亚相互交往。反之，在中国历史上的大部分时期里，周边的山脉、沙漠和浩瀚的太平洋切断了中国与外界的联系。这种地理上的闭塞意义重大，这意味着中国人在发展自身文明的时候，很少像中东或印度民族那样频繁遭受外来入侵。所以，中国的文明不仅绵延不绝，也更具独特性。中华文明与亚欧大陆其他各大文明之间的根本差异比它们彼此之间的差异更大。

中国独一无二的人口规模也有助于文明的延续。由于兼具有利的土壤和气候条件，中国从一开始就能养活庞大的人口。季风雨集中在一年中的温暖月份，因此长江以南一些地区的农作物能一年两熟，而中东和欧洲基本上只能一年一熟。此外，水稻的亩产量要远高于亚欧大陆大部分地区种植的小麦或大麦。因此，根据公元2年的人口普查，汉代中国的人口达到5950万人，超过了最鼎盛时期的罗马帝国。16世纪初，葡萄牙人首次到达中国时，中国有1亿多人口，比全欧洲的人口还要多。19世纪中叶，西方人用炮舰强行打开中国的大门时，中国的人口已经激增到4亿人以上，这在一定程度上要归因于引入了新大陆的花生、玉米和甘薯等粮食作物。

如此众多的人口使中国人无论在什么情况下都能维持自身的认同。中国曾经受到蒙古人和满族人的统治，还饱受西方人的摧残和破坏。但是，凭借人口和文明上的优势，中国人最终总是能同化或者驱逐入侵者，总是能将外来文化的某些方面与自身的传统文明相融合。中国从来没有像日耳曼人入侵时的欧洲、穆斯林入侵时的中东和印度那样被迫接受外部强加的全盘转型。

单一的书面语言是造就中华文明凝聚性的另一个重要因素，这种书面语言最早可以追溯到几千年前的商代，它具有不同寻常的意义，因为天南海北的中国人都能看懂，尽管他们所说的方言差别之大犹如意大利语之于德语、瑞典语之于西班牙语。这种书面语言是由表示意义或物体的汉字组成，这些汉字在不同地区有不同的发音，但它们的含义始终不变。这类似于西方使用的阿拉伯数字，例如，意大利语、瑞典语或英语中数字"8"的发音各不相同，但"8"这个符号的含义却是相同的。这种共同的书面语言一直是维系中国的统一和历史连续性的重要力量。事实上，汉字在整个东亚都起到了这样的作用，中国周边的大多数民族，日本人、朝鲜人和部分东南亚人，完全或部分采用了汉字书写方法。

在共同的书面语言基础上，中国人建立起非凡的公开考试制度（科举制度），在将近2000年的时间里，科举制度构成了择优录用文官的制度基础。"其人存，则其政举。其人亡，则其政息。"这句儒家格言表达了中国人的基本理念，即通过征用能人，而不是像西方人那样依靠法律和制度，能更好地解决国家的种种问题。科举制度发展成熟后由一系列考试组成，由低到高依次是地方和县城的县试、省城的乡试以及京城的会试。

起初，考试的范围是相当广泛的，既重视儒家经典，也包括法律、数学和政务等科目。但这些考试逐渐变得注重文体和儒家正统观念。科举制度为中国提供了高效而稳定的行政管理，让欧洲人为之钦佩和赞赏。另一方面，它扼杀了创造力，滋生了墨守成规的习气。只要中国在东亚处于相对闭塞的状态，科举制有助于维持社会的稳定和连续性。但是，当充满活力的西方人入侵，科举制阻碍了中国做出有效的调整和回应。1905年，科举制被彻底废除。

中华文明凝聚性最重要的来源，也许当属被称为儒家学说的道德规范以及文学和思想遗产。儒家学说主要来源于孔子（公元前551—前479年）的教诲。像大多数中国思想家一样，孔子主要关心的是在这个世界上建立秩序良好的幸福社会。孔子最看重的是"正名"："君君、臣臣、父父、子子"。

孔子还提供了一种政府哲学。正如个人从属于家庭一样，家庭应当臣属于皇帝。反之，皇帝应当扮演慈父的角色，这是通过遵循儒家伦理而非法律制度来实现的。因此，孔子是中华文明伟大伦理传统的奠基人，而这个文明比任何其他文明更注重伦理价值。

正是由于上述所有因素，自公元前1500年前后诞生后，中华文明便一直连绵不断地延续下来。相比之下，中东则有着大相径庭的历史轨迹：亚历山大的征服传播了新兴的希腊化文化，而穆斯林的征服更是彻底改变了中东的种族、语言、文化和宗教。印度也是如此：公元前1500年前后雅利安人的入侵和公元1000年后穆斯林的入侵都从根本上改变了印度。中国的历史演进从未受到过如此剧烈的冲击。中国曾多次遭受侵袭，而且异族王朝曾两度统治整个国家，但这些侵袭只是扰乱而非改变了中国。中国历史上从未出现彻底的断裂和全新的开始，只是在传统框架内经历了王朝的兴衰更迭。

图126 孔子行教图。

二、王朝循环

中国历史上一些反复出现的趋势揭示了周期性改朝换代的症结所在。新王朝建立之初，通常能有效地统治国家，开启一个相对和平和繁荣的时期。新王朝促进了思想和文化生活，兴兵征讨游牧民族，拓展帝国的疆界，能很好地保卫国家。但是，统治者的腐化堕落和士大夫集团与宦官的宫廷斗争，势必导致王朝开始走下坡路。这种腐化堕落和派系之争侵蚀了中央权力，助长了官僚机构的腐败。官僚日趋腐败和宫廷生活日益奢靡，意味着农民的赋税负担日渐沉重，因为整个帝国结构最终要靠农民生产的剩余产品来维持。此外，劳民伤财的对外战争以及皇帝对士绅和寺庙的税赋蠲免也是导致横征暴敛的原因。随着国家体制日渐废弛，农业灌溉系统和其他公共工程往往得不到应有的维护。

这样，农民越来越贫困，又不得不承受日益繁重的税收负担。每当发生农作物歉收和饥荒，势必引发民怨沸腾，人们揭竿而起，反抗税吏和地主收租人。时机一到，地方性的暴动就会发展成全国性的造反。内部动乱反过来又招致了游牧民族侵袭，尤其是帝国军队已经衰朽不堪。内忧外患同时袭来，通常预示着新一轮循环的开始，旧王朝走向灭亡，新王朝应运而生。

第一个王朝商朝（公元前1523—前1028年）[1]兴起于黄河流域北部。在这个时期，中国人已经学会织造丝绸，发明了独特的文字系统，掌握了制作精美陶器和青铜器的技术，并且已经开始明确区分"华夏"与"夷狄"，但这种区分是基于文化优越感而非种族优越感。

继之而起的周朝（公元前1028—前256年）虽然持续时间很长，却未能建立稳固的中央政府。周朝的政治结构有点类似于中世纪欧洲，许多分封国家无视周天子名义上的宗主地位，相互杀伐不已。这种混乱的政治局面促使中国知识分子进行焦虑的自我反省，他们思考人性和社会的本质，最终孕育出中华文明博大精深的哲学体系和文学经典。儒家学说和道家学说都是在这一时期发展起来，可以说，存在时间相当于整个欧洲中世纪的周朝是奠定了中国文化基础的时代。

接下来的秦朝（公元前221—前206年）虽然是个短命的王朝，却用组织严密的帝国结构取代了周代的分封制。除了偶尔的间断外，这种帝国结构一直延续到1911年末代王朝覆灭。这种帝国结构包括掌握无限权力的皇帝、训练有素的高效官

---

[1] 作者此处提及的各主要朝代的起讫时间，有些与我国学界的通行观点不同。按照我国通行的历史纪年：商，约公元前1600—前1046年；周，公元前1046—前221年；秦，公元前221—前207年；汉，公元前202—公元220年；元，1271—1368年。——译者注

图127 商代晚期的亚醜钺，两肩有棱，弧形刃，器身为透雕人面，钺正反两面铭"亚醜"二字。

僚机构、军用驰道网以及北方的长城，所有这些使得中国拥有世界上最稳定、最持久的政府治理。

秦朝之后的汉朝（公元前206—公元220年）以全方位扩展中国的疆界而闻名，汉朝中国的版图西至中亚，北抵今天的中国东北地区，南达中南半岛。汉帝国在疆域、人口、财富和文化成就等方面足以媲美同时代的罗马帝国。汉代之后是一段混乱时期，随后的唐朝（618—907年）和宋朝（960—1279年）延续了传统的文明，虽然有了某些完善和变更。

元朝（1279—1368年）的独特之处在于它是一个蒙古人而非汉人建立的王朝。事实上，当时蒙古人占领了大半个亚欧大陆，中国只是一个东起太平洋、西至黑海的庞大帝国的一部分。但是，相比千百万汉人臣民，蒙古统治者的人数显得微不足道，而且从未能赢得汉人士绅和农民的支持。蒙古人以征服者身份进行统治，很少对汉人的制度和生活方式做出让步。一旦蒙古人的军事力量衰落，造反的农民和怀有敌意的士大夫就推翻了元朝。

驱逐蒙古人后，两个王朝相继统治中国，即汉人建立的明朝（1368—1644年）和满人建立的清朝（1644—1911年）。满人虽然跟蒙古人一样是异族，却成功地统治了中国，因为他们在保持行政控制的同时，给予汉人士大夫以社会威望和仕途机会。不论是农业经济、儒家生活方式、选拔公职官员的科举制度，还是被奉为天子的皇帝在北京的统治，所有的传统制度和惯例都令人满意地平稳延续下来。

如果是在平常时期，这样的秩序和恒定会被认为是幸事。但是，这几个世纪却见证了充满活力的新欧洲的崛起。欧洲在这几百年间经历了文艺复兴、宗教改革、商业革命和工业革命、法国大革命，以及很快将其统治扩展到全世界的强大民族国家的崛起。在这样的一个时代，稳定是祸而不是福。中国不仅看起来停滞落后，事实上也相对停滞和落后了。不断变化和"进步"的观念在西方被视为理所当然，对于中国人来说却仍然是陌生的。明朝决定中止大规模的海外远航，这充分表明了中国人和欧洲人对待世界的态度有着本质的不同（见第二十一章第五节）。

三、早期的中西方关系

直到哥伦布和葡萄牙航海家远航后，欧洲人走上海外扩张的道路，中国与西方才建立起持续的联系。1514年，葡萄牙商人开始到广州进行贸易，1557年，葡萄牙人在澳门建立永久性商业基地，中国开始感受到充满活力的新欧洲带来的直接影响。葡萄牙人收购中国的丝绸、木雕、瓷器、漆器和黄金，出售东印度群岛的肉豆蔻、丁香和肉豆蔻衣，帝汶岛的檀香，爪哇岛的药材和染料，印度的肉桂、胡椒和生姜。这里没有提及任何来自欧洲的货物，原因很简单，它们打不开中国市场。葡萄牙人充当了亚洲内部贸易的承运人和中间商。

17世纪初，荷兰人和英国人来到中国，挑战了葡萄牙人在对华贸易中的垄断地位。由于没有得到官方的贸易许可，荷兰人和英国人在此后几十年里一直在中国南方沿海劫掠葡萄牙商船并从事非法贸易。18世纪中叶，中国人向所有国家开放贸易，但贸易地点仅限于广州和澳门。英国人很快在对华贸易中独占鳌头，因为英国的商业和工业优势越来越大，而且在印度有便捷的行动基地。

与此同时，在西伯利亚，俄国人试图与中国建立贸易关系，中国人的反应是严格限制和监控双方的贸易往来。《尼布楚条约》(1689年)和《恰克图条约》(1727年)规定，俄国人只能在三个边境地点经商，俄国商人获准每三年到北京一次，在北京建造一座教堂，派遣一名教士和三名助手，但俄国人在中国京城的人数不得超过300人。根据这些条款，双方开展了小规模贸易，俄国人用毛皮、皮革制品、纺织品、牛、马和玻璃制品，交换中国的丝绸、茶叶、漆器和瓷器。

在早先的几个世纪里，中国与西方的文化交流仅限于耶稣会士传播天主教信仰。耶稣会士几个世纪的传教活动几乎没有取得任何进展。事实上，欧洲人对中国的考试制度和儒家伦理印象深刻，而中国人对欧洲的科学和数学却不甚了了。中国人依然极度自信和自满。中国将西方商人限制在屈指可数的几个海港和边境贸易站。除了极少数例外，中国在处理国际事务时只承认朝贡关系。中国人对于耶稣会士宣讲的科学和神学很快就失去了兴趣。历史上很少有一个民族像中国人这样对未来如此充满信心，却又对即将到来的风暴鲜有所知。

图128 俄国人横穿西伯利亚，在黑龙江沿岸修建要塞，试图与中国建立贸易关系。1689年，中俄签订《尼布楚条约》，耶稣会传教士充当了翻译和顾问。

四、日本吸收中国文化

与中国相比，16世纪欧洲人首次出现时，日本显然是个边缘国家。日本人并不原始，他们已经发展出复杂和有活力的社会。起初日本人对欧洲人的到来做出了积极的反应，很多人皈依了基督教，但日本人很快就开始拒斥这些"傲慢的蛮夷"，几乎彻底断绝了与欧洲人的联系。不过，日本人最终意识到锁国政策是死路一条，于是着手研究西学，师夷长技以为己用。由于独特的历史和文化背景，日本人取得了巨大成功，很快就超过了长期以来一直是他们老师的中国人。

对于日本历史来说，地理位置的重要性尤为突出。在这一点上，日本与亚欧大陆另一端的英伦诸岛如出一辙。不过，日本列岛比英伦诸岛更加闭塞，它们离大陆185千米，而英吉利海峡的宽度仅为34千米。因此，在第二次世界大战中被美国打败之前，13世纪蒙古人的入侵是日本遭受的仅有的一次严重外来入侵。可以说，日本人离大陆近得足以从辉煌的中华文明中获益，又远得足以按照自己的意愿选择接受还是拒斥中华文明的元素。

日本人基本上属于从东北亚迁徙而来的蒙古人种，但岛上最初的居民是毛发浓密的阿伊努人，阿伊努人属于高加索人种，他们对日本的种族构成做出了贡献。南方来的马来人和波利尼西亚人可能也做出了贡献。早期的日本由许多部落组成，每个部落由世袭的祭司酋长统治。大约公元1世纪末，邪马台部落在政治和宗教上建立起对其他部落的松散统治，部落首领成为大王，部落神祇成为民族神祇。

图129 源赖朝（1147—1199年）是日本第一位幕府将军，镰仓幕府的建立者。

6世纪，中华文明开始大规模传入日本，日本的部落组织遭到破坏。佛教经朝鲜传入日本，成为文化变革的媒介，佛教在日本所起的作用与基督教在欧洲对日耳曼人和斯拉夫人的作用如出一辙。从大陆来的学者、教师、工匠和僧侣带来了新的宗教和新的生活方式。645年，各种变革力量最终引发了大化改新。它试图按照中国唐朝的模式，将日本改造成中央集权的国家。按照中国模式，日本也划分成若干省份和地区，由天皇和国务会议授权的总督和地方官统治。

这些举措和其他一些变革的目的是强化天皇的权威，比起早前的部落结构，天皇的地位确实有所提升。但在实践中，日本人改造了从中国借鉴的一切：允许世袭贵族保有大地产，从而限制了天皇权力；借用了汉字，但发展出自己的书写系统；借鉴了儒家学说，但调整了其伦理原则和政治学说，以满足自己的精神需求；同时保留了本土的神道教。日本人还仿照唐朝都城长安修建了新首都，先是奈良、之后是京都，但庙宇、楼阁、神龛和花园无疑都具有日本特色。

五、德川幕府

645年大化改新引入的中国式帝国组织体系在很长一段时间内行之有效。然而，到12世纪，这一体制已经难以为继，最终被日本式封建制度取代。究其原因，首先是各省总督沉溺于京都的享乐，往往让地方部属代行权力和职责。其次，地方豪强和佛教机构热衷于兼并土地，而且往往用武力强取豪夺。这样，纳税土地不断减少，自耕农的赋税负担日益加重。自耕农要么逃往北部边境地区，用武力赶走那里的阿伊努人，要么投靠庄园主，将土地挂在庄园主名下，这样不用交税，还可以得到庇护，代价却是沦为了农奴。结果，到12世纪末，纳税土地仅占全部耕地的十分之一甚至更少，新兴的乡村贵族接管了地方权力。

另一方面，由于朝廷军队解体，贵族成为最强大的军事力量。大化改新规定，所有20岁到60岁的男子都要服兵役，服役者需自备武器和粮食，而且不减免常规的赋税。这种做法根本不切实际，因而在739年被废止。女性化的宫廷贵族通常把持了朝廷的军职。结果，与阿伊努人作战主要是靠乡村贵族。这些乡村贵族发展成骑兵，逐步提高了战斗力，乡村贵族的实力最终完全超过了朝廷军队。这些乡村贵族与家臣之间形成了一种封建关系，这些家臣称作"武士"，在日语中，"武士"一词又写作"侍"，意思是侍卫。这种臣属关系是基于一种理想化的行为准则，即所谓的"武士道"。武士享有特定的法律和礼仪权利，反过来则必须无条件效忠领主。

12世纪，相互争雄的封建领主集团控制了日本政局。一个领主最终胜出，被天皇封为"征夷大将军"，有权指定自己的继承人。从此，日本建立起幕府体制。幕府掌握了军事力量，而天皇继续隐居京都。历代幕府中，最重要的是1603年德川家康建立的德川幕府，德川幕府的统治一直延续到1868年的王政复古和现代化的开始。德川家康及其直系继承人推行一系列旨在延续家族统治的政策。幕府领地构成了幕府权力的物质基础，占到全国耕地的四分之一到三分之一，由分布在全国各个战略要地的庄园组成。这些庄园成为防范暗藏敌意的大名的据点。幕府高级职务均由德川家族成员或家臣担任。幕府为天皇提供收入，以维持天皇及一小群宫廷贵族的开支，但天皇没有任何政治职能和政治权威。

为了防范任何可能动摇统治的变革，德川幕府延续了僵化的世袭阶级结构。居于顶端的是贵族，大约占人口的6%。绝大多数日本人是农民，属于第二等级，包括无地的佃农以及拥有6亩到516亩不等土地的地主。不管什么身份，归根结底是农民生产的大米养活了贵族。事实上，贵族的收入也是用大米来计算的。

德川幕府承认的后两个等级依次为工匠和商人。德川幕府时期，由于长期的和平与安定，城镇居民的人口和财富大大增加。为了给政权奠定思想基础，德川幕

图130 名古屋是江户时代的武将德川家康下令建造的城池。

府提倡儒学中强调忠孝美德的朱子学,并将其推行到所有的社会群体。典型的日本家庭中父权是绝对的和不容置疑的,日本人对父权的重视甚至超过了中国人。儒家学说强调政治合法性的伦理基础和保守的美德,这对于德川幕府来说尤其具有吸引力。这种思想体系带来了一个结果,日本的家族制度,尤其是武士家族制度,由于服务于幕府将军或大名的利益,与德川幕府社会紧密地融为一体。在日本,家国关系的一致性远远超过中国,为日本的民族团结和国家行动提供了民众基础,从而非常有助于19世纪日本的现代化。

六、早期日本与西方的关系

德川幕府维持现状的政策一度受到西欧人入侵的威胁。16世纪中叶,葡萄牙商人最先来到日本,他们发现中日两国之间的贸易利润丰厚。由于日本海盗的袭掠,明朝皇帝下令禁止了与日本的所有贸易往来。葡萄牙人很快乘虚而入,用中国的黄金和丝绸交换日本的白银和铜,从而大发横财。这些商人还将传教事业和商业活动结合起来。1549年，方济各·沙勿略和其他耶稣会神父抵达日本，获准向日本民众布道。耶稣会士的教会复兴派传教方法满足了被压迫农民的情感需求，他们的传教事业大获成功。

1603年，德川幕府建立之际，除了葡萄牙人之外，荷兰商人和少数英国商人在日本也很活跃。这些欧洲人彼此激烈竞争，日本人由此获得了转圜空间，能够对传教士采取行动而无须担心贸易损失。幕府当局担心传教士的成功会破坏传统的日本社会，迫切希望限制传教士的活动。1614年，德川家康颁布命令，勒令所有传教士离开日本，皈依天主教的30万日本人也必须放弃信仰。这项命令得到了严格执行。德川幕府还采取了一项控制举措，即强迫天主教徒皈依佛教寺庙，许多教徒因为拒绝皈依而被处死。传教士也遭到杀害，但商业活动与宗教活动往往很难区分。于是，日本人采取了进一步行动。1624年，西班牙人被逐出境，因为西班牙人往往最咄咄逼人和肆无忌惮。1637年，葡萄牙人也被迫离境，只有荷兰人获准留下，因为他们从未对宣扬基督教表现出任何兴趣。从此，荷兰人成为唯一与日本通商的欧洲人，但通商口岸仅限于长崎港的出岛，并受到严格限制。1636年，这种孤立主义政策进一步扩大到日本臣民，日本人不得出国，违者处死。日本开始了长达两个多世纪的闭关锁国时期。

德川幕府推行这种排斥所有外来影响、冻结国内社会的政策，为的是延续自己的统治。事实表明，这一政策非常奏效。日本重新统一，像法国大革命前的所有欧洲国家那样实行彻底和有效的中央集权式政治控制。但是，这种安全和稳定付出了沉重代价。日本没有发生西欧在这个时期所经历的转型和复兴的历史运动。在日本，封建制度延续下来，没有文艺复兴、宗教改革或天主教改革，也没有海外扩张。像中国一样，日本长达两个世纪自我安慰的闭关锁国付出了制度和技术落后的代价。19世纪中叶，欧洲人强行闯入遁世的东亚世界，这种代价的后果便显现出来，而日本人比中国人更快地意识到这一点。

[推荐读物]

美国历史协会全国历史教育交流中心出版的相关文献说明：J. W. Hall，*Japanese History*（1961）；C. O. Hucker，*Some Approaches to China's Past*（1973）；J. K. Fairbank，*New Views of China's Tradition and Modernization*（1968）。有关东亚文化的原始资料，参阅 W. T. de Bary et al.，*Source of Chinese Tradition*（Columbia University，1960）；R. Tsunoda et al.，*Sources of the Japanese Tradition*（Columbia University，1958）。

有关东亚的权威性著作是 E. O. Reischauer and J. K. Fairbank，*East Asia：Tradition and Civilization*（Houghton Mifflin，1978）。权威的中国通史著作有 W. Rodzinski，*The Walled Kingdom：A History of China from Antiquity to the Present*（Free，1984）；C. O. Hucker，*China's Imperial Past：An Introduction to Chinese History and Culture*（Stanford University，1975）。另外值得一提的是 M. Elvin，*The Pattern of the Chinese Past*（Stanford University，1973），该书分析了为何中世纪中国的技术天赋未能引发工业革命。相关的日本史著作有 E. O. Reischauer，*Japan：The Story of a Nation*，rev. ed.（Knopf，1970）；G. B. Sansom，*Japan，A Short Cultural History*，rev. ed.（Prentice Hall，1944），及其权威之作 *A History of Japan*，3 vols.（Stanford University，1958-1964）。

最后，关于东亚与西方的最初接触，见 D. F. Lach 的多卷本著作 *Asia in the Making of Europe*（University of Chicago，1965ff.）；W. Franke，*China and the West*（Blackwell，1967）；G. F. Hudson，*Europe and China：A Study of Their Relations from Earliest Times to 1800*（Beacon，1961）；C. R. Boxer，*Fidalgos in the Far East，1550-1770*（Martinus Nijhoff，1948）；C. R. Boxer，*The Christian Century in Japan，1549-1650*（University of California，1951）；J. D. Spence，*The Memory Palace of Matteo Ricci*（Viking，1984），该书通过利玛窦的经历串起了两种文化。

> 人只要想做，就没有做不成的事。
>
> ——莱昂·巴蒂斯塔·阿尔贝蒂

> 因为神的作为，无论作什么善功，都不能领受和荣耀，唯独凭借信仰。
>
> ——马丁·路德

> 上帝依据他的永恒旨意，来决定在永恒的拣选中预定一些人蒙救恩，赏赐他们永生的盼望，也预定其他人亡，判他们永死的结局。
>
> ——约翰·加尔文

第二十章 西方文明的成长：文艺复兴与宗教改革

中世纪晚期，亚欧大陆的世界出现了一个奇特而又重大的事态发展。一方面，穆斯林帝国和儒教帝国日益僵化，走上了闭关自守的道路。另一方面，亚欧大陆西端发生了一场前所未有的彻底转型。西欧人生活的几乎所有层面都发生了影响深远的变革，最终诞生了一种充满活力和扩张主义的新型文明：现代文明，这种文明与亚欧大陆的传统农耕文明有着本质的不同，因此也有别于世界上其他地区的农耕文明。我们如今所说的现代化进程由此拉开帷幕，这一进程的节奏不断加快并且一直持续至今，决定了现代世界历史的进程。

一、现代化

按照经济学家的定义，现代化是人类不断驾驭自然环境从而提高人均产出的一个过程。社会学家和人类学家指出了现代化的其他一些特征，包括对民众的唤醒和激发，对现在和未来的关注甚于对过去的兴趣，倾向于认为人类事务是可以理解的而不是受制于超自然力量，以及直到最近人们对于科学技术的益处的信念。

从世界历史的角度来说，现代化进程的意义在于使欧洲人势不可挡地建立起对全球的统治。由于实现了现代化，欧洲人具备了强大的经济和军事实力，形成了强大的社会和政治凝聚力与活力。例如，人数不多的英国商人和士兵能够征服和统治广袤的印度次大陆，主要是因为印度社会政治结构的脆弱，而不是英国在军事技术上的领先。要指出的是，从来没有任何人设想过相反的历史进程，换言之，印度人不会像纳波布[1]前往印度那样前往英国。印度人在英国也能做到罗伯特·克莱武和沃伦·黑斯廷斯在印度做过的事情，这种想法似乎太荒谬了，根本不可能发生。但这种想法之所以显得荒谬，完全是因为英国社会与印度社会之间的差异：印度社会无可救药地陷入四分五裂状态，统治者与被统治者之间的鸿沟远远超过了英国社会。在印度，克莱武和黑斯廷斯能够挑唆穆斯林与印度教徒之间、土邦王公之间、地方豪强与帝国官员之间的对立，而村庄里的广大农民始终麻木不仁。反之，在英国，克莱武和黑斯廷斯式的印度人肯定会遭遇到清教徒和天主教徒、政府和公民（乡绅、城镇居民、农民）组成的统一战线。

英国与印度之间拉开了一道巨大的鸿沟，这道鸿沟对于世界历史来说具有重大的意义，它意味着传统社会与经历了现代化进程的社会判然两途。此外，现代化进程并非一蹴而就，而是一直持续至今并且加速发展。我们将在本章和下一章中看到，中世纪晚期和现代早期，欧洲的现代化经历了文艺复兴、宗教改革、经济发展、资本主义诞生、国家建构和海外扩张。这些新发展引发了一系列连锁反应，相继发生了意义重大的科学革命、工业革命和持续不断的政治革命（见第二十六、二十七章），塑造了17世纪至今的人类历史。

二、文艺复兴

"文艺复兴"是一个有争议的术语。它出自15世纪知识分子的创造，意思是新生或复兴。这些知识分子认为，在他们称之为"黑暗时代"的中世纪后，他们那个时代出现了古典文化的复兴。这种说法直到19世纪才被逐渐接受，但如今的历史学家不再认为中世纪是一片漆黑，与文艺复兴的耀眼光芒截然相对。事实上，中世纪时期人们对古典文学的兴趣并未完全消失，反倒是文艺复兴明显带有中世纪精神的一些特征。所以，现代历史学家虽然没有抛弃"文艺复兴"这个惯用的术语，却不再把文艺复兴看成是一次急剧的新旧决裂或转折，而是将其视为从中世纪向现代文明过渡的时代，起讫时间大致是1350年到1660年。

文艺复兴首先出现在意大利，因而势必反映了当时意大利社会的状况和价值观。这是一个繁华的都市社会，有着繁荣的工业，从事西欧与富庶的拜占庭和伊斯兰帝国之间利润丰厚的贸易。意大利人是这种贸易的中间商，并由此繁荣起来。1400年前后，威尼斯商船队已有300艘"大船"、3000艘100吨以下的船舶和45艘

---

[1] 纳波布指那些在印度发财后回到英国的人。——译者注

桨帆船，船员有2.8万人左右。威尼斯码头还雇用了6000名木匠和其他工匠。佛罗伦萨、热那亚、比萨和罗马等其他意大利城市也都有繁荣的商业。大商业家族统治着这些城市，他们控制了贸易和各行各业，把持了城市的政治事务。这些商业家族成为文艺复兴时期艺术家和作家的赞助人，他们的需求、利益和趣味影响了文艺复兴时期的文化复兴，虽然赞助人当中也有米兰的斯福尔扎公爵家族，以及尼古拉五世、庇护二世、尤利乌斯二世和利奥十世等数位教皇。因此，文艺复兴具有鲜明的世俗主义和人本主义特征，关注今生而非来世，专注于古典时代的经典而非基督教神学。

文艺复兴艺术和文学关注的焦点是人，即文艺复兴的新人，这样的男男女女是自身命运的创造者，而不是任由超自然力量摆布的对象。人们不应痴迷于超自然力量，相反，人生的目标是发挥与生俱来的潜能。莱昂·巴蒂斯塔·阿尔贝蒂（1404—1472年）写道，"人只要想做，就没有做不成的事"，而他本人就是这句格言的最佳写照。这位佛罗伦萨贵族是剧作家、诗人、艺术评论家、风琴演奏家、歌唱家，又是建筑师、数学家、考古学家，年轻时还是有名的赛跑、摔跤和登山运动员。

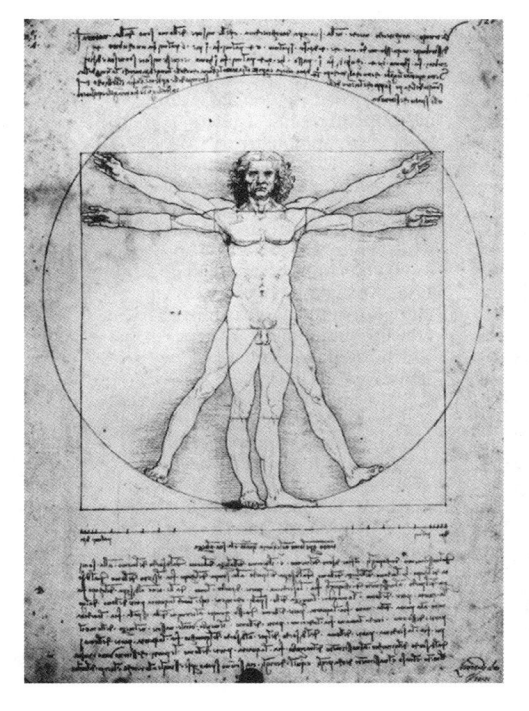

图131 真正的"文艺复兴人"列奥纳多·达·芬奇，画家、雕塑家和发明家达·芬奇的《人体研究》（1492年）真正走在了时代的前面。

文艺复兴的学术和教育带有鲜明的世俗主义和个人主义。弗朗齐斯科·彼得拉克（1304—1374年）被誉为文艺复兴文学之父，他强调，古典文学的价值在于提供了自我完善的手段和社会行为的指南。同样，文艺复兴时期创办的新型寄宿制学校旨在培养商人子弟，而不是培养教士。学校课程注重古典文学和体育锻炼，宗旨是教育学生幸福快乐地生活，做有责任感的公民。

文艺复兴精神在艺术上表现得最为突出。由于教会不再是艺术的唯一赞助人，艺术家们被鼓励转向传统的《圣经》主题之外的题材。乔托（1267—1337年）标志着绘画向自然主义过渡，马萨乔（1401—1428年）则进一步发扬光大，他掌握了文艺复兴时期独特的透视法。与中世纪绘画不同，文艺复兴时期的绘画注重运用光影变化来表现人物和场景的层次感。

15世纪中叶，意大利文艺复兴绘画进入成熟期。在佛罗伦萨，继马萨乔之后是桑德罗·波提切利（1444—1510年）和多才多艺的天才列奥纳多·达·芬奇（1452—1519年），达·芬奇不仅是画家，还是雕塑家、音乐家、建筑师和工程师。可以说，达·芬奇本人就是"文艺复兴新人"的化身。1994年11月15日，达·芬

图132　桑德罗·波提切利的名作《春》。

奇的72页手稿，即著名的《哈默手稿》，在伦敦以3080万美元的价格售出。这份手稿记录了达·芬奇的思考，包括天空为什么是蓝的，化石为什么会出现在山顶上。达·芬奇还预言了潜水艇和蒸汽机的发明。

经过两个世纪的辉煌后，1550年前后，意大利文艺复兴开始走向衰落。衰落的原因之一是1494年法国的入侵，由此引发了数十年的战争，欧洲列强相继卷入，意大利半岛惨遭蹂躏。从长远来看，根本原因在于意大利经济遭受重创，标志性事件是1498年5月20日瓦斯科·达·伽马抵达印度卡利卡特港，意大利人从此失去了西欧与东方贸易中间商的垄断地位。1502—1505年的4年间，威尼斯人在亚历山大港平均每年只能收到价值100万英镑的香料，而在15世纪的最后几年，威尼斯人平均每年收到350万英镑香料。相反，1501年，葡萄牙进口的香料为22.4万英镑，1503—1506年上升到年均230万英镑。

工业的衰退比商业凋敝更严重。几个世纪以来，意大利一直向北欧和近东出口制成品，尤其是纺织品，并从银行业和航运业中获得了可观的收入。但是，16世纪晚期，英国、法国和荷兰已经赶超了意大利，意大利则受制于限制性的行会规章、高昂的税收和劳动力成本，而且产品无法适应不断变化的需求。结果，1560—1580年间，佛罗伦萨毛织品的年均产量为3万匹，1590—1600年间下降到1.3万匹，1650年只有6000匹。同样，1600年前后，威尼斯的毛织品年产量大约为2万～3万匹，1700年下降到2000匹。随着殖民地贸易日益发展，意大利与北欧国家之间的差距进一步拉大，因为意大利城市没有海外领地，被排除在殖民地贸易之外。

用现代术语来说，一度是中世纪欧洲发达地区的意大利沦落为欠发达地区。从此，意大利只能通过向北欧出口原材料（油、酒、小麦、羊毛和生丝）来换取制成品。这就意味着城市和显贵丧失了在意大利的主导地位，取而代之的是封建性质的地主。这样，文艺复兴的经济基础也就崩溃了。

三、文艺复兴的遗产

文艺复兴并非大利独有的现象，16世纪，文艺复兴的新思想传播到北欧。两个因素促成了文艺复兴的传播：一是受雇于北方国家君主的意大利外交官和将领，二是印刷机推动了书籍和思想的传播。在向北传播的过程中，文艺复兴的特征发生了一些变化。在意大利，文艺复兴主要集中在文学和艺术领域，在北方则更多地反映在宗教和道德领域。不过，这也不可一概而论，北方的文艺复兴艺术同样成就斐然，涌现出阿尔布雷希特·丢勒（1471—1528年）和小汉斯·霍尔拜因（1497—

1543年)等德国画家,凡·艾克和皮特·勃鲁盖尔等佛兰德斯画家。勃鲁盖尔是最离经叛道和最具社会意识的北方艺术家。他抛弃了前人的传统题材,如宗教题材、奢华环境中的商人家庭肖像,转而集中描绘农民的日常生活场景。他还用艺术来反抗西班牙人在尼德兰的统治,他的作品《对无辜者的屠杀》描绘了西班牙士兵杀戮妇女和儿童的场景。

印刷业在北欧产生了尤为重大的影响,因为当地的识字率要比南欧和东欧地区更高。大批印刷品的出现,激发了大众对政治和宗教问题的关注,极大地推动了宗教改革以及随之而来的宗教战争和王朝战争。印刷业还推动了现代早期民族文学的发展。路德将《圣经》翻译为德语,奠定了现代德语文学的基础。詹姆斯一世时期发行的钦定版《圣经》和莎士比亚(1564—1616年)的戏剧奠定了现代英国文学的基础。在西班牙,米格尔·德·塞万提斯(1547—1616年)的小说《堂吉诃德》同样为民族语言的发展做出了贡献。在法国,弗朗索瓦·拉伯雷(1494—1553年)和米歇尔·德·蒙田(1533—1592年)起到了相同的作用。1635年,这种文学努力的重要性得到了含蓄承认,当年成立了法兰西学院,旨在正式规范民族语言的词汇和语法。

最后,从世界历史的角度看,文艺复兴的意义何在呢?显然,与中世纪的观

图133 《对无辜者的屠杀》。

图134 印刷业使得文艺复兴时代的知识传播成为可能。但是，在这个时代，没有哪本书比《圣经》更能激发人们的思想。1454年，古登堡刊行了第一本印刷本《圣经》，学者们从此有了可靠的标准本《圣经》，《圣经》成为前所未有的讨论和争论的对象。

念不同，文艺复兴把目光重新投向人，重视人所能取得的成就，从而有助于海外扩张。另一方面，这种观点很容易被夸大，有必要加以严格限定。事实上，欧洲文艺复兴并不是以科学为导向的。文艺复兴的代表人物更倾向于审美和哲理，而不是客观和怀疑，他们在不同程度上沿袭了中世纪思维方式，依然欣赏和相信不可思议和奇异的事物，仍然寻找能把其他金属变成黄金的魔法石，仍然相信占星术并将其与天文学混为一谈。

伊比利亚海外扩张的先驱者肯定不是"文艺复兴人"。例如，"航海家"亨利王子被同时代人描述为刻板、虔诚和彬彬有礼的苦行僧，而不是人文主义者。亨利慷慨赞助水手和制图师，但对学术和艺术并不感兴趣，资助萨格里什一所天文学和数学学校的故事也纯属子虚乌有。因此，所谓的迅速扩大的"新知识视野"的刺激作用，与其说解释了公元1500年前欧洲扩张的根源，不如说更能表明公元1600年后知识爆炸所带来的推动力和不可抗拒的力量。事实上，欧洲扩张本身就非常重要。无论如何，西欧出现了一场思想萌动，而亚欧大陆其他地区则没有相应的现象。这一根本性的差异具有重大意义。

例如，在奥斯曼帝国，伊斯兰学院重视神学、法学和修辞学，轻视天文学、数学和医学。这些学院的学生既不了解、也没有兴趣去弄清楚西方正在发生的事情。穆斯林土耳其人不相信基督教异教徒能带来任何有价值的东西。偶尔会有极少数高瞻远瞩的杰出人士站出来，提醒人们警惕将奥斯曼帝国与邻近的基督教世界分隔开来的思想铁幕的危险。其中之一是17世纪上半叶土耳其著名的书志学家、百科全书编纂者、历史学家卡提卜切莱比。卡提卜家境贫寒，没有受过正规的高等教育，这对于他来说反而是因祸得福，他因此摆脱了当时典型的奥斯曼式教育，不用把精力放在肤浅的、陈陈相因的伊斯兰圣学上。卡提卜完全是自学成才，这个事实很好地解释了为什么他对西学抱有开放的态度。

1656年，奥斯曼舰队遭遇了一场惨败，卡提卜随即编纂了一本简明海军手册。他在手册的前言中强调了掌握地理学和制图学的必要性：

> 对于掌管国家事务的人来说，地理科学是一门必备知识的学科。他们可能不知道整个地球是什么样子，但他们至少应该了解奥斯曼国家及其毗邻国家的地图。这样他们可以凭借所获知识出兵作战，也可以更好地入侵敌人的国土，更好地保护和守卫边境。向那些对这门科学一无所知的人请教，无法得到令人满意的结果，即便这些人是当地的老兵。这些老兵大多数连自己家乡的地图都画不出来。
>
> 学习这门科学的必要性有一个令人信服的有力证据，那就是异教徒通过应用和尊重这门科学的分支学科，已经发现了新世界，并且占据了印度的市场。[1]

卡提卜注意到欧洲的知识进步与海外扩张之间的关系。1657年去世前，卡提卜在最后一部著作中告诫自己的同胞抛弃教条主义，否则他们很快就会"像牛一样被人牵着鼻子走了"。事实证明了卡提卜的远见。土耳其人继续沉溺于宗教蒙昧主义之中，因而像其他非西方民族一样付出了惨痛的代价。反之，基督教异教徒掌握了新知识，最终不仅成为新大陆的主宰，而且成为古老的伊斯兰教帝国和儒教帝国的主宰。

四、德国宗教改革

像"文艺复兴"一样，"宗教改革"这个术语也有误导性。路德以改革者的身份开始，最终却成为一个革命家，他所秉持的根本信念势必驱使他挑战和拒斥罗马天主教会的基本教义。表面上看，宗教改革是针对教会内部的弊端，如许多教士极为无知，包括教皇在内的一些神职人员生活放荡，买卖圣职，滥发（不受教会法律约束的）特许状以及（免除罪恶的）赎罪券。这些弊端引起了很大争议，但并非新教改革运动的根源，而只是这场运动的导火索。事实上，宗教改革运动开始之际，一些虔诚的天主教徒也发起了矫正这些弊端的改革。宗教改革运动打破了西方基督教世界由来已久的统一，因此，要想对这场剧变做出合理的解释，就不应拘泥于教会的种种弊端，而是应当把目光投向更大的历史背景，看一看几个世纪以来不断酝酿的某些历史因素。

一个因素是教皇威望的崩塌。14世纪，发生了所谓的"阿维尼翁之囚"，法国国王腓力四世派兵逮捕了教皇卜尼法斯八世。此后，教廷迁到阿维尼翁，教皇被迫屈从于法国的利益。14世纪末，"天主教会大分裂"进一步对教皇的威望造成了致命打击。当时出现了两个教皇，一个在罗马，一个在阿维尼翁，双方都宣称自己是圣彼得的合法继承人，也都宣布把对方逐出教会。宗教改革背后的另一个动因是早期异端思想的遗产，如英国的约翰·威克里夫和波希米亚的约翰·胡斯等人的思想。1415年，康斯坦茨大公会议宣判胡斯有罪并将其处以火刑，一个世纪后，当路

图135 胡斯被送上康斯坦茨的火刑柱。胡斯的骨头和骨灰被撒入莱茵河，以防追随者把它们当作圣物。这幅钢笔画出自乌尔里希·冯·里森塔尔的《康斯坦茨大公会议纪事》（约1450年）。

德开始宣扬本质上类似于胡斯的教义时，胡斯的追随者依然很活跃。

宗教改革还有政治上的动因，即北欧国家民族情感的增强以及与之息息相关的各国"新君主"的崛起。各国君主和臣民逐渐把教皇看作是外国人，认为教皇无权干涉本国事务，无权在本国征税。这引发了宗教改革背后的最后一股力量，即民众对教会征收的什一税和遍布西欧各地的教会大地产的不满。关于经济上的纠纷和上述政治因素，我们将在接下来的一章进行讨论。这里要指出的是，日益壮大的中产阶级和各国君主为了自身利益，觊觎庞大的教会地产以及金银珠宝、艺术品和豪华家什等动产。同样让人垂涎不已的还有从各国源源不断流向罗马的什一税、出售圣职的收入以及不可胜数的诉讼费、特许状和赎罪券收入。

各种历史力量的交汇首先在德国达到了"爆点"，因为当时的德国有100多个形形色色的诸侯国，包括采邑、基督教城市国家、自由市、伯国和公国，它们的统治者实力弱小，无力抵御强大的教会的横征暴敛。1517年，为了筹集罗马圣彼得教堂的维修费用，教皇决定在全欧洲大规模出售赎罪券。在德国引发了宗教改革的赎罪券承诺，赦免"你所有的罪恶、犯罪和荒淫，无论它们有多大……当你死去的时候，惩罚的大门将关闭，快乐的天堂之门将打开"。路德当时是维滕堡大学的神父，为了抗议这种"肆无忌惮地宣扬赦罪"，他将《九十五条论纲》张贴到教堂的大门上。《论纲》的大多数主张并不具有革命性，但确实提出"上帝之道"不在于教会的教义而是蕴含在《圣经》里，这就从根本上动摇了教会的权威。

教皇利奥十世认为这个事件是"僧侣间的争吵"，根本不予理会，但路德的《论纲》很快就被翻译成德语，广泛印行和流传。公众的强烈反应表明路德表达了深切的民族不满情绪。在随后举行的公开辩论中，路德阐述了"因信称义"的核心教义，这一革命性的教义主张，个人与上帝的沟通无须通过教会神职人员的中介。1520年年末，路德与天主教会彻底决裂，接受了早先威克里夫和胡斯的异端学说，将他们视为"真正的基督徒"。1520年10月，路德烧毁了教皇将其开除教籍的谕令[1]，第二年，他被召唤到沃尔姆斯举行的帝国议会。帝国议会要求路德公开认错，但他并未屈服："除非用《圣经》的明证或清晰的理性说服我。"在神圣罗马帝国皇帝的操纵下，议会发布了一道敕令，宣布这个执拗的修士为异端分子，但支持路德的萨克森选侯弗雷德里克把路德藏在一座城堡里，使他免遭胡斯的厄运。

随后几年里，路德在流亡的城堡里将《圣经》翻译成德语，创建了独立的德国教会。皇帝查理五世卷入了与法国人和土耳其人的战争，无暇对付日益传播的异

---

[1] 原文如此。路德当众焚烧教皇谕令的时间是1520年12月。——译者注

图136 马丁·路德与维滕堡改革派。路德与萨克森选侯约翰·弗雷德里克（1532—1547年），作于1543年前后。左起第一人为路德，前排最右边为菲利普·梅兰希通［德国画家小卢卡斯·克拉纳赫（1515—1586年）所作画板油画］。

端学说。1546年，查理五世从战争中腾出手来，着手镇压路德派诸侯，恢复教会统一。查理五世得到了教皇的支持，教皇还提供了资金和军队。路德派诸侯组成施马尔卡尔登同盟，并争取到信仰天主教的法国国王的支持，因为法国国王更在乎的是王朝而不是宗教。战争打了许多年，双方始终未能分出胜负，最终，1555年签署了《奥格斯堡宗教和约》，根据和约规定，诸侯有权决定本人及领地内臣民是信奉天主教还是路德派新教。这样，德国宗教改革的最终结果是德国形成了天主教诸侯与路德派诸侯分庭抗礼的局面。

五、德国之外的宗教改革

《奥格斯堡宗教和约》为日益高涨的异端洪流，更确切地说，各种异端的洪流，打开了大门。奥格斯堡的协议只承认路德宗是天主教之外唯一可以选择的信仰。但新教的本质决定了它会不断滋生出新的教派。路德关于个人解读《圣经》的基本教义必然会导致对《圣经》的不同解释，从而形成不同的新教教派。例如，在瑞士，约翰·加尔文像路德一样反对通过"事功"获得拯救，但加尔文也反对路德的"因信称义"教义，而是宣扬预定论，即个人的命运在出生之前就已经由上帝决定了。"因此，依据《圣经》的明确教义，我们断定，上帝依据他的永恒旨意，来决定在永恒的拣选中预定一些人蒙救恩，赏赐他们永生的盼望，也预定其他人亡，判他们永死的结局。"加尔文与路德还有一个不同，他主张教会积极介入社会事务，以铲除异端、亵渎神明和邪恶。在加尔文统治日内瓦期间（1541—1564年），他领导下的长老会将这座城市改造成禁欲和圣洁的基督教社会，让来访者啧啧称奇。不仅如此，印刷机有力促进了新教的传播，日内瓦成为劝诱改宗运动的大本营，深刻影响了波希米亚、匈牙利、尼德兰、苏格兰、英格兰等国家，以及海外的13个美洲殖民地。

再洗礼派是一个特立独行的新教教派，他们提出了激进的宗教和社会主张，结果遭到天主教、路德派和加尔文派的联手迫害。根据路德的教义，每个人都应当遵从自身良知的指引，再洗礼派由此得出了合乎逻辑的结论，主张充分的宗教自由和政教分离。他们的社会主张也同样激进，他们反对个人积累财富、阶级和地位分化，反对服兵役以及为了战争而缴税。很显然，这些信条动摇了所有宗教和政治制度的基础，因此再洗礼派教徒在欧洲各地都受到迫害和大规模屠杀。哈特派和门诺派幸存了下来，直到今天仍有不少信徒。

就宗教改革而言，一个国家信奉何种宗教几乎总是取决于君主。如果君主赞同与罗马决裂，宗教改革就能取得成功；如果君主不愿与教廷决裂，宗教改革就注定要失败。君主选择新教能够获得非常可观的好处。首先，君主的政治权力将得到强化，新教君主从此成为民族教会的首脑，而不是从属于国际性的罗马教皇的教会宗主权。其次，君主的经济实力也将增强，新教君主除了没收天主教会的土地和动产，还可以留住原本要流向罗马的税收。尽管与教皇脱钩有这样的好处，不少君主依然忠于教皇，其人数不亚于与教皇决裂的君主。一个原因是他们担心受到教皇支持的查理五世的帝国军队的攻击。另外，很多君主发现，留在天主教阵营可以从教皇那里获得很大的政治和经济让步，好处不见得比新教君主少。因此，路德死后，欧洲形成了犬牙交错的宗教版图。

按照最终成型的宗教版图，将近一半的德意志邦国属于路德宗，此外，波罗的海地区的条顿骑士团、丹麦-挪威和瑞典-芬兰等斯堪的纳维亚王国也信奉路德宗。在英国，亨利八世在教义上仍然是个虔诚的天主教徒，对天主教神职人员的控制不亚于海峡对岸的法国国王。不过，亨利最终还是建立了独立的英国教会（1534年），因为他决意与妻子、阿拉贡的凯瑟琳离婚。教皇不可能答应亨利的请求，因为凯瑟琳是皇帝查理五世的姨母，而查理的军队在几年前刚刚洗劫了罗马。于是，亨利成为新的英国国教的首脑，为了争取乡绅的支持，他将没收来的修道院土地分给了乡绅。但亨利在世时，新教会仍然一如既往地维持天主教教义和仪式，仅有的革新是把《圣经》翻译成了英语。亨利的继任者则依据个人好恶做出调整，爱德华六世（1547—1553年在位）向新教靠拢，玛丽（1553—1558年在位）又回到天主教，伊丽莎白（1558—1603年在位）则信奉温和的新教。

在尼德兰（现今的荷兰和比利时），相互交织的宗教争端和政治冲突引发了一场旷日持久的战争。北部荷兰各省大多数是加尔文宗信徒，他们与虔诚的天主教君主、西班牙国王腓力二世发生了冲突。双方还有政治上的分歧，尼德兰人反对腓力二世干涉尼德兰内政，还对腓力二世在尼德兰推行的苛捐杂税和商业限制不满。1566年，荷兰人的抵抗演变成第一场争取民族独立的现代革命。英国的伊丽莎白女王援助荷兰反叛者，这场革命演变成一场国际性战争。1588年，腓力派出130艘战

图137 《圣巴托洛缪大屠杀》。同时代的新教画家弗朗索瓦·杜布瓦所作。这起臭名昭著的事件中，巴黎有3000名新教徒被杀，全法国估计还有2万人被杀。这场大屠杀使法国的宗教冲突从政治权力之争演变成新教徒与天主教徒的生死之争。

舰组成的"无敌舰队"前去攻打英国。但是，英国战舰凭借更出色的机动性打败了"无敌舰队"，远征舰队遭受重创，残余舰只向北绕过苏格兰再向南折返西班牙。直到1609年，血腥的战争才宣告结束，各方达成了协议，承认北部各省独立为荷兰共和国，南部比利时各省仍由西班牙统治。

　　与此同时，加尔文主义在法国传播开来，法国的加尔文宗信徒称为胡格诺派。法国君主并不想加入新教臣民的行列，因为弗朗索瓦一世通过《博洛尼亚协定》（1516年）几乎完全掌控了境内的天主教会组织及其收入。继任者亨利二世（1547—1559年在位）残酷迫害胡格诺派。民众只要拥有一本《圣经》，就有可能被指控为异端。亨利死后，胡格诺派有了喘息之机，因为王太后凯瑟琳·德·美第奇和她懦弱的儿子们未能像英国的伊丽莎白女王那样得到民众的支持。虽然凯瑟琳努力调和，这个国家仍然分裂为两大阵营，一边是不断壮大和充满活力的胡格诺派，另一边是占人口大多数的天主教徒。双方随即爆发了宗教战争，圣巴托洛缪大屠杀（1572年8月24日）标志着冲突达到白热化，全国有成千上万胡格诺派信徒遭到屠杀。然而，大屠杀也未能使新的信仰屈服，战争仍在持续，胡格诺派得到了英国、荷兰和德国新教群体的支持，天主教徒则从西班牙国王腓力那里获得了人力和财力援助。直到1598年，亨利四世颁布《南特敕令》，宣布保障胡格诺派的信仰自由，和平才得以恢复。在一个国家给予两种宗教以法律承认和地位，这种和解方案足以媲美允许君主在两种宗教中做出选择的《奥格斯堡宗教和约》，成为欧洲宗教历史上的转折点。

六、天主教改革

　　天主教改革以前被称作"反宗教改革"，但今天的历史学家认为这场运动并不仅仅是反对新教，而是可以追溯到路德之前的时代。因此，天主教改革是一场类似于新教改革运动的宗教改革运动。15世纪末、16世纪初，各国天主教领袖就曾经试图匡谬正俗，重塑宗教的价值，为此创建了嘉布遣会等新修道会，目的是找回天主教的虔诚，推动教会为社会服务。但这些早期的改革者往往倾向于冥想和贵族化，无法唤起民众，也未能赢得罗马教会高层的支持。直到路德在德国发起的挑战带来严峻的形势，天主教改革才发展成一场充满活力和卓有成效的运动。天主教会内部的改革者对于是否发动一场对抗新教徒的运动犹豫不决，他们担心造成西方基督教世界不可挽回的分裂。教皇在很长一段时间里完全不把路德放在眼里，视之为一长串批评者和异端中的一员，这些人过去要么被压制，要么被争取过来。直到教皇保罗三世（1534—1549年在位）和16世纪末的三位继任者才意识到新教带来的威胁，并采取了相应的举措。

保罗三世的两项举措最为重要，决定了天主教改革运动的进程和特征。一是召开了特伦托大公会议，二是1540年批准建立耶稣会。特伦托会议于1545—1563年间断断续续地举行，主要成果是以坚决反对新教的措辞重申了传统的天主教教义，并采取切实步骤消除教会弊端和恢复教会纪律。这些措施包括：禁止出售赎罪券，禁止主教兼任数职，每个主教教区都要创办一所神学院培训神父，发布禁止天主教徒阅读书籍的《禁书目录》。

耶稣会的创始人是西班牙巴斯克贵族依纳爵·罗耀拉（1491—1556年）。罗耀拉在战斗中负了重伤，养伤期间阅读了大量宗教小册子，引发了严重的精神危机。他决心痛改前非，弃绝以前那种拈花惹草和打打杀杀的生活，全身心地投入到为上帝服务的事业。他召集了一群志同道合的年轻人，按军队方式建立了耶稣会。耶稣会成员不像早先的天主教改革者那样注重敛心默祷，而是把自己看成是耶稣的战士，严格遵循罗耀拉在《神操》中规定的第一条会规：无条件服从"会长"。

耶稣会士纪律严明、富于战斗性，确保了特伦托会议的改革举措得到落实。许多耶稣会成员出任异端裁判所法官。异端裁判所成立于1542年，宗旨是铲除一切异端学说。耶稣会还创办学校，培养新一代僧侣和普通信徒具备神学上的定力和信心，因为这正是新教异端势不可挡的力量所在。耶稣会学者和外交官主要在奥地利、巴伐利亚和波兰等国打击新教，他们在这些国家争取到许多皈依者。耶稣会除了在欧洲与基督教异端进行斗争，还前往世界各地，向亚洲、非洲和美洲的异教徒传播福音。一些著名传教士的职业生涯表明了耶稣会的性质和活动范围，例如，在日本传教的圣方济各·沙勿略、在中国的利玛窦、在印度的罗伯特·德·诺比利、在美洲的雅克·马凯特神父。

七、宗教改革的遗产

宗教改革的遗产是含混不清的。一方面，它引起了教义上的分歧和党同伐异，最终导致了一系列血腥的宗教战争。另一方面，西欧基督教世界的分裂也让诸多对立教派认识到建立普世教会霸权之举不切实际，从此各教派逐步接受和实行宗教宽容，这个过程十分缓慢、反复拉锯，时至今日仍未彻底完成。宗教改革对个人地位问题的态度同样是模棱两可的。路德支持教徒个人解读《圣经》，但是，当这种主张引发了再洗礼派的激进主义和农民起义，他又呼吁各国当局消灭"成群结队的杀人犯和盗贼"。然而，注重阅读《圣经》确实提高了民众的识字率，为非宗教书籍和思想的传播打开了大门。

宗教改革对妇女地位的影响也是模棱两可的。宗教改革在一定程度上提升了妇女的地位。新教领袖拒斥中世纪的天主教观念，不再把独身制视为道德高尚之举，而是认为婚姻生活至少有三个好处：生儿育女、满足性欲以及夫妻相互帮助和照顾。这种婚姻家庭观促进了对男人和妇女有统一的道德标准的新观念，也鼓励了一个同样新颖的观念，即未婚男女都有权拒绝求婚。当然，新旧观念的转变是一个缓慢曲折的过程。新教神学家一视同仁地谴责女子和男子的通奸行为，但现实远远滞后于理论。此外，如果年轻男子没有选择一个相悦并且"般配"的妻子，会被视为不开窍的"生瓜蛋子"，这种观念体现了父母通常的现实考虑。

主要的新教领袖从未考虑或者进行过对妇女地位的系统性重新评估。他们强调夫妻应当互敬互爱，同时又认为丈夫的一家之主地位是天经地义的。路德说得很清楚："男人有宽大的胸膛和窄小的臀部，比女人更有见识。女人胸膛窄小，臀部宽大，所以应该待在家里，恪守妇道，操持家务，生儿育女。"[2]

一些激进教派，如罗拉德派、再洗礼派和平等派，与新教主流教派截然不同，他们支持离婚自由，允许妇女参与教会管理和布道，有些教派甚至主张男女都有性自由。这些教派走在了时代的前面，他们的主张既是基于政治原因，也有技术上的考虑。英国平等派领袖杰拉德·温斯坦利承认，婚外性自由会伤害母亲和孩子，"因为男人在享乐之后会离开她们，并不把她们看得比别的女人更重。因此，你们女人要当心……他们寻求自己的自由，却束缚了别人"[3]。温斯坦利意识到，在有效的避孕措施出现之前，只有男人才有性自由。

最后，就宗教改革的直接遗产而言，这场运动使得中世纪的普世教会分裂成许多地方性教会，有些是国家的教会，有些是王公的教会，有些是省区的教会，还有一些仅限于一个城市。所有的地方性教会都具备一个共同特点，即它们都是由世俗统治者控制。不论是留在天主教阵营，还是属于某个新教派别，这些教会的教职和财权都掌握在世俗当局手中。宗教改革直接的和决定性的遗产就在于权力从教会转移到国家。从这个意义上说，宗教改革成为现代民族国家演进的一个阶段，我们将在下一章进一步讨论这个问题。

[推荐读物]

　　关于这个时期的权威通史著作有：W. K. Ferguson, *Europe in Transition：1300-1500*（Houghton Mifflin，1962）；E. Breisach, *Renaissance Eruope：1300-1517*（Macmillan，1973）；全球史角度的著作有：J. L. Abu-Lughod, *Before Europe Hegemony：The World System A. D. 1250-1350*（Oxford University，1989）；E. Troeltsch, *Protestantism and Progress：A Historical Study of the Relation of Protestantism to the Modern World*（Beacon，1966）；E. I. Eisentein, *The Printing Press as an Agent of Change：Communications and Cultural Transformations in Early Modern Europe*，2 vols.（Columbia University，1979）。

　　关于这几个世纪欧洲妇女的地位问题，参阅S. M. Wyntjes, "Women in the Reformation Era", in R. Bridenthal and C. Koonz, eds., *Becoming Visible：Women in European History*（Houghton Mifflin，1977），pp. 165-191；进一步的分析，参阅R. Baintond, *Women of the Reformation in Germany and Italy* and *Women of the Reformation in France and England*（Augsburg，1971，1973）。

[注释]

1. Cited in manuscript by L. V. Thomas, "Ottoman Awareness of Europe，1650-1800."
2. S. M. Wyntjes, "Women in the Reformation Era," in R. Bridenthal and C. Koonz, eds., *Becoming Visible：Women in European History*（Houghton Mifflin，1977），p. 174.
3. C. Hill, *The World Turned Upside Down*（Viking，1972），p. 257.

> 中世纪晚期的最高荣耀不是大教堂、史诗或经院哲学，而是有史以来第一次建构了一个复杂文明，这个文明不是基于汗流浃背的奴隶或苦力，而是主要依靠人力之外的动力。
>
> ——小林恩·怀特

> 所以说，君主如果要维持自己的地位，一定要学会怎样做不善良的事情，还得根据实际情况决定是不是使用这一手。
>
> ——尼科洛·马基雅维利

第二十一章　西方文明的成长：经济增长与国家建构

我们已经在前一章中谈到，文艺复兴和宗教改革推动了西欧文明的现代化。在西欧，民众识字率提高，知识生活开始萌动，民众的觉醒和参与程度是亚欧大陆其他地区所望尘莫及的。与此同时，经济增长与国家建构并举，更直接地推动了现代化进程，为欧洲决定性的海外扩张提供了所需的资源和动力。欧洲的海外扩张塑造了直到今天的世界历史，这种扩张并不仅仅起因于哥伦布向西航行并偶然发现了新大陆。11世纪时，维京人也曾偶然发现了北美洲，并在此后100年里一直试图维持当地的定居点，最终无功而返。反之，哥伦布航行之后，欧洲各国的大规模移民不可阻挡地进入南、北美洲。11世纪与15世纪两次发现的不同结果表明，这500年间出现的一些事态发展使得欧洲人能够并渴望向海外扩张。下面就来看看欧洲经济增长和国家建构的情况。

一、经济增长

中世纪时期的欧洲经济并没有持续不断地增长。900年至1300年间，欧洲经济稳步增长。14世纪时却出现了经济衰退，这是多种因素使然：首先是连年的粮食歉收和饥荒，1315—1316年尤其严重。然后是黑死病，1348年和1349年，黑死病首次爆发，造成三分之一到三分之二的城市居民丧命，此后又在好几代人的时间里周期性地肆虐。最后是英国和法国之间的"百年战争"以及德国和意大利的战争。不过，公元1400年后不久，欧洲经济开始复苏，此后一直保持总体向上的趋势。

可以说，除了14世纪的衰退之外，西欧在中世纪早期的几个世纪后始终保持了相当稳定的经济增长。个中原因在于，随着马扎尔人和维京人的进攻终止，公元1000年以后西欧没有再遭受外来入侵。这一点非常重要，西欧没有像东欧那样因为接二连三的外来攻击而遭受严重破坏，而在东欧，直到17世纪土耳其人被打败，外来入侵才告一段落。10世纪到14世纪，中欧和西欧的人口有了显著增长，部分原因就在于此。这些地区的人口在这500年间增长了50%左右，这一增长幅度在今天看来似乎不值一提，在当时却是世界上任何同等地区都难以企及的。人口激增推动了农业的改良，以养活增加的人口，而粮食供应的增长又使得人口进一步增长成为可能。

欧洲提高农业产量有两条途径。一是集约化发展，即改良耕作方法。8世纪后，出现了一项重大技术改良，即逐步采用了三圃制。这一耕作方法极大提高了生产力，因为只有三分之一的耕地休耕，而过去的二圃制要闲置一半的土地。农业的发展还得益于更有效地利用马力。在古代，马匹很少用于耕作，因为当时使用的轭具是套在牲畜的腹部和颈部，所以马匹拖曳重物时容易被勒死。此外，由于没有钉蹄

图138　8世纪后，三圃制提升了效率，提高了产量。

铁，马匹经常因伤到蹄子而报废。10世纪，发明了马项圈，它套在马的肩膀上，因此不会扼住马匹的颈部。此外还发明了马蹄铁以及可以同时使用多对马匹的串联挽具。马匹比牛的速度更快、效率更高，成为农耕的必备动力来源。

扩大耕地面积是欧洲提高农业产量的另一条途径。大量未利用的生荒之地得到开垦。一个令人震惊的事实是：12世纪，法国只有大约一半、德国只有三分之一、英国只有五分之一的土地是耕地，其余都是森林、沼泽和荒地。小片耕种地区的周围是大片有待拓殖的处女地。欧洲农民源源不断地进入这些尚未开发的地区，砍伐森林，焚烧灌木，排干沼泽，开垦土地，耕耘播种。农民除了开垦附近的荒地，随着人口增长，农民逐步迁徙到人烟稀少的广大边疆地区。就像向太平洋方向迁徙的美国西进运动一样，欧洲出现了朝着俄国边境迁徙的东进运动（见地图15）。

人口增长和农业进步推动了商业和城市的发展。新开垦耕地生产出更多的粮食，余粮装船运往人口稠密的西部地区，而西部地区则为边疆地区提供所需的工具和制成品，从而推动了商业繁荣和城市兴起，尤其是在波罗的海沿岸地区。这一地区的经济增长具有十分重要的意义。西北欧开始崛起，随着这一趋势的发展，英国和荷兰在世界范围内超越了西班牙和葡萄牙。

在欧洲内部的商业不断发展的同时，欧洲与外部世界的贸易也日益兴盛。海外贸易的发展依然要归因于维京人停止了海盗袭击，9—10世纪笼罩在从北极到西西里的欧洲海岸的恐怖一去不返。11世纪起，十字军东征为海外贸易提供了新的动力。成千上万欧洲人参与了十字军东征，他们返回欧洲后总是津津乐道于在东方看到和享用过的奇珍异宝。此外，欧洲人通过十字军东征从穆斯林手中夺取了地中海的控制权，地中海像古代时期那样成为东西方贸易的大通道。国际贸易兴起的第三个原因是，13世纪的蒙古帝国统一了辽阔的亚欧大陆的大部分地区。欧洲的商人，尤其是意大利人，充分利用和平、安全、便利的贸易路线，几乎直接与东方进行贸易。

商贸关系的扩大和加强产生了重大的影响。相比东方帝国更为自给自足的经济，欧洲经济更适应国际贸易的需求。欧洲消费者和生产者逐渐习惯并且依赖外国商品和海外市场。随着人口增长，海外贸易的规模逐步扩大。人口压力以及欧洲各国和城市国家之间的竞争压力，驱使商人寻找新的货源、贸易路线和市场。欧洲人的竞争态度与同时代的中国人形成了鲜明对比，中国人进行了数千英里的远航，却完全是出于非经济的原因（见本章第五节），他们对贸易根本不感兴趣，只是将长颈鹿之类的奇珍异兽带回自给自足的祖国以取悦皇帝。由于显而易见的地理原因，欧洲远远做不到自给自足。欧洲人渴望获得香料和其他外国产品，加之蓬勃发展的经济和活力，最终使欧洲人的船舶驶向每一个大洋，欧洲商人遍布每一座港口。

二、技术进步

随着经济的发展,欧洲的技术也有了长足进步,为海外扩张提供了所需的物质和技术手段。欧洲人成功抵达印度和美洲靠的是合乎需要的船舶和导航仪器。欧洲人在这些领域的技术成就来源于中世纪时期在改进工具和技术方面稳步取得的不引人注目但意义重大的进步。

小林恩·怀特教授指出,"中世纪晚期的最高荣耀"在于前所未有地开发了"人力之外的动力"。举例来说,欧洲人开发了水磨和风车,用于研磨谷物、伐木、排干沼泽和矿井排水。欧洲还涌现出其他有用的发明,如木工刨、曲柄、独轮车、纺车和运河水闸。诚然,希腊人和罗马人在哲学和艺术上取得了辉煌成就,但在运用机械动力减轻人类劳动方面,中世纪欧洲人在短短几个世纪里取得的成就超过了希腊人和罗马人的1000年。

关于中世纪西欧的技术进步,希腊学者、红衣主教贝萨里翁写于1444年的一封信为我们提供了一个耐人寻味的例证。贝萨里翁在罗马生活多年,意大利先进的

图139 1500年欧洲的造船场景,造船业技术进步推动了欧洲的海外扩张。

手工业给他留下了深刻印象。他写信给当时拜占庭帝国自治省份摩里亚的统治者君士坦丁·帕里奥洛格斯，建议秘密派遣"四到八名年轻人"到意大利学习工艺技术。他们还应当学习意大利语，"以便能听懂别人说的话"。贝萨里翁对替代手工劳动的水力锯木机特别感兴趣，他在信中提到"用自动锯切割木材，水轮转得又快又稳"。他还写道："他们在冶炼和提炼金属时使用皮风箱，这种风箱无须手工操作便能鼓气和吸气，把金属从无用的泥土中分离出来"，他所说的皮风箱指的是水力风箱。贝萨里翁还报告说，在意大利，"人们能很便捷地掌握炼铁知识，这是一种对于人类来说十分有用的必备知识"。这封信犹如一份证词，其含义是一目了然的。它表明中世纪西欧取得了重大技术进步，第一次有东方人建议应当派学生到西方学习"实用技艺"。[1]

对于欧洲的海外扩张来说，意义最为重大的是造船、航海仪器和技术以及海军军备上的技术进步。与这些进步息息相关的是航海术的改进。这个领域最重要的贡献来自地中海地区。当时中国人似乎已经拥有磁罗盘，目前尚不清楚欧洲人是直接从中国人那里获得磁罗盘，还是经由阿拉伯人辗转获得的。不论是哪种情况，罗

图140 中世纪城镇的商业活动离不开熟练工人。图中展现了佛罗伦萨一家铸造厂制造大炮的场景。

盘都是最有用的航海仪器，不过还要与其他仪器配套使用。早在800年前，人们便已经知道制作星盘，它是一种用于估算天体高度的铜制圆盘，不过，在西方，直到1485年前后，葡萄牙人才首次在航海中使用罗盘。这种仪器十分昂贵，因而很快就被结构更简单更便宜的象限仪所取代。测定经度是个更棘手的难题。用沙漏可以大致估量时间，精确计时要等到17世纪伽利略发现钟摆原理后才能实现。航海者还离不开航海资料和地图。最早的名副其实的地图是中世纪地中海水手使用的航海图，图上标注了精确的罗盘方位以及海岸线和港口的详细情况。

欧洲人拥有先进的海军军备，当他们到达高度发达的南亚和东亚军事强国，在海军上占据了绝对优势。16世纪前20年，佛兰德斯、德国以及稍后的英国冶金学家改进了铸炮技术，铸造的大炮重量轻、威力大，可以装在船上。新大炮长1.5～3.7米，能发射4.5～54斤的圆石，后来的大炮则发射铁球，足以击毁274米距离内的敌船。海军战术由登船肉搏发展成舷炮齐射。战舰也重新设计，平均每艘战舰装备40门大炮。

这些技术进步使欧洲人掌握了决定性的海上优势，从而夺取并控制了世界的海洋。东方统治者也加紧武装自己的船只，但东方船舶从设计到建造都没有考虑配备大炮。等到东方人开始重新建造船舶，欧洲海军装备的迅速发展使得东方人的船舶在设计上就过时了。如此一来，双方的差距不但没有缩小，反而进一步拉大了。直到1905年，日本人在对马海战中打败俄国人，取得划时代的胜利，才挑战了西方人所向无敌的海上霸主地位。

欧洲人还发现了世界风系，这一发现的意义不亚于海事技术的进步。哥伦布从葡萄牙航海家那里得知，可以乘着信风向西航行，再向北航行，就可以找到西风带，然后乘着西风返航。同样，瓦斯科·达·伽马从当地领航员那里了解到印度洋季风的基本规律。到1522年，麦哲伦船队完成第一次环球航行，欧洲人已经摸清了太平洋和大西洋的风系，从此能够胸有成竹地在各大洋往来航行。

正是由于实现了造船业的技术进步，掌握了全球风系知识，欧洲人得以利用地理位置上的有利条件，一举横渡大西洋，攫取新大陆的财富。事实上，西非也像伊比利亚半岛一样伸入大西洋。但几个世纪以来，西非的贸易一直是直接向北穿越撒哈拉沙漠，到达地中海。东非的索法拉港也从事海外贸易，但贸易的方向自然是向东穿越毗邻的印度洋。索法拉与美洲的距离要比加那利群岛（哥伦布航行的起点）远4828千米，中国就离得更远了。不难看出地理位置是个很重要的因素，加上其他一些因素的共同作用，决定了哥伦布式的人物出在欧洲，而不是非洲或亚洲。

三、资本主义的诞生

多种因素决定了只有欧洲才能出现哥伦布式的人物,也只有欧洲具备了大量涌入的美洲贵金属所带来的强大经济刺激。欧洲流入了数量巨大的美洲金银,16世纪,欧洲的白银储备增加了两倍,黄金储备增长了20%。除了美洲金银的意外之财,欧洲人还凭借多种海外经营变得日益富庶:奴隶贸易、香料贸易、殖民地进出口贸易乃至海盗活动都带来了源源不断的利润。这种外部的经济拉动与前文提到的内部商业复兴和技术进步相交汇,极大地促进了货币在欧洲经济中的广泛使用。

经济的货币化从根本上动摇了罗马帝国解体后形成的封建秩序。当农奴们获悉逃到新兴城镇或是开放的东部边疆地区就可以获得自由,农奴制的枷锁也就不攻自破了。封建领主不得不做出让步,否则就有劳动力流失之虞。西欧的农奴逐步用货币而不是劳役的方式来支付地租,这样,封建领主变成地主,农奴变成自由农民。农奴制的衰落是欧洲扩张的前提,因为这意味着社会流动性增大,从而能够积累资本,提供组织,释放出从事探险、征服和移民所需的人力资源。决非偶然的是,欧洲各国能否成功开拓海外事业,直接取决于是否彻底摆脱了封建束缚。

同样,货币的使用还彻底摧毁了城市中封建性的手工业和商业行会。行会及其对工艺、价格和交易惯例的严格规定并不是以盈利为目的,而是为了维护传统的生活方式。行会成员普遍秉持"公平交易"的观念,牺牲同行利益的牟利之举被视为不道德的行为,全然违背了基督教精神。但是,随着企业家的出现,这些观念和习俗被打破了。企业家们绕过行会,自行购买原材料,提供给乡间半失业的工匠,工匠则以计件制的方式提供劳动力。这种"外包制"的核心是利润,而不是"公平交易"。为了确保投资获得最大回报,企业家尽量压低原材料和劳动力价格,同时尽可能提高最终产品的售价。

欧洲经济变革的动因既有日益广泛的货币化,也有各地发行了通用的本位货币,发展出银行和信用票据。1252年,佛罗伦萨率先发行金弗罗林,其他城市和国家也很快仿效。早在12世纪,意大利已经出现简单的汇票。随后,意大利和北欧先后涌现出一些强大的金融家族。

可以说,欧洲经历了一次历史性转型,形成了一种具有完全不同性质的经济体系,即今天所称的"资本主义"。资本主义被定义为"一种以追求利润为动力的制度,通过各种复杂的、往往是间接的方法,利用大量的资本积累来获取利润"。[2]

资本主义的诞生具有划时代的意义。它推动了经济发展,深刻影响了社会生活的所有领域。中世纪早期,欧洲还很少使用货币,货币在经济活动中的作用微乎其微,而到中世纪晚期,货币已经为欧洲未来的迅速崛起提供了能量。以往所有的社

图141 科西莫·德·美第奇（1389—1464年）是佛罗伦萨银行家和政治家，在其有生之年一直是该城的首富和最成功的政治家。这幅肖像为蓬托尔莫所绘。

会或经济体系都不是建立在经济增长观念的基础之上，它们的目标仅仅是维持过去的物质生活水平，而不是提升物质财富。但是，随着资本主义的诞生，情况刚好颠倒过来。利润被用于再投资，增加投入生产的资本。"资本主义"一词所蕴含的根本原则就在于利润的"资本化"，即盈余转化为资本。新兴的"资本家"不再满足于养家糊口，而是被扩大资本的欲望所驱使。资本家在消费需求得到满足后也不会停止努力，这种新的"资本主义精神"可以用16世纪最富有的银行家雅各布·富格尔的一句话来概括："只要我还能赚钱，就让我一直赚下去吧。"

为了"赚钱"，富格尔及其银行家同行想要不受限制地赚取贷款利息。但长期以来，中世纪教会一直谴责利息是高利贷的罪魁祸首，视之为不可饶恕的罪恶，"上帝眼中最丑恶、最可憎的恶行"。然而，1548年，一些教会人士请求教会承认"适度的和可接受的高利贷"。这种态度上的转变很快就演变成一种愤世嫉俗的观念："放高利贷的人下地狱，不放高利贷的人去济贫院。"毫无疑问，如果让人在死后下地狱和生前吃苦受穷之间做出选择，高利贷肯定会胜出。因此，富有的欧洲银行家组建了许多股份公司，控制了所有大洋上的贸易，攫取了滚滚而来的利润。

现代早期的股份公司相当于当今的跨国公司。这些新兴的组织成为经济动员和经济渗透最有效的工具，任何想用少许资金做投机买卖的人都可以入股，而且不会有失去自己全部家当的风险。个人只承担购买公司股份的那部分资金的风险，无须对公司可能遭受的损失承担连带责任。不仅如此，个人投资者无须相识或彼此信任，也不用关心市场行情和公司的经营方针。公司的经营管理委托给有责任心有经验的董事，而这些董事又挑选可靠的人来负责公司的日常经营。这种安排使得股份公司吸引了三教九流的人士，从伦敦的羊毛商、巴黎的店主、捕捞鲱鱼的哈莱姆渔民，到安特卫普的银行家或约克郡的地主，纷纷将储蓄投入到私人企业。通过这种方式可以很容易、很便捷地调集欧洲的资金，并将大量资金投入各项海外事业。东方商人只有自有资本或合伙人的资金，又都是从家人或熟人中挑选经理，根本无法与排除了个人感情影响的强大股份公司竞争。股份公司成为欧洲资本主义在全球范围内扩张的工具。欧洲各国相继建立起东印度公司、黎凡特公司、莫斯科公司以及至今尚存的哈德逊湾公司，主宰了世界贸易。

正因如此，一位美国历史学家断定，欧洲海外扩张中最重要的人物不是哥伦布、达·伽马和麦哲伦，而是拥有资本的企业家。正是在那些留在国内港口的商人推动下，"建立起许多殖民地……维持殖民地的供应……开辟新的市场，寻找新的土地，让整个欧洲变得日益富庶"[3]。

新兴的资本主义经济制度主宰了现代早期的世界经济，而且这种主宰地位一直延续至今。究其原因，根子在于资本主义的指导原则：要么赢利，要么倒闭。为了避免倒闭，几个世纪以来，资本主义企业家通过两种方式追求利润最大化：一是压低工人工资，二是改进技术，提高工人的生产力。第一种方法虽然广泛使用，但毕竟有个底线，因为工人显然必须获得一定的最低工资才能维持生存、健康和生产。反之，改进技术的途径可以无限持续下去。事实正是如此，这一点已被不断加快的技术创新步伐所证明，在当今的高科技领域表现得尤为明显。正是由于这种内在的技术发展动力，现代早期的欧洲资本主义企业家凭借不断的技术创新和股份公司控制了全球经济，而当今的资本家凭借生物技术、信息技术和跨国公司继续控制着世界经济。几个世纪前，欧洲的股份公司在美洲建立殖民地，势不可挡地打入中东和远东的市场，如今，在同样的内在动力驱使下，跨国公司把工厂从一个大陆搬到另一个大陆，麦当劳的"金拱门"标志出现在一个又一个国家，肯德基餐厅甚至开到了历史悠久的北京天安门广场，这座可容纳500人的餐厅离天安门城楼和毛主席纪念堂只有咫尺之遥。北京的肯德基餐厅也使用全球统一的广告语，只是翻译成了汉语的"吮指更回味"。

四、新君主的崛起

在欧洲，堪与资本主义的兴起相提并论的是"新君主"的崛起，这些新君主建立起有凝聚力的政治结构。15世纪末，民族君主国的势头已经非常明朗，西班牙的斐迪南和伊莎贝拉（1479—1516年在位）、英国的亨利八世（1509—1547年在位）、法国的弗朗索瓦一世（1515—1547年在位）都建立起强有力的政治结构。这些君主的成功得益于随着火炮的发明而来的军事技术变革。封建领主不能再像以往那样躲在城堡里自成一体，藐视王权。只有一国的君主才拥有必要的财政资源和行政机构，购买枪支、火药和弹药，提供所需的后勤支援。

新君主的另一个力量源泉是与新兴商人阶层结成了非正式同盟。商人阶层为君主提供必要的财源，还为日益发展的国家官僚机构提供了能干而服从命令的官员。反过来，随着王权的巩固，结束了连绵不断的封建战争，消除了地方封建势力割据一方的混乱局面，从而有利于市民阶层的利益。以往的地方割据势力制定了五花八门的关税、法律、度量衡和货币体制。14世纪末，易北河上有35座收费站，莱茵河上有60多座收费站，而塞纳河上的收费站更是多如过江之鲫，乃至向下游322千米

图142 尼科洛·马基雅维利。

处运送粮食的成本达到售价的一半。消除国内贸易壁垒显然对企业家大有裨益。日益优雅化的王室宫廷还成为赞助的源头，王室扶持手工艺人，有时甚至扶持整个行业，如法国的戈贝兰式花壁毯和塞夫勒瓷器。

像所有的政治体系一样，新君主自然也有自己的辩护人和理论家。最著名的是尼科洛·马基雅维利（1469—1527年）。马基雅维利亲身经历了文艺复兴时期意大利城邦残酷的生存斗争，因而将政治活动视为为达目的不择手段的权力斗争。马基雅维利的《君主论》为渴望统一四分五裂的意大利半岛、摆脱法国和西班牙入侵者的君主们提供了指导方针。马基雅维利主张用冷酷无情的现实主义来摆脱道德束缚，阐明了政治与宗教和哲学之间的根本分野。

各国君主奉行基于《君主论》观念的战略，势必会与罗马教廷和神圣罗马帝国这两个普世机构发生冲突。西班牙王朝通过联姻方式轰动一时的崛起进一步加剧了这种冲突。西班牙的斐迪南和伊莎贝拉把女儿胡安娜嫁给了哈布斯堡家族的腓力。作为这一联姻的后代，查理不仅继承了统一的西班牙王国以及西班牙在新大陆和意大利的属地（撒丁、西西里、那不勒斯），还掌管着哈布斯堡家族的中欧领地（奥地利、施蒂利亚、卡林西亚、卡尼奥拉等公国和蒂罗尔伯国）。此外，查理还获得了祖母、勃艮第的玛丽名下的勃艮第领地、弗朗什-孔泰、卢森堡和富庶的尼德兰。1519年，尽管法国国王弗朗索瓦一世和英国国王亨利八世反对，查理仍被选为神圣罗马帝国皇帝，这标志着查理的庞大帝国达到了顶峰，年仅19岁的查理五世成为7个世纪前查理曼帝国崩溃以来统治幅员最大的欧洲君主。

西欧一时间似乎将再次统一成一个庞大的国际组织。但是，欧洲的其他王朝，尤其是法国的瓦卢瓦王朝，决意打破哈布斯堡王朝的霸权。随即爆发了一系列旷日持久的战争，其中有些属于宗教战争，有些则是王朝战争。这些战争之后是更加灾难性的三十年战争（1618—1648年），这场战争的起因是波旁王朝和哈布斯堡王朝争夺欧洲大陆的控制权。三十年战争的主要受害者是平民，因为雇佣兵由于军纪涣散和常常欠饷，到处为非作歹，平民沦为了受害者。德国和波希米亚的人口下降了大约三分之一，城市和乡村遭受严重破坏。

《威斯特伐利亚和约》（1648年）的领土条款很快就失去了约束力，但和约的总体意义是明确的。独立的主权国家成为欧洲政治的基本单位，各国应当根据公认的外交惯例原则来处理国与国之间的关系。这样就开启了一个由拥有无限主权的国家组成并处于国际无政府状态的世界，一个从威斯特伐利亚会议一直延续至今的世界。

五、扩张前夕的西欧

世界现代史的主线是欧洲的海外扩张以及欧洲帝国在20世纪的崩溃。本章分析了引发欧洲决定性扩张的各种历史力量：技术进步、人口增长以及由此带来的经济生产力和资源的增长，充满活力的资本主义的诞生，新君主的崛起。欧洲君主向股份公司发放特许状并给予扶持，必要时不惜动用皇家海军。例如，西班牙和葡萄牙王室就为哥伦布和达·伽马提供了所需的支持。

西欧的各种利益、制度和传统相互交织，带来了独特的影响，为了更好地理解这一影响的意义，不妨来看看中国明朝著名的海上远航的非凡历史（见地图20）。1405—1433年间，在宫廷宦官郑和的指挥下，中国人进行了7次远洋航行。这些远航的规模和成就令人叹为观止。第一次远航船队由62艘船和2.8万人组成。郑和船队普通的船宽45.7米、长113米，最大的船宽55米、长135米，堪称名副其实的水上宫殿。相比之下，哥伦布的小旗舰"圣玛利亚"号宽7.6米、长37米，而哥伦布船队另外两艘船"平塔"号和"尼雅"号还要小一半。中国远航船队不仅规模庞大，还有着了不起的航行记录。船队绕东南亚航行到印度，部分船只继续航行到亚丁和波斯湾顶端，少数船抵达了非洲东海岸港口。我们不要忘了，这个时候葡萄牙人才

图143 中国台湾地区一座古堡中的壁画，描绘的是郑成功横渡台湾海峡。

刚刚开始沿着非洲海岸摸索南下，直到1445年才抵达佛得角。

然而，1433年，皇帝突然下令中止了这些了不起的远航。像当初进行航海的目的一样，航海事业戛然而止的确切原因至今仍是个谜。但这里有一点很重要，皇帝一声令下便能叫停所有的航海活动，这在欧洲是完全无法想象的。中国皇帝能让整个国家令行禁止，欧洲没有能与之相提并论的君主。相反，欧洲各国君主竞相在海外事业上一争高下，没有任何大一统的帝国当局能够阻止。相比人微言轻的中国商人，西北欧商人拥有政治权力和社会声望，足以让任何禁止海外事业的法令都成为一纸空文。此外，欧洲有着与外部世界进行贸易的传统，中国则完全缺乏欧洲那样的对外国产品的真正需要和强烈需求。

总之，欧洲人具备一种强大的动力：牟利的欲望和机会。西欧的这种独特性可从当时欧洲人和中国人的著述中略见一斑。1618年，张燮写道："问蜗左角，亦何有于触蛮。所可虑者，莫平于海波，而争利之心为险耳。"["打探犹如蜗牛左角一般的番国，又能从它们的蜗角之争中得到什么呢。唯一值得担心的事情，无非是汹涌的海浪以及险恶的逐利之心。"][1]相反，1685年，葡萄牙船长若奥·里贝罗夸口说："从好望角前行，我们不愿让任何事情超出我们的控制范围，我们急欲把索法拉到日本这5000里格[2]的辽阔领域内的一切都纳入囊中……没有一个角落是我们不占有的，也没有一个角落是我们不想占有的。"5

中世纪时代，西欧人面临孤立和围堵，进一步刺激了他们把目光投向海外。十字军在黎凡特的前哨基地得而复失，蒙古帝国业已解体，奥斯曼土耳其人扩张到中欧，直抵维也纳城下，凡此种种，使得欧洲人举步维艰。欧洲商人无法再穿越中亚，因为过去由蒙古人维持秩序的地方重新陷入了混乱。黑海也向基督教商人关闭，因为土耳其人将其变成了穆斯林的地盘。价值连城的香料贸易并未受到影响。意大利商人依然在黎凡特各港口与阿拉伯商人进行贸易，收购欧洲公众所需要的商品。意大利人和阿拉伯人很满意这种贸易格局，因为他们作为中间商从中赚取了丰厚的利润，但其他欧洲人就不那么高兴了，他们迫切希望找到某种途径前往东方，以便从香料贸易中分一杯羹。正因如此，中世纪晚期的欧洲人制订了许多计划，试图突破或绕过将欧洲人限制在地中海的穆斯林包围圈。有论者指出，此时的欧洲就像一个"从围墙的缝隙里接受食物的巨人"6。但是，这个巨人的力量和知识正在增长，监狱的围墙很快就要被冲破。

---

[1] 张燮（1574—1640年），明代学者，著有中外交通著作《东西洋考》。引文即出自该书的第九卷。另，该书成书于万历四十五年，即1617年。——译者注

[2] 一里格等于3.18海里。——译者注

329

地图20 15世纪初中国人和葡萄牙人的航海活动

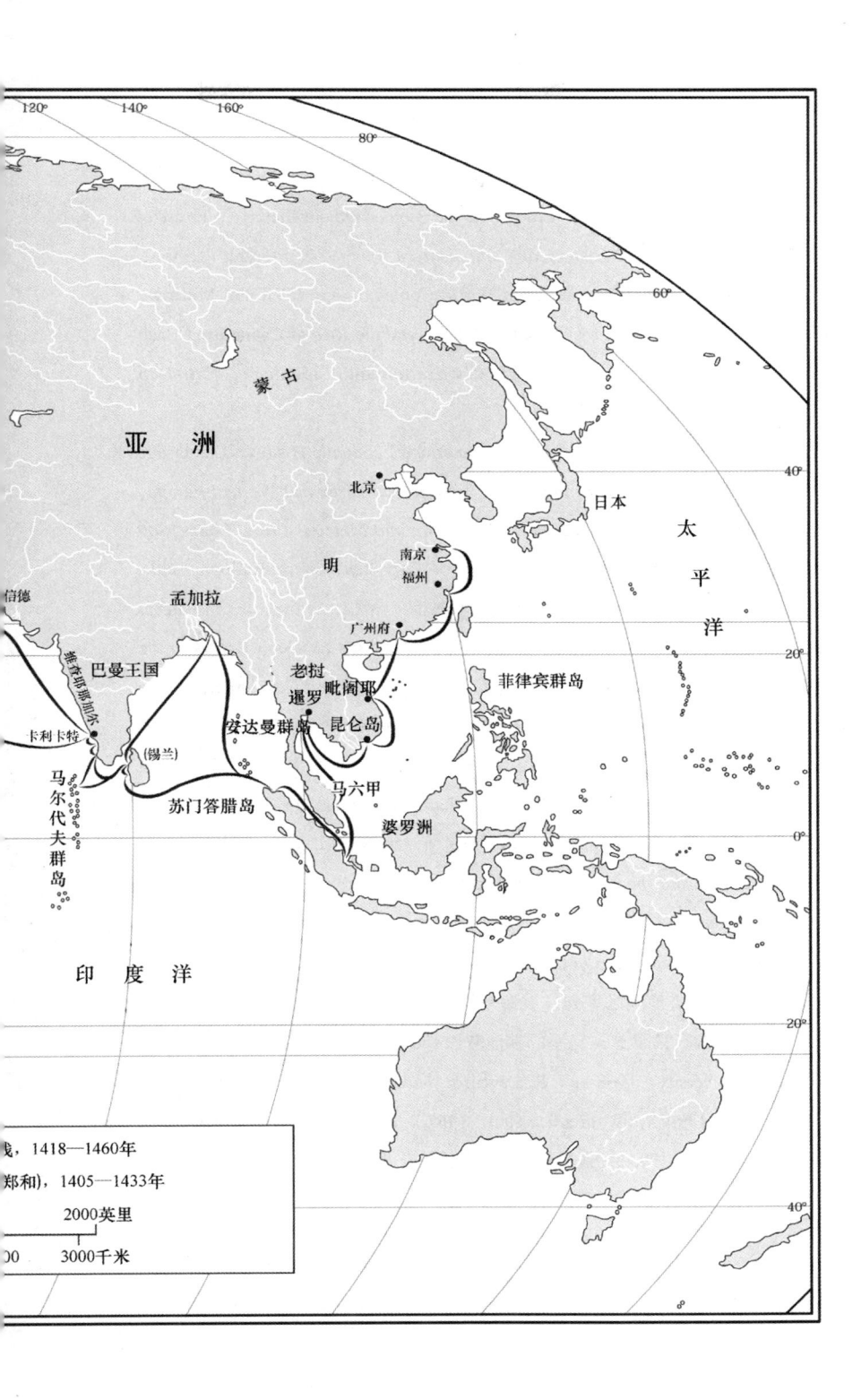

第二十一章 西方文明的成长：经济增长与国家建构　435

亚洲
蒙古
北京
明
南京
福州
日本
广州府
太平洋
信德
孟加拉
维查耶那加尔
巴曼王国
老挝
毗阇耶
菲律宾群岛
卡利卡特
遥罗
(锡兰)
安达曼群岛
昆仑岛
马尔代夫群岛
苏门答腊岛
马六甲
婆罗洲
印度洋

，1418—1460年
郑和），1405—1433年
2000英里
3000千米

[推荐读物]

全面论述欧洲社会的扩张主义的著作有：E. L. Jones，*The European Miracle*（Cambridge University，1981）；E. R. Wolf，*Eruope and the People Without History*（University of California，1982）；M. Beaud，*A History of Capitalism，1500-1980*（Monthly Review，1983）；L. S. Stavrianos，*Global Rift：The Third World Comes of Age*（William Morrow，1981）；J. Baechlev，J. A. Hall and M. Mann，eds.，*Europe and the Rise of Capitalism*（Basil Blackwell，1987）；F. Braudel 重要的三卷本著作 *Civilization and Capitalism，15th-18th Century*（Harper and Row，1981-1984）。

有关现代早期欧洲的经济发展，参阅 *Cambridge Economic History*（Cambridge University，1941-1963）前三卷；B. H. S. van Bath，*The Agrarian History of Western Europe，500-1850*（Edward Arnold，1963）；F. Braudel，*Capitalism and Material Life，1400-1800*（Harper & Row，1973）；H. I. Miskimin，*The Economy of Early Renaissance Europe，1300-1460*（Prentice Hall，1969）。关于这一时期欧洲的技术进步，参阅 L. White，Jr.，*Medieval Technology and Social Change*（Oxford University，1962）；*Machina Ex Deo：Essays in the Dynamism of Western Culture*（MIT，1968）；C. M. Cipolla，*Literacy and Development in the West*（Pelican，1969）and *European Culture and Overseas Expansion*（Pelican，1970），后一本书论及了枪炮、帆船和钟表。关于欧洲经济和技术的变迁，参阅下列富于启发的经典著作：R. H. Tawney，*Religion and the Rise of Capitalism*（Mentor，1926）；M. Weber，*The Protestant Ethic and the Spirit of Capitalism*（Scribner's，1948）以及晚近出版的 A. O. Hirschman，*The Passion and the Interests：Political Arguments for Capitalism Before Its Triumph*（Princeton University，1977）。

Needham，*Science and Civilization in China*（Cambridge University，1956）探讨了为什么是西方而不是亚欧大陆其他地区率先开展海外扩张，尤其是第4卷第3分册论及中国航海技术，包括明朝的航海。关于这一问题的其他著作有 C. G. F. Simkin，*The Traditional Trade of Asia*（Oxford University，1968）；J. R. Levenson，ed.，*European Expansion and the Counter-Example of Asia，1300-1600*（Prentice Hall，1967）；J. M. Blaut，*The Colonizer's Model of the World*（Guilford，1993）。最后这本书的特点在于挑战了"欧洲奇迹"的概念，强调了海外领地在刺激欧洲成为全球主宰方面的作用。

[注释]

1. A. G. Keller, "A Byzantine Admirer of 'Western' Progress: Cardinal Bessarion," *Cambridge Historical Journal*, XI(1955), pp. 343-348.
2. S. B. Clough and C. W. Cole, *Economic History of Europe*(D. C. Heath, 1952), p. 66.
3. T. K. Rabb, "The Expansion of Europe and the Spirit of Capitalism," *Historical Journal*, XVII(1974), p. 676.
4. J. Needham, *Science and Civilization in China: IV, Civil Engineering and Nautics*(Cambridge University, 1971), p. 533.
5. J. Needham, *Science and Civilization in China: IV, Civil Engineering and Nautics*(Cambridge University, 1971), p. 534.
6. R. H. Tawney, *Religion and the Growth of Capitalism*(Murray, 1925), p. 68.

历史的启示

历史与风尚

500多年前,哥伦布登上了巴哈马群岛的一座小岛圣萨尔瓦多岛。他以为自己到了东南亚,便将岛上的居民称为"印度人",这个名称一直沿袭了下来。[1]哥伦布死后不久,他的想法就被证明是错误的,1513年,巴尔沃亚到达了太平洋,1519—1522年,麦哲伦探险队完成了环球航行。

由于美洲被认为是一个"新世界",从而引发了对印第安人起源的猜测。印第安人要么是起源于新大陆,要么是来自别的地方。对于基督教徒来说,美洲人独立起源的观点无异于匪夷所思的异端邪说,因为这意味着上帝创造了两个世界,大西洋两岸各有一座伊甸园,有各自的亚当和夏娃,这完全与《旧约全书》的教义背道而驰。所以,人们断定印第安人一定是亚当和夏娃的后代。可这样又带来了一个新问题:这些后代是如何从旧大陆来到新大陆的呢?这个问题引起了激烈的争论,在过去4个世纪里,人们提出了五花八门的解释,时至今日仍有新的说法不断涌现。

绝大多数说法都站不住脚,因为它们是基于信仰而不是理性。各种流行说法都曾盛极一时,又悄然消失,折射出所处时代的知识和偏见。最早的一种说法是"消失的以色列部落"假说,当时,《旧约全书》中记载的古希伯来民族志资料几乎是唯一已知的"原始"生活方式。因此,早期理论家们认为,印第安人是希伯来部落的后裔,公元前721年,亚述王征服了这些部落,将他们从撒马利亚带走。"消失部落"说的一些支持者认为希伯来人是穿越神秘的亚特兰蒂斯大陆到达新大陆的,但大多数人认为希伯来人是经由波斯和中国到达白令海峡。

18世纪,以航海技术闻名的古代地中海民族给欧洲人留下了深刻印象,尤其是腓尼基人。据说,腓尼基人绕过了非洲好望角,还曾横渡大西洋到达美

---

[1] 后人虽然发现了哥伦布的错误,但原有称呼已经普及,所以英语和其他欧洲语言将哥伦布所到的北美洲和加勒比岛屿称为"西印度",将印度称为"东印度"。为了避免混淆,中文翻译时,把美洲原住民称为"印第安人"。——译者注

洲。然而，到19世纪，随着埃及的考古发现，埃及开始被认为是美洲印第安文明的源头。这个说法得到了广泛认可，因为中美洲的金字塔与埃及金字塔非常相像。关于美洲印第安人的起源，还有其他许多风行一时的观点。风尚来来去去，"美洲原住民"的祖先相继被追溯到希腊人、特洛伊人、罗马人、伊特鲁里亚人、西徐亚人、蒙古人、中国佛教徒、曼丁哥人或其他非洲人、早期爱尔兰人、威尔士人、北欧人、巴斯克人、葡萄牙人、法国人、西班牙人，甚至追溯到穆大陆和亚特兰蒂斯大陆这两个"消失的大陆"的幸存者，据说，在1.1万年前，这两个大陆分别沉没于太平洋和大西洋海底。

所有这些说法都被证明是错误的，至少是值得怀疑的，只有一个例外：10世纪晚期，挪威人曾在纽芬兰定居，这一点已经得到科学证实。为什么有那么多人相信、而且至今依然有人相信那么多毫无根据的说法？一个原因在于人们误以为相同的习俗意味着共同的起源。其实不然。你到任何一所重点大学的人类关系资料档案库，查询世界上有哪些民族有着某种相同的习俗，比如近亲结婚的习俗，马上就会发现世界各地有许多民族都有这样的习俗，而这种婚姻习俗不可能源于一个共同的来源。早期的作者对现代人类学一无所知，因而很自然地认为在遥远的过去，类似的习俗之间存在着历史联系。

同样，只要深入考察那些表面相似的制度或结构，便足以证明它们有着本质的不同。埃及和中美洲都发现了金字塔，但中美洲的金字塔主要是宗教仪式中心，而埃及的金字塔是巨大的陵墓。同样重要的是，最新的考古发掘表明，中美洲金字塔在几千年间逐步演化，这一漫长的演化过程推翻了金字塔建造技术完全是从大西洋彼岸移植过来的说法。同样，在加利福尼亚原住民的尤基语中，"ko"这个词的意思是"go"（去），"kom"意为"come"（来），想必不会有人由此认定尤基语和英语有什么历史渊源。

即便旧大陆的少数古代航海家真的到过新大陆，那种认为他们的文化将立即支配新大陆的风俗习惯的说法也非常值得怀疑。如果有人认为一小群希伯来人、希腊人、罗马人、腓尼基人或其他民族到达新大陆，随即在美洲广大地区的原住民中传播文化，那么不妨看看18个西班牙人（16个男人和两名妇女）的遭遇，在科尔特斯抵达前6年，这批人在尤卡坦海岸遭遇了海难。结果，除了两名男子被当地酋长当作奴隶之外，其他人都被当地土著献祭并按仪式吃掉。其中一个幸存者变成了不折不扣的土著，戴着收留他的部落的精美鼻夹和耳环，不愿放弃自己的新生活而加入科尔特斯的队伍。同样，就我们所知，维京人的确曾在纽芬兰登陆，却因为当地印第安人的反抗而被迫放弃了建立殖民地的尝试。可以说，在现代连发步枪和机枪发明之前，小规模的登陆群体要么被彻底消灭，要么被当地文化所同化。

正因如此，1968年，在新墨西哥州圣达菲举行的一次研讨会上，学者们得出了这样的结论："迄今为止，除了维京人［在纽芬兰］的接触之外，在哥伦布之前，不存在经过考古发掘证实的从一个半球迁徙到另一个半球的历史文物。"与会者还断定："没有确凿的证据表明，在哥伦布之前，人类曾将任何单一的植物或动物从旧大陆引入新大陆，反之亦然。这绝不是说它不可能发生。"[1]

这场讨论对于历史研究者有什么样的意义呢？首先，它提出了一个基本问题，即人类文明是如何发展起来的，究竟是通过一个或少数几个早期中心向外扩散，还是世界不同地区独立创造出来的。这个问题不仅事关美洲印第安文明的起源，而且涉及世界所有文明的起源。文明是从中东传播到西北欧、北非、南亚和东亚，还是在这些地区独立发展出来的？文明传播论者和独立起源论者围绕这个问题长期争论不休。

我们越来越清楚地认识到，文明的发展并不是一个非此即彼的问题，而是兼有不同程度的扩散和独立发明。要判定文明在何种程度上扩散，不应立足于先入为主的浪漫臆想，而是应当进行深入研究并做出客观评估。考古学家越是深入地挖掘人类的史前史，就越是意识到人类的所有分支都富有创造力地应对了环境。他们的应对方式和取得的成就有很大的差异，造成这种差异的原因在于不同的历史背景和地理环境，尤其是我们在前文中提及的对于外界刺激的开放程度。

对于历史研究者而言，同样重要的一个事实是，许多外行人士依然抱有一种幻想，即形形色色的欧洲人、亚洲人或非洲人高举文明的火炬，登上了前哥伦布时代的新大陆。事实上，像最早的旧石器时代的人类一样，当今的人们痴迷于对神秘事物的膜拜。人们对浪漫化和简单化的解释信以为真，即使这些解释与已知的事实完全背道而驰。在食物采集时代，我们的祖先迷信图腾和萨满。现代人同样热衷于不明飞行物、命理学、塔罗牌、蓍草和占星术。本书的读者将会理解加州大学洛杉矶分校天文学教授乔治·阿贝尔如下报道的意义：

我调查了听我的天文学概论课程的普通大学生，发现大约有三

分之一的人对占星术感兴趣并且相信占星术。与国内其他地方的同行们交流之后，我推测这个比例在每个地方都是一样的，它可能比较准确地代表了相信占星术的美国人的比例。据估计，美国有5000多名以占星术为生的占星家。有1200多家日报开辟了占星术专栏。[2]

阿贝尔教授的报道发表于1975年。此后的调查表明有越来越多的人相信占星术。1980—1985年，美国青少年中相信占星术的比例从40%上升到55%。[3]现代天文学在16世纪诞生之后，占星术本来已经销声匿迹了，这么看来，如今占星术的死灰复燃尤其应当引起人们的重视。

同样，1996年，《新闻周刊》的调查表明，48%的美国人相信真的存在不明飞行物，29%的人认为人类已经与外星人有过接触，另有48%的人认为政府秘密地将一切掩盖起来。更奇特的是，有占星师声称曾看见"猫王"埃尔维斯·普雷斯利在天王星上啃炸鸡。当今世界也不是只有美国人才信这些东西。1995年，法国有近5万名纳税人表示自己的收入来源是从事占星师、信仰疗法术士、灵媒或类似职业。相比之下，法国只有3.6万名天主教神父和6000名精神病学家。[4]

[推荐读物]

M. Gardner，*Fads and Fallacies in the Name of Science*（Dover，1957）对科学和非理性作了生动的分析。关于这个课题的最新论著，参阅已故太空科学家 Carl Sagan，*The Demon-Haunted World：Science as a Candle in the Dark*（Random House，1997）。专门讨论美国的专著，参阅J. Gilbert，*Redeeming Culture：American Religion in an Age of Science*（University of Chicago，1997）。

[注释]

1. C. L. Riley et al.，*Man Across the Sea：Problems in Pre-Columbian Contacts*（University of Texas，1975），pp. 448，452-453.
2. *Los Angeles Times*，September 14，1975.
3. *Los Angeles Times*，April 21，1985.
4. *Newsweek*，July 8，1996，p. 50；*New York Times*，April 30，1996.